Stift
STAMS

*Ein Tiroler Juwel
mit wechselvoller
Geschichte*

Michael Forcher

Ein Tiroler Juwel mit wechselvoller Geschichte

Mit Beiträgen von

Gert Ammann
Frater Martin Anderl
Karl C. Berger
Franz Caramelle
Christoph Haidacher
Walter Hauser
Hildegard Herrmann-Schneider
Helmut Hörmann
Josef Kretschmer
Barbara Lanz und Sonja Mitterer
Karl Palfrader
Alfred und Matthias Reichling
Josef Riedmann
Max Schönherr
Maria Schuchter

HAYMONverlag

Buchkonzept, Bildredaktion sowie Bildbeschriftung von Michael Forcher, der auch alle nicht namentlich oder mit Initialen gekennzeichneten Texte geschrieben hat.

Gefördert von

Gedruckt mit freundlicher Unterstützung durch die Kulturabteilung des Landes Tirol.

Auflage
4 3 2 1
2019 2018 2017 2016

© 2016

HAYMONverlag

Innsbruck-Wien
www.haymonverlag.at

Alle Rechte vorbehalten. Kein Teil des Werkes darf in irgendeiner Form (Druck, Fotokopie, Mikrofilm oder in einem anderen Verfahren) ohne schriftliche Genehmigung des Verlages reproduziert oder unter Verwendung elektronischer Systeme verarbeitet, vervielfältigt oder verbreitet werden.

ISBN 978-3-7099-7260-1

Umschlag- und Buchgestaltung, Satz: Hana Hubálková
© Umschlagfoto: Christian Forcher

Bildnachweis Seite 358

Gedruckt auf umweltfreundlichem, chlor- und säurefrei gebleichtem Papier.

Zum Geleit!

Zu den stärksten Eindrücken in der Tiroler Kulturlandschaft zählt der Besuch der Stiftskirche in Stams, die schon in der Vorhalle mit dem wunderschönen barocken Rosengitter von 1716 beeindruckt. 100 Jahre später, 1816, erfolgte die Neugründung von Stift Stams, das in der Zeit bayerischer Herrschaft aufgehoben worden war. Wiederum zwei Jahrhunderte später verlassen 2016 nach einer 20 Jahre dauernden, vom Land Tirol geförderten Generalsanierung der weitläufigen Anlage die Handwerker das Kloster.

Diese drei Anlässe hat der Tiroler Historiker Dr. Michael Forcher gemeinsam mit namhaften Autorinnen und Autoren in diesem bemerkenswerten Buch zusammengeführt: Es bietet einen umfassenden Blick auf die Entwicklung des Stiftes Stams von der Gründung 1273 – damals als Hauskloster und Begräbnisstätte der Tiroler Landesfürsten – bis heute ins 21. Jahrhundert. Neben der Historie des Zisterzienserstiftes mitsamt vielen kleinen, schlaglichtartigen Geschichten wird auch das frühere und jetzige Klosterleben mit dem Abt an der Spitze dargestellt. Stift Stams wird zugleich als eindrucksvolles Zentrum der Künste und der Wissenschaft sowie als Ort der Bildung dokumentiert.

Nicht nur für mich als Landeshauptmann ist Stift Stams ein besonderer Ort der Identifikation und eines der wichtigen Zentren der Geschichte sowie Kultur unseres Landes: Im Stiftsgymnasium Meinhardinum, in der international renommierten Internatsschule für den Schisport, in der Kirchlichen Pädagogischen Hochschule Edith Stein und in den anderen Schulen von Stams wird Jahr für Jahr ein wichtiger Teil des Fundaments der Zukunft unseres Landes gelegt.

Das hier mögliche Zusammenführen der Vergangenheit mit Gegenwart und Zukunft sowie der Kunst und Spiritualität mit Wissenschaft und Bildung macht den besonderen Genius loci von Stams aus. Das vorliegende Buch vermittelt diesen Geist des Ortes einer hoffentlich zahlreichen Leserschaft.

Günther Platter
Landeshauptmann von Tirol

Vorwort
von Michael Forcher

Ein richtiger Auftrag war es nicht, ein Buch über das Oberinntaler Stift Stams herauszubringen. Aber eine mit viel Nachdruck und Überzeugungskraft vermittelte Anregung des Dr. Benno Erhard von der Tiroler Kulturabteilung. Und ein ausdrücklicher Wunsch des Landeshauptmannes Günther Platter, der mich gelegentlich eines Empfangs fragte, was ich gerade schreibe, denn dass ich nicht schon wieder an einem Buch arbeite, könne er sich nicht vorstellen. Und als ich ihm von meinem im Kopf bereits ausgearbeiteten Konzept für ein Stamsbuch berichtete, das sich nicht an wenige Historiker und Kunstgeschichtler wenden sollte, sondern auf eine breite Leserschaft abziele, war er davon mehr als angetan. »Ja, so ein Buch braucht es, dieses Juwel im Oberland kennen viel zu wenige Tirolerinnen und Tiroler.«

Also blieb ich dran und lud einige besonders gute Kennerinnen und Kenner des Stiftes und seiner historischen und gegenwärtigen Bedeutung zum Mitmachen ein. Ich bin ihnen zu Dank verpflichtet, denn sie waren alle bereit, sich meinem Gesamtkonzept unterzuordnen, das keinen der üblichen Sammelbände vorsah, sondern ein Zusammenfließen unterschiedlichen Fachwissens zu einem – im besten Sinne – populären Sachbuch. So folgten sie meiner Bitte, kurze Beiträge zu liefern, die zwar jedem wissenschaftlichen Anspruch oder denkmalpflegerischen Überprüfungen standhalten, aber in lockerer Schreibweise eher journalistischen Kriterien entsprechen und die Wissensvermittlung mit unterhaltenden, kuriosen, ja spannenden Elementen mischen. Diesem Zweck dienen auch die zahlreichen farbig unterlegten Kurztexte, die aber auch größere Themenkomplexe auflockern und Besonderheiten der Geschichte und der künstlerischen Ausstattung des Stifts hervorheben sollen.

Ohne viele neue Fotos von höchster Qualität und eine moderne, abwechslungsreiche und trotzdem – dem Thema angemessen – seriöse graphische Gestaltung wären meine Vorstellungen von einem solchen Buch nicht zu verwirklichen gewesen. Deshalb danke ich besonders meinem Sohn Christian, der fast die Hälfte der im Buch enthaltenen Fotos eigens dafür gemacht hat, und der Grafikerin Hana Hubálková, die mit außergewöhnlichem Können und viel Liebe zum Thema dem Werk auch ihren Stempel aufdrückte.

Mein Dank gebührt aber auch und vor allem Abt German des Zisterzienserklosters Stams für das entgegengebrachte Vertrauen und viele interessante und lehrreiche Gespräche. Und schließlich ein herzliches Vergelt's Gott dem guten Geist bei all unseren Besuchen im Stift, Frater Martin Anderl, ohne den die mit viel Arbeit (Stühle verräumen, Leitern aufstellen) verbundenen und manchmal sehr zeitraubenden Fotoarbeiten nicht möglich gewesen wären. P. Johannes Messner öffnete uns die Schätze der Bibliothek und Professor Karl Palfrader erwies sich als überaus hilfsbereiter und sachkundiger Führer durch die Geheimnisse des grandiosen Stiftarchivs. Jedesmal bin ich wieder fasziniert und – ja, ich sag's – ergriffen, wenn mich dort zwischen tausenden Urkunden der Geist vergangener Jahrhunderte anweht.

Stift – Kloster – Abtei – Zisterze

Die Arbeit an so einem Buch, das Erzählen davon im Bekanntenkreis, lässt einen manchmal erkennen, dass nicht jedem alles klar ist, was man selber dafür hält. Zum Beispiel taucht die Frage auf, worin sich ein Stift und ein Kloster unterscheiden oder warum im Internet bei Stams Zisterzienserabtei steht. Diese Fragen sollen hier gleich am Anfang geklärt werden, denn diese Begriffe werden im Buch immer wieder auftauchen und abwechselnd gebraucht werden. Stams ist ein Kloster des Zisterzienserordens, also eine Zisterze. An der Spitze des Konvents, so bezeichnet man die Mönchsgemeinschaft, steht der Abt, deshalb ist das Kloster eine Abtei. Der Abt wird von den Mitgliedern des Konvents gewählt, den Konventualen.

Ein Stift ist Stams deshalb, weil das Kloster vom Tiroler Grafen Meinhard II. »gestiftet«, d.h. von ihm gegründet und mit Gütern und Rechtstiteln ausgestattet wurde. Und warum gibt es im Kloster Stams eine Prälatenstiege und eine Prälatur? Weil die Äbte, wie andere hohe kirchliche Amts- und Würdenträger, den päpstlichen Ehrentitel »Prälat« tragen bzw. trugen (der wird nicht mehr vergeben). Den Teil eines Klosters, in dem der Abt seine Amtsräume und seine Wohnung hat, nannte man und nennt man oft heute noch Prälatur.

Inhalt

I.
Von der Gründung bis zur ersten Auflösung 1807–1816

12 *Einleitung*

16 Josef Riedmann
Wie es zur Gründung von Stams kam

24 Das Gründerpaar JR

26 Karl C. Berger
Die dreifache Wallfahrt begann mit dem Täufer

35 Ein Andachtsbild KCB

36 Christoph Haidacher
Die Bauern und die Grundherrschaft der Mönche

44 Streit um die Fische

47 Dem Blutgericht entkommen

48 **Im Dienste der Landesfürsten**

53 Grablege vornehmer Familien

56 Unersättliche Gäste und schamlose Jäger

60 Schauplatz europäischer Politik

62 Teufelsaustreiber und ein Hexentanz

64 **Aus Krisenzeit zu neuer Blüte**

66 Stamser Chronisten

72 Maximilian III., der Deutschmeister, der zweite Gründer FC

74 **Dunkle Wolken über Stams, Kriegswirren und die Auflösung**

80 Bayerischen Schikanen ausgesetzt

84 Das Stift, Abt Sebastian und die Freiheitskriege

II.
Geschichte seit der Wiedererrichtung 1816 bis heute

86 *Einleitung*

88 **Neubeginn mit Schwierigkeiten**

94 **Frömmigkeit zwischen Wirtschaft und Politik**

110 Gefährliche Überfuhr

112 Helmut Hörmann
Die zweite Aufhebung und der Weg in die Zukunft

122 Der vierte Reiter HH

III.
Klosterleben früher und heute

124 *Einleitung*

128 Ein Gespräch mit Abt German
»Wir leben nicht im Mittelalter«

140 Die Heiligen Benedikt und Bernhard

142 Karl Palfrader
Stamser Mönche in der Seelsorge

152 Karl Palfrader
Die Südtiroler Pfarren und das Maiser Priorat

156 Kasimir Schumacher, Pfarrer und Chronist

160 Josef Kretschmer
Klosterwirtschaft unter neuen Vorzeichen

IV.
Zentrum der Künste

170 *Einleitung*

172 Franz Caramelle
Was vom mittelalterlichen Kloster erhalten ist

186 Gert Ammann
Der barocke Gebäudekomplex entsteht

192 **Stamser Ansicht von 1666/1670**

195 **Johann Martin und Georg Anton Gumpp** GA

202 **Wie das »Österreichische Grab« entstand** GA

204 Gert Ammann
Ein theologisches Programm für Künstler im Netzwerk

219 **Stamser Alm – kaum bekanntes Juwel des Rokoko**

224 **Der Bernardisaal** GA

228 Franz Caramelle
Von der Eleganz der Stamser Gitter

238 Hildegard Herrmann-Schneider
Ein Blick in die musikalische Schatzkammer Tirols

252 **Denkmalpflege für die Stamser Klangwelt** HHS

254 Alfred und Matthias Reichling
Stamser Orgelgeschichte und ihre heutigen Zeugen

V.
Ort der Wissenschaft und der Bildung

264 *Einleitung*

266 Maria Schuchter
Von gelehrten Mönchen und kostbaren Büchern

280 **Wie man sich um Kranke sorgte** MS

282 **Das Archiv und das Ordnen der Zeit** MS

286 Maria Schuchter
Was man in Stams alles lernen kann

296 **Architektonische Kostbarkeiten der Moderne** MS

VI.
Das Erbe erhalten und nützen

298 *Einleitung*

300 Walter Hauser
Was »Denkmalpflege« im Stift Stams bedeutet

316 **Alte Orangerie mit neuer Bestimmung**

318 Barbara Lanz und Sonja Mitterer
Das Bauarchiv – 118 Ordner über 30 Jahre Arbeit

326 **Was geschah im Gartenhaus** BL-SM

328 Max Schönherr
Wie es beim Flicken eines Stiftes so zugeht …

336 Fr. Martin Anderl
Das Stift breitet seine Schätze aus

346 **Musikpflege, Konzerte und Symposien** Fr. MA

Anhang

349 Stamser Äbte
350 Personenregister
354 Quellen und Literatur
358 Bildnachweis
359 Die Co-Autorinnen und Co-Autoren

I.
Von der Gründung bis zur ersten Auflösung 1807–1816

Was wird wohl der kleinen Schar von Mönchen durch den Kopf gegangen sein, während sie im März 1273 mit ihrem neugewählten Abt an der Spitze aus dem schwäbischen Kaisheim ins Gebirge wanderten, um dort ein neues Kloster aufzubauen? So ungewiss ihre Zukunft auch war, folgten die frommen Männer aus dem angesehenen Orden der Zisterzienser immerhin dem Ruf eines Fürsten, der zu den mächtigsten weit und breit gehörte und der sogar bei der Wahl des neuen deutschen Königs und zukünftigen Kaisers ein gewichtiges Wort mitzureden hatte. Das Inntal, wohin die beschwerliche Reise ging, gehörte wie die Täler südlich der Pässe Reschen und Brenner zu seinem Herrschaftsgebiet. Meinhard hieß er, der zweite dieses Namens, seit das Geschlecht der Grafen von Görz durch Heirat mit der Erbin der Grafen von Tirol ins Land gekommen war. Der Name seines Residenzschlosses Tirol bei Meran sollte bald für das ganze Land im Gebirge üblich werden.

Wir wissen nicht, ob der März dieses Jahres 1273 schön und frühlingshaft war oder winterlich, mit Schnee bis ins Inntal herab. Jedoch wissen wir, dass Meinhard den Mönchen Unterkünfte aus Holz errichten hatte lassen, in denen es sich wohl hausen ließ, bis die Mauern für die notwendigen Gebäude aufgezogen sein würden. Als Klosterkirche diente vorläufig das seit mindestens zwei Jahrhunderten bestehende und von vielen Gläubigen besuchte Wallfahrtskirchlein zum heiligen Johannes dem Täufer. Die Ordensniederlassung trug auch seinen Namen.

Fast zwölf Jahre sollte es dauern, bis das neue Kloster samt Kirche und Kreuzgang erbaut war. Die Kosten dafür trug der Landesfürst, dessen Stiftungen und Privilegien auch für eine gesunde wirtschaftliche Basis der klösterlichen Gemeinschaft sorgten. Zur Einweihung des neuen

Engelgestalt aus dem barocken Deckenfresko von Franz Michael Hueber über der Prälatenstiege. Sie hält eine Ansicht des Klosters, wie es zu Beginn des 18. Jahrhunderts ausgesehen hat. Da hatte das ehrwürdige Stift aber bereits mehr als vier Jahrhunderte spannendes Auf und Ab hinter sich.

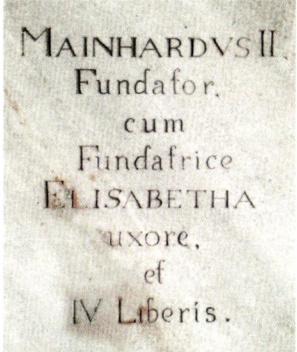

Grabstein des Gründerpaares über ihrer Gruft in der Stiftskirche (im Querschiff vorne links)

Gotteshauses am 5. November 1284 kamen sieben Bischöfe sowie zahlreiche kirchliche und weltliche Würdenträger mit Tausenden Gläubigen aus nah und fern nach Stams. Am selben Tag wurden die sterblichen Überreste der im Jahr davor gestorbenen Gattin des Landesfürsten, Elisabeth von Wittelsbach, feierlich in der Gruft der neuen Klosterkirche beigesetzt. Außerdem wurden die Gebeine von vier früh verstorbenen Kindern des Gründerpaares und mehrerer Vorfahren von ihrer bisherigen Grabstätte auf Schloss Tirol nach Stams übertragen. Der Tiroler Graf, der bald in den Rang eines Herzogs aufrücken sollte, hatte mit dem neuen Kloster seiner Familie eine würdige, der Bedeutung der Dynastie entsprechende Grablege geschaffen.

Nach Jahren der steilen Aufwärtsentwicklung erlebte das lange Zeit als Hauskloster der Tiroler Landesfürsten geltende Stift Stams sowohl Blütezeiten als auch Jahrzehnte der Katastrophen und des inneren Zerfalls. Wie für die Gründung war auch für die erste schmerzhafte Zäsur in der Geschichte des Klosters die Politik verantwortlich. Als Tirol 1806 als Folge einer militärischen Niederlage Österreichs an Bayern fiel, wurde auch Stams ein Opfer der dort seit Jahren betriebenen klosterfeindlichen Kirchenpolitik.

An den Wänden der bis dahin vermauerten Mittelapside der Stiftskirche wurden 1963 bei Renovierungsarbeiten links und rechts der kleinen Fensteröffnung jeweils mit Rankenwerk (links) und Dreipässen (rechts) umrahmte romanische Schriftblöcke entdeckt. Sie konnten – obwohl stark verblasst und nur mehr fragmentarisch erhalten – als die Weihe-Inschrift entschlüsselt werden, die uns glücklicherweise auch archivalisch überliefert ist und die Feierlichkeiten vom 5. November 1284 festhält.

Josef Riedmann
Wie es zur Gründung von Stams kam

Die älteste konkrete Nachricht vom Plan der Errichtung eines Zisterzienserklosters in Stams durch Graf Meinhard II. von Tirol und seine Gattin Elisabeth stammt aus dem August des Jahres 1272, als Bruno von Brixen als zuständiger Diözesanbischof dem zu gründenden Kloster das Patronatsrecht über die Pfarrkirche in Silz übertrug. Dieser Schenkung waren aber schon mehrere wichtige Schritte Meinhards vorausgegangen, vor allem die systematische Erwerbung von Gütern und Einkünften von verschiedenen Eigentümern am Ort der künftigen monastischen Niederlassung. Bereits im September 1272 befasste sich dann das in Cîteaux tagende Generalkapitel der Zisterzienser mit der Bitte des Grafen von Tirol, die neue Gründung durchzuführen, und beauftragte die Äbte von Lützel (Elsass) und Raitenhaslach (Bayern) mit der Inspektion des in Aussicht genommenen Ortes. Als Mutterkloster war schon damals Kaisheim (bei Donauwörth) vorgesehen.

Die beiden delegierten Klostervorstände kamen im Jänner des Folgejahres 1273 ihrem Auftrag nach und beurteilten alle Voraussetzungen für die Gründung sowohl hinsichtlich der Lage des Ortes wie auch bezüglich der Ausstattung als ausgezeichnet. Zudem hatten sich Meinhard wie auch Elisabeth brieflich an die beiden Äbte gewandt, und der Graf war persönlich mit ihnen zusammengetroffen. Elisabeth nahm an den Besprechungen nicht teil. Sie entschuldigte aber ihr Fernbleiben mit den jahreszeitlich bedingten Schwierigkeiten der Reise. Möglicherweise sah sich Elisabeth damals bereits mit gesundheitlichen Problemen konfrontiert; sie ist im Oktober 1273 gestorben.

Nach dem positiven Bericht der beiden Beauftragten wurde noch im Jänner 1273 in Kaisheim die offizielle Zustimmung zur Neugründung beschlossen. Man bestimmte aus diesem Konvent einen ersten Abt und sandte ihn mit zwölf Priestermönchen, fünf Laienbrüdern sowie

Links oben das Siegel Graf Meinhards II. von Tirol-Görz auf der Gründungsurkunde des Klosters Stams aus dem Jahr 1275. Rechts die im Stiftsarchiv aufbewahrte Urkunde.

den nötigen liturgischen Gerätschaften und Büchern nach Stams, wo sie am 12. März 1273 eintrafen und zunächst in einem provisorischen hölzernen Quartier eine Unterkunft fanden. Die materielle Basis des Konventes wurde in der Folge laufend durch weitere Zuwendungen insbesondere von Graf Meinhard, aber auch von privaten Wohltätern in der näheren und ferneren Umgebung erweitert. Vor allem die auch von Bischof Egno von Trient geförderte Übertragung von Rechten in der Pfarre Mais bei Meran erwiesen sich als bedeutend und nachhaltig. Der von dort bezogene Wein diente nicht nur zur Feier der Liturgie, sondern erfreute auch sonst die klösterliche Gemeinschaft. Die erste Phase der Gründung fand ihren Abschluss, als Meinhard am 12. März 1275 in einer umfangreichen Urkunde seine Stiftung schriftlich bekräftigte. Er ließ eine lange Reihe von Güterschenkungen festhalten sowie weitere Vorrechte des jungen Konventes. Drei Jahre später bestätigte auch Papst Nikolaus III. die neue Ordensniederlassung, und im November 1284 erfolgte die feierliche Weihe der jetzt aus Stein errichteten Klosteranlage. Die wirtschaftliche Tüchtigkeit, die generell von den Zisterziensern gepflegt wurde, machte sich auch in Stams bemerkbar. Aus dem Jahr der Klosterweihe stammt das älteste Verzeichnis der Besitzungen und Einkünfte der Mönche, das sich vornehmlich aus Schenkungen zusammensetzte, zu denen aber dann alsbald auch käufliche Erwerbungen traten.

Das Motiv für die Gründung wird von Graf Meinhard selbst in der feierlichen Bestätigungsurkunde aus dem Jahr 1284 kurz angesprochen: Die großzügige Tat erfolgte »*als Ausgleich und zum Heil für die Sünden*« des Stifters und seiner Vorfahren. Bei dieser Formulierung handelt es sich nicht um eine originelle Neuschöpfung, sondern sie wiederholt eine Vorstellung, die im Mittelalter allgemein verbreitet war. Allerdings besaß diese Maßnahme zur Sicherung des Seelenheiles im Falle Meinhards besondere Aktualität, denn der Tiroler Landesfürst befand sich immer wieder im Kirchenbann. Unter diesen Vorzeichen gewann der demonstrative Akt der Frömmigkeit auch eine politische Bedeutung. Zudem bestand doch auch die Vorstellung, dass das mit der Stiftung verbundene regelmäßige Gebet einer größeren Zahl von Geistlichen für ihren Wohltäter entsprechende Früchte bringen würde.

Von der religiösen Motivation abgesehen, gab es noch eine Reihe weiterer Gründe, die bei der Errichtung eines Klosters durch Meinhard eine Rolle gespielt haben dürften: Durch seine Großzügigkeit sicherte er sich das Wohlwollen eines das ganze Abendland umspannenden

Die alten Holzgebäude südlich (auf der Zeichnung oberhalb) der Wallfahrtskirche zum heiligen Johannes dem Täufer, die den Mönchen in den ersten Jahren als Unterkunft dienten. Bis zum Brand von 1593 wurden sie als Wirtschaftsgebäude verwendet (Zeichnung in der Lebersorg-Chronik).

Ordens, der Zisterzienser. Die weißen Mönche des hl. Bernhard zeichnete – anders etwa als die Benediktiner – eine straffe, vom jeweiligen Diözesanbischof weitgehend unabhängige Organisation aus, in die auch Stams über das Mutterkloster Kaisheim eingebunden war. Die Zisterzienser konnten damit ein Gegengewicht zu den Aktivitäten der Franziskaner und Dominikaner bilden, die sich im Auftrag der Päpste gegen den »ketzerischen« Tiroler Landesfürsten betätigten. Geschätzt waren die Zisterzienser nicht nur für ihre Frömmigkeit und religiöse Bildung, sondern auch für ihre wirtschaftliche Kompetenz. Diese Vorzüge wusste Meinhard zu nutzen, wenn er beispielsweise Mönche aus Stams für heikle diplomatische Missionen heranzog oder dem Abt des Klosters einen der zwei notwendigen Schlüssel zu dem im nahe gelegenen St. Petersberg deponierten Münzschatz anvertraute.

32

Ab Ecclesia autem ad parte aquilonari nil aliud videndum erat nisi tecta Refectorij et Claustri sibi invicem quasi una serie cohaerentia. A Claustro autem sine ambitu prominebat fornix murata sub quo erat fons, sicuti et plerisque Ordinis nostri videre licet. Huius fontis summitas et duo eius superiora labra cum multis siphonibus erant aenea, infimum vero lapideum. In medio eius labro hic versus huius litteris erat exaratus Qui super astra micat Deus hunc fontem benedicat Anno Dm M.C.C.LXXXVIII. In summitate huius fontis magine quanta fuerit, eius in summitate apertura declarat, quae avulsis hominum memoria excedit. Ruina autem huius tam egregij operis author fuerit p certo non scio, arbitror autem ipsum nostrum O: Fundatorem tam liberale exstitisse. Huius vero fontis fornix a R. D. Abbate Thoma ad ampliandum hortum destructa est, ac vero resarcitum. Hoc vero metallum quia forte in alium usum quaerendum erit, eius antiquam figuram posteris parumper delineare placuit.

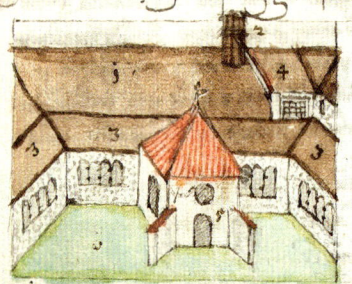 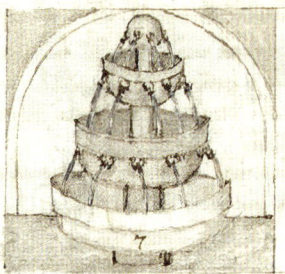

Septentrionalis vero Refectorij pars cum sibi iunctis aedificijs a foris hanc fere formam praeferebat.

Refectorium his aedificijs, Dormitorium proxime adhaerebat Calefactorium, cui versus aquilonem duae portae erant fenestrae, versus meridiem una: in eius inferiori stigmatione erat fornax, a qua calefactio p cola ab extra ascendebat, calor vero inde p crates ligneas in ipsum calefactorium penetravit. In infima stigmatione eiusdem partis erat officina mulctaria, uti et nunc est, superiora vero aedificia omnia mutata sunt. Hoc sequit Refectorium, p. ultrunque fenestris illuminabat, in fine eius fons erat, cuius aquam

1 tectum Refectorij
2 Turris campanilis Refectorij
3 Chorulus
4 Calefactorium
5 Fornix fontis
6 Hortus Conventus

5 Dormitorium
6 Cellarium pomorum
7 Calefactorium
8 Officina mulctaria
9 Turris Refectorij
10 Refectorium

7 Cellare carnium
8 Coquina p familia
9 Ambitus
10 Hypocaustum magnum
11 Refectorium dum Frib
12 Conclavium somnii

Von enormer politischer Bedeutung war die Neugründung weiter auch als Grablege der Dynastie, wie sie durch die Übertragung der Überreste der Vorfahren Meinhards ihren Ausdruck fand. Die alten Tiroler Grafen hatten weder über ein angemessenes Erbbegräbnis noch über ein von ihnen gestiftetes Hauskloster verfügt. Das neue Land und die neue Dynastie erhielten nun mit Stams ein neues religiöses Zentrum ohne direkte Abhängigkeit von den »ausländischen« Bischöfen von Brixen und Trient.

Politische Überlegungen dürften ferner die Wahl des Ortes im Oberinntal als Sitz einer klösterlichen Gemeinschaft zumindest mitbestimmt haben. Die Lage von Stams im bereits durch Siedlungen erschlossenen Tal entsprach nur sehr bedingt dem ursprünglichen Ideal der Zisterzienserniederlassungen in waldreichen Gebieten, welche die Mönche dann erst mit der Arbeit der eigenen Hände roden sollten. Wohl aber ergänzte das neue Kloster ausgezeichnet den neuen Machtmittelpunkt Meinhards, den dieser mit dem Erwerb und Ausbau der benachbarten Burg St. Petersberg in einem Bereich einrichtete, in dem die Tiroler Grafen bis dahin kaum vertreten gewesen waren. St. Petersberg als Sitz eines landesfürstlichen Richters und das Kloster in Stams bildeten gemeinsam, direkt und indirekt, das Herzstück eines neuen administrativen Zentralraumes des jungen Tiroler Landesfürstentums im oberen Inntal.

Hinzuweisen ist auf die starke Beteiligung von Meinhards Gemahlin Elisabeth von Wittelsbach an der Gründung von Stams. In den frühesten Zeugnissen über die Errichtung des Klosters wird sie mehrfach gleichberechtigt neben ihrem Mann als Initiatorin genannt, und sie hat selbst ein eigenes Schreiben an die beiden in der Gründungsphase vom Orden Beauftragten, die Äbte von Lützel und Raitenhaslach, gerichtet. Möglicherweise hat bei diesen Bestrebungen das Vorbild der wittelsbachischen Verwandtschaft eine Rolle gespielt: Im Jahre 1263 hatte der Bruder von Elisabeth, Herzog Ludwig II., Zisterzienser nach Fürstenfeld in Oberbayern berufen, und das Kloster wurde in

Seite aus der Lebersorg-Chronik mit Teilansichten der 1284 bezogenen Klostergebäude: oben links das Brunnenhaus im Kreuzgang, unten rechts die Wärmestube (Calefaktorium) mit der umlaufenden Sitzbank und dem Gitterrost, durch den die erwärmte Luft vom darunter befindlichen Ofen nach oben dringen konnte.

Mit »Mors Conradini« (Konradins Tod) und »Fons vitæ« (Quelle des Lebens – »für Stams« ist zu ergänzen) sind zwei der vier Zwickelbilder Franz Anton Zeillers in der Pfarrkirche Stams bezeichnet. Der Tod des letzten Staufers Konradin soll, nach einer im 17. Jahrhundert begründeten Legende, Anlass für die Gründung des Klosters Stams gewesen sein. Der Künstler zeigt deshalb Meinhards zweite Gattin Elisabeth am Grab ihres Sohnes in Neapel und das Stamser Gründerpaar, wie es sich von Baumeistern die Pläne für das Kloster zeigen lässt.

der Folge einige Zeit hindurch zur Begräbnisstätte der Wittelsbacher. Die Gründungsurkunde für Fürstenfeld diente auch als wortgetreue Vorlage für weite Passagen in der Bestätigung von Stams durch Meinhard II. im Jahre 1275. Zum Zeitpunkt der Ausstellung dieses Schriftstückes war Elisabeth bereits seit zwei Jahren tot. Erstaunlicherweise wird ihr Name in dieser feierlichen Verbriefung ihres Gemahls nicht genannt. Er begegnet uns hingegen in einigen späteren Schenkungen Meinhards an das Kloster, die dieser zu seinem und seiner Gemahlin Seelenheil getätigt hat. In der Tradition der Stamser Mönche blieb das Wissen um die Bedeutung der offensichtlich sehr wichtigen Wohltäterin unvergessen. Alle historischen Darstellungen des Klosters durch alle Jahrhunderte würdigen Elisabeth als Mitbegründerin der Zisterze.

Hingegen sucht man einen anderen Namen, der im Zusammenhang mit dem Entstehen des Klosters zunehmend an Bedeutung gewinnen sollte, in zeitgenössischen Aufzeichnungen vergebens. Konradin, der Sohn der Elisabeth aus der Ehe mit König Konrad IV., der letzte männliche Angehörige des staufischen Kaiserhauses, war als Verlierer im Kampf um die sizilianische Königskrone im Jahre 1268 in Neapel auf Befehl des Siegers Karl von Anjou hingerichtet worden. Erst zu Beginn des 17. Jahrhunderts scheint Konradin erstmals in der Stamser Geschichtsschreibung im Zusammenhang mit der Gründung des Klosters auf. Der Klosterchronist Wolfgang

Lebersorg berichtet damals ausführlich von der Reise von Konradins Mutter Elisabeth nach Neapel, um ihren Sohn zu retten. Allerdings beruft sich Lebersorg dabei nicht auf eine in seinem Konvent lebendige Überlieferung, sondern ausdrücklich auf einen kurzen Hinweis in einer zu dieser Zeit weit verbreiteten allgemeinen Geschichtsdarstellung. Tatsächlich berichtet auch eine unteritalienische Chronik aus dem 14. Jahrhundert, dass Elisabeth für eine würdige Bestattung ihres Sohnes in Neapel Sorge getragen habe.

Seit Lebersorg entwickelte sich dann die eindrucksvolle Legende vom Tod Konradins als einem maßgeblichen Motiv für die Gründung der Zisterzienserniederlassung kontinuierlich und immer detailreicher weiter. Stams als Gedächtnisstiftung für Konradin ist inzwischen zu einem wesentlichen Teil des Selbstverständnisses des Klosters und einer breiten Öffentlichkeit geworden.

Für Epitaphe Elisabeths von Wittelsbach (bayerisches Rautenschild) und des Grafen Meinhard II. (Tiroler Adler) hielt man diese bei Restaurierungsarbeiten in den 1970er Jahren zufällig gefundenen Wappensteine. Inzwischen hat sich die Zuweisung der Denkmäler in die zweite Hälfte des 14. Jahrhunderts gefestigt. Die beiden Wappen dürften daher eher an Meinhard III. erinnern, den 1363 verstorbenen Sohn des Bayernherzogs Ludwig von Brandenburg und der Tiroler Erbin Margarethe Maultasch.

Das Gründerpaar

Seine Vermählung mit Elisabeth, der Witwe des Stauferkönigs Konrad IV., im Jahre 1259 bedeutete für Meinhard II. eine erste, wichtige Etappe im politischen Aufstieg des jungen, um 1238 geborenen Grafen von Tirol-Görz. Anknüpfend an die erfolgreiche Politik seines Großvaters Graf Albert III. von Tirol und seines Vaters Meinhard I. von Tirol-Görz gelang es Meinhard, die den Alpenhauptkamm überspannende Grafschaft Tirol zu schaffen. Dabei halfen ihm sein Geschick und das nötige Glück, aber auch die Anwendung von Gewalt und das Fehlen einer übergeordneten Macht im Zeitalter des sogenannten Interregnums. Als 1273 mit Rudolf von Habsburg endlich ein allgemein anerkanntes Reichsoberhaupt an die Regierung kam, geschah dies auch mit erheblicher Unterstützung durch den Grafen von Tirol. Dafür erkannte König Rudolf die Unabhängigkeit der Grafschaft Tirol von angrenzenden politischen Gebilden an. König Rudolf machte Meinhard durch die Verleihung des Herzogtums Kärnten sogar zum Reichsfürsten.

Der »Begründer Tirols« konnte dank seines organisatorischen und wirtschaftlichen Talents bedeutende finanzielle Mittel zur Durchsetzung seiner Politik aufbringen. Eine fortschrittliche Verwaltung förderte ebenfalls wesentlich die Konsolidierung des neuen politischen Gebildes. Meinhards rücksichtsloses Vorgehen gegen die weltlichen Machtansprüche der Bischöfe von Trient und Brixen findet nicht zuletzt in Erfahrungen seiner Jugend eine Begründung. Einige Jahre hindurch hatten Meinhard und sein Bruder Albert als Geisel in der Haft des Salzburger Erzbischofs Philipp verbringen müssen, nachdem ihr Vater bei einem militärischen Unternehmen gegen den Kirchenfürsten in dessen Hände gefallen war.

Dass sich der Tiroler Landesherr lange Zeit offiziell im Kirchenbann befand, geht nicht nur auf seine Übergriffe gegenüber den Bischöfen zurück. Die von den Päpsten ausgesprochene Exkommunikation beruhte auch auf der Zugehörigkeit Meinhards zum staufischen Lager, deren Parteigänger als notorische Feinde der Kirche galten. Die Unterstützung Konradins, seines Stiefsohnes, bei dessen Zug nach Italien hatte für Meinhard erstmals den päpstlichen Bannfluch zur Folge. Weitreichende Konsequenzen daraus zeichneten sich nicht ab. Zu sehr war den Zeitgenossen der politische Hintergrund dieser Sanktionen bewusst. Andererseits dokumentierte der Tiroler Landesfürst durch die Gründung des Klosters Stams seine kirchliche Gesinnung.

Meinhards Gemahlin Elisabeth, die Mitbegründerin des Klosters Stams, ist um das Jahr 1227 als Tochter des bayerischwittelsbachischen Herzogs Otto II. geboren. 1246 war sie mit Konrad, dem Sohn Kaiser Friedrichs II., vermählt worden. Der Bräutigam trug damals bereits den Titel eines erwählten römisch-deutschen Königs, Königs von Jerusalem und Sizilien sowie Herzogs von Schwaben. Als Konrad nach dem Tod seines Vaters 1250 im Herbst des Folgejahres nach Italien aufbrach, um dort die Ansprüche der Staufer auf die Herrschaft über das Königreich Sizilien und auch auf das römische Kaisertum geltend zu machen, blieb

Meinhard II. und Elisabeth mit dem von ihnen gestifteten Kloster Stams. Das vom Stamser Konventualen Johannes Fuchs um 1600 gemalte Bildchen (240 × 200 mm) zeigt das Modell des Stiftes so, wie es zu seiner Zeit ausgesehen hat. Das Phantasieporträt Meinhards entspricht dem kurz vorher entstandenen Stich von Dominicus Custos.

Elisabeth in Deutschland zurück. Im März 1252 wurde das einzige Kind aus dieser Ehe geboren, der kleine Konrad, den man in Italien Corradino nannte und der als Konradin in die Geschichte eingegangen ist. Vater und Sohn haben sich nie gesehen. Konrad IV. starb 1254 in Unteritalien.

Die Vormundschaft über den kindlichen Königssohn und einzigen legitimen männlichen Angehörigen des staufischen Kaiserhauses übernahmen Elisabeths wittelsbachische Brüder. Der Einfluss der Mutter auf die Erziehung ihres Sohnes dürfte eher beschränkt gewesen sein. Andererseits traf die junge Witwe auch selbst Verfügungen über ihre Besitzungen, wobei sie demonstrativ den Titel einer Königin von Sizilien und Jerusalem sowie Herzogin von Schwaben führte.

Die Vermählung der Elisabeth mit dem um etwa 10 Jahre jüngeren Grafen Meinhard II. von Tirol im Oktober 1259 in München bedeutete für die Braut einen eindeutigen standesmäßigen Abstieg und fand nach späteren Berichten zunächst auch nicht das Wohlwollen ihrer Brüder. Die Regelung des Witwengutes der Braut zog sich noch einige Zeit hin. Auf diese Weise erhielt der Tiroler Graf dann aber wertvolle Besitzungen vor allem im Vinschgau, im Passeier und im oberen Inntal. Kontakte der Mutter zu ihrem weiterhin unter der Obhut der bayerischen Herzoge verbleibenden Sohn Konradin sind in der Folge nur spärlich bezeugt.

Auch als Gemahlin Meinhards II. profilierte sich Elisabeth mehrfach als eigenständig handelnde Persönlichkeit. Sie führte in Urkunden fallweise sogar noch den Titel einer Königin und verfügte allein über ihre eigenen Einkünfte. Am nachhaltigsten gestaltete sich aber ihre Initiative bei der Gründung des Zisterzienserstiftes Stams. Dort fand die im Oktober 1273 Verstorbene ihre letzte Ruhestätte.

Elisabeths Ehe mit Meinhard entstammte ein halbes Dutzend Kinder, unter ihnen die Tochter Elisabeth, die als Gemahlin des römisch-deutschen Königs Albrecht I. (†1308) zur Stammmutter aller Habsburger wurde.

JR

Detail aus dem Hochaltar der ehemaligen Stamser Wallfahrts- und heutigen Pfarrkirche

Karl C. Berger

Die dreifache Wallfahrt begann mit dem Täufer

Als am 12. März des Jahres 1273 das klösterliche Leben begann, war Stams schon ein überregional bekannter Wallfahrtsort zum heiligen Johannes dem Täufer. Es war dies einer der Gründe, warum Graf Meinhard II. und seine Frau Elisabeth gerade diesen Ort für die Errichtung eines Klosters auserkoren. Die genaue Entstehung der Wallfahrt liegt im Dunkeln, doch die Gründung einer Zisterzienserabtei und die Betreuung der Pilger durch diesen beliebten Orden förderte den Zustrom weiterer Hilfesuchender und Kranker. Das auf Rudolf, einen der Gründermönche und späteren Abt (1289–1294), zurückgehende »Liber miraculorum« (Buch der Wunder) berichtet von einem großen Einzugsgebiet. Dieses erstreckte sich von der heutigen Schweiz, Süddeutschland und Salzburg bis nach Bozen und Laibach im heutigen Slowenien.

Der Stamser Hofrichter Johann Georg Frickhinger betont in einem 1648 verfassten Bruderschaftsbüchlein, dass seit der Übernahme durch die Zisterzienser nicht jedes angebliche Wunder aufgeschrieben werde, *»sondern allein die jenigen, wellich uns durch Ehrliche und glaubwürdige persohnen ordentlich probiert seindt worden, oder wür selbsten mit Augen* *gesehen haben«*. Abt Paul Gay (1631–1638) hat das Mirakelbuch seines Vorgängers unter dem Titel »Wunderzaichen« übersetzt und weitergeführt. Von Heilungen aller Art wird darin berichtet. Josef Ernst fasst in seinem Aufsatz in der 700-Jahr-Festschrift des Klosters so zusammen: »Bekehrung vom Unglaube, Heilung von Personen, denen die Ärzte das Leben schon aufgesagt haben, Tote und Halbtote werden wieder lebendig, Heilung von Krummen, Lahmen und vielen anderen. Alle Arten menschlichen Elends ziehen an uns vorüber.« Auch dass *»besessene Menschen«* vom bösen Geist befreit worden seien, kann man im Buch der Wunder nachlesen, etwa *»ein ungestiemer Mensch mit dem Teyffl behafft, den brachten also her seine vier Söhn gebunden mit Kötten auf einem Wagen«*.

Bereits in der Frühzeit der Wallfahrt sind Votivgaben als Dank für eine Gebetserhörung in der Kirche hinterlegt worden. Wie damals üblich, bestanden die Opfergaben aus Holz, Wachs, Öl, Lebensmitteln, Geld sowie lebenden Tieren. Im Bruderschaftsbüchlein von 1648 heißt

Das Innere der gotischen Wallfahrtskirche, gebaut zwischen 1313 und 1318 (Darstellung in der Lebersorg-Chronik)

Die »Johannesschüssel« (2. Hälfte des 15. Jahrhunderts, Schüssel erneuert) wurde Kranken auf das Haupt gelegt.

es dazu, das »*einfeltige Baurs Volkh so alda wonten*« hätte die Erinnerung an »*solche große und herrliche wunderzaichen*« nur »*mit hilzernen figuren und geschnitzelten Büldnussen*« festhalten können. Seit die Mönche die Wallfahrt betreuten, seien die Wunder »*nit auf holz, sondern in schrifft verfasst und aufgezaichnet*« worden.

Nur zehn Jahre nach der Ankunft der Zisterzienser erhielt Stams vom Generalkapitel das selten verliehene Sonderrecht, die Pilger in die Gebetsgemeinschaft des Ordens aufzunehmen. Verbunden mit den zahlreich verliehenen Ablässen machte dies Stams noch populärer. Die Zahl der Wallfahrer nahm in den ersten 40 Jahren nach der Gründung des Stifts derart zu, dass das alte Kirchlein die Pilgerscharen nicht mehr fassen konnte, weshalb Meinhards Sohn Heinrich eine größere Kirche bauen ließ, die 1318 eingeweiht wurde und im Kern in der heutigen, im 18. Jahrhundert barockisierten Pfarrkirche steckt. Mittelpunkt der Verehrung war eine Reliquie des hl. Johannes des Täufers. Diese sei von einer als »selige Thekla« bezeichneten Person nach Stams gebracht worden. Anfangs wurde sie im Altar aufbewahrt. In der Mitte des 15. Jahrhunderts aber wurde eine Steinskulptur geschaffen, deren rechter Zeigefinger die verehrungswürdige Kostbarkeit barg.

Nicht viel jünger als die Wallfahrt zum heiligen Johannes ist die Verehrung der Heilig-Blut-Reliquie. 1755 malte Franz Anton Zeiller beide samt dazugehörigen Kirchen in einem Gewölbezwickel der Stamser St.-Johannes-Kirche.

Seit in der Bayernzeit das Altarbild von Franz Anton Zeiller abhandengekommen ist, steht die gotische Sandsteinfigur des heiligen Johannes am barocken Hochalter. Im Finger des Täufers war einst die Reliquie verborgen.

Einen zusätzlichen Auftrieb erhielt die Wallfahrt, als Kaiser Karl IV. dem Kloster eine weitere Reliquie übergab. Mit dem am 31. Dezember 1377 ausgestellten Pergament gelangte Stams in den Besitz eines Schädelknochens des hl. Zacharias, des Vaters des hl. Johannes. Dieses überaus wertvolle Geschenk war ein zweifaches Kaisergeschenk, denn der römisch-deutsche Kaiser hatte es vom byzantinischen Kaiser Johannes V. erhalten. Bereits bei der Ankunft der Reliquie – eine Prozession war der heiligen Gabe nach Pfaffenhofen entgegen gezogen – zeigte sich ihre Mächtigkeit. Das 14-jährige, seit Geburt an stumme Kind eines frommen »*Paursman bey Hörtenberg*« soll »*das gespräch*« erlangt haben. Das Mirakel dockt direkt an das Lukasevangelium an, wonach Zacharias vorübergehend verstummte und ihm das Sprechen erst wieder möglich wurde, als er den göttlichen Willen akzeptierte.

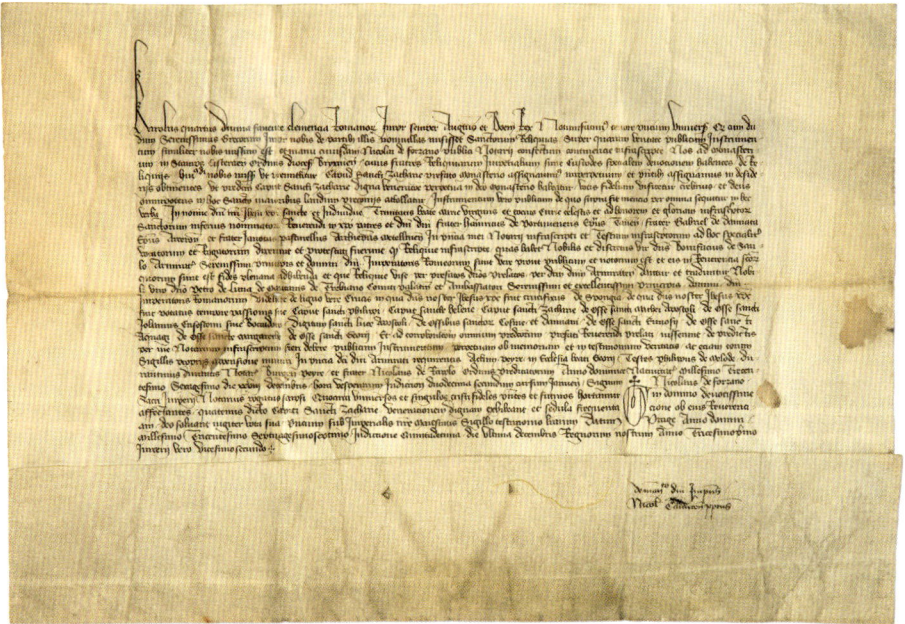

Siegel Kaiser Karls IV. und die am 31. Dezember 1377 ausgestellte Urkunde, mit der er den Stamser Zisterziensern eine Reliquie aus dem Haupt des Heiligen Zacharias zum Geschenk macht. Das beschädigte Thronsiegel hängt heute nicht mehr an der Urkunde.

*Gruppe aus einer Prozession der
St.-Johannes-Bruderschaft mit
dem Haupt des heiligen Zacharias,
des Vaters ihres Schutzheiligen
(Aquarell, um 1680)*

Die Zachariasreliquie wurde 1380 in einen Behälter in Form eines Hauptes gelegt, welches vom bayerischen Ritter Wilhelm von Massenhausen gestiftet wurde. Die Verehrung des hl. Johannes und des hl. Zacharias stand in keiner Konkurrenz zueinander, im Gegenteil: In gleicher Weise, wie die geschnitzte Johannesschüssel auf den Kopf eines Hilfsbedürftigen gelegt wurde, konnte auch das Zachariashaupt unter ständigem Gebet einem Kranken aufgesetzt werden. Selbst Erzherzog Ferdinand Karl, damals Landesfürst von Tirol, ließ sich 1654 die Reliquie auflegen und soll dadurch von einer Krankheit genesen sein.

Dieses Ereignis fand in einer Zeit statt, in der die Wallfahrt einen durch wirtschaftliche Schwierigkeiten und Reformation bedingten Einbruch überwunden und eine neue Belebung erfahren hatte. Damals rückte auch jene Blutsreliquie verstärkt ins Bewusstsein der Pilger, die bereits seit dem 14. Jahrhundert in Stams verehrt wurde. Der Legende nach sei es Maria Magdalena gewesen, die am Fuße des Kreuzes etwas Erde vom Hügel Golgota gesammelt hat, das mit dem Blut Christi getränkt war. Während des Hoch- und Spätmittelalters gab es mehrere solcher Blutsreliquien: Einer wurde beispielsweise in St. Georgenberg, einer anderen in Heiligenblut in Kärnten gehuldigt. Vor allem in den

Mittelmeerländern rühmten sich zahlreiche Orte, im Besitz eines solchen religiösen Kleinods zu sein. Tatsächlich soll auch die Stamser Reliquie aus Frankreich stammen. Um das Jahr 1300, während das Stift von Abt Konrad Waldner geführt wurde, gelangte sie nach Stams. 1306 weihte der Trienter Bischof Bartholomäus Querini jene Kapelle, die für die Aufbewahrung dieser Reliquie auserkoren wurde. Sie war vom Ehepaar Adelheidis und Rupertus Milser als Begräbnisstätte seiner Familie gestiftet worden. Auf Oswald Milser, einen Spross dieser Familie, geht übrigens das Hostienwunder in Seefeld zurück. Nach mündlicher Überlieferung forderte der Ritter vom Pfarrer bei der Kommunion eine große Hostie, welche allerdings den Geistlichen vorbehalten war. Darauf sei der Boden, auf dem Oswald gestanden sei, weich geworden – der Frevler drohte zu versinken. An diese Verbindung mit dem in das Jahr 1384 datierten Geschehen erinnert ein Gemälde von Josef Schöpf in der später im barocken Stil erneuerten Blutskapelle. Belegt ist, dass sich Oswald Milser als Büßer in das Kloster Stams zurückgezogen hat und dort 1395 gestorben ist. Er soll sich unter der Türschwelle der »Milserkapelle« begraben haben lassen, damit noch viele Generationen von Gläubigen auf seinen unwürdigen Körper treten und den begangenen Frevel sühnen helfen.

Volkstümliches Andachtsbild mit einer Darstellung des Stamser Heilig-Blut-Reliquiars, umgeben von gesticktem Dekor (Klosterarbeit des 18. Jahrhunderts)

Das für Stams kopierte Gnadenbild der »Mutter vom Guten Rat« in Genazzano bei Rom und einer der vielen kleinformatigen Kupferstiche des beliebten Marienbildes

Gleichwohl das Heilige Blut zu den wirkmächtigen Schätzen des Stiftes gezählt werden muss, stand die Reliquie im Schatten der Johanneswallfahrt. Erst im 17. und frühen 18. Jahrhundert sollte sie vermehrt ins Bewusstsein der Pilger gerückt werden. Doch die barocke Üppigkeit forderte greifbare Bildnisse und scheint so die Strahlkraft der Blutsreliquie gedämpft zu haben. »*Damit Nichts von dem, was man Gunst des Himmels nennt, dem Kloster Stams abginge*«, so erklärte Pater Kassian Primisser in seiner Chronik, »*wollte Maria [...] doch auch unter dem Titel einer Mutter von guten Rathe in Stams noch besonders verehrt werden.*« Das 18. Jahrhundert führte die katholische Frömmigkeit zu ihrer wundersamsten Blüte. Das in dieser Zeit sprunghaft ansteigende Wallfahrtsgeschehen schlug sich auch in Stams nieder. 1757 wurde eine Kopie des Bildes von Genazzano bei Rom nach Stams gebracht. Der Legende nach löste sich das Originalbild 1466 während der Belagerung durch die Osmanen von einer Wand in der albanischen Stadt Skutari (heute: Shkodra) und flog auf wundersame Weise zuerst nach Rom und dann nach Genazzano.

Die Stamser Kopie war (am Festtag des hl. Josef 1757) am Original in Genazzano berührt wurden. Nach barocker Vorstellung übertrug sich die Kraft eines Gnadenbildes durch Berührung auf die Nachbildung, weshalb diese ebenso verehrungswürdig wurde. Nachdem das Gnadenbild zuerst auf dem Hochaltar aufgestellt worden war, fand es seinen endgültigen Platz in der Blutskapelle. Auch diesmal zeigte sich die Wundertätigkeit schon, »*ehe das Bild an den bestimmten Ort überbracht worden*«. Die zwölfjährige Tochter des Anton Gritsch, welche »*seit drei Jahren krumm war*«, konnte durch das Auflegen des Bildnisses und ein Gelöbnis wieder gerade stehen. Ein »*doppelter Regenbogen*«, der sich während der Überführung in die Blutskapelle gezeigt haben soll, wurde allgemein als »*sehr günstige Vordeutung*« interpretiert. Bereits in den ersten Jahren wurden zahlreiche Mirakel – insbesondere Krankenheilungen – dokumentiert. Dabei zeigte sich, dass auch das Öl der vor dem Gnadenbild brennenden Lampe die Heilkräftigkeit übernommen hatte: Es half bei der Geburt, rettete das »*Maiser Viech durch Besprengung […] von einer dort schon ausgebrochenen Seuche*« oder löschte 1761 eine »*Feuersbrunst, die im Kloster ausbrach*«. Die barocke Frömmigkeit ließ zahlreiche Votivtafeln entstehen, die jedoch – wohl in der Zeit der Aufhebung des Klosters in bayerischer Zeit – verschwanden.

Rückhalt der Wallfahrt war die 1757 gegründete Bruderschaft der Mutter vom Guten Rat, die sich insbesondere um eine gute Sterbestunde sorgte. In einer feurigen Lobrede an die »*Liebste[n] Brüder und Schwestern dieser so gnadenvollen und mit so vielen Ablässen bereicherten Bruderschaft*« frohlockte der Innsbrucker Theologe Gabriele Schenk dementsprechend: »*Euch endlich kommet zu allerersten zu der allerbeste Rath, fromm zu leben, und selig zu sterben […] Der allerbeste Rath selig zu sterben, weil Maria die Mutter vom guten Rath uns lehret, wie wir uns zum Tode in dem Leben zubereiten, und in dem Sterbebette verhalten sollen.*«

Im Laufe der Jahre wurden weitere Kopien für einige Kirchen hergestellt, die ihrerseits als wunderträchtig verehrt wurde, so in Hinterhornbach, im Ötztal oder im Passeiertal. Beginnend mit der Auflösung des Stiftes in bayerischer Zeit, verebbte im Laufe des 19. Jahrhunderts die Wallfahrt nach Stams zunehmend bzw. wurde durch Maria von Locherboden zurückgedrängt. Auswirkungen der Historie sind aber noch heute zu spüren – etwa in der »Heilig-Blut-Prozession«. Seit 2006 befindet sich in der Pfarrkirche Stams wieder eine Reliquie, die »ex ossibus Sancti Joanni« stammen soll. Und noch immer suchen in Stams Menschen Zuflucht im Gebet und »*bitten endlich um diese Gnade*« und überlassen sich – dem Text auf der Rückseite eines anderen Andachtsbildchens folgend – »*völlig und vollkommen deinem und deines allerheiligsten Sohnes heiligsten Willen*«.

Ein Andachtsbild erzählt von der Stamser Wallfahrtsgeschichte

Die wechselvolle Geschichte von Stams als Wallfahrtsort erzählt ein Andachtsbildchen aus dem 18. Jahrhundert. Im lateinischen Vers am unteren Bildrand versteckt sich eine Jahreszahl: Das Chronogramm nennt das Jahr 1759. Die weitreichenden Umbauten des Stifts, das zeigt die im unteren Drittel abgebildete Gebäudeansicht, waren schon abgeschlossen. Gestochen und gedruckt von Klauber in Augsburg, entstand die barocke Grafik zwei Jahre, nachdem die Wallfahrt nach Stams eine letzte große Blüte entfalten konnte. Mit dem Bildnis »Maria vom Guten Rat« wurde Stams nämlich neuerlich zum Ziel hilfesuchender Pilger. Deshalb ist auch das Gnadenbild etwas oberhalb der Mitte (und damit an der bedeutendsten Stelle) des Kupferstiches zu entdecken. Getragen von einem Putto, wird es links vom hl. Johannes und rechts vom hl. Bernhard von Clairvaux flankiert. Die beiden Heiligen, die auch ikonografisch zusammenspielen – beide halten ein Kreuz als Attribut –, sind nicht zufällig abgebildet: Der heilige Johannes der Täufer steht am Beginn des Pilgerstroms nach Stams. Hingegen ist der 1174 heiliggesprochene Bernhard einer der bedeutendsten Vertreter des Zisterzienserordens, der auch in Stams hochverehrt wurde. Außerdem – auch hier wird die barocke Bildersymbolik offenbar – berichten Legenden von einer engen Verbindung des Mystikers zur Gottesmutter. Direkt über dem Gnadenbild aber, inmitten eines transzendenten Wolkenfensters und vom Licht umstrahlt, zeigt sich die Blutmonstranz – die kostbarste Reliquie des Stiftes, die über lange Jahre Ziel von Pilgern war. Auf dem barocken Kupferstich ist die Monstranz direkt über dem marianischen Bild dargestellt und wird solchermaßen als hochrangiger ausgewiesen; doch im Zentrum der Gesamtkomposition steht schon das Gnadenbild vom Guten Rat: Blutmonstranz und die beiden Heiligen scheinen lediglich einen gottgefälligen Rahmen zu bilden. KB

Stams als dreifaches Wallfahrtsziel auf einem Andachtsbildchen von 1759

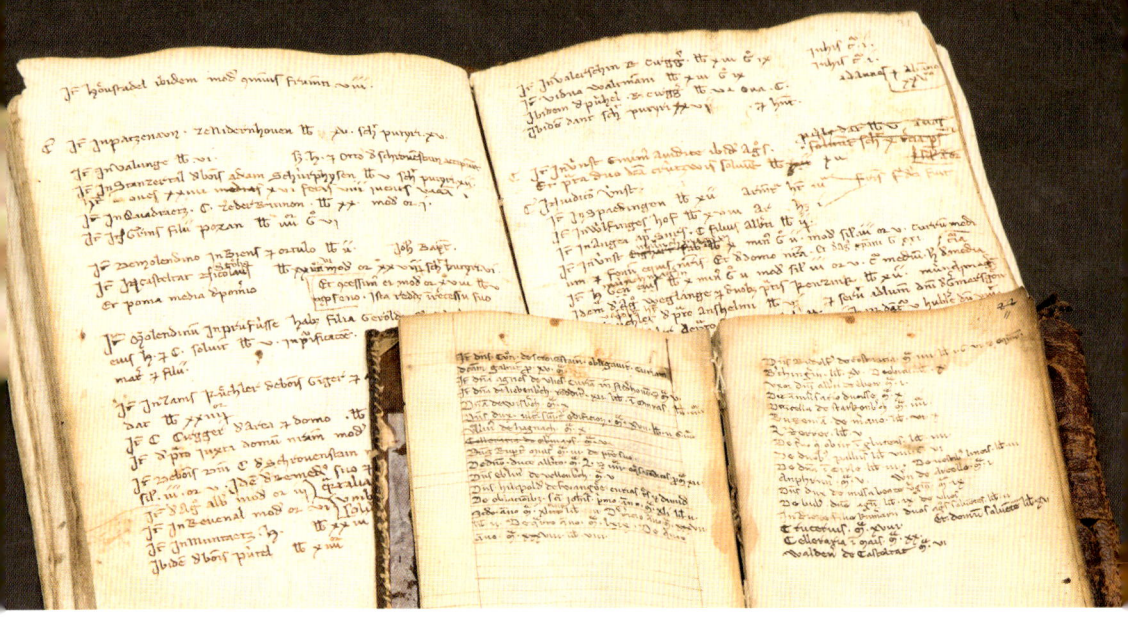

Das älteste Stamser Urbar (Güterverzeichnis) aus dem Jahre 1282 und – darunterliegend – das Urbar von 1336

Christoph Haidacher
Die Bauern und die Grundherrschaft der Mönche

Mit der Gründung des Zisterzienserklosters Stams schuf Graf Meinhard II. für sich und seine Familie eine dynastische Grablege. Dies ganz den Vorstellungen der Zeit entspringende Vorhaben erforderte vom Stifter aber auch, seine Gründung mit der notwendigen wirtschaftlichen Ausstattung zu versehen und damit dessen Zukunft abzusichern. Die darüber am 12. März 1275 ausgestellte Urkunde legt Zeugnis davon ab, dass ihm dies ein überaus wichtiges Anliegen war: »*Donavimus ... villam totam in Stams ..., advocaciam ... in ecclesia parrochiali Sills ... tres vaccarias in monte supra Stams sitas ... curiam in Tanne ... curiam in Staudach ... advocaciam in ecclesia parrochiali Mays.*« Das neugegründete Kloster erhielt also vom Landesfürsten – das besagen diese Zitate – das gesamte Dorf Stams, die Höfe im nahe gelegenen Thannrain und Staudach, drei Almen am Stamser Berg sowie die Vogteirechte in den Pfarren Silz und Mais.

Viele Güter musste Meinhard zuerst selbst erwerben, bevor er sie der Mönchsgemeinschaft schenken konnte. So gehörte das ganze Dorf Stams – und alles, was dazugehörte, zum Beispiel die nahe Innfähre mit dem Recht der Überfuhr – dem Ritter Ulrich Millo. Graf Meinhard zahlte ihm für jede Mark an jährlich zu erwartenden Einkünften zehn Mark, in der Summe 260 Mark. Was der Ritter an andere Lehensträger weitergegeben hatte, musste von diesen ebenfalls abgelöst werden. Und 24 namentlich genannte Stamser erhielten für ihre kleinen Hofstätten bares Geld. *»Damit alle Klagen und alles Gemurre unter den Einwohnern von Stams für alle Zeit beschwichtigt werde«*, heißt es in der betreffenden Urkunde.

Es sind vor allem landwirtschaftliche Güter, mit denen die junge Zisterze dotiert wurde. Dies darf nicht verwundern: Grund und Boden stellten im Mittelalter die Lebensgrundlage der Menschen dar. Im Gegensatz zu heute lebte damals der Großteil der Bevölkerung am Land, die Stadtbürger bildeten eine kleine Minderheit. Der Grund und Boden, den sie als Bauern bebauten, lieferte alles, was sie zu ihrem bescheidenen, oftmals kärglichen Leben brauchten. Aber auch die herrschenden Schichten, König, Adel und Kirche, bezogen ihre materiellen Ressourcen zu einem beträchtlichen Teil aus Grund und Boden, denn sie waren dessen Besitzer und verliehen ihn gegen Abgaben und Dienste an ihre Bauern. Der Grundherr war aber nicht nur der Inhaber von Grund und Boden, sondern auch der Herr über alle, die ihn bebauten und darauf wohnten. Er gewährte ihnen Schutz und Hilfe, im Gegenzug war der »Grundholde« seinem Herrn zu Treue sowie zu Abgaben und Diensten verpflichtet. Dieses Geflecht rechtlicher, wirtschaftlicher und sozialer Elemente, das eine wesentliche Säule der mittelalterlichen Gesellschaftsordnung bildete, wird als Grundherrschaft bezeichnet; mit der Grundentlastung der Jahre 1848/49 fand sie ihr Ende. Auch für Stift Stams bedeuteten Grund und Boden, bedeutete seine Grundherrschaft über viele Jahrhunderte die wirtschaftliche und finanzielle Basis, ohne die dem Kloster die Lebensgrundlage gefehlt hätte.

Unter den Gütern, die »Anno domini M-CC-LXXXX secundo« (1292) im Stamser Urbar eingetragen wurden, befindet sich ein Hof in »Stams«, einer in »Tanne« (Thannrain) und zwei in »Haselach« (Haslach).

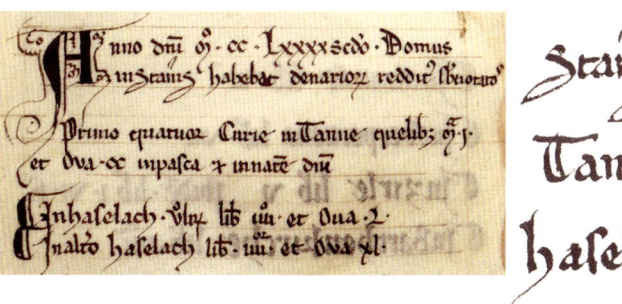

Mit der Gründungsdotation als Ausgangssituation gelang es dem Kloster Stams, vor allem in den ersten beiden Jahrhunderten seines Bestehens, sich eine ansehnliche Grundherrschaft aufzubauen, die zu ihrer Blütezeit die Größe Liechtensteins übertraf und rund 800 Familien, verteilt auf 300 Orte und Weiler, umfasste. Der Stifter Graf Meinhard II. beließ es nicht bei seiner Gründungsausstattung, sondern erwies sich auch weiterhin als Wohltäter des Klosters, seine Nachfolger und spätere Tiroler Landesfürsten hielten es genauso. Viele Adelige und Bürger folgten – hoffend auf himmlischen Lohn – ihrem Vorbild und bedachten Stams mit Stiftungen und Grundschenkungen; zahlreiche, heute noch im Stiftsarchiv verwahrte Urkunden legen davon Zeugnis ab. Tüchtige Äbte förderten durch kluge Ankäufe diese Entwicklung.

Im Jahr 1279 schenkten Adelheidis und Rupertus Milser dem Kloster zwei Höfe und stifteten bald darauf als Begräbnisstätte ihrer Familie eine Kapelle, aus der die heutige Heilig-Blut-Kapelle hervorging. Auf einem Glasfenster dieser Milserkapelle war das Ehepaar als deren Stifter zu sehen. P. Lebersorg hat es in seiner Chronik abgebildet.

König Rudolf (von Habsburg) schenkt dem Abt und Konvent des St.-Johannes-Klosters in Stams ein königliches Eigengut, 15. Oktober 1274, Schwäbisch-Gmünd. Das Majestätssiegel hat einen Durchmesser von 98 mm.

GESCHICHTE BIS *1816* 39

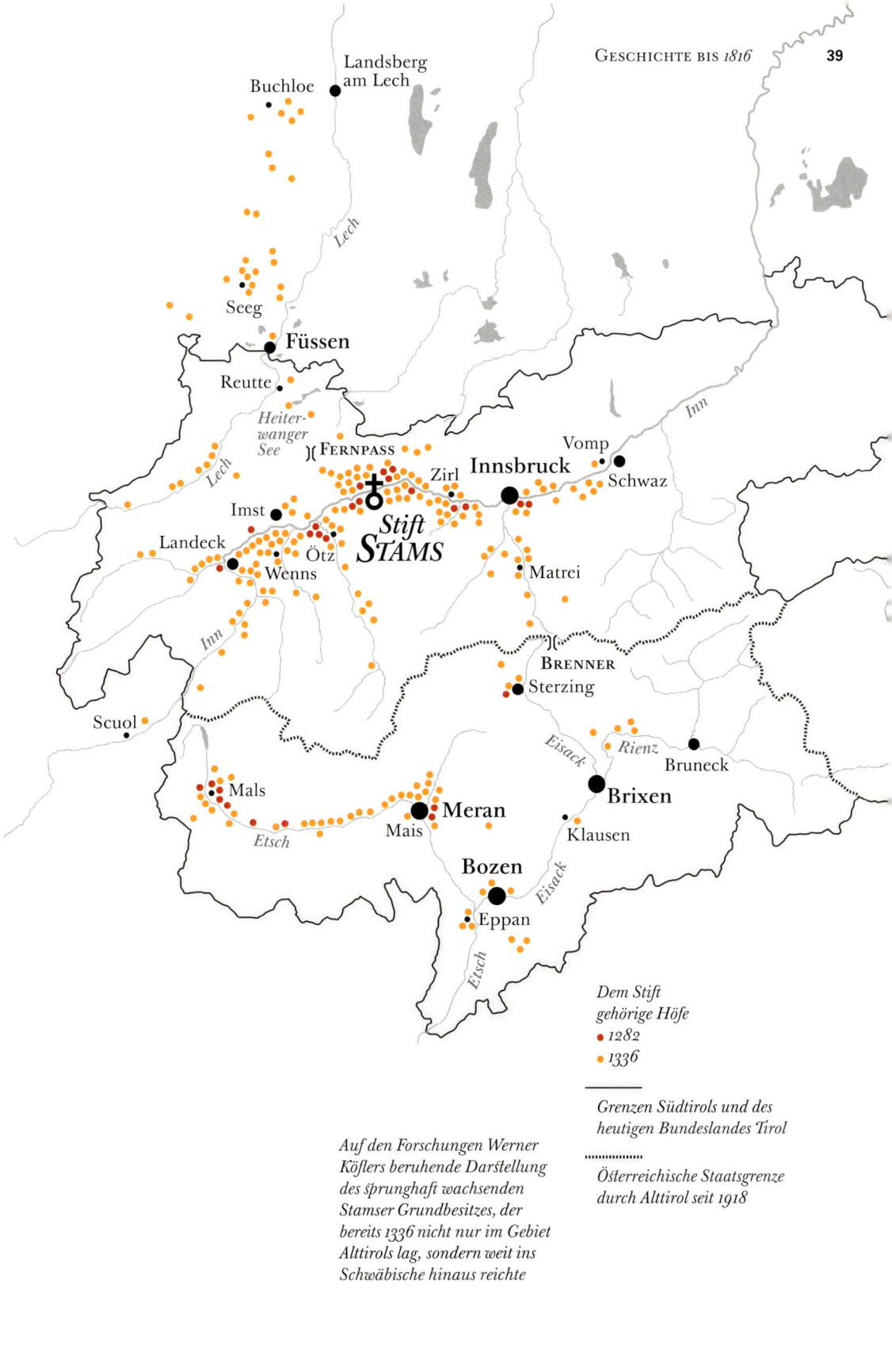

*Dem Stift
gehörige Höfe*
• *1282*
• *1336*

―――― *Grenzen Südtirols und des
heutigen Bundeslandes Tirol*

·············· *Österreichische Staatsgrenze
durch Alttirol seit 1918*

*Auf den Forschungen Werner
Köflers beruhende Darstellung
des sprunghaft wachsenden
Stamser Grundbesitzes, der
bereits 1336 nicht nur im Gebiet
Alttirols lag, sondern weit ins
Schwäbische hinaus reichte*

Noch deutlicher fassbar wird die dynamische Entwicklung der Stamser Grundherrschaft beim Vergleich der ältesten erhaltenen Urbare (= Güterverzeichnisse). Während sich 1282 der Grundbesitz noch auf das Oberinntal mit Schwerpunkt Stams, auf den oberen Vinschgau und den Raum Meran (Mais) beschränkt, zeigt die kartografische Umsetzung des Urbars von 1336 eine enorme Verdichtung und Ausweitung der Stamser Güter: Das gesamte Inntal mit seinen Seitentälern, der Vinschgau, das Burggrafenamt, das Wipptal, der Raum Bozen, die Trasse über den Fernpass und die schwäbischen Landschaften zwischen Lech und Wertach sind mit Stamser Gütern übersät. Verwaltet wurde dieser ausgedehnte Besitz durch Amtmänner in Füssen (für die schwäbischen Güter) und in Mais (für die Vinschgauer Güter) sowie den Oberkellner (cellarius maior), den Bursner (bursarius) und den Propst (prepositus) für die Besitzungen im Inn-, Wipp- und Eisacktal; Letztere hatten ihren Sitz im Kloster selbst.

Da sich in der unmittelbaren Umgebung des Klosters alles Land in der Hand der Mönche befand, gelang es Stift Stams, hier einen abgeschlossenen Rechtsbezirk, eine sogenannte Hofmark auszubilden. Dort übten die Zisterzienser nicht nur grundherrliche Rechte aus, sondern verfügten auch über die niedere Gerichtsbarkeit. Deren Ursprünge sind wiederum in der Gründungsdotation zu suchen. In der besagten Urkunde von 1275 eximierte (= befreite) Meinhard II. sein Kloster Stams von der Gerichtsbarkeit auswärtiger Richter – konkret war das der Landrichter von St. Petersberg – mit Ausnahme des Blutgerichts. Der Stamser Hofrichter war also für Verbrechen, die mit dem Tode bestraft wurden, nicht zuständig. Die Hofmark – der Begriff als solcher wurde erstmals 1376 verwendet – umfasste das Dorf Stams, die Weiler Staudach und Thannrain, drei Almen oberhalb des Dorfes und einen schmalen Streifen am gegenüberliegenden Innufer, wie man auf einer zeitgenössischen Karte sehr gut erkennen kann. An der Spitze der Hofmark stand ein als Gotteshaus- oder Hofrichter bezeichneter Angehöriger des Konvents, wohl der Propst, der Stellvertreter des Abtes. Ab der 2. Hälfte des 15. Jahrhunderts übten Laien diese Funktion aus. Sein Amtssitz war die »Porten«, das Portalgebäude des Klosters, das sich im Westen der weitläufigen Anlage befand und heute noch als Gerichtsgebäude bezeichnet wird. Diese Hofmark als eigenständiger Gerichtsbezirk hatte bis in die bayerische Zeit Bestand; die neuen Herren gliederten sie 1806 an das Gericht Telfs an, nur wenige Jahre später (1809) an das Gericht Silz, zu dem Stams bis heute gehört.

Geschichte bis *1816* **41**

Karte des Hofgerichts bzw. der Hofmark Stams aus dem 18. Jahrhundert. Die Grenzen sind durch punktierte Linien gekennzeichnet.

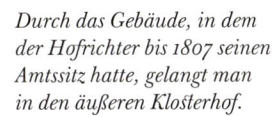

Durch das Gebäude, in dem der Hofrichter bis 1807 seinen Amtssitz hatte, gelangt man in den äußeren Klosterhof.

Blick von Norden über Untermieming auf die Hofmark (um 1600 entstandenes Aquarell). In der Mitte Kloster und Dorf Stams, ganz rechts Staudach mit der Brücke nach Mötz, ganz links geht es über Thannrain nach Rietz, das außerhalb der Hofgerichtsgrenze liegt.

Die Grundherrschaft mit ihrem Schutz-Treue-Verhältnis band die Bauern eng an ihre klösterlichen Grundherren; in den Anfängen war diese Abhängigkeit sogar eine noch größere, denn die Bauern galten als Eigenleute des Stifts und waren damit einem hohen Grad an Unfreiheit ausgesetzt. Im Konkreten bedeutete dies beispielsweise, dass sich der Bauer ohne Zustimmung des Klosters nicht anderswo niederlassen oder auch nicht heiraten durfte. Im Todesfall des Eigenmanns hatte das Kloster Anspruch auf einen Teil des Erbes in Form des sogenannten Besthaupts (= des besten Rindes). Dieses enge persönliche Abhängigkeitsverhältnis nahm in Stams im Lauf der Zeit jedoch stark ab, da sich im übrigen Tirol mit Duldung und Wohlwollen des Landesfürsten bis zum Ende des Mittelalters ein freier Bauernstand etablierte; dieser Entwicklung konnten sich auch die Klöster nicht entziehen.

Der Bauer hatte sein Gut, von dem er und seine Familie lebten, vom Kloster »zur Leihe«. Die rechtlichen Bedingungen, unter denen diese Leihe erfolgte, waren anfänglich keine günstigen, denn in kirchlichen Grundherrschaften herrschte das Freistiftrecht vor. Das bedeutete, dass der Grundholde (= der den Grund bewirtschaftende Bauer) jährlich »abgestiftet« werden konnte, er also nicht länger auf dem Hof bleiben durfte. Dies kam zwar sehr selten vor, da ja auch das Kloster an einer nachhaltigen Bewirtschaftung interessiert war, allerdings erforderte die Neuverleihung beim alljährlichen »Bauding« (= Versammlung zur Neuverleihung der Güter) vom Bauern eine zusätzliche Abgabe. Bereits im 14. Jahrhundert ging man dazu über, Güter für mehrere Jahre zu verleihen; angesichts der günstigeren rechtlichen Verhältnisse bei den landesfürstlichen Gütern und insbesondere unter dem Eindruck der Bauernerhebung von 1525 setzte sich auch in Stams die für die Bauern günstige Erbleihe durch, die zeitlich unbegrenzt und unaufkündbar war und sich nur durch die zu leistenden Abgaben von einem Besitz unterschied.

Die der allgemeinen Entwicklung in Tirol hinterherhinkenden Verhältnisse in Stams mögen ihren Grund auch darin haben, dass insbesondere die Güter in der unmittelbaren Nähe des Klosters, in

Streit um die Fische

*Fischen im Heiterwanger See
(Detail aus Maximilians Fischereibuch)*

Wegen der vielen Fasttage war es für Stams wie für alle Klöster des Mittelalters sehr wichtig, ausreichend Fischwässer oder Fischrechte an Seen, Bächen und Flüssen zu besitzen. Das Stift Stams war diesbezüglich von Anfang an gut versorgt und erweiterte den Besitz an fischreichen Gewässern laufend. Zum Beispiel berichtet Pater Lebersorg in seiner Chronik, dass im Jahr 1407 Andreas von Hochenegg und seine Frau Margarethe von Freiberg »zur Ehre Gottes und zu ihrem Seelenheil dem Kloster den vierten Teil eines Hofes zu Heiterwang mit dem dazugehörigen Fischlehen« schenkten. »Und nachdem das Kloster schon früher durch die Stiftung König Heinrichs etc. zwei Fischlehen und durch Kauf vom Kloster Steingaden ein weiteres für sich erworben hatte, brachte es nun durch diese Schenkung den gesamten See zusammen mit dem ganzen Hof und allen Rechten in seine Hand.« Die Güter am See verlieh Abt Gregor um das Jahr 1449 an fünf Bauern, die als Jahreszins eine bestimmte Anzahl von Fischen liefern mussten.

So weit, so gut, wenn die Qualität der Heiterwanger Fische nicht die Begehrlichkeit des Landesfürsten Sigmund des Münzreichen geweckt hätte. Als er 1464 einmal mit seinen Höflingen auf einem Jagdausflug dorthin kam, schmeckten sie ihm so gut, »sodass Sigmund vom Abt die Erlaubnis erbat, eine gewisse Menge zu fischen, was dieser gerne gestattete«. Die Folge war, dass den Bauern bald darauf der Fischfang im See von der Regierung verboten wurde. Lebersorg: »So wurde dem Kloster das Fischrecht im genannten See weggenommen.«

Alle Eingaben gegen diesen offenkundigen Rechtsbruch waren vergebens. Man gab in Stams jedoch nicht auf, und so zog sich der Streit um die Fischrechte im Heiterwanger See über mehr als eineinhalb Jahrhunderte hin. Noch 1621 lautete eine neue Vereinbarung, »daß das Kloster [...] zwei Tage in der Wochen mit der Sög u. allen andern Fischzeug fischen möge; herentgegen aber auch schuldig sei, den Seehüther proportionaliter zu bezahlen« (Regest der Urkunde vom 6. 9. 1621). Bereits zehn Jahre später gibt es neue Regeln: Das Kloster kann »fischen 4 Tage in der Wochen zu Zeiten, da der Herrschaft Fischer nicht fischt, [...] mit gewöhnlichen kleinen Zeug, dem Hofmodl gemäß (nicht aber mit der Seegen) fischen, wie denn darum die vorige Bewilligung mit der Seeg zu fischen cassirt [aufgehoben] sein solle. Es solle auch zum anderten der Hoffischer dem Kloster jährlich das eine Jahr Sälbling, das andere Jahr Renken 300 Setzling liefern, oder jährlich jedweders halbs, d.i. 150 Selbling u. 150 Renken.« (Urkunde vom 29. 9. 1631)

der Hofmark, in Eigenwirtschaft der Mönche betrieben wurden. Diese für den Zisterzienserorden charakteristische sogenannte Grangienwirtschaft betraf den Klosterhof und den Hof zu Thannrain. Erst gegen Ende des Mittelalters gingen die Mönche dazu über, auch diese Höfe an Bauern zu verleihen. Dabei wurden diese außerordentlich großen landwirtschaftlichen Betriebe mehrfach geteilt, sodass sich daraus eine ganze Reihe von kleinen Freistiftgütern entwickeln konnte.

Die Urbare geben nicht nur über den Grundbesitz des Klosters Stams und die enorme Steigerung der Einnahmen in den ersten Jahrzehnten Auskunft *(siehe Tabelle unten)*, sie verraten auch viel über den oftmals harten Alltag der Bauern. Denn die dort verzeichneten Abgaben (Zinse) lassen erkennen, was die Menschen anbauten und was sie aßen. Es wurde viel Getreide gezinst, überwiegend Gerste und Roggen, daneben Hafer und ein wenig Weizen; die gebirgige Topografie Tirols spiegelt sich damit auch in den Abgaben wider. Bei den Milchprodukten dominierte der haltbare Käse, der vor allem von den hochgelegenen Schwaighöfen geliefert wurde. Auch die hohe Anzahl von Eiern fällt auf, während Fleisch nur in geringen Mengen gezinst wurde. Dies ist sicher den strengen Fastengeboten der Zisterzienser geschuldet; dafür bezogen die Mönche aus ihren Fischwässern (Piburger, Mieminger und Heiterwanger See, Inn und Etsch) nicht nur Fische für den eigenen Bedarf, sondern durch Weitervergabe des Rechts zum Fischfang auch reichliche Einnahmen. Der vom Kloster benötigte Wein stammte aus den Südtiroler Gütern. Die reinen Geldzinse der gesamten Stamser Grundherrschaft – der anteilsmäßig später immer größer wurde – beliefen sich nach dem Urbar von 1336 auf rund 500 Mark Berner. Zum Vergleich: Die Stadt Innsbruck lieferte jährlich rund 70 Mark Berner an Steuern an den Landesfürsten ab; die Erträge der Haller Saline betrugen im Jahr rund 1000 Mark.

Jahr		1284	1336	*Jahr*		1284	1336
Geld	Mark	28	502	*Käse*	Schött	900	5400
Roggen	Mutt	122	1159			+ 60	+ 1063
Gerste	Mutt	62	1414	*Butter*	Schött	–	119
Hafer	Mutt	19	236	*Eier*		100	7590
Weizen	Mutt	12 ½	33	*Hühner*		–	69
Bohnen	Mutt	–	2	*Kleinvieh*		2	74
Wein	Wagen	5	39 ½	*Fleischstücke*		–	64

Die Grundherrschaft bildete seit der Gründung im 13. Jahrhundert das wirtschaftliche Rückgrat des Klosters. Sie garantierte stabile jährliche Erträge, die lediglich durch Einflüsse wie Dürre, Überschwemmungen oder Heuschrecken gemindert wurden. Wenn das Stift schwierige finanzielle Phasen erlebte, war dies anderen Faktoren geschuldet: Geldforderungen des Landesfürsten (Kriegsanleihen), die stetige Verringerung der Einnahmen durch die allgemeine Geldentwertung, übermäßige Kosten für fürstliche Jagdgesellschaften, Katastrophen wie der große Brand von 1593, der die alten hölzernen Wirtschaftsgebäude des Klosters vernichtete, oder die aufwendige barocke Umgestaltung des Stifts.

Gleichsam als Vorbote des Endes der Stamser Grundherrschaft kann die Zeit der bayerischen Herrschaft in Tirol gesehen werden: 1807 hoben die neuen Herren das Kloster so wie viele andere geistliche Einrichtungen in Tirol auf. Zwar wurde das Stift nach der Bayernzeit wieder zum Leben erweckt, es sollte allerdings nicht lange dauern, ehe die Grundentlastung der Jahre 1848/49 der beinahe sechs Jahrhunderte bestehenden Grundherrschaft der Zisterzienser ein Ende bereitete.

Mit dieser »Bauernbefreiung« wurden die Bauern auf den Gütern des Stifts auch tatsächlich Eigentümern des von ihnen seit dem Spätmittelalter bewirtschafteten Bodens. Sie mussten allerdings ein Drittel des Schätzwertes als Ablöse zahlen, was nicht jedem leichtfiel. Auf ein Drittel verzichtete der bisherige Grundeigentümer, ein Drittel übernahm der Staat. Lediglich die Höfe in der Nachbarschaft des Stifts verblieben den Mönchen, weil diese als Freistiftgüter theoretisch zeitlich begrenzt vergeben waren und das Gesetz der Grundentlastung nur für die freie Erbleihe galt. Ein Blick in das Grundbuchanlegungsprotokoll der Katastralgemeinde Stams aus dem Jahr 1907 zeigt, dass sich noch sehr viele landwirtschaftliche Flächen im Dorf im Besitz des Klosters befanden. Im Zuge von Grundzusammenlegungen in den 1950er Jahren im Raum Stams, Mötz, Silz und Haiming überließ der Zisterzienserorden rund 105 Hektar landwirtschaftlichen Grund seinen Pächtern, wobei die Abgeltung weit unter dem damals ortsüblichen Niveau lag. Das Kloster Stams behielt nur jene Flächen, die es selbst bewirtschaftete, darunter seinen Waldbesitz, der bis heute eine wichtige Einnahmenquelle für das Stift darstellt.

Damit endete vor rund 60 Jahren endgültig die Zeit der »Stamser Grundherrschaft«, deren Fundamente von Graf Meinhard II. von Tirol in der Gründungsurkunde von 1275 gelegt worden waren.

Dem Blutgericht entkommen

Es gibt keine Untersuchung darüber, in wie vielen Fällen das Stamser Hofgericht einen Delinquenten wegen eines todeswürdigen Verbrechens zur Aburteilung und Hinrichtung an das Landgericht St. Petersberg überstellen musste. Wie oft oder wie selten es auch vorgekommen sein mag, der Todeskandidat hatte eine gute Chance, der Strafe zu entkommen, sollten der Richter oder seine Büttel säumig sein. Denn in einer Urkunde aus dem Jahr 1440 heißt es (nach der Zusammenfassung im Regest), dass »Blutgerichtschuldige innerhalb dreyen Tägen auf Petersberg sollen geliefert werden mit vorheriger Bedeutung [Verständigung], und von dem Kloster geführt werden zu dem Stein mitten auf der Wiesen ob Stams neben dem Urzelbach; so aber solcher von Petersberg auf vorherige Ermahnung nicht übernommen werden sollte, mögen sie ihn an einen Zwirnfaden anbinden, u. davongehen, und so er entrinnt, kein Rechenschaft zu geben schuldig seyn«.

Auf weniger »fadenscheinige« Weise entkamen 1552 vier Stamser dem Blutgericht. Ein mit dem Abt verwandter Diener hatte während der Plünderung des Klosters durch die schmalkaldischen Truppen (siehe Seite 68) seine Kenntnis der Verstecke und der Schlüssel dazu benützt, mithilfe dreier Freunde eine Kiste mit Silbergeschirr fortzuschaffen. Sie teilten die Beute unter sich und wären sicher unentdeckt geblieben, wenn nicht einer von ihnen ein Gefäß

St. Petersberg bei Silz,
Sitz des Landrichters, der allein
Todesurteile fällen konnte

verkauft hätte, das als dem Kloster gehörig erkannt wurde. Er wurde in den St. Petersberger Kerker geworfen, gestand seine Tat und nannte »ohne Folter«, wie Lebersorg berichtet, seine Komplizen. Alle vier wurden am 17. Dezember 1552 zum Tode verurteilt. Wie es kam, dass sie nicht sterben mussten, erzählt Pater Lebersorg: »Unterdessen aber strömten Freunde und Bekannte von ihnen von überall herbei, um Fürsprache zu erlangen, selbst der Abt und der Konvent von Stams, Abt Johann und der Konvent von Wilten sowie viele weitere Adelige wurden von ihnen gebeten, um für diese bei der kaiserlichen Majestät, die damals in Wien weilte, einzutreten. Diese alle unterschrieben daher die Bittschrift, die sie alsbald zusammen mit der Fürsprache der durchlauchtigsten Magdalena, Eleonore und Margarethe, der Töchter König Ferdinands etc., für jene an die besagte kaiserliche Majestät richteten, die bewegt von so vielen und umfangreichen Bittschriften jenen sowohl das Leben als auch die Freiheit schenkte.«

Im Dienste der Landesfürsten

Die Statuen von vier Tiroler Landesfürsten und ihren Gattinnen im sogenannten »Österreichischen Grab« der Stiftskirche künden von der engen Beziehung des Klosters zur politischen Macht.

Das vom Schöpfer des Landes Tirol gegründete Kloster Stams nahm in den ersten Jahrzehnten seiner Geschichte einen bedeutenden Platz im Herrschaftsgefüge der »gefürsteten« Grafschaft ein. Auf Schloss Tirol waren fast immer mehrere Mönche aus der jungen Klostergemeinschaft anwesend, man erkennt auf dort ausgestellten Urkunden ihre Handschrift, oft treten sie auch als Zeugen auf. Andererseits weiß man von häufigen Besuchen Meinhards II. in Stams. Man kann davon ausgehen, dass er mit den Äbten und dem einen oder anderen Priester des Konvents nicht nur religiöse Gespräche führte, sondern dass hier durchaus auch politische Geschäfte und wirtschaftliche Maßnahmen für die Region und das ganze Land zur Diskussion standen. Die Stamser Mönche besaßen so sehr das Vertrauen des Landesfürsten, dass er dem Abt Heinrich von Honstätten und seinem Nachfolger Friedrich von Tegernsee einen der beiden Schlüssel der »cista maior«, also seiner größten Schatztruhe anvertraute, deren Standort das Stams benachbarte Schloss St. Petersberg war. Der Abt war also immer anwesend, wenn der Herrscher seinen Geldsäckel wieder einmal auffüllte.

Unter Meinhards Söhnen änderte sich noch nichts an der bevorzugten Stellung des Stifts, sie wurden auch alle samt ihren Familien hier begraben. Doch mit ihnen erlosch die Dynastie im Mannesstamm, und als jugendlicher Gemahl der Erbtochter Margarethe kam Johann Heinrich von Luxemburg ins Land, dessen Vater als König von Böhmen das Geschlecht zum Konkurrenten der Wittelsbacher und Habsburger gemacht hatte. Dass 1341 einige führende Tiroler Adelige gegen die Herrschaft der Luxemburger putschten und den neunzehnjährigen Johann Heinrich mit Zustimmung Margarethes aus dem Land vertrieben, bekümmerte die Mönche von Stams wahrscheinlich weniger als Margarethes neuerliche Heirat mit Ludwig von Brandenburg, dem Kaisersohn aus dem bayerischen Geschlecht der Wittelsbacher. Der damalige Stamser Abt Ulrich gehörte zu den

Das Hochgrab Sigmunds des Münzreichen (Abbildung in der Lebersorg-Chronik), in dem auch seine Gattinnen und die zweite Gemahlin Kaiser Maximilians I., Bianca Maria Sforza von Mailand, bestattet wurden. Es musste im späten 17. Jahrhundert dem in den Boden versenkten »Österreichischen Grab« weichen.

Die im Archiv hängend aufbewahrten Urkunden enthalten zahlreiche Privilegien und Schenkungen der Landesfürsten, aber auch der Bischöfe von Brixen und Trient.

Gegnern dieser Verbindung. Sicher nicht deshalb, weil damit ein Frontwechsel vollzogen wurde, denn die Wittelsbacher waren ja Verwandte der Mitbegründerin des Oberinntaler Klosters. Eher war seine Haltung von grundsätzlich-theologischen Überlegungen und von der Treue dem Papst gegenüber bestimmt, der die neue Ehe der Tiroler Gräfin nicht anerkannte und das Fürstenpaar samt dem Land Tirol mit dem Bannspruch belegte.

Margarethe und Ludwig scheinen es dem Abt, der 1345 verstarb, auch nicht besonders übel genommen zu haben, es gibt kaum Anzeichen, dass sie dem Kloster ihre Gunst auf Dauer entzogen hätten. Im Gegenteil. Als Kaiser Ludwig »der Bayer« 1347 starb, scheinen die Wittelsbacher die kostbaren und als Herrschaftssymbole unersetzlichen »Reichskleinodien« – Kaiserkrone, Szepter, Reichsapfel u. a. – von München nach Stams gebracht zu haben. Im abgelegenen Bergtal sollten sie vor dem Zugriff des Böhmenkönigs Karl IV. aus dem Hause Luxemburg sicher sein, der seinen Anspruch auf die Kaiserkrone mit Waffengewalt durchzusetzen bereit war. In fast allen Publikationen über Stams wird das Stift als zeitweiliger Aufbewahrungsort der Reichskleinodien erwähnt. Tatsächlich gibt es keine historische Quelle, die es eindeutig belegt. Sicher ist nur, dass die bayerischen Herzöge 1350 nach der Aussöhnung mit den Luxemburgern dem inzwischen als römisch-deutscher König anerkannten Karl – die Kaiserkrönung wurde erst 1355 vollzogen – die zeremoniellen Gegenstände übergeben haben und dieser die Insignien der Macht in seine Residenzstadt Prag und auf die Burg Karlstein gebracht hat. Was Stams betrifft, geht aus zwei Urkunden unzweifelhaft hervor, dass Karl IV. Zisterzienser aus dem Tiroler Kloster als Wächter des Schatzes nach Böhmen berufen hat. Josef Riedmann wertet dies als Indiz dafür, dass die Reichskleinodien

Die Reichskleinodien oder Reichsinsignien – vor allem Kaiserkrone, Szepter, Reichsapfel, Schwert – waren von höchstem symbolischen Wert. Es ist möglich, dass sie 1348 bis 1350 im Stift Stams aufbewahrt wurden. Heute kann man sie in der Wiener Schatzkammer bewundern.

Herzog Friedrich IV. »mit der leeren Tasche« und sein Sohn Sigmund »der Münzreiche«. Die Porträtstatuen im »Österreichischen Grab« schuf der Oberländer Künstler Andreas Thamasch nach zeitgenössischen Bildnissen.

vorher tatsächlich kurze Zeit (1348–1350) in Stams verwahrt wurden. Im Stiftsarchiv sind keine Urkunden oder Aufzeichnungen darüber erhalten, erst Pater Wolfgang Lebersorg hat in seiner um 1630 verfassten Chronik Vermutungen darüber angestellt. Das Fehlen jeder Aufzeichnung könnte durchaus – wieder nach Riedmann – mit der notwendigen Geheimhaltung zusammenhängen, sollten doch keine Begehrlichkeiten geweckt und womöglich Karl nach Stams gelockt werden.

Der Übergang Tirols an die Habsburger im Jahr 1363 änderte nichts an der Position von Stams als eine Art »Hauskloster« der Landesfürsten. Sowohl Friedrich IV. »mit der leeren Tasche« (1404–1439) als auch Sigmund »der Münzreiche« (1439–1490, †1496) sind zusammen mit ihren Gattinnen in der Stiftskirche begraben. Herzog Friedrich IV. scheint eine besonders enge und freundschaftliche Beziehung zu den Stamser Zisterziensern gehabt zu haben und wurde sogar in die Bruderschaft des Ordens aufgenommen, was als besondere Auszeichnung und Zeichen der Verbundenheit galt. Offenbar war dem Fürsten daran gelegen, gehobene Schichten der Bevölkerung dem Stift näherzubringen. Zumindest deutet darauf die Einrichtung einer Art von Bruderschaft hin, deren Mitglieder dem Kloster selbst, dem Adel und vornehmen Bürgerkreisen angehörten. Sie hatten das Recht, im Kloster mit dem Abt zu Tische zu sitzen und im »Artus-Saal« ihre Feste zu feiern. Wesentliche Elemente dieser Gemeinschaft, als deren Name »Der Bürger Hofrecht« überliefert ist, waren außer lockeren religiösen und sozialen Verpflichtungen das Totengedenken der Mitglieder und vor allem die Einhaltung strenger Benimmregeln und Tischsitten.

Friedrich IV. ließ dem Stift weiterhin Schenkungen zukommen und stattete es mit neuen Privilegien aus, was jeweils mit Ersparnissen oder Einkünften verbunden war. Solche brauchten die Stamser Zisterzienser dringend. Denn die Zeit war vorbei, als das Stift laufend von vornehmen Familien Zuwendungen erhielt, die es leicht machten, die notwendigen Ausgaben für den Betrieb des Klosters zu decken und die sozialen Verpflichtungen einer Niederlassung der Zisterzienser zu erfüllen. Die im 14. Jahrhundert noch reichlichen Einnahmen aus dem wachsenden Grundbesitz flossen zu einem großen Teil in Form von Almosen oder Unterstützungen an arme Bevölkerungsschichten zurück. Der kirchlicherseits vorgeschriebene Zehent, die »Kirchensteuer« des Mittelalters, wurde für den Bedarf der Seesorgstationen des Stifts verwendet.

Wie für viele andere Grundbesitzer war es ein Nachteil, dass es gegen Ende des Mittelalters üblich wurde, die bisherigen Naturalabgaben in einen Geldwert umzurechnen, denn entgegen heutiger Praxis der Wertsicherung blieb die einmal festgesetzte Summe auch bei zunehmender Geldentwertung bestehen. 1472 klagt Abt Georg I. Ried in einem Schreiben an den Landesfürsten über den verhängnisvollen »*Wechsel der Münz*« und dass für die notwendigen Einkäufe ständig mehr bezahlt werden müsse.

Verhängnisvoll wirkte sich in dieser wirtschaftlich nicht gerade rosigen Situation aus, dass die Landesfürsten dem Land hohe Summen zur Finanzierung ihrer Kriege abforderten und auch die Klöster einen beträchtlichen Anteil leisten mussten, Stift Stams nicht ausgenommen. Besonders weit auseinander klafften Wirtschaftskraft und Kriegssteuern unter Sigmund dem Münzreichen. Aber schon 1420 hatte Abt Johannes I. ein Gut verkaufen müssen, um Herzog Friedrich IV. die geforderte Beihilfe für den Hussitenkrieg übergeben zu können. Dieser tobte im fernen Böhmen, es ging also nicht nur um notwendige Mittel zur Verteidigung der Tiroler Landesgrenzen. 1421 und 1422 wiederholten sich ähnliche Forderungen. Die dadurch angewachsenen Schulden des Klosters konnten 1425 nur durch den Verkauf gleich mehrerer Höfe gedeckt werden, was vom Generalabt der Zisterzienser genehmigt werden musste. Diese Verkäufe ließen zwar 4000 Gulden in die Kasse des Stiftes fließen, verminderten aber

Grablege vornehmer Familien

Neben den Landesfürsten begraben zu sein, war für Adelige und reiche Bürger äußerst attraktiv. Mehrere auffallende Grabsteine, die man heute noch im Stift bewundern kann, künden davon. Lebersorg hat sie oder zumindest die Wappen der betreffenden Familien in seiner Chronik abgebildet und genau notiert, welche Schenkungen und Stiftungen das Stift als Gegenleistung erhalten hat. Zur gesellschaftlichen Bedeutung eines Familiengrabes im Hauskloster des Landesherrn kam sicher auch die beruhigende Gewissheit, dass fromme Mönche am Jahrtag des Todes für das eigene Seelenheil und das anderer Familienmitglieder beten würden.

Wappen des Johannes Steinhauser, »Salzmair« der Saline Hall, in der Lebersorg-Chronik. Auch andere Mitglieder dieser wohlhabenden Bürgerfamilie sind in Stams begraben. Der Grabstein mit dem Familienwappen ist heute noch zu bewundern.

Mitte: Grabstein der Brüder Friedrich, Heinrich und Peter von Freiberg und deren Eltern und Gemahlinnen, 1476

Rechts: Epitaph des Jörg von Freiberg und der Sophia von Fruntsperg, 1445

gleichzeitig die laufenden Einnahmen um 100 Gulden jährlich, während die Auslagen Jahr für Jahr um rund 600 Gulden stiegen, wie in einem Visitationsbericht dieser Jahre mit großer Besorgnis festgestellt wird.

Unter Erzherzog Sigmund dem Münzreichen sollte es noch schlimmer kommen, wobei es jetzt »hausgemachte« Kriege waren, gegen Venedig vor allem, die große Mittel zur Bezahlung von Söldnern beanspruchten und den Einsatz von Wehrmannschaften der einheimischen Bevölkerung erforderlich machten. Das Stift hatte dazu meist einige Bewaffnete und einen Wagen zu stellen. Als Maximilian, der 1490 Sigmunds Nachfolge als Tiroler Landesfürst antrat, bevor er König und Kaiser wurde, den Schwäbischen Bund und das Tiroler Landesaufgebot 1499 in den Krieg gegen die Schweizer Eidgenossen schickte, beteiligte sich das Kloster Stams mit zehn Soldaten und zwei Wagen. »*Alle gingen im Kampf bei Mals [gemeint ist die Schlacht an der Calva bei Glurns] zugrunde*«, heißt es in einer von Abt Christian Bedrot dem Kaiser vorgelegten Aufstellung, der man den Titel »Merita Stamsii erga principes et patriam« gab, was mit »Verdienste von Stams um Fürst und Vaterland« übersetzt werden kann. Finanzhilfe für des

Die Schlacht an der Calva bei Glurns in der Schweizer Bilderchronik des Diepold Schilling, 1513. Unter dem Tiroler Fähnlein (Bildmitte) kämpfen auch zehn Soldaten, die das Stift Stams stellen musste.

Kaisers Kriege, ob sie nun an den Landesgrenzen, in Burgund, in Ungarn oder in Oberitalien geführt wurden, gehörten von nun an zu den fixen Ausgaben. Nach seinem Tod im Jahr 1519 blieb vor allem ein Posten weiter bestehen, das waren die Sondersteuern zur Abwehr der Türkengefahr (»contra Turcas«).

Abgesehen von den Kriegssteuern musste das Stift nicht selten dem Landesfürsten durch ansehnliche Darlehen – die in der Regel nicht zurückgezahlt wurden – aus momentanen Geldverlegenheiten helfen. Unter diesem Titel bat vor allem Sigmund der Münzreiche das Stift zur Kasse, denn die reichen Einkünfte aus Bergbau und Durchzugshandel reichten nicht aus, um seine verschwenderische Hofhaltung aus regulären Mitteln zu finanzieren.

Auch Sachleistungen wurden vom Hof ohne Skrupel in Anspruch genommen. So landete ein Großteil der Fische aus dem Heiterwanger See, wo das Stift auf Grund alter Privilegien das Fischrecht zustand, auf der Tafel des Landesfürsten, ohne dass jemals eine Vergütung dafür entrichtet worden wäre. Der Streit darüber zog sich über Jahrzehnte hin. Und das Haus, das ein Innsbrucker Bürgerpaar dem Stift geschenkt hatte und das die Stamser Äbte als Quartier für die häufig notwendigen Aufenthalte in der Residenzstadt, aber auch als Depot für die zum Verkauf an die Innsbrucker bestimmten Weine aus ihren Weingärten bei Meran nützten, wurde seit dem Übergang Tirols an die Habsburger von deren Herzögen bewohnt, wenn sie sich im Lande aufhielten. Zuerst geschah dies mit Zustimmung des Stifts, und als man im Jahr 1401 das Haus zurückverlangte, wurde dies auch zugesagt. Doch ist es nie dazu gekommen. Noch Jahrzehnte später beschwert sich das Stift, dass man dafür nicht einmal entschädigt worden sei und sich unter hohen Kosten ein neues Haus habe bauen lassen müssen (wohl das heute noch als Stamserhaus bezeichnete Gebäude am Domplatz). Das alte »steinerne Haus« des Stifts wurde von Sigmund dem Münzreichen als Residenz benützt und – weil günstig gelegen – kurzerhand in den neuen Hofburgkomplex am Stadtrand einbezogen.

Zu einer argen Belastung des Klosterbudgets entwickelten sich die häufigen Besuche der Hofgesellschaft in Stams, die meist mit einer mehrtägigen Jagd verbunden waren. Im Jagdbuch Kaiser Maximilians werden im Gericht St. Petersberg die »*gembsgejaid*« an der Magerbacherwand und am Kammereck wegen ihrer leichten Erreichbarkeit besonders hervorgehoben, denn dort »*mag der landsfürst der jedes ains tags vom closter Stambs oder von Ymbst [Imst] aus*

Unersättliche Gäste und schamlose Jäger

Während einer viertägigen Jagd im Jahr 1478 verbrauchte Erzherzog Sigmunds Jagdgesellschaft – in heutige Maße umgerechnet – ca. 600 Liter Wein sowie an Lebensmitteln 1220 Brote, 67 Stück Federvieh, 300 Eier, 50 kg Rindfleisch, 16 kg Schweinefleisch, 15 kg Schmalz, von Kerzen, Pferdefutter und anderen Produkten ganz abgesehen. Es braucht wohl nicht gesagt zu werden, dass die der landesfürstlichen Kammer dafür ausgestellte Rechnung nie bezahlt wurde. Freilich konnte sich der Landesfürst auf das uralte »Gastungsrecht« eines Klostergründers berufen. Und bei den Zisterziensern war es auch seit jeher verpflichtende Tradition, den Gründer unentgeltlich bei sich aufzunehmen. Diese »Hospitalitas« auf ein derart zahlreiches und unersättliches Gefolge auszudehnen, war aber eine Anmaßung der Habsburger, die auch andere Klöster beklagten.

Darüber hinaus wurde vom Stift auch verlangt, die ständig in den Revieren der Umgebung tätigen Jäger samt ihren Hunden aufzunehmen und zu versorgen, was nicht nur Kosten verursachte, sondern auch Unruhe und Ärger. »Diese Jäger oder besser gesagt diese Schlaumeier, Schlemmer und Taugenichtse waren mit den ihnen zugeteilten Portionen nicht zufrieden«, schreibt Lebersorg in seiner Chronik. Deshalb hätten sie den Abt bei der Regierung angezeigt und behauptet, er halte seine Verpflichtungen nicht ein. »Schlimmer war«, heißt es in der Chronik weiter, »dass sie in der Zeit, in der sie im Kloster weilten, ein Leben führten, das einem christlichen Menschen völlig unwürdig war. Sie scheuten sich nicht, mit ihrem geschmacklosen Gelärme und dem Bellen ihrer Hunde den Gottesdienst zu stören, und begingen andere gottlose Sünden, die ich lieber mit der Schreibfeder geheim halten will, als ehrenhafte Ohren zu beleidigen.« Erst 1560 sollte der Konvent die lästigen Jäger loswerden, musste dafür aber der landesfürstlichen Kammer alljährlich 196 Gulden »spenden«.

Maximilianische Jäger (aus der zeitgenössischen Holzschnittfolge »Triumphzug Kaiser Maximilians I.«)

bejagen und an denselben enden widerumben Herberg haben«. Neben der üblichen Hofgesellschaft lud Maximilian gerne Gäste aus aller Herren Länder ein, die er während seiner häufigen Aufenthalte in Tirol zur Audienz empfing. Oft mussten diese wochenlang in Innsbruck auf ihn warten, wurden dann aber durch reichliche Bewirtung, Vorführungen der Hofmusik oder durch abenteuerliche Jagdausflüge entschädigt. Im Juli 1497 war es eine Gesandtschaft des türkischen Sultans Bayezid II., die er hier zu Friedensgesprächen traf und für die er auf der Herzogswiese beim Stift Stams ein prunkvolles Spektakel veranstaltete. Natürlich mit anschließenden Jagdausflügen.

Maximilian weilte so gerne in Stams, dass er daran dachte, sich wie Sigmund der Münzreiche im Stift einen eigenen Wohnbereich einrichten zu lassen. Hatte sich Sigmund noch mit einem »Stüberl« begnügt, gab Maximilian im Jahr 1515 den Befehl, im Klostergarten für ihn ein Haus zu bauen. Das Projekt wurde aber zu Maximilians Lebzeiten nicht fertig, der Rohbau blieb fast ein Jahrhundert lang stehen und wurde 1610 abgerissen. Die Habsburger planten jedoch weiter mit Stams als einer Art Klosterresidenz. 1564 hatten sie ihre Länder wieder einmal aufgeteilt. Mit Erzherzog Ferdinand II. erhielt Tirol wieder einen eigenen Landesfürsten. Als er 1595 ohne erbberechtigte Nachkommen starb, dachte sein Neffe in Prag, der als Rudolf II. auch die Kaiserkrone trug, zunächst nicht daran, einen anderen Habsburger nach Innsbruck zu entsenden. Warum sollte er nicht gleichzeitig auch Tirol und die Vorlande regieren? In Hall ließ er jedenfalls Münzen mit seinem Bild prägen. Und gab bekannt, im Kloster Stams einen »Kaisertrakt« errichten zu wollen. Dass er zeitweise in Tirol seine Residenz aufschlagen könnte, war tatsächlich nicht ausgeschlossen, zumal die Ostgrenze immer den Angriffen der Türken ausgesetzt war und Tirol schon zu Zeiten seines Großvaters in den 30er und 40er Jahren des 16. Jahrhunderts als sicheres Rückzugsgebiet der habsburgischen Familie galt. So utopisch war der Plan also gar nicht, von dem wir keine Details kennen. Dem Wunsch der Tiroler entsprechend, schickte der Kaiser dann aber doch seinen Bruder Maximilian III., der als Großmeister des Deutschen Ritterordens im deutschen Mergentheim residierte, als seinen Stellvertreter und Gouvernator nach Tirol. Nachdem dieser 1612 zum souveränen Landesfürsten aufgestiegen war, griff der fromme Fürst den Plan seines Bruders wieder auf und ließ nördlich der Stiftskirche einen dreigeschossigen »Fürstentrakt« aufführen und sich darin eine Stube und einen ebenfalls getäfelten und mit Kachelofen ausgestatteten Saal einrichten.

Der an die Stiftskirche anschließende und bis zur etwas niedigeren Neuen Abtei reichende Fürstentrakt (erbaut 1615–1620) ist auf dieser Ansicht der Stamser Klosteranlage gut zu erkennen (Bild rechts). Es ist ein Ausschnitt aus Paul Honeckers 1636 gemaltem Altarbild (links) mit den Heiligen Sebastian, Antonius Abate und Rochus, auf dem er auch den gesamten Konvent seiner Zeit vor den Pestpatronen knien lässt (siehe auch S. 217/218).

Bei dem geschilderter Nahverhältnis von Landesfürst und Stamser Konvent verwundert es, dass kaum einmal einer der Äbte für Aufgaben in Politik und öffentlicher Verwaltung herangezogen wurde. Ihre Stellung in der Landespolitik reichte kaum über den Verantwortungsbereich der Landstände hinaus, an deren Tagungen, den Landtagen, sie natürlich teilnahmen. Abt Christian Bedrot wurde von Kaiser Maximilian 1518 auch in den großen Landtag von Abgeordneten aus allen habsburgischen Ländern berufen, der als das erste österreichische Parlament in die Geschichte einging. Am ehesten kann man noch Abt Georg I. Ried (auch Kotz genannt) als politischen Vertrauten von

Abt Georg I. Ried (auch Kotz genannt, 1436–1481) wurde von Sigmund dem Münzreichen mehrmals mit diplomatischen Missionen betraut.

Sigmund dem Münzreichen bezeichnen, der ihn mehrmals mit diplomatischen Missionen betraute und sogar zu Verhandlungen ins Ausland schickte. Der Abt wiederum unterstützte den Landesfürsten in dessen Streit mit dem Brixner Bischof Nikolaus Cusanus und nahm sogar in Kauf, mit dem Kirchenbann belegt zu werden.

Es sollte dem vorletzten Tiroler Landesfürsten vorbehalten bleiben, einen Stamser Abt näher an seine Regierung zu binden. Erzherzog Ferdinand Karl ernannte 1651 Abt Bernhard II. Gemelich zum Mitglied seines Geheimen Rates und 1652 zum Hofkammerpräsidenten. Dreizehn Jahre später erlosch die Tiroler Linie der Habsburger. Für die Herrscher des jetzt ungeteilten, zentralistisch regierten Habsburgerreiches war ein »Hauskloster« in Tirol oder gar eine Klosterresidenz im Oberinntal nicht mehr gefragt.

Schauplatz europäischer Politik

Im Sommer 1497 sprach man in ganz Europa von Stams. Der deutsche König Maximilian I. machte das Stift zum Schauplatz von Verhandlungen mit einer Delegation des türkischen Sultans Bayezid II. Es ging um nichts weniger als um einen Frieden mit dem nach Europa drängenden Osmanischen Reich, das 1453 Konstantinopel erobert hatte und seitdem immer wieder Kriegs- und Beutezüge über die Balkanhalbinsel nach Norden schickte. Maximilian war seit 1490 Landesfürst von Tirol, seit dem Tod seines Vaters Friedrich III. alleiniger Herrscher über alle habsburgischen Territorien und seit 1493 deutscher König, also solcher designierter Kaiser des römisch-deutschen Reichs. Einen bereits bis ins Detail entworfenen Kreuzzugsplan gegen die Türken musste Maximilian Mitte der 1490er Jahre aufgeben, weil der alte Rivale Frankreich die Vorherrschaft Habsburgs in Europa nicht akzeptieren konnte und ein Krieg unausweichlich schien. Dafür brauchte Maximilian Ruhe am Balkan.

Der Kontakt zum Sultan Bayezid II. wurde über einen gebürtigen Griechen geknüpft, der als türkischer Untertan in Italien Handel trieb und gleichzeitig in diplomatischen Diensten des Sultans stand. Nach einer ersten Begegnung mit dem deutschen König in Vigevano bei Pavia traf der Diplomat im Juni 1497 mit einer größeren türkischen Delegation in Venedig ein und wurde nach Innsbruck weitergeschickt, wo Maximilian damals für längere Zeit seine Residenz aufgeschlagen hatte. Zum Ort der Audienz beim Herrscher wurde Stams bestimmt, weil die Landeshauptstadt wegen einer seuchenartigen Krankheit nicht in Frage kam.

Wo sich der König gerade aufhielt, fanden sich meist auch Herzöge, Kirchenfürsten und Gesandte auswärtiger Mächte ein. Und so war es ein illustres Publikum, das am 24. Juli 1497 in Stams zusammenkam. Dementsprechend gibt es mehrere Berichte über das diplomatische Treffen, den ausführlichsten enthält ein Brief des päpstlichen Legaten an den Papst. Der König besuchte in der Früh die Messe in der Klosterkirche und ergötzte sich anschließend auf einer mehrstündigen Jagd. Kurz vor Mittag versammelte sich die ganze Gesellschaft zum Mahl in einem Zelt, das auf der »Herzogswiese« beim Kloster aufgestellt worden war. Danach bot Maximilian dem türkischen Gesandten das Vergnügen einer Schaujagd. Zusammen mit anderem Wild wurde ein Hirsch auf die umzäunte Wiese getrieben, und der Gast durfte ihn »auf türkische Art« mit einem Wurfspieß erlegen.

Schließlich begann die Audienz. Maximilian saß vor einem festlich geschmückten Zelt auf einem erhöht aufgestellten Thron. Zu seiner Rechten hatten der päpstliche Legat und die Gesandten von Neapel und Venedig Platz genommen, auch mehrere Grafen und Räte. Die Stühle zur Linken des Königs waren für den Kurfürsten von Sachsen und seinen Bruder bestimmt, weiters für Herzog Georg den Reichen von Bayern und die Bischöfe von Augsburg und Brixen sowie einige andere hochgestellte Personen aus deren Begleitung. Der türkische Gesandte stand dem König gegenüber, ihm zur Seite Maximilians Kanzler Dr. Stürzel und der

Marschall des Rates, beide mit Sekretären, hinter dieser Gruppe Mitglieder der türkischen Delegation sowie Adelige, Räte und Hofbeamte.

Begrüßungen wurden ausgetauscht, der türkische Diplomat übergab ein Schreiben des Sultans und hielt eine Rede, in der es um die von Maximilian gewünschte Freundschaft mit dem Herrscher des Osmanischen Reichs und dessen positive Haltung dazu ging. Er verwendete – wie im diplomatischen Verkehr der Türken mit europäischen Staaten üblich – die italienische Sprache. Der napoletanische Gesandte übersetzte Satz für Satz ins Lateinische. Für diejenigen Anwesenden, die weder das Italienische noch Latein beherrschten, wurde die Rede anschließend auch in Deutsch vorgelesen.

Danach zogen sich die Hauptpersonen des Treffens zu Beratungen ins Zelt zurück. Zum Schluss hielt Maximilian eine Rede in deutscher Sprache. Er sprach noch einmal von seinem Wunsch nach einem Ende der fortwährenden Waffengänge und erinnerte an den schon einmal gemachten Vorschlag, der Sultan und er mögen sich – um das Blut ihrer Völker zu schonen – zu einem Zweikampf treffen, der allein über Sieg und Niederlage entscheiden sollte. Mit der Aushändigung von Geleitbriefen für eine Gesandtschaft des Königs nach Konstantinopel und der Übergabe von Geschenken endete die Audienz. Die Abgesandten des türkischen Herrschers blieben noch über den Sommer in Tirol, nahmen an höfischen Jagdausflügen teil und wurden zu Konzerten der Hofmusik und verschiedenen Festlichkeiten eingeladen.

Der in Stams angebahnte Waffenstillstand wurde im folgenden Jahr nach weiteren Verhandlungen in der türkischen Hauptstadt abgeschlossen und hielt bis nach dem Tod des Kaisers. Die türkische Gesandtschaft des Jahres 1497 erregte die Phantasie der Zeitgenossen und der Nachwelt. Es wurde sogar verbreitet, der türkische Sultan hätte um die Hand von Maximilians Schwester Kunigunde angehalten. Nichts als ein Märchen.

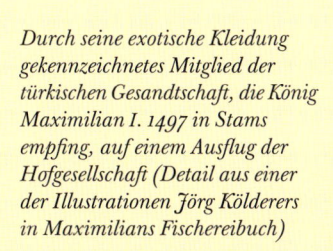

Durch seine exotische Kleidung gekennzeichnetes Mitglied der türkischen Gesandtschaft, die König Maximilian I. 1497 in Stams empfing, auf einem Ausflug der Hofgesellschaft (Detail aus einer der Illustrationen Jörg Kölderers in Maximilians Fischereibuch)

Teufelsaustreiber und ein Hexentanz

Dass sich Klöster im Mittelalter und weit bis in die Neuzeit hinein auch mit Alchemie und anderen geheimen Wissenschaften beschäftigt haben, ist bekannt. Auch in der Stamser Bibliothek standen zumindest zwei Werke zu diesem Thema. Und ein bisschen Geheimnisvolles bis Furchterregendes – zu nahe war der Gedanke an Giftmischerei – hatten auch die Künste eines Apothekers und Wundheilers an sich. In dieser Kunst waren Stamser Mönche nachweisbar bewandert.

Was im Kloster Stams ebenfalls betrieben wurde, waren Exorzismen, also die Austreibung von bösen Geistern mit Hilfe von Gebeten und Riten. Solche im Volksmund »Teufelsaustreibungen« genannten Praktiken wurden vor allem in Wallfahrtsorten von den dort wirkenden Priestern und Mönchen oft verlangt.

Offenbar erwarben sich manche Stamser Patres oder Klosterbrüder in dieser Kunst einen besonderen Ruf, der sogar König Maximilian I. erreichte. Dies geht aus einem Brief hervor, in dem dieser den Abt Bernhard I. Wälsch aufforderte, ihm jenen Mitbruder zu schicken, der mit Geistern umgehen könne. Der Abt musste freilich bedauernd antworten, dass der für seine Teufelsaustreibungen bekannte Mönch vor kurzem einer Seuche zum Opfer gefallen sei.

Einen anderer Hinweis auf Teufelsaustreibungen im Kloster Stams enthält eine Sage aus Kaisheim, seinem Mutterkloster. Zu Beginn des 14. Jahrhunderts habe eine Tochter des Herzogs von Kärnten eine Wallfahrt nach

Exorzismus-Szene im Freskenzyklus des Bernardisaales im Stift Stams: Der heilige Bernhard befreit eine Frau vom bösen Geist.

Stams unternommen, weil sie vom bösen Geist besessen war. Wie der Kaisheimer Chronist in seinen 1531 abgeschlossenen Aufzeichnungen schreibt, hätten sich die Stamser Mönche durch intensives Gebet sowie durch die »gewonlich exorcismos und beschwerung« bemüht, diesen auszutreiben, aber vergeblich. Da habe der Teufel von innen heraus der jungen Herzogin zugeflüstert, dass ihn nur der Bruder Nikolaus aus Kaisheim hier herausbringen könne. Der Genannte ward geholt, und siehe da, es gelang ihm, den höllisch schreienden Dämon zum Schweigen zu bringen, ihn gemeinsam mit den Stamser Mönchen zu überwältigen und in eine Glasflasche zu stecken. Bruder Nikolaus nahm den Teufel in dem sorgsam verschlossenen Behälter mit nach Kaisheim, wo man ihn ganz hoch hinauf ins Kirchengewölbe hängte. Einmal wollte – so geht die Sage – ein allzu neugieriger Kirchenbesucher den Kaisheimer »Teufel im Glas« genauer anschauen und wurde bei dem Versuch, die Flasche in das

Gewölbeloch hinaufzuziehen, von einer Legion von Teufeln überfallen und in eine tiefe Ohnmacht gestürzt, aus der er erst Stunden später erwachte. Als der spätere Kaiser Maximilian in jungen Jahren Kaisheim besuchte, soll er seinen Knecht hinaufgeschickt haben, um den Inhalt des Glases zu begutachten. Dem sei es aber nicht besser ergangen.

Brief des Abtes Bernhard I. Wälsch an Maximilian I. (»Allerdurchleuchtigister Großmächtigster Kunig Allergnedigister Herr«) mit der Mitteilung, dass der mit Teufelsaustreibungen erfahrene Mönch an einer »pestilentz« gestorben sei. Den Brief unterzeichnet der Abt mit seinem Titel als Hofkaplan »Diemütiger Capplan Bernhard Abbt zu sant Johanns ze Stams«.

In den Akten der erst im 16. Jahrhundert beginnenden Hexenprozesse kommt Stams nur einmal vor. 1724 gestand im schwäbischen Dillingen eine angeklagte Frau nicht nur einen Kindesmord, sondern auch die Teilnahme an einem Teufelstanz, der in Stams in Tirol in der Woche vor Allerheiligen stattgefunden habe. Sie erwähnt auch einen Mann, der daran teilgenommen habe. Nachdem die Regierung in Innsbruck von diesem Sachverhalt informiert worden war, mussten der Richter von St. Petersberg und der Stamser Hofrichter nähere Nachforschungen anstellen, die jedoch ergebnislos blieben. Mehr ist über den Fall nicht bekannt.

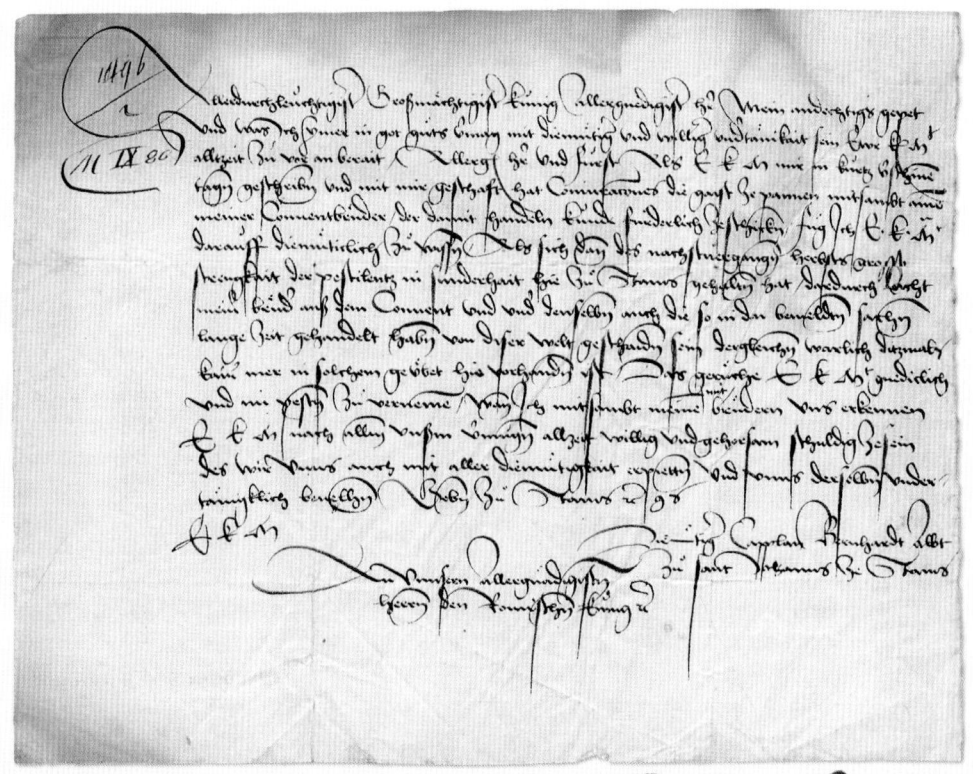

Aus Krisenzeit zu neuer Blüte

Der Konvent des Jahres 1636, als die Katastrophenjahre überstanden waren. Im Vordergrund Abt Paul II. Gay, hinter ihm als Diakon P. Wolfgang Lebersorg, der Chronist des Klosters (Ausschnitt aus dem Sebastiansbild von Paul Honecker, siehe S. 58)

Am Übergang vom Mittelalter zur Neuzeit zeichnete sich für das Stift Stams der Beginn einer krisenhaften Zeit ab. »*Durch die aufkommende, unheilvolle Lehre Martin Luthers, die die Fürsprache der Heiligen für uns gänzlich verneinte*«, wie Pater Wolfgang Lebersorg ein Jahrhundert später schreibt, ging die Teilnahme an den Wallfahrten stark zurück, und die vom Landesfürsten aufgebürdeten Kriegslasten stürzten das Stift in existenzgefährdende Schulden. Innerhalb der Klostermauern kam es zu Zwistigkeiten. Mehrere Äbte dieser Jahrzehnte waren unter den Konventualen umstritten und hatten es schwer, das Kloster zu leiten. Schließlich erreichte unter dem aus Bludenz stammenden Abt Christian Bedrot die Unruhe ihren Höhepunkt. Seine Wahl im Jahr 1501 war schon von dem Umstand überschattet gewesen, dass Kaiser Maximilian ihn sich ausdrücklich gewünscht hatte, eine Einmischung der weltlichen Macht, die allen Ordensregeln und Gepflogenheiten widersprach. Für Lebersorg war es eher »*eine mit Zustimmung der Konventualen erfolgte Einsetzung*« als eine Wahl. Nachdem er mit Müh und Not über 20 Jahren lang das Kloster durch äußerst schwierige Zeiten geführt hatte, wurde er von einigen

Mitbrüdern bei der Regierung und beim Generalabt angeschwärzt und musste 1523 zurücktreten. In der klosterinternen Überlieferung wird seine Amtszeit auch später noch sehr kritisch beurteilt. Pater Kasimir Schnitzers 1820 fertiggestellte Chronik lässt mit ihm das Jahrhundert des Niedergangs und der Katastrophen beginnen: »*100 Jahre – eine lange Zeit! Solange, vom Jahre 1501 bis 1601, trübten mannigfaltige Leiden fast ununterbrochen aufeinander folgend den politischen und religiösen Horizont von Stams, schwere Wolken, düsteren Nebeln ähnlich, die selten einen bald wieder verschwindenden Sonnenblick durchlassen.*«

Kaiser Maximilians Enkel Ferdinand I. ernannte nach Abt Christians Rücktritt dessen eifrigsten Kritiker und Widersacher, Pater Pelagius Baur aus Isny in Bayern, zum Administrator des Stifts. In Lebersorgs Chronik des Klosters liest man: »*Der Beginn der Verwaltung des Pelagius fiel in eine schreckliche Zeit, denn nachdem die lutherische Irrlehre bereits ganz Deutschland durchzogen hatte, fielen von ihr nicht unbedeutende Funken in die Tiroler Berge, die hier wie auch anderswo das einfache Volk lehrten, den Klerus zu verachten, die Klöster und den Besitz der Priester und Pfarrer zu rauben, die Zehnte zurückzubehalten, die Gottesdienste zu vernachlässigen etc.*«

Die »nicht unbedeutenden Funken« waren auch in Stams niedergegangen. Luthers Schriften wurden im Kloster gelesen und diskutiert. Man darf nicht vergessen, dass bis zur Verurteilung seiner Lehre durch den Papst (1520) und den Reichstag von Worms (1521) die Beschäftigung mit den Gedanken und Reformvorschlägen des deutschen Augustinermönchs und Theologieprofessors nicht von vornherein als ketzerisch anzusehen war. In Tirol fanden seine Schriften und die darin ausgebreiteten Ideen bis in höchste Schichten der Gesellschaft viel Zustimmung. Doch plötzlich wurde alles verdammt und verboten, was er je geschrieben hatte. 1524 kam es erstmals zu einem Aufruhr von Bauern der Umgebung, als sechs Stamser Mönche angeklagt und auf Befehl der Regierung eingesperrt wurden, weil sie sich mit lutherischen Schriften befasst hatten. Ein harmloses Vorspiel zum großen Bauernaufstand, der im Mai 1525 in der Bischofsstadt Brixen losbrach, aber entgegen der Sichtweise des Stamser Chronisten nicht in erster Linie religiös motiviert war, sondern seine wichtigsten Ursachen in den sozialen und gesellschaftlichen Zuständen hatte.

Was damals in Stams passierte, sollten wir eigentlich von Lebersorg und aus der noch einmal rund 120 Jahre später geschriebenen Chronik von Kassian Primisser verlässlich erfahren. Die beiden unterscheiden sich jedoch stark voneinander. Der spätere Zeuge, der sich wie Lebersorg

Stamser Chronisten

Im Stift Stams gab es bis ins 20. Jahrhundert hinein eine Reihe geschichtskundiger Konventualen, die sich als gewissenhafte Chronisten betätigten. Der bedeutendste von ihnen war Pater Wolfgang Lebersorg. Er kam um 1570 in Innsbruck als Sohn eines Schneiders zur Welt und trat 1590 als Novize ins Kloster Stams ein. 1595 zum Priester geweiht, wurden ihm schon bald Bibliothek, Archiv und die Kirchenschätze der Sakristei anvertraut. Er war auch Novizenmeister und ab 1516 Subprior, also zweiter Stellvertreter des Abtes. In all diesen Jahren sammelte er Material für seine Chronik, schrieb unermüdlich Urkunden und andere Dokumente ab und verfasste in den 1630er Jahren seine rund 350 Seiten umfassende Handschrift großteils in lateinischer Sprache. Der Titel lautet übersetzt: »Chronik des Klosters zum heiligen Johannes dem Täufer in Stams, wie sie aus dessen Büchern, Urkunden und anderen Aufzeichnungen erstellt werden konnte«, womit Lebersorg schon seinen Grundsatz bekannt gibt, dass alles, was er festhielt, belegbar sein musste. Er verliert sich nie in Spekulationen, und wo er mündliche, quellenmäßig nicht abgesicherte Überlieferung weitergibt, lässt er dies in einer entsprechenden Formulierung erkennen. Auch die über 200 Illustrationen sind ein Werk des vielseitig begabten Klostermannes. Pater Wolfgang Lebersorg starb im Jahr 1646. Die noch zu seinen Lebzeiten gebundene Chronik wurde im Jahr 2000 vom Tiroler Landesarchiv in einer von

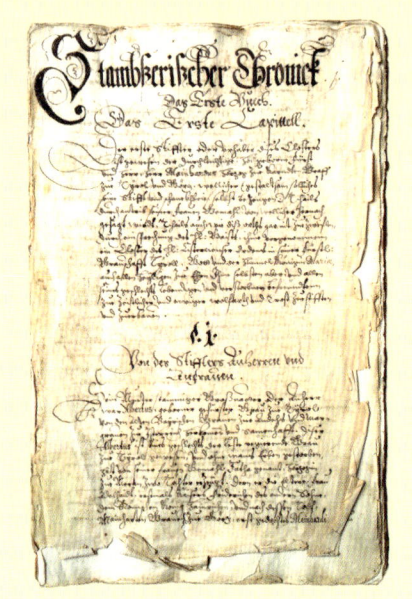

Auch Abt Paul II. Gay betätigte sich als Chronist, er schrieb im Gegensatz zu seinen Mitbrüdern vor (Lebersorg) und nach ihm (Primisser) in deutschen Sprache.

Christoph Haidacher übersetzten und edierten Druckausgabe der Öffentlichkeit zugänglich gemacht.

Eine Handschrift blieb hingegen die etwa gleichzeitig entstandene Chronik des Abtes Paul Gay. Der nächste bedeutende Stamser Chronist war P. Kassian Primisser aus Agums im Vinschgau (geb. 1735), der 1755 ins Kloster Stams eintrat und 1759 zum Priester geweiht wurde. Er hatte auch Geschichte studiert und betreute im Stift Archiv und Bibliothek. Mit eigener Hand schrieb er sechs Bände »Annales Stamsenses« und ergänzte sie mit neun weiteren Bänden »Additionen ad Annales Stamsenses«.

Einen Auszug aus diesem reichen Material ergänzte wenig später P. Kasimir Schnitzer zu einer Chronik der Stamser Niederlassung in Mais bei Meran. Schnitzer verfasste auch eine eigene Stamser Chronik, der Schwerpunkt seines Wirkens war jedoch die Seelsorge (siehe Seite 156).

nur auf vorhandenes Quellenmaterial oder mündliche Überlieferung stützt, schreibt: »*Die aufständischen Oberinntaler stürmten Mitte Mai haufenweise das Kloster Stams, vertrieben Abt und Mönche, raubten, was in ihre Hände fiel, und – was besonders bedauerlich ist – auch schriftliche Urkunden, schleppten die Lebensmittel fort, trieben das Vieh mit sich und hielten das Kloster selbst einige Zeit mit einer Schar wilder Männer besetzt, bis sie endlich auf Befehl des Erzherzogs Ferdinand, welcher die Güter von Stams für die fürstliche Kammer in Anspruch nahm, das Kloster räumten.*«

Warum stellte Lebersorg, der den Ereignissen näher war und den Urkundenbestand – auch die Güter- und Abgabenverzeichnisse – genau kannte, die Ereignisse viel weniger dramatisch dar? Bei ihm wird der Mai 1525 überhaupt nicht besonders erwähnt, sondern nur die betrübliche Tatsache festgehalten, dass sich die Bauern zwei Jahre lang weigerten, die vorgeschriebenen Zinse und Abgaben zu zahlen, und dass »*darüber hinaus von den umliegenden Bauern die Tiere und andere Lebensmittel fortgeführt*« wurden. »*Ich glaube*«, schreibt Lebersorg sehr vorsichtig, »*dass damals vielleicht der Kirchenschatz und andere Wertgegenstände weggebracht worden sind, denn ich habe nicht viel über Plünderungen entdeckt, außer dass sich [Abt] Pelagius damals als Administrator in einer Bittschrift bei Erzherzog Ferdinand über entwendete Urkunden beschwert hat.*« Lebersorg betont, dass der Bauernaufstand am heftigsten »*in den Regionen an der Etsch*« tobte und sich »*als Hauptanführer*« Michael Gaismair hervortat, »*der neben den übrigen kirchlichen und pfarrlichen Häusern auch unser Haus bzw. unseren Besitz zu Mais*

Die Stelle in Pater Lebersorgs Chronik, in der er vom Bauernaufstand und dessen »Hauptanführer« Michael Gaismair berichtet. Die Schreibweise des Namens variiert in den Dokumenten der Zeit, Lebersorg schreibt »Gayßmayr«. Offenbar wusste der Chronist den Vornamen nicht und ersetzte ihn zunächst durch »N:«. Später schrieb er »Michael« darüber.

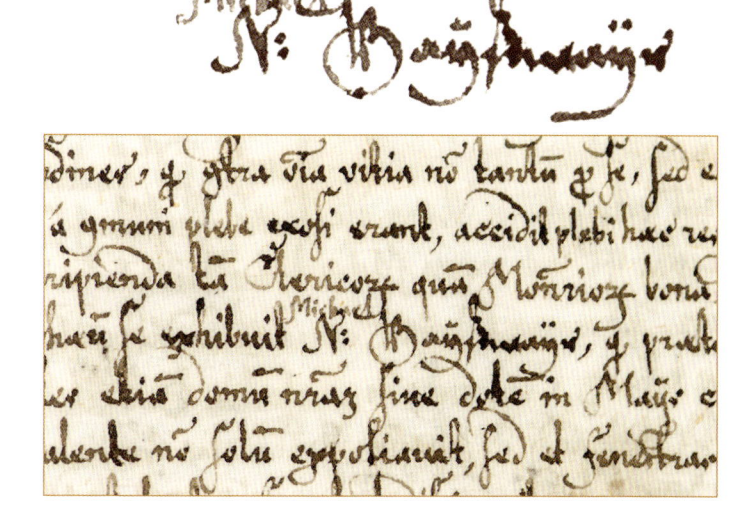

»Mauritius Dux Saxoniae«, Moritz Herzog von Sachsen und Anführer des Schmalkaldischen Bundes, in der Lebersorg-Chronik. Ein Teil seiner Truppen plünderte das Oberländer Kloster.

mit einer Schar, der sich niemand entgegenstellen wollte oder konnte, nicht nur plünderte, sondern auch Fenster, Öfen, Wände und andere Baulichkeiten mutwillig zertrümmerte und zerstörte«.

Alles in allem kam das Kloster Stams noch glimpflich davon, sieht man davon ab, dass die Regierung zur Niederwerfung des Aufstandes erhöhte Geldmittel brauchte und die Ablieferung eines bedeutenden Teils der aus frommen Schenkungen stammenden Silberschätze an die Haller Münze verlangte.

Die folgenden Jahrzehnte gehören zu den bittersten in der Geschichte des Stiftes, das von der Pest und einer verheerenden Heuschreckenplage heimgesucht wurde. *»Allen Drangsalen setzte der schmalkaldische Überfall im Jahr 1552 die Krone auf«*, lesen wir in der Chronik von Kassian Primisser, dem 1771 verstorbenen Historiker und Klosterchronisten. Auch Pater Lebersorg bezeichnet das Jahr 1552 als das *»unseligste für das Kloster«*. Was war passiert? Der Anführer des Schmalkaldischen Bundes, Herzog Moritz von Sachsen, nahm völlig unvermutet gegen Kaiser Karl V. Stellung, der sich gerade in Innsbruck aufhielt, und marschierte nach Tirol. Nach Eroberung der Festung Ehrenberg rückte er mit einer starken Truppe über das Mieminger Plateau, wo 15 Bauernhöfe in Flammen aufgingen, nach Innsbruck vor, um den Kaiser gefangen zu nehmen. Dieser konnte jedoch rechtzeitig fliehen.

Am Rückweg verließ eine Abteilung beutehungriger Söldner die Truppe, zweigte von der Hauptstraße ab und stürmte das Kloster Stams. Sowohl Primisser als auch Lebersorg beschreiben die Flucht des Abtes und seiner Konventualen in letzter Minute, die schrecklichen Plünderungen und Zerstörungen in allen Teilen des Klosters und in der Kirche. Selbst die Gräber der Fürsten und ihrer Familien wurden aufgebrochen und geschändet. Lebersorg braucht zweieinhalb Seiten für die Aufzählung auch nur der *»fürnembsten«* von den zerstörten und geraubten Gegenständen. Einige silberne Gefäße hatte der Abt auf seiner Flucht zu Pferd nach Wenns mitnehmen können, Pater Johann Kälbel, der Mesner des Klosters, rettete das Haupt des Zacharias, den Bischofsstab und einige andere Schätze. 150 Urkunden – für sie unbrauchbar – ließen die abziehenden Plünderer in Lermoos liegen, von wo sie wieder zurück ins Klosterarchiv kamen. Primisser schließt das traurige Kapitel so: *»Welchen Anblick mag das in 27 Jahren nun schon das zweite Mal so gewaltsam verödete Kloster dem von der Flucht wiederkehrenden Abt und seinen Brüdern gewährt haben!«*

Schwerwiegender als alle äußeren Katastrophen war der innere Verfall der Konvents. Die neuen religiösen Ideen hatten das Klosterleben unterhöhlt. Disziplin und Frömmigkeit verloren an Bedeutung, viele Mönche verließen das Kloster. Im »Album Stamsense«, der 1898 im Druck erschienenen Mönchsliste, und in der Lebersorg-Chronik werden mehrmals solche Fälle erwähnt. Lebersorgt vermerkt bei einigen Namensnennungen ausdrücklich: *»Vom Glauben abgefallen«*. Gleichzeitig fehlte der Nachwuchs. Zeitweise schmolz das Häuflein Stamser Mönche auf eine Handvoll zusammen. Als sich in den sechziger und siebziger Jahren des 16. Jahrhunderts allmählich wieder Nachwuchs einstellte, starben sieben der damals – mit dem Abt – zehn Priester des Konvents an einer Lieferung von verdorbenem Wein. Der Abt musste den Landesfürsten – zu der Zeit war es Ferdinand II. – bitten, beim Bischof von Brixen die Erlaubnis zu erwirken, die wegen ihres Alters noch nicht zur Priesterweihe zugelassenen jüngeren Brüder des Klosters weihen zu dürfen.

Diese Bitte war an die maßgebliche Persönlichkeit der innerkirchlichen Erneuerung Tirols gerichtet. Erzherzog Ferdinand II., Bruder des seit 1564 in Prag regierenden Kaisers Maximilian II., hatte bald nach der ebenfalls 1564 erfolgten neuerlichen Länderteilung der Habsburger in Innsbruck seine Residenz aufgeschlagen. Eine seiner Hauptaufgaben sah er darin, den katholischen Glauben seiner Untertanen zu stärken und eine Reform der Kirche und ihrer Institutionen im Sinne des gerade erst zu Ende gegangenen Konzils von Trient durchzusetzen. Offenbar hatte sie im letzten Viertel des Jahrhunderts bereits Früchte getragen, auch in Stams. Auf seiner Visitationreise des Jahres 1578 stellte jedenfalls der päpstliche Nuntius in Österreich, der Dominikaner Feliciano Ninguarda, dem damaligen Abt Johannes III. Kölbel und dem ganzen Konvent ein sehr günstiges Zeugnis aus.

Ausschnitt aus der Lebersorg-Chronik mit dem Brand der Stamser Wallfahrts- und Pfarrkirche von 1593

Eine neuerliche Katastrophe hätte die Aufwärtsentwicklung bald noch einmal gebremst. 1593 zerstörte ein Großbrand die Wallfahrts- und Pfarrkirche zum hl. Johannes dem Täufer, einige Häuser des Dorfes vor allem oberhalb der Kirche und die aus der Gründungszeit stammenden, zum Großteil aus Holz errichteten Wirtschaftsgebäude des Klosters. Auch das Dach der Stiftskirche wurde in Mitleidenschaft gezogen, doch konnten die bereits brennenden Schindeln rechtzeitig gelöscht werden. Es hätte überhaupt schlimmer kommen können,

Abt Johannes III. Kölbel
(1567–1590). Gegen Ende
seiner Amtszeit besserte
sich die Situation von Stams.

Abt Melchior Jäger
(1601–1615). Unter ihm
begann eine neue Blütezeit
des Stifts.

»wenn nicht Gott selbst« – wie Lebersorg schreibt – *»sowohl dem Wind Einhalt geboten als auch einen unerwarteten Regen geschickt hätte, durch den das Bestehende befeuchtet wurde und daher die umherfliegenden Funken nicht mehr so leicht aufnehmen konnte«.*

Mit der Wahl des Abtes Melchior Jäger im Jahr 1601 setzt Kasimir Schnitzer endgültig den Beginn einer neuen Blütezeit des Stifts an. Ein Hauptverdienst um die Wende im Schicksal des Klosters kommt aber dem damaligen Landesfürsten Maximilian III. zu, der deshalb zu Recht als zweiter Gründer des Stifts gepriesen wird. Fast zwei Jahrhunderte lang gibt es dann wenig über besondere Ereignisse und Katastrophen, Geldprobleme oder politische Beziehungen zu berichten. Auch der Bayerneinfall im Jahre 1703 ging an Stams glimpflich vorüber. Umso wichtiger ist in der Zeit alles, was mit Geistes- und Kulturgeschichte, Architektur, Kunst und Musik zu tun hat – Themen, die in späteren Kapiteln ausführlich behandelt werden.

Maximilian III., der Deutschmeister, der zweite Gründer

Glaubensspaltung, Kriegswirren, Seuchen und Naturkatastrophen hatten im 16. Jahrhundert dem Klosters Stams derart zugesetzt, dass sein Ende gekommen schien. Dass es in dieser schwierigen, nahezu aussichtslosen Situation zu einer nachhaltigen Erneuerung des Stiftes kommen konnte, ist nicht zuletzt das Verdienst des Tiroler Landesfürsten Maximilian III., des Deutschmeisters, der nicht von ungefähr auf einem Porträt als »secundus fundator Monasterii Stamsensis«, als zweiter Gründer des Klosters Stams bezeichnet wird.

Nach dem Konzil von Trient (im Jahr 1563 beendet) entwickelte sich Tirol zu einem Zentrum der Gegenreformation. Von Innsbruck aus wurde die »Katholizierung des Landes« mit Hilfe der nach Tirol berufenen Jesuiten und mit Unterstützung des habsburgischen Landesfürsten Erzherzog Ferdinand II. und dessen Frau Anna Katharina Gonzaga von Mantua konsequent vorangetrieben. Den Höhepunkt erreichte diese Bewegung unter Maximilian dem Deutschmeister. Als er, der schon als Hochmeister des Deutschen Ordens in Mergentheim ein

Porträt des Erzherzogs Maximilian III. von Österreich, Hochmeister des Deutschen Ordens. Das 1601 gemalte Porträt ist im Besitz des von ihm kräftig geförderten Stifts.

strenges, gottgefälliges Leben geführt hatte, 1602 als Gubernator nach Tirol berufen wurde, galt sein erstes Ziel der Festigung der Kirche, die er mit allen ihm zur Verfügung stehenden Möglichkeiten unterstützte. Vor allem die Klöster und das Wallfahrtswesen fanden in ihm einen großen Förderer.

Im Besonderen trifft dies auf das Zisterzienserstift Stams zu, dem der Landesfürst wiederholt mit »beträchtlichen Beträgen unter die Arme gegriffen« (J. Hirn) und zu dessen Äbten er eine persönliche Freundschaft aufgebaut hat. Maximilian fühlte sich bei den Zisterziensern so wohl, dass er sogar vorhatte, sich eine Einsiedelei im Klostergarten errichten zu lassen, um dort – ähnlich der Eremitage im Innsbrucker Kapuzinerkloster – ein Refugium zu haben, in das er sich zu Gebet und Meditation zurückziehen konnte. Dazu kam es nicht, wohl aber finanzierte er die Errichtung des schon von seinem Bruder geplanten Fürstentraktes (siehe Seite 57). Seine Zuwendungen an Stams bezogen sich nicht nur auf bauliche Maßnahmen, er gab auch Geld für den Unterricht von Theologieschülern, »um die jungen Religiosi besser in Studiis zu halten«, finanzierte Neuanschaffungen für die Klosterbibliothek und spendierte etliche Kunstwerke und Reliquiare.

Maximilian hatte sich schon in seiner Mergentheimer Zeit intensiv mit sakraler Kunst beschäftigt und Kontakte zu zahlreichen Künstlern im süddeutschen Raum gepflegt. Einige davon – u. a. Martin Mittnacht, Paul Honecker und Caspar Gras – hat er an seinem Hof in Innsbruck angestellt oder mit attraktiven Aufträgen nach Tirol geholt. Er wird auch den Ausschlag gegeben haben, dass es gelungen ist, den berühmten Weilheimer

Kreuzreliquiar am linken vorderen Seitenaltar der Stiftskirche

Bildhauer Bartholomäus Steinle als Schöpfer des Hochaltars in der Stiftskiche von Stams zu gewinnen. Auf diesem einzigartigen Altar – zweifellos einem der bedeutendsten Kunstwerke des Manierismus in Tirol – erinnert ein vergoldeter Wappenschild des Deutschmeisters an den großen Gönner des Klosters. Ein weiteres, ganz persönliches Denkmal Maximilians ist das reich dekorierte Reliquienkreuz am Kreuzaltar der Stiftskirche. Auf einem vom Landesfürsten eigenhändig gedrechselten Fuß aus Ebenholz steht ein Kreuz, dessen Balken mit silbernen Arabesken und Reliquien versehen ist und in der Mitte ein perlenbesetztes Kreuzpartikel zeigt.

Bei seinem Engagement für das Stift Stams ging es Maximilian dem Deutschmeister auch um die Erhaltung des in der Stiftskirche befindlichen »Österreichischen Grabes« als eines bedeutenden Monuments der habsburgischen Dynastie. Vor allem aber war ihm die Stärkung des Klosters als Zentrum eines monastischen Lebens wichtig und als Mittelpunkt einer religiös geprägten Kultur. FC

Dunkle Wolken über Stams, Kriegswirren und die Auflösung

Vom Beginn des 17. bis zum Ende des 18. Jahrhunderts hatte das Stift Stams eine große Zeit erlebt. »Die künstlerische Ausgestaltung machte die Abtei zum barocken Kleinod des Oberinntals, die Gelehrsamkeit wurde gepflegt, die wirtschaftlichen Verhältnisse bestens konsolidiert und das Ansehen des Klosters ungemein gehoben.« So fasst der verstorbene Landesarchivdirektor Werner Köfler, einer der besten Kenner der Geschichte des Oberinntaler Klosters, die Zeit zusammen. Es lag nicht am Konvent, dass »am Ende der Regierungszeit des Abtes Vigilius schwarze Wolken am Himmel aufzogen«, wie Köfler weiter schreibt. Gemeint ist die Welle von Klosteraufhebungen unter Kaiser Josef II., dessen Regierung gegen alle kirchlichen Einrichtungen vorging, die keinen praktischen Nutzen für die Allgemeinheit bedeuteten. Bereits 1782 war in Tirol neben anderen Klöstern und Bruderschaften auch der Konvent der Augustiner-Eremiten in Seefeld aufgelöst worden. Drei Jahre später drohte dem Stift Stams dasselbe Schicksal.

Der Klosterchronist Pater Kasimir Schnitzer schreibt darüber im überschwänglichen Stil seiner Zeit: »*Am tiefsten verwundete das Herz des guten Vaters [Abt Vigilius Kranicher] das wirklich schon erlassene Aufhebungs-*

Links: Ein Stamser Mönch fleht die Madonna um Hilfe an, während sich der gesamte Konvent bereits unter ihren Schutzmantel geflüchtet hat. Diese zu den Zeitumständen passende Miniatur ziert das Titelblatt des bis in das Jahr 1797 führenden Geschichtswerks des Stamser Konventualen Rogerius Schranzhofer über sein Kloster.

Einer der bedeutenden Äbte von Stams war von 1766 bis 1786 der Innsbrucker Vigilius Kranicher von Kranichfeld (Porträt von 1780). Ihm gelang es, die schon beschlossene Aufhebung des Stifts durch die Regierung Josefs II. im letzten Moment zu verhindern.

Dekret des Klosters. Bitter weinte er hierüber; viele Nächte brachte er schlaflos zu; er erhob oft seine gefalteten Hände [...]; ordnete tägliche öffentliche, von jener Zeit an immer fortgesetzte Gebete an für die Erhaltung des von Gott zur Verherrlichung seines heiligsten Namens, zur Beförderung der Tugend, zum Wohl der Menschheit auserwählten Ortes.«

Der Abt flehte jedoch nicht nur zum Himmel, er verstand es auch, seine Kollegen im Gremium der Landstände für eine Intervention zu gewinnen. Diese »Volksvertretung« hatte zwar längst keine Bedeutung mehr, doch veranlassten ihre Vorhaltungen und Bitten den obersten Regierungsbeamten in Tirol, Gouverneur Graf Heister, sich in Wien für die Zurücknahme des »*Todesurteils*« (Kasimir Schnitzer) einzusetzen. Unter den vom Abt vorgebrachten Argumenten legte er sicher weniger Gewicht auf die »*feierlichsten Stiftungen*« oder auf die Tatsache, das Stams Begräbnisstätte einstiger Landesfürsten ist. Den ganz auf die josephinisch-aufklärerische Politik eingeschworenen Staatsrat in Wien beeindruckten sicher mehr die mannigfachen Aufgaben des Stifts in der Pfarrseelsorge und das eben erst von Abt Vigilius eingerichtete »Seminarium, worin die Jugend zum Nutzen der Kirche und des Vaterlandes gebildet wurde«. Am 28. April 1785 wurde das Aufhebungsdekret widerrufen.

Abt Vigilius Kranicher gehört zu den bedeutenden Äbten, die dem Kloster Stams vorstanden. Der gelehrte und kunstsinnige Theologieprofessor unterrichtete den Ordensnachwuchs, vollendete die künstlerische Ausstattung des Stifts und ließ den Krankentrakt des Klosters errichten. Vom Seminarium war schon die Rede. Während seiner Amtszeit erreichte die Zahl der Konventualen mit 57 Priestern und Laienbrüdern den höchsten Stand seit dem 14. Jahrhundert. Als er am 7. Mai 1786 starb, konnte kein Nachfolger gewählt werden, weil Josef II. sowohl die Aufnahme von Novizen als auch Abtwahlen verboten hatte.

Erst 1790 bekam Stams mit Sebastian Stöckl aus Pettneu am Arlberg einen neuen Abt. »Seine Abtwürde sollte zur schwersten Bürde werden, die jemals einem seiner Vorgänger aufgeladen war«, schreibt Werner Köfler. Epidemien brachen aus, Naturkatastrophen verursachten gewaltige Schäden, und 1796 begann die Epoche der Napoleonischen Kriege.

Abt Sebastian Stöckl aus Pettneu am Arlberg (1790–1819) war es beschieden, das Kloster durch die schwierigsten Jahrzehnte seiner Geschichte zu führen. Das Porträt malte Josef Schöpf, das Jahr ist nicht bekannt.

Josef Schöpfs Signatur im Zwickel unter dem 1800 entstandenen Kuppelfresko in der Heilig-Blut-Kapelle

Weil es im Süden und Westen des Landes in den folgenden Jahren immer wieder zu Kämpfen kam, war im Stift laufend Militär einquartiert. Am 7. Februar 1797 wurde dem Abt zudem mitgeteilt, dass das Kloster wegen Überfüllung der Spitäler von Trient bis Innsbruck »*zur zeitlichen Unterbringung*« von »*armen und kranken Kriegern*« bestimmt wurde, und zwar »*ohne Rücksicht auf die allenfalls vorkommenden Einwendungen*«. An solche hätte der patriotisch gesinnte Abt auch niemals gedacht. Wie selbstverständlich leistete er mit allen zu Gebote stehenden Mitteln Hilfe. Zeitweise waren 700 Kranke, Verwundete, Rekonvaleszenten und Sanitätspersonal in den Stiftsgebäuden untergebracht. Das Kloster muss damals einem Ameisenhaufen geglichen haben. Zwar war die Zahl der Mönche durch das seit Josef II. geltende Aufnahmeverbot von Novizen längst wieder gesunken, dafür hatte das Kloster zahlreiche Priester aus Frankreich aufgenommen, die vor der Revolution geflohen waren, sowie Ordensleute aus der Schweiz und aus Schwaben, die ebenfalls in Stams Zuflucht gesucht hatten.

Es verwundert, dass der Abt bei all diesen Turbulenzen noch die Energie aufbrachte, Schäden an Kirche und Klostergebäuden ausbessern zu lassen und als letztes großes künstlerisches Werk das Kuppelfresko der Heilig-Blut-Kapelle in Auftrag zu geben. Er betraute damit den in Telfs geborenen und seit seiner Jugend vom Stift geförderten Maler Josef Schöpf, der inzwischen weit über die Landesgrenzen hinaus Berühmtheit erlangt hatte. Dagegen ließ er das kunstvolle neue Speisgitter in der Stiftskirche vom Laienbruder Ulrich Schilcher anfertigen, der die Schlosserei des Stifts betrieb.

Von Kampfhandlungen blieb das nördliche Tirol bis 1805 verschont. Am 4. November dieses Jahres umgingen die Franzosen die »Porta Claudia« bei Scharnitz und rückten Tags darauf in Innsbruck ein. Gerüchte über Gewalttaten und Grausamkeiten der feindlichen Truppen veranlassten den Abt zur Flucht in sein Heimatdorf Pettneu. Die Reliquien und andere Kostbarkeiten des Stifts wurden an einen sicheren Ort im Ötztal gebracht. In Stams und in den Orten rundherum waren in den ersten Novembertagen noch kleine Einheiten des österreichisches Militärs einquartiert. Als die Nachricht von der kampflosen Aufgabe Tirols durch die österreichische Armeeführung eintraf, zogen die Soldaten ab.

Am 13. November näherte sich eine französische Vorhut dem Kloster und wurde vom Abt – er war auf Bitten seiner Mitbrüder nach ein paar Tagen zurückgekehrt – und dem Großteil des Konvents im »äußeren Hof« (zwischen der heutigen Klosterpforte und dem Gerichtsgebäude) erwartet. Auch Pater Kasimir Schnitzer war anwesend und schreibt in seiner Chronik: »*Alles ging ganz ruhig und sehr glücklich ab. Am 14. zog der Divisions-General Malheur mit seinem Generalstab auch nur bis in den besagten Hof und nach einem kurzen Aufenthalt vorbei. Ohne abzusitzen schrieb er zu Pferd [...] eine Sicherheitskarte und ließ eine Sonfgarde [kleine Wache] zurück. Nachmittags folgte ihm der Brigade-General Marcoquet, der mit seiner ganzen zahlreichen Begleitung in das Kloster kam und sehr stürmend und schreckend eine Brandschatzung [Ersatzzahlung statt einer Plünderung] von nicht weniger als 6000 Gulden forderte. Da er aber die Gefaßtheit des Abtes nicht erstürmen konnte und die Sonfgarde respektieren mußte, setzte er endlich, mit der einzigen Peter Anich'schen Landkarte befriedigt, seinen Marsch nach Silz fort.*« Offenbar hatte das Stift ein Exemplar der ersten exakten Landkarte Tirols besessen, die der »Bauerngeograph« Peter Anich aus Oberperfuß kurz vorher geschaffen hatte und die beim französischen Militär wegen ihrer Genauigkeit sehr begehrt war.

Es sollten nicht die Franzosen sein, die dem Stift zusetzten, sondern die Bayern. Nach der entscheidenden Niederlage gegen Napoleon in der Schlacht von Austerlitz musste Österreich im Frieden von Pressburg (26. Dezember 1805) Tirol an Bayern abtreten, das als Belohnung für den Bündniswechsel an die Seite des Franzosenkaisers zum Königreich erhoben wurde. Schon am 2. Jänner 1806 wurden königlich-bayerische Truppen in Stams einquartiert, und am 26. Jänner nahm Bayern offiziell Besitz von Tirol. Sofort ging in Tirol die Sorge um, die Regierung des nördlichen Nachbarn könnte ihre politischen

Vergeblich hofften die Tiroler auf Rücksicht und Verständnis des neuen Landesherrn König Maximilian I. Joseph von Bayern.

Grundsätze einer Zentralisierung und im kulturellen Bereich die Abschaffung der Klöster und vieler Traditionen auch in Tirol durchsetzen. Um das zu verhindern, schickte die Ständevertretung eine Delegation nach München, um bei dem bereits ernannten zukünftigen Gouverneur für Tirol, Graf Karl Arco, vorzusprechen und bei Minister Montgelas sowie bei König Maximilian I. Joseph selbst die Wünsche des Landes vorzubringen. Dieser Delegation gehörte auch Abt Sebastian Stöckl an. Über tief verschneite Straßen reiste man am 1. Februar in Innsbruck ab und kam am Abend des nächsten Tages in der bayerischen Haupt- und Residenzstadt an.

Die *»lieben, braven Tiroler«* – so begrüßte sie der König herablassend – bekamen in München alles versprochen, was sie nur wollten, eingehalten haben die Bayern so gut wie nichts davon! Weder die Verfassung blieb bestehen, noch durften sich die Tiroler ihrer alten Sonderrechte weiter erfreuen. Was kirchenpolitisch geschah, übertraf alles, was unter Josef II. auch in Österreich eingeführt, zum Teil aber nur versucht und großteils später zurückgenommen worden war. Man hätte es in Tirol wissen müssen, wie radikal die bayerische Regierung unter dem Aufklärer Montgelas schon seit Jahren gegen die Klöster vorging. Und doch scheint man völlig überrascht gewesen zu sein, als am 16. September 1807 alle sechs in Tirol noch bestehenden Abteien »unter Administration gesetzt« wurden, was einer Auflösung der Ordensniederlassungen gleichkommt und in der gleichzeitig erlassenen Instruktion zu ihrer Durchführung auch so genannt wird. Was immer für Gründe genannt wurden: Missverhältnis zwischen

Bayerischen Schikanen ausgesetzt

Abt Sebastian Stöckls Unterschrift unter einem der Briefe, die er in der Bayernzeit an seine über Seelsorgstellen ganz Tirols verstreuten Mitbrüder schrieb.

Die Aufhebung des Zisterzienserabtei Stams durch die bayerische Regierung bedeutete keine »Vertreibung« der Mönche, wie sich mancher vorstellen mag. Ein Ende fand nur die rechtlich-wirtschaftliche Grundlage der Stiftung, die auf Meinhard II. zurückgeht. Zu Ende ging durch zahlreiche gesetzlichen Auflagen und die Konfiszierung großer Teile der Einrichtung und Ausstattung auch das klösterliche Leben in seiner gewohnten Form. Der Abt und die paar alten und kränklichen Mönche, die nicht in der Seelsorge eingesetzt werden konnten, lebten weiter hinter den alten Klostermauern, allerdings in sehr eingeschränkter Weise und zahlreichen Schikanen ausgesetzt. Auch die klösterlichen Dienstboten waren bis zu ihrer Entlassung am 12. Oktober 1807 davon betroffen. Mit erkennbarer Verbitterung schreibt Pater Kasimir Schnitzer: »Mit aufgehobenen Händen bat unser väterlicher Abt für sie, sich noch am Namensfest Seiner Majestät des Königs satt essen zu dürfen; allein es war den landesväterlichen Bestimmungen und Entscheidungen zuwider.«

Schnitzer hält in seiner Chronik fest, wie der Abt bei jeder Gelegenheit brüskiert wurde: »Unserem Abte Sebastian wurde zwar wegen seiner mannigfaltigen Verdienste von allen Seiten besondere Rücksicht versprochen. Aber nie zeigte sich auch nur eine Spur davon, sondern vielmehr das Gegenteil. Unter anderem auf das Geburtsfest des sich in Innsbruck aufhaltenden Königs den 27. Mai 1808 wurde er zum Pontifikalamte etwa nicht eingeladen oder ordentlich berufen, sondern mündlich ließ man ihm sagen, wenn er nicht kommen würde, stünde ihm bevor, was dem Prälaten von Wilten, der sich dessen weigerte, geschehen wäre, wenn er sich nicht durch ein ärztliches Zeugnis hätte entschuldigen können, nämlich die Sperrung der Pension. Er kam und wollte nach dem Hochamte sich auch Seiner Majestät dem Könige vorstellen lassen, erhielt aber zur Antwort, es bedürfe dessen nicht.«

Aber nicht nur Demütigungen und Brüskierungen musste sich der Abt gefallen lassen, schwerer wog, dass manchmal die Auszahlung der Pension über Monate auf sich warten ließ und deshalb selbst das Lebensnotwendige kaum zu beschaffen war. Die Folge war, dass es im Winter wochenlang nicht nur in der Kirche, sondern auch in den Zellen eisig kalt war. Die Holzvorräte des Stifts waren weggeschafft und verkauft worden, für neues Brennholz fehlte das Geld. Das noch im Kloster wohnende Grüppchen von Mönchen musste für alles bezahlen. Selbst Spaziergänge in den Stiftsgärten wurden ihnen nur erlaubt, seitdem sie dafür einen Pachtzins entrichteten.

Ausgaben und Einnahmen oder mangelnder Einsatz in Seelsorge, Unterrichts- und Erziehungswesen, hauptsächlich ging es darum, dass der Staat Zugriff auf das Stiftsvermögen haben wollte. Darauf zielen auch die meisten der 45 Punkte ab, die bei der Auflösung zu beachten waren. Mit der Überwachung des ganzen Prozesses wurde der Landrichter Sebastian Hacker von Telfs beauftragt. »Eine unangenehme Aufgabe«, schreibt Hannes Kastner in seiner Dissertation über Abt Sebastian Stöckl, »denn diese 45 Paragraphen waren zum Teil so entwürdigend, ja beleidigend, dass die Entrüstung darüber gar nicht unberechtigt war.«

Augenzeuge und Chronist Kasimir Schnitzer formuliert es drastisch: Die Tiroler Abteien seien »*von den ausgeschickten Kommissären wie gefährliche Raubnester überfallen*« worden; »*die Prälaten und wer immer eine Kasse unter sich hatte, mußten den Eid ablegen, nichts zu verheimlichen; Kassen, Amtspapiere, Archive, Bibliotheken, Kostbarkeitsbehältnisse, Vorratskammern – alles wurde versiegelt. Den Dienstleuten etc. der fernere Gehorsam gegen das Kloster verboten und endlich dem versammelten Konvente erklärt, daß das Kloster […] der Selbstadministration seines rechtmäßig erworbenen Eigentums enthoben sei.*«

Die 20 zum Zeitpunkt der Auflösung nicht in den Stiftspfarren tätigen Priester der Zisterze durften wie die wenigen noch nicht geweihten Brüder und Novizen zwar weiter im Stift wohnen, mussten jedoch alles abgeben, was sie nicht »*bei ihrem Priesterwort*« als ihr persönliches Eigentum bezeichneten. Als einzige Lebensgrundlage wurde dem Abt und den anderen Konventualen eine geringe Pension zuerkannt. Der Abt schickte gemäß staatlicher Anordnung weitere Priester in die zum Stift gehörigen Pfarren, doch kam er dem Auftrag, auch für die Seelsorge in anderen Pfarreien und Kaplaneien »*brauchbare Klosterindividuen*« abzustellen, nur zögernd nach. Er habe jetzt schon Konventualen »*ausgesetzt*«, die kränklich seien oder wegen ihres Alters den Dienst nicht mehr lange erfüllen würden können. Außerdem seien Zisterzienser schon jetzt nicht nur in den eigenen Pfarren tätig. Dennoch mussten im Verlauf der nächsten zwei Jahre neun weitere Konventualen das Stift verlassen und in »*fremde*« Pfarren in allen Ecken des Landes übersiedeln.

Als Administrator des Stifts war ein königlicher Beamter vorgesehen. Aber schon bevor dieser ernannt war und in Stams eintraf, wurde – noch im Jahr 1807 – mit dem Verkauf des Viehbestandes, der Lebensmittelvorräte, von Werkzeug und Mobiliar begonnen. Die wertvollsten Stücke der Einrichtung wurden »*auf königlichen Hofwägen, mit schönen blauen weißgarnierten Tüchern bedeckt, nach Innsbruck abgeführt«* (Kasimir Stricker). Nicht anders ging man in den Stiftspfarren vor, wo die Pfarrhäuser regelrecht geplündert wurde.

Alles Silber und Gold aus der Stiftskirche, liturgische Geräte und andere Kirchenschätze mussten abgeliefert werden. Da man es nicht wagte, sich an den Reliquien zu vergreifen, wurden die verzierenden Perlen herausgelöst und beschlagnahmt. Die kirchlichen Preziosen wurden nach und nach zu Geld gemacht. Fast ein Wunder war es, dass Abt Sebastian den Verkauf der Orgeln verhindern konnte. Der Wert der reichhaltigen Stiftsbibliothek wurde vom staatlichen Administrator nicht wirklich erkannt. Er hielt sie für quantitativ nicht unbedeutend, aber inhaltlich unwichtig. Dabei waren unter den rund 2200 Büchern ca. 150 wertvollste Inkunabeln – so nennt man vor 1500 mit beweglichen Lettern gedruckte Werke – und über 50 Codices, worunter man handschriftlich hergestellte und meist reich verzierte bzw. mit Miniaturen ausgestattete Bücher aus dem Mittelalter versteht. Eine Kommission stellte schließlich eine Liste der Bücher und Handschriften zusammen, die an die Bibliothek der zu einem Lyzeum degradierten Innsbrucker Universität kommen sollten. Nicht alles Ausgewählte war dann unter den 459 Handschriften und Druckwerken, die in zwei Lieferungen nach Innsbruck gebracht wurden. Einiges hatte der Abt retten können; vieles ging verloren oder wurde verkauft. So ist es kein Wunder, dass in verschiedenen Bibliotheken Süddeutschlands und der Schweiz Bücher stehen, die eindeutig einmal zur Stamser Stiftsbibliothek gehörten. Was ausgesondert worden war, u. a. rein theologische Werke, Gebetbücher und die gesamte klösterliche Erbauungsliteratur, blieb im Stift.

Während man schnell und kräftig die Schätze plünderte, zog sich die Auflösung des Stifts auf einer anderen Ebene über längere Zeit hin. Bisherige Klosterbetriebe wie Mühle, Bäckerei, Schlosserei und die Werkstätte des Rädermachers wurden an ortsansässige Handwerker verpachtet. Höfe und Liegenschaften, die im Besitz des Klosters waren, wurden verkauft, verpachtet oder in Erbpacht vergeben. Die Neuordnung der Verwaltung der einstigen Klostergüter blieb überhaupt in den Anfängen stecken, wie Marianne Zörner konstatiert, die sich bisher als Einzige ausführlich mit den praktischen Seiten der Auflösung der Zisterze Stams befasst hat. Ein Hofgericht sollte es in Stams auch nicht mehr geben, seine Befugnisse wurden mit Befehl vom 23. Mai 1808 auf das Landgericht Telfs übertragen.

Abt Sebastian Stöckl blieb trotz Schikanen und Demütigungen, denen er ausgesetzt war, trotz der beengten Verhältnisse und des Mangels an allem ohne längere Unterbrechung im Stift. Zumindest bis zum Jahr 1809 war das so, als der Aufstand der Tiroler Landbevölkerung gegen die bayerische Herrschaft zeitweilig Erfolg hatte und mit der erwarteten baldigen Rückkehr Tirols zu Österreich auch die Hoffnung auf eine Wiedererrichtung der Stamser Zisterze erwachte.

Als aus der Stamser Stiftsbibliothek stammend verzeichnet die Bayerische Staatsbibliothek München diesen Psalter mit Kalendarium aus den Jahren 1260 bis 1270. Seinen Weg in die bayerische Hauptstadt nahm das kostbare Buch aus der Gründungszeit des Klosters vermutlich über einen bayerischen Beamten, der es sich als eine Art Beutestück von seinem Einsatz in Tirol mitgenommen haben mag.

Das Stift, Abt Sebastian und die Freiheitskriege

Von der Erhebung der Tiroler, vor allem der Landbevölkerung, gegen die Zugehörigkeit zu Bayern und die Art, wie die Regierung des Königreichs die Traditionen der Tiroler missachtete, spürte das Stift nicht viel. Wohl aber spielte Abt Sebastian Stöckl zu Beginn der Abwehrkämpfe gegen das revolutionäre, später napoleonische Frankreich und seine Verbündeten eine nicht zu unterschätzende Rolle. Denn Abt Sebastian war es, der 1796 angesichts des drohenden Angriffs der in Oberitalien siegreichen französischen Armee

Herz-Jesu-Bild in der
Stamser Stiftskirche

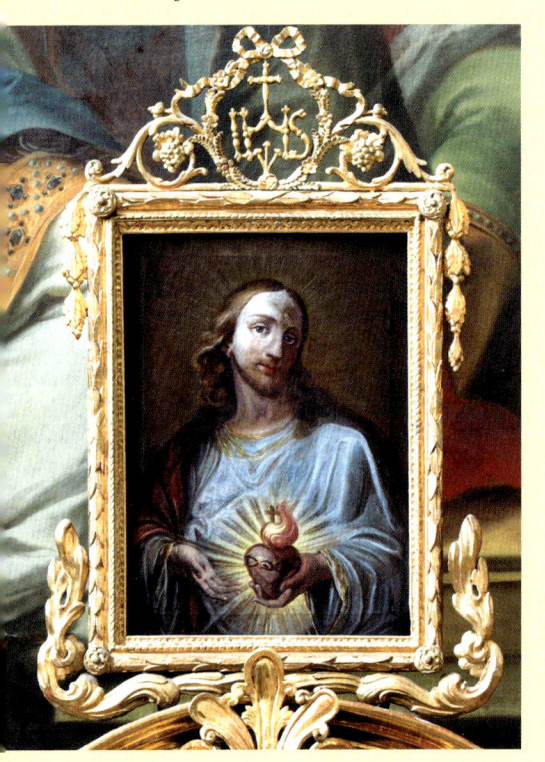

beim landschaftlichen Kongress zu Bozen als Vertreter des Prälatenstandes anregte, das Land unter den Schutz des heiligsten Herzen Jesu zu stellen. Damit verbunden war das Gelöbnis, das Herz-Jesu-Fest besonders feierlich zu begehen. Entsprechend seinem Einfluss auf diese Beschlussfassung der Landstände war Abt Sebastian auch der Hauptzelebrant bei dem aus diesem Anlass gefeierten Pontifikalamt in der Bozner Pfarrkirche.

Die Herz-Jesu-Verehrung war seit der Mitte des 18. Jahrhunderts vor allem von den Orden und den in den Pfarren durchgeführten Volksmissionen gefördert worden, wurde jedoch später von staatlichen und kirchlichen Aufklärern möglichst unterdrückt, ja sogar mit Verboten belegt, was viel Unmut in konservativen Bevölkerungskreisen ausgelöst hatte. Vor diesem Hintergrund gewinnt das von Abt Sebastian angeregt Herz-Jesu-Gelübte, das bald als ein Gottesbund im alttestamentarischen Sinn aufgefasst wurde, größere Bedeutung. Offenbar ging es nicht nur darum, den Beistand Gottes im Kampf gegen äußere Feinde zu erflehen. Es war auch der Höhepunkt einer Auseinandersetzung mit Andersdenkenden im eigenen Land.

Nicht direkt, aber indirekt haben Ereignisse in Stams die Volkserhebung beeinflusst. Als die bayerische Verwaltung in der Stiftskirche Kelche, Monstranzen und andere liturgischen Geräte konfiszierte und in Innsbruck versteigern ließ, waren es die wenigen jüdischen Familien, die diese Kirchenschätze erwarben, was ihnen von der Bevölkerung sehr übel genommen wurde. Die antijüdischen Exzesse während des Bauernaufstandes gegen die bayerische Herrschaft im April 1809 haben darin eine ihrer Ursachen.

Josef Freiherr von Hormayr, einst Kandidat im Kloster Stams, 1809 kaiserlicher Intendant des befreiten Tirol

Als bayerische Beamte und die im Land stationierten Truppen das erste Mal von aufständischen Bauernscharen aus Tirol vertrieben wurden (12.–13. April 1809), rettete Abt Sebastian einem im Stift wohnenden, besonders verhassten bayerischen Beamten das Leben. Gleich ließ er sich nach Innsbruck fahren, um Josef Freiherr von Hormayr zu treffen. Dieser junge Tiroler Historiker, der einmal Kandidat in Stams gewesen war, hatte es in Wien mit 28 Jahren zum Direktor des Haus-, Hof- und Staatsarchivs gebracht und war maßgeblich an der Vorbereitung der Tiroler Erhebung beteiligt gewesen. Jetzt verwaltete er als vom Kaiser eingesetzter »Intendant« das befreite Tirol. Er nahm den Stamser Abt bei sich auf und bestärkte ihn wohl in der Hoffnung auf eine baldige Rückkehr Tirols zu Österreich und eine Wiedererrichtung des Stifts.

Aber schon nach dem 11. Mai häuften sich die Gerüchte, dass zwei bayerische Divisionen plündernd, mordend und brandschatzend durch das Inntal vorrückten. Am 13. Mai konnte kein Zweifel mehr darüber bestehen, dass Innsbruck bald wieder bayerisch sein würde. Und Abt Sebastian kehrte eiligst ins Oberinntal zurück, zunächst noch nicht in sein Kloster, sondern ins Widum des Haiminger Weilers Ochsengarten, wo er sich sicherer fühlte.

Im August kam es in der Nähe von Stams zu Kämpfen bei der Innbrücke von Mötz. Die müden Schützen und Landstürmer wollten sich nach Abzug des Feindes im Kloster stärken. Ihrer stürmischen Forderung nach »Ehrenwein« musste der Abt wohl oder übel nachkommen. Es war das einzige Mal, dass das Stift direkt vom Aufstand betroffen war. Im September finden wir Abt Sebastian wieder einmal in Innsbruck, wo seit der dritten Bergiselschlacht am 13. August der Sandwirt und Tiroler Oberkommandant Andreas Hofer die Geschäfte einer provisorischen Landesverwaltung leitete. Noch war alles frohen Mutes, und man konnte wieder einmal auf eine baldige Wiedererrichtung der Klöster und Stifte hoffen.

Doch es kam anders. Der Bauernaufstand wurde niedergeschlagen. Stams blieb aufgelöst.

Das bayerische Militär konnte dreimal aus Tirol vertrieben werden.

II.
Geschichte seit der Wiedererrichtung 1816 bis heute

Wäre Stams ein bayerisches Kloster gewesen, so existierte es heute nicht mehr; in den ehemaligen Klostergebäuden wäre eine weltliche Einrichtung untergebracht. So aber kam Tirol nach der Niederschlagung Napoleons 1814 wieder zu Österreich zurück. Und schon 1816 erwachte das Stift zu neuem Leben. Die kaiserliche Regierung in Wien war, anders als die des Königreichs Bayern, längst von der aufklärerischen Kirchenpolitik abgerückt, die unter Josef II. auch in Österreich als fortschrittlich galt und zum obersten Prinzip erhoben worden war. So war es für die Tiroler Stände nicht allzu schwer, die Wiedererrichtung der unter Bayern aufgehobenen Klöster und Stifte zu erreichen.

Die neue Epoche der Geschichte von Stift Stams sollte zwei Weltkriege, das Verschieben von Landesgrenzen und eine weitere Aufhebung bringen, die jedoch genauso wenig das Ende bedeutete wie jene von 1807. Im Unterschied zu der Zeit zwischen 1938 und 1945, als die Mönche aus dem Kloster vertrieben waren und kaum jemand zu hoffen gewagt hätte, dass es jemals wieder einen Stamser Abt geben würde, wohnte in der Bayernzeit Abt Sebastian Stöckl mit einigen alten und kränklichen Mönchen in den Stiftsgebäuden, wenn auch unter äußerst armseligen Verhältnissen. Ob sie sich als Garanten der Kontinuität ihrer Gemeinschaft gesehen haben, ist angesichts der traurigen Umstände und der Erfolglosigkeit des Tiroler Aufstandes im Jahre 1809 eher unwahrscheinlich.

Ansicht des Klosters Stams auf einem Holzstich aus dem Jahr 1890

Der Kreuzgang im Kloster Stams war 1816 weniger gepflegt, er hat aber nicht viel anders ausgeschaut. 1816 kamen die im ganzen Land verstreuten Mönche wieder zurück.

Neubeginn mit Schwierigkeiten

Die Enttäuschung muss groß gewesen sein für den Stamser Abt, als mit der Niederwerfung des Tiroler Aufstandes die Hoffnung auf eine baldige Änderung der politischen Verhältnisse zerstört war. Die letzten unruhigen Wochen des Jahres 1809, als Fanatiker immer noch nicht Schluss mit dem Kämpfen machen wollten, verbrachte Abt Sebastian bei Pater Augustin Handle in Burgeis im obersten Vinschgau. Die sonst von Geistlichen des Stifts Marienberg betreute Pfarre gehörte wie der gesamte Vinschgau und Meran kirchlich zum Bistum Chur, dessen Bischof sich mit der bayerischen Regierung überworfen hatte und deshalb diesen Teil seiner Kirchenprovinz nicht mehr betreten durfte. Da die Augustiner von Marienberg ihm die Treue hielten, mussten andere Orden ihre Pfarren übernehmen. Pater Augustin, der später einmal Abt werden sollte, war zum Zeitpunkt der Auflösung des Stifts Stams als Prior der Stellvertreter von Abt Stefan, musste wie die meisten anderen Konventualen eine Seelsorgstelle übernehmen und wurde nach Burgeis »ausgesetzt«, wie man in der Ausdrucksweise des Ordens sagt, wenn ein Mönch außerhalb seines Stammklosters tätig ist.

Bis Mitte Dezember 1809 bleibt Abt Stefan in Burgeis, dann kehrt er nach Stams zurück. Ungern, wie man seinen Briefen dieser Zeit entnehmen kann, aber seiner Pflicht gehorchend: »*Wie soll es mir in die Länge nicht verleiden zu seyn, was ich bereits schon durch 6 Jahre der Aufhebung bin?*« Er ist enttäuscht, ohne Hoffnung auf eine Änderung der Verhältnisse. Mit seinen ausgesetzten Konventualen in den über ganz Tirol verstreuten, zum Teil sehr entfernten Pfarreien wie Erl oder Toblach hält er regelmäßigen Briefkontakt. Mit den wenigen alten und kränklichen Mitbrüdern, die in Stams bleiben durften, bemüht er sich um einen Rest an klösterlichem Leben. Es fällt ihm immer schwerer, weil Strenge seinem Wesen widerspricht. Außerdem ist seine Gesundheit nicht mehr die beste, wozu all der Kummer und die aufgezwungenen Lebensumstände wesentlich beitragen. Beim bischöflichen Konsistorium in Brixen sucht er um die Erlaubnis an, die Messe im bevorstehenden Winter in seiner beheizbaren Zelle lesen zu dürfen. Dafür lässt er sich Ende August 1812 von seinem Arzt Dr. Josef Braun, königlich-bayerischer Rat und Professor, eine Bestätigung seines schlechten gesundheitlichen Zustandes ausstellen.

Zwei Jahre muss Abt Sebastian noch durchhalten, dann ist Tirol wieder österreichisch. Am 3. Juni 1814 unterzeichnen Kaiser Franz II. von Österreich und König Maximilian I. Joseph von Bayern den Vertrag, mit dem Tirol an Österreich zurückgegeben wird. Und am 26. Juni wird das österreichische Besitzergreifungspatent veröffentlicht. Schon einen Tag vorher werden die Äbte von Stams und Wilten bei Hofkommissar Anton von Roschmann vorstellig, der die österreichische Verwaltung in Tirol wieder aufbauen soll. Sie tragen ihm den Wunsch der Prälatenklöster nach möglichst baldiger Wiedererrichtung in ihrem alten Besitzstand und mit den früheren Rechten vor. Roschmann kann es ihnen im Namen des Kaisers versprechen.

In einem von Abt Markus Egle von Wilten im Namen »*sämtlicher Prälaturen und Stiften in Tirol*« verfassten und dem Kaiser am 12. August 1814 vorgelegten Schreiben wird der überstandenen Leidenszeit mit folgenden Worten gedacht und als ihre Ursache der »*afterphilosophische und zerstörungslüstige Geist einer jugendlichen und unter dem Einflusse geheimer Verbrüderung stehenden Regierung*« beschrieben. Der »*unheilige Geist dieser Regierung, der alles Positive in politischer wie auch religiöser Hinsicht umstürzte, sich selbst aber auf den Trümmern alles Ehrwürdigen, Heiligen, Althergebrachten als die einzige Quelle des Rechtes betrachtete*«, habe der Tiroler Bevölkerung sehr geschadet, wurde auch

Das Wappen von Abt Sebastian Stöckl im Gitter vor dem Altar (Speisgitter) der Stiftskirche, geschaffen vom Klosterbruder und Schmied Ulrich Schilcher

in zahllosen Predigten und Schriften beklagt. All die schlechten Grundsätze und üblen Gedanken seien von den Professoren der auswärtigen Universitäten an die dort ausgebildeten Tiroler Priester weitergegeben und so im Volk verbreitet worden.

Einer sofortigen Wiedererrichtung der aufgehobenen Klöster stand – entgegen den Versprechungen des Kaisers – neben dem Antiklerikalismus der höheren Beamtenschaft die in Regierungskreisen herrschende Angst im Wege, die nach den Kriegsjahren leere Staatskasse könnte belastet werden. Denn sie würden finanzielle Mittel brauchen, um lebensfähig zu sein, und frühere Besitztümer waren zurückzuerstatten. Viele befürchteten, es wäre dann kein Geld mehr vorhanden, die von den Bayern 1810 in ein Lyzeum – also nicht viel mehr als eine höhere Schule – umgewandelte Universität wieder ins Leben zu rufen. Die Vertreter des Prälatenstandes vergaßen in ihren Vorsprachen und schriftlichen Eingaben nicht, darauf Rücksicht zu nehmen, und betonten, dass man sich um äußerste Sparsamkeit bemühen werde. Dennoch verzögerte sich die Herstellung der alten Verhältnisse im Klosterwesen.

Für Stams bestand die in der Bayernzeit eingerichtete Stiftungsadministration in Imst zunächst unverändert weiter. Sie erhielt im Sommer 1815 den Auftrag, sich auf die zu erwartende Wiedererrichtung des Stifts vorzubereiten und auslaufende Verträge mit den Pächtern früherer Stiftsgüter nur mehr für ein Jahr zu verlängern. Es sollte auch durch entsprechende Formulierungen ermöglicht werden, das Pachtverhältnis ohne Entschädigung schon früher zu beenden.

Am 9. März 1816 wurde Abt Sebastian zusammen mit den anderen Äbten Tirols für den 26. März zu einer Konferenz nach Innsbruck geladen, um über die Details des unmittelbar bevorstehenden kaiserlichen Erlasses in der Klösterfrage und der praktischen Umsetzung desselben informiert zu werden, aber auch um »*Anstände und Wünsche*« zu äußern.

Am 1. April 1816 war es dann so weit: Ein kaiserliches Dekret verfügte die Wiederherstellung der Stifte von Wilten, Stams, Fiecht, Neustift und Marienberg. Eine Entschädigung für die von der bayerischen Stiftsadministration verkauften Kostbarkeiten an liturgischem Gerät und anderen Wertgegenständen wurde nur in geringem Umfang gewährt, vor allem mussten die Stifte nachweisen, was ihnen alles genommen worden war. Die Bücher der Stamser Stiftsbibliothek, die 1808 der damals noch bestehenden Universität übergeben worden und nach 1810 im »Lyzeum« verblieben waren, sollten – »*soweit sie vorfindig sind*« – zurückgegeben werden. Allerdings hatte Abt Sebastian Stöckl, dem die Rettung eines Großteils der 1808 von der Universität nicht übernommenen Bücher zu verdanken ist, selbst auf die ältesten und wertvollsten Bände schon auf der Konferenz vom 26. März 1816 verzichtet. In seinem Referat begründet er dies mit folgenden Worten: »*Auf die Rückstellung der stiftischen Bücher verlangt man ab Seite Stams gar nicht zu dringen. Soviel es bewusst ist, waren die abgeführten meistens Manuscripten, die besser in einer öffentlichen Bibliotheke, als in der privaten des Stiftes stehen ... Man will diese Gelegenheit gar nicht vorbei lassen, der Gemeinnützigkeit etwas zu opfern.*« Durch ein 1819 ausgestelltes »Certificat« des Abtes wird die »Schenkung« rechtsgültig. So bilden die 242 Stamser Bücher heute noch einen wesentlichen Teil der Sammlung von Handschriften, Codices und Inkunabeln der Innsbrucker Universitätsbibliothek.

Bei aller Freude über die Neugeburt des Klosters sah man in Stams doch auch die damit verbundenen Belastungen. Dazu gehörten die Wiedereinführung der jährlichen Zahlungen an den unter Josef II. gegründeten Religionsfonds und die für alle Klöster geltende Verpflichtung, »*die gymnasial und philosophischen Lehranstalten des Landes mit dem nöthigen Personale zu versehen*«. Stamser Konventualen als Gymnasiallehrer in Innsbruck wird es demnach in Zukunft immer wieder geben. Dass die zum Stift gehörigen Pfarren weiter betreut wurden, war selbstverständlich. Aus den Orten, in denen erst nach dem Anschluss an Bayern Stamser Zisterzienser wirkten, kehrten die Mönche nun wieder zurück. Das Kloster begann sich wieder zu füllen.

Unter den ersten Neuaufnahmen nach der Bayernzeit war Anton Schnitzer aus Innsbruck (Dritter von oben), der den Klosternamen Alois annahm und der übernächste Stamser Abt werden sollte (Eintragung im Professbuch).

Von den 47 Priestern, Diakonen, Laienbrüdern und Novizen, die zu Beginn der Bayernzeit zum Stamser Konvent gehört und im Kloster oder in den Stiftspfarren gewirkt hatten, lebten neun nicht mehr. Drei starben in den ersten beiden Jahren nach der Rückkehr. Die ersten Neuaufnahmen nach der Wiedererrichtung des Stifts konnten 1816 in die Annalen des Stifts eingetragen werden. Es waren fünf Weltgeistliche, darunter Anton Schnitzer aus Innsbruck, der Bruder des Chronisten P. Kasimir Schnitzer, ein Religionslehrer, der den Klosternamen Alois annahm und 1839 zum Abt gewählt werden sollte. 1818 konnte Abt Sebastian fünf weitere Kandidaten in den Zisterzienserorden aufnehmen.

Es war also nicht eine zu geringe Zahl an Konventualen, über die sich der Abt Sorgen machen musste. Es waren andere Umstände, die den Neubeginn erschwerten. Natürlich wieder einmal Geldprobleme. Vor allem bis die rückerstatteten Besitzungen wieder Einnahmen brachten. Schon im April 1816 war ein Überbrückungskredit dringend notwendig. In seinem Ansuchen darum schildert der Abt sehr anschaulich den erbärmlichen Zustand des Klosters: »*Eine Kasse ohne Barschaft, ein Scheuer ohne Korn, ein Stall ohne Vieh, ein Stadel ohne Futter, ein Keller ohne Vorrat, ein Kloster ohne Einrichtung, eine Kirche mit abgenütztem Parament, nur mit einem Kelche, nicht einmal mit einer eigenen Monstranz versehen. Das Stiftsgebäude schon das neunte Jahr ohne Reparaturen und vierteljährliche Beiträge [zum Religionsfonds] veranlassen den Abt bei der Landestele um 8000 fl [Gulden] Darlehen anzusuchen, in der festen Überzeugung, daß es selbst bei dieser nicht unbedeutenden Summe doch noch immer darauf ankommen mußte, sich gehörig zu mäßigen, um alles Notwendige zu bestreiten.*«

Das zweite Problem war nicht mit Geld zu lösen. Es betraf das klösterliche Leben, das sich nach dem Urteil des früheren Priors, Pater Augustin Handle, noch 1820 in einem desolaten Zustand befand. Er hatte nach der Auflösung des Stifts durch die bayerische Regierung den Seelsorgsposten in Burgeis antreten müssen und war 1811 vom Bischof von Brixen als Pfarrer und Dekan nach Mals berufen worden. Zwar drängte Abt Sebastian auf die Rückkehr des in Seelsorge und Theologie gleichermaßen erfahrenen Mitbruders, doch ließ ihn der Bischof zunächst nicht ziehen. Erst nach dem Tod des längst schon kränklichen Abtes im November 1819 erreichte der zum einstweiligen Vorstand des Klosters berufene Prior P. Florian Grün, dass Pater Augustin nach Stams zurückkehren durfte. Es war für ihn eine herbe Enttäuschung, dass er »*so wenig klösterlichen Geist*« vorfand. Bezeichnend die rückblickende Bemerkung in seinem Tagebuch, geschrieben am 13. Juni 1820, dem Tag seiner Wahl zu Sebastian Stöckls Nachfolger: »*Weil es demnach gleich war, ob ich im Gastgebäude oder in claustro [in der Klausur] wohnte, entschloss ich mich als gewesener Dechant bis zur Wahl et usque ad novam Dispositionem futuri Abbatis [und bis zur neuen Bestimmung durch den zukünftigen Abt] Gast zu bleiben, besuchte aber doch den Chor.*«

Es war dem verstorbenen Abt Sebastian bei aller Geduld und Ausdauer nicht mehr möglich gewesen, die aus der Seesorge heimgekehrten Patres an die Ordnung und Disziplin des klösterlichen Lebens zu gewöhnen. Abt Augustin stand vor einer schweren Aufgabe.

Abt Stephan Mariacher lud um die Jahrhundertwende gescheite Köpfe auf die Stamser Alm. Wirtschaft, Politik und Kunst waren die Themen seiner Almsymposien.

Frömmigkeit zwischen Wirtschaft und Politik

In den 120 Jahren zwischen dem Tod des Abtes Sebastian Stöckl, unter dem das Stift 1807 unter bayerischer Herrschaft aufgelöst und nach der Rückkehr zu Österreich 1816 wieder errichtet worden war, und der neuerlichen Auflösung im Jahr 1939 durch die Nationalsozialisten leiteten vier Äbte das Stift Stams. August III. Handle hatte die innere und äußere Ordnung des Klosters wieder herzustellen. Abt Alois Schnitzer war mit den wirtschaftlichen Folgen der »Grundentlastung« konfrontiert, die vom österreichischen Parlament des Revolutionsjahres 1848 beschlossen wurde und deren Abwicklung sich über Jahre hinzog. Cölestin Brader hielt das Stift aus dem durch Jahre im Land tobenden Kulturkampf zwischen der konservativen und der liberalen Parteirichtung weitgehend heraus, obwohl er als Abgeordneter im Landtag und im Reichsrat an vorderster Front stand und – wohl gegen seinen Willen – in heikle politische Zwistigkeiten verwickelt wurde. Am längsten, nämlich 42 Jahre, war Abt Stephan Mariacher im Amt. Er musste die Schwierigkeiten überwinden, die der Erste Weltkrieg, politische Umwälzungen, Inflation und die Abtrennung Südtirols mit sich brachten. Die neuerliche Aufhebung des Stifts erlebte er nicht mehr.

Wenn man die Diplomarbeit von P. Augustin Neumüller über Abt Augustin Handle liest, erfährt man in vielen Details, was im 19. Jahrhundert als wichtig für die »*klösterliche Disziplin und Ordnung*« galt bzw. woran man sich nicht mehr hielt. Der 1820 gewählte Abt beklagt in seinem Tagebuch u. a., dass es üblich geworden sei, das über den Tag verteilte Chorgebet »*commoditatis causa*« (aus Bequemlichkeit) auf zwei Gebetszeiten – sieben Uhr früh und drei Uhr nachmittags – zusammenzuziehen. Seinem Freund und Vertrauten P. Kasimir Schnitzer schrieb er einmal nach Mais, dass er für die »*Herstellung des Silentiums*« sorgen habe müssen, und dieser kommentierte die Wiedereinführung der Tonsur (das symbolische Schneiden einer kleinen Glatze) mit der Bemerkung, dass nun P. Josef wohl »*seine wenigen langen Haare der klösterlichen Ordnung zum Opfer bringen*« werde müssen. Der Abt verschärfte die längst gelockerten Fastenregeln und schränkte die inzwischen großzügig gehandhabte Abgabe von Getränken noch im Jahr seiner Wahl insofern ein, dass man sich am Nachmittag nichts mehr zu trinken holen durfte. »*Später milderte er diese Einschränkung wieder und ließ dem Konvent am Dienstag und am Donnerstag nach der Vesper einen Trunk geben*«, schreibt P. Augustin Neumüller. Dazu muss gesagt werden, dass der Abt selber keine der Vergünstigungen für sich in

Ein schwieriger Neubeginn für Abt Augustin III. Handle (1820–1839)

Anspruch nahm, sondern streng asketisch lebte. Sein Leben war von tiefer Frömmigkeit und religiösem Ernst geprägt. Eine Ansprache zu Beginn jeder Fastenzeit und jeder Adventszeit, den sogenannten Kapitelsermo, benützte der Abt für die Bekanntgabe von Änderungen einzelner Bestimmungen und zu väterlichen Ermahnungen, diese auch genau einzuhalten.

Bezüglich des Gelübdes der Armut hielt sich Abt Augustin streng an die Ordensregel und scheute sich, einzelnen Konventualen Vergünstigungen zu gewähren. Die in anderen Klöstern übliche Praxis, den Mönchen einen kleinen Geldbetrag zur persönlichen Verfügung zu überlassen, war für ihn nicht maßgeblich. Als P. Chrysostomus Pobitzer von dem Gehalt, das er während einer Aushilfe im Innsbrucker Gymnasium verdiente, nur den kleineren Teil dafür abgeben wollte, dass er in der Landeshauptstadt im Haus des Stiftes wohnte, und das meiste für sich behalten wollte, wurde ihm das nicht bewilligt. »*Ist nun sein Begehren religiös? Würde ich als Abt pflichtgemäß handeln, wenn ich als gnädiger Herr bloß gnädig handle? Was würden die übrigen Konfratres sagen? Ich sondierte beim Einen und Anderen … und es war überall Feuer am Dach*«, schreibt er in einem Brief an P. Alois Schnitzer, der ebenfalls in Innsbruck unterrichtete und sich mit P. Pobitzer die Wohnung teilte.

Mit einigen Konventualen, vor allem Priestern in entlegenen Pfarreien, führte der Abt harte, manchmal sehr persönliche Auseinandersetzungen, sei es wegen zu langer Abwesenheit, der Anstellung einer Häuserin ohne Rückfrage oder weil seine Art zu leben dem Ansehen des Priestertums und des Klosters schadete. Wollte einer der »ausgesetzten« Priestermönche den Posten wechseln, kam er dem, so weit es ging, entgegen. Vielleicht war das Schicksal des Paters Ludwig in Huben ein warnendes Beispiel. Er meinte es schon nach einem Jahr im Ötztal nicht mehr aushalten zu können, musste aber bleiben und wurde zum Trinker. Als alle Mahnungen nichts nützten, blieb dem Abt nichts anderes übrig, als ihn ins Stift zurückzuholen. Nicht versagen konnte er es Alois Schnitzer, einem seiner besten Mitbrüder, der als Präfekt des Gymnasiums in Innsbruck ohnehin an mehr Freiheit gewöhnt war, Jahr für Jahr in den Ferien eine Studienreise zu unternehmen. Gelegentliche Versuche, ihn von diesem Vergnügen abzuhalten, musste er immer resignierend aufgeben. Als Schnitzer 1828 von einem befreundeten Professor eingeladen wurde, ihn nach Prag und Dresden zu begleiten, schrieb ihm Abt Augustin, er könne es diesem Professor nicht versagen, einen guten Freund zum Begleiter zu haben. Er solle aber reisen, »*ohne sich des wohlfeilen Fahrens zuviel zu freuen*«.

STAMS

Stift Stams um 1840, vom Zeichner J. Lange und dem Stecher Joh. Poppel in eine typisch romantische Stimmung gehüllt (Stahlstich aus dem Verlag Lange, Darmstadt)

Bei vielen seiner Entscheidungen – ob es um die Gewährung von Vergünstigungen an einzelne Konventualen oder um die Auslegung der Regel ging – hatte Abt Augustin mit Skrupeln zu kämpfen. Mehrmals fragte er beim bischöflichen Ordinariat an, wie er sich in einer bestimmten Angelegenheit verhalten solle, zum Beispiel wie streng weit zurückliegende Mess- und Reqiemstiftungen einzuhalten seien bzw. wann Ausnahmen erlaubt seien, etwa vom täglichen Requiem für den 1439 verstorbenen Erzherzog Friedrich IV., dem »mit der leeren Tasche«. Sich mit seinen Problemen und Unsicherheiten an die Ordensobrigkeit

Untermieminger See

Untermieming

Stams

zu wenden, was das Nächstliegende gewesen wäre, war dem Stamser Abt nach bestehender Gesetzeslage versagt. Es war seit Kaiser Josef II. den österreichischen Klöstern ausdrücklich verboten, mit ausländischen Ordensoberen Kontakt zu pflegen. Das seit Jahrhunderten unveränderte Zentrum der Zisterzienser in Cîteaux war seit der Französischen Revolution aufgehoben und die Funktion des Generalabtes zunächst vom Papst, dann 1830 vom Generalkapitel dem italienischen Abt Präses übertragen worden. Trotz des immer noch geltenden Verbotes schrieb Abt Augustin nach Rom und erhielt – auf welchem Weg, kann auch P. Friedrich Eder in seiner »Chronik des Klosters Stams unter Abt Augustin Handle 1820–1839« nicht klären – vom Generalabt Sixtus Benigni ein Antwortschreiben, das ihn zu seinem Vikar für Stams mit allen Vollmachten einsetzte. Die höchste Ordensinstanz räumt dem Tiroler Abt »*das volle Recht ein, nach Maßgabe der Verschiedenheit der Zeiten Entscheidungen zu treffen, zu entbinden und abzuändern, wovon Du immer im Herzen glaubst, daß zu entbinden und abzuändern ist, und zwar in Ansehung der Statuten und Bräuche unseres Ordens, die wir für gewiss halten und welche wir Dir anvertrauen, damit Du umsichtig und Gott gemäß alles richtig anordnest*«. Auf diese Weise von oberster Stelle in seinen Absichten bestärkt, konnte Abt Augustin die angestrebte Klosterordnung zum Abschluss bringen.

Auch in wirtschaftlicher Hinsicht war zum Zeitpunkt der Wahl Abt Augustins vieles in Unordnung. Vor allem konnte sich der Abt gegen überzogene Steuer- und Abgabenforderungen des Staates, zum Teil auf Jahre zurückgerechnet, nicht zur Wehr setzen, da die nötigen Aufzeichnungen fehlten. Und die von den Regierungskommissären bei der Wiedererrichtung des Stifts ermittelten Zahlen über Vermögenswerte einerseits und Belastungen andererseits waren zwar nachweisbar falsch, doch hatte sie der damals schon alte und kränkliche Abt Stöckl des lieben Friedens halber akzeptiert. Mangels eines Verwalters, der Einblick in die Geschehnisse der Zeit vor, während

Stams auf einer amtlichen Karte des Innverlaufs aus dem Jahr 1825. Die Äcker und Felder der Umgebung gehörten damals noch zum allergrößten Teil dem Stift. Gut zu sehen ist der Weg zur Fähre über den Inn, die bis 1933 vom Stift betrieben wurde (Ausschnitt rechts).

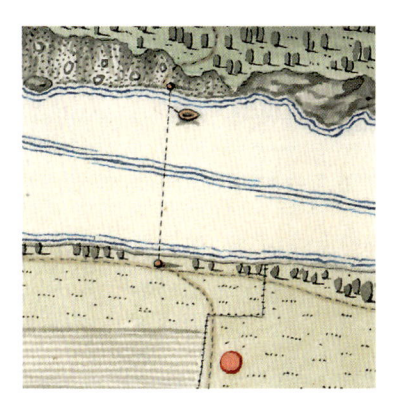

und nach der Aufhebung gehabt hätte, musste sich der neue Abt jahrelang mit diesen Problemen herumschlagen. Die Abgaben der dem Stift zinspflichtigen Bauern und der Gemeinden, die den Zehent seit langem – zum Teil seit dem Mittelalter – vom Stift gepachtet hatten, erbrachten andererseits genügend Einnahmen, um das Stift aus den anfangs noch spürbaren wirtschaftlichen Schwierigkeiten herauszuführen. Dabei bewies Abt Handle große Geschicklichkeit, auch bei Neuerungen innerhalb der stiftseigenen Betriebe. Nach und nach ließ er auch alles an Kloster und Kirche reparieren, was in den letzten Jahrzehnten kaputtgegangen war.

Als Abt Augustin am 12. Februar 1839 starb, hinterließ er seinem Nachfolger ein von Grund auf erneuertes, gesichertes und blühendes Kloster. Pater Alois Schnitzer, auf den die Wahl des Konvents fiel, war die meiste Zeit seines bisherigen Mönchseins Professor und später Präfekt am Innsbrucker Gymnasium gewesen und zuletzt für wenige Monate als Nachfolger seines Bruders Kasimir Pfarrer in Mais. Größere Probleme hatte Abt Alois in den ersten Jahren nicht zu bewältigen, erst das Jahr 1848 brachte einen Einschnitt, er betraf aber nur die wirtschaftliche Sicherheit und Entwicklung.

Am 24. Juli hatte der Abgeordnete Hans Kudlich im Österreichischen Reichstag des Revolutionsjahres 1848 den Antrag gestellt, die Grundherrschaften aufzuheben und damit die Bauern von der Zahlungsverpflichtung gegenüber dem grundbesitzenden Adel, der Kirche oder anderer Institutionen zu befreien. Nach vielen Diskussionen und Abänderungsanträgen wurde schließlich am 7. September 1848 das entsprechende »Patent« verabschiedet, das unter dem missverständlichen Begriff »Bauernbefreiung« in die Geschichte Österreichs eingehen sollte. Denn mit »Freiheit« hatte das Gesetz wenig zu tun, mehr mit einer für viele Bauern bedrückenden jährlichen Zahlungsverpflichtung. Und von dieser wurden nicht alle befreit, sondern nur solche Bauern, die ihren Hof in Erbleihe bewirtschafteten. Auf ein befristetes Leiheverhältnis hatte das Gesetz keinen Einfluss. Dies traf – um auf das Stift Stams zurückzukommen – für die meisten Bauern im Bereich des früheren Hofgerichts zu, die also auch nach 1848 weiterhin ihre Pacht zu entrichten hatten.

Der weitaus größte Teil des Stamser Grundbesitzes war jedoch als Erbleihe vergeben. Vom geschätzten Wert eines jeden Anwesens, das nun ins Eigentum des Bauern überging, erhielt der bisherige Grundherr zwei Drittel als Ablöse, ein Drittel vom Bauern, ein Drittel vom Staat. Auf ein Drittel musste er verzichten. Ohne jede Entschädigung

*Abt Alois Schnitzer
(1839 – 1867)*

entfiel die Zehentabgabe, die im Mittelalter kirchlichen Institutionen zustand, um daraus die Kosten der Ortskirche und des Pfarrers zu decken, die aber längst an weltliche Institutionen, meist an die Gemeinden, verpachtet war und von diesen eingehoben und zu einem Teil an die jeweilige kirchliche Institution weitergegeben wurde. Dieser nun ohne Ersatz wegfallende Einnahmeposten hatte – nach einer Aufstellung von Abt Augustin Handle für das Jahr 1831 – über 2200 Gulden ausgemacht. Im Vergleich dazu erbrachten die von Bauern bezahlten Grundzinse in diesem Jahr eine Einnahme von knapp 5000 Gulden.

Eine ähnliche Regelung zur Grundentlastung gab es auch in Bayern, sodass die dem Stift Stams im Schwäbischen noch verbliebenen Güter auf ähnliche Weise ihren Besitzer wechselten.

Die Durchführung des Gesetzes zog sich über mehrere Jahre hin, und es ließ sich zunächst nicht sagen, ob alles problemlos über die Bühne gehen würde. Im Spätherbst 1848 war Abt Alois Schnitzer noch skeptisch und notiert in seinem Tagebuch, dass viele Bauern einstweilen gar nichts mehr zahlen wollten, »*so weigerten sich viele besonders in Oberhofen, Imst, Wenns, ihre Schuldigkeit zu entrichten. In Füssen wurde ordentlich abgelöst.*« Eine Bedrohung der Existenz des Stiftes war jedenfalls nicht zu befürchten, der Einnahmeverlust war zu verschmerzen. Abt Alois Schnitzer konnte sich im weiteren Verlauf seiner Amtszeit ganz der Leitung des Konvents und der Seelsorge widmen. Die letzten Jahre seines Lebens verbrachte er in zunehmender Blindheit. Er starb am 7. Juli 1867.

Sein Nachfolger Cölestin Brader wurde noch im Jahr seiner Wahl zum Abt in die Politik hineingezogen. Als Vertreter des Prälatenstandes erhielt er einen Sitz im Landtag, und von diesem wurde er in den Reichsrat entsandt. Nun war es nichts Neues, dass der Abt von Stams im Landtag saß. Denn die Prälaten der Tiroler Stifte hatten schon nach der alten Tiroler Verfassung von Amts wegen Sitz und Stimme in der Ständevertretung gehabt, und sie hatten diesen Status auch nach 1816 behalten, als Tirol eine neue Landesverfassung erhalten hatte, die den Abgeordneten nur sehr wenige Möglichkeiten der politischen Einflussnahme gewährte. Der Landtag war auch sehr undemokratisch zusammengesetzt. Den je 13 Vertretern der Prälaten und des Adels standen 13 Abgeordnete aller Städte und 13 Vertreter der Landgemeinden gegenüber. Einmal im Jahr begab sich Abt Handle und nach 1839 Abt Schnitzer nach Innsbruck, um drei bis vier Wochen hindurch den Sitzungen des »Landschäftlichen Kongresses« und verschiedener Komitees beizuwohnen. Dem Stamser Abt stand die Ehre zu, am Beginn der Sitzungsperiode das Heilig-Geist-Amt zu halten. Wortmeldungen der beiden Äbte haben sich in den Protokollen des Landtags keine erhalten.

Nach 1860 wurde das politische Leben Tirols allmählich demokratischer, doch immer noch war die Vertretung der Bevölkerungsgruppen im Landtag sehr ungerecht. So stellten nach der 1861 erlassenen »Landes-Ordnung für die gefürstete Grafschaft Tirol« die 15 Klöster und Stifte des Landes vier Abgeordnete, die 270 adeligen Großgrundbesitzer schickten 10 ihrer Leute in den Landtag, während sich alle Städte und Dörfer zusammen, also der Großteil der Bevölkerung, mit 47 Mandaten zufriedengeben mussten.

In der ersten Landtagsperiode 1861–1867 fehlte der Abt von Stams. Alois Schnitzer war wohl schon zu sehr vom Alter und der beginnenden Blindheit angegriffen, als dass ihm seine Amtskollegen diese Aufgabe aufbürden wollten. Nach seinem Tod war P. Cölestin Brader gerade zu seinem Nachfolger gewählt worden, als er auch schon Abt Pirmin Pockstaller von Fiecht im Landtag ersetzen musste, der seine politische Tätigkeit beendete, um sich nur mehr um sein niedergebranntes Kloster zu kümmern. Parteien in unserem heutigen Sinn hatten sich damals noch nicht etabliert, doch gab es zwei große Gruppierungen, die sich gegenseitig auf das Schärfste bekämpften. Die eine waren die Liberalen, die andere die Katholisch-Konservativen, zu denen naturgemäß die drei Bischöfe von Brixen, Trient und Salzburg gehörten, die ihr Mandat von Amts wegen innehatten, und die vier Vertreter des Prälatenstandes.

Einer der Wortführer der Konservativen, von den Gegnern auch Ultramontane oder Klerikale Partei genannt, war Fürstbischof Vinzenz Gasser von Brixen.

Abt Cölestin trat zu einem äußerst kritischen Zeitpunkt in die Politik ein. Der Streit zwischen liberalen und konservativen Parteigängern erreichte gerade einen ersten Höhepunkt. Dabei ging es um die staatsrechtliche Frage, wie weit sich das mehrheitlich konservative Tirol von der liberalen Wiener Regierung Gesetze vorschreiben lassen musste. Diese wiederum betrafen – der zweite Hauptpunkt des politischen Streits jener Jahre – vor allem Probleme der Kultur- und Kirchenpolitik wie die Zulassung protestantischer Kirchengemeinden in Tirol, die Schulaufsicht durch die Kirche oder neue Ehegesetze.

An diesen Themenkreisen entzündeten sich jahrelange Auseinandersetzungen, die wegen ihrer Heftigkeit und Kompromisslosigkeit als Tiroler Kulturkampf in die Geschichte eingingen. Und Abt Cölestin Brader stand mittendrin, wurde sogar von der Landtagsmehrheit – es gab noch keine Volkswahl ins Parlament – mit sieben anderen Politikern nach Wien entsandt, um im österreichischen Reichsrat die Interessen Tirols zu vertreten. Und er war auch dabei, als die Tiroler unter Protest den Reichsrat verließen und dafür vom Kaiser gerügt wurden. Hervorgetan hat sich der Stamser Abt aber weder im Landtag noch im Reichsrat.

Abt Cölestin Brader
(1867–1895)

Mit besonderer Erbitterung wurde in Tirol gegen die Durchführung der staatlichen Schulreform gekämpft. Konservative Politiker und ein großer Teil des Klerus befürchteten eine Entchristlichung der Erziehung, weil nach dem neuen Reichsvolksschulgesetz eine staatliche Behörde und nicht mehr die Kirche die Schulaufsicht innehaben sollte. Abt Cölestin hütete sich offenbar, Öl ins Feuer zu gießen. Als der Streit von der politischen Bühne hinaus in die Straße und in die Dörfer getragen wurde, anrückende Schulinspektoren vor leeren Klassenzimmern standen oder gar von wütenden Frauen mit Knüppeln und Besen in die Flucht geschlagen wurden, gab es deshalb aus Stams weder passiven noch aktiven Widerstand zu vermelden. Sehr behagt dürfte dem Abt seine politische Tätigkeit nicht haben, sonst wäre er wohl nicht schon 1876, nach nur einer Gesetzgebungsperiode, aus dem Landtag ausgeschieden.

Woran Abt Cölestin Brader mehr lag, waren die Kirchen der Stamser Pfarren, von denen er mehrere restaurieren oder neu erbauen ließ – ein deutliches Indiz dafür, dass die »Grundentlastung« von 1848 vom Stift gut verkraftet worden war. Am aufwendigsten war die Wiederherstellung der 1878 nach einem Brand schwer beschädigten Pfarrkirche St. Vigil in Untermais. Restauriert wurden die Gotteshäuser von Pfelders, Obsteig, Wildermieming und Seefeld, in Untermieming ließ er 1890 eine neue Kirche samt Widmung erbauen.

Zu Silvester 1894 starb Abt Cölestin. Ihm folgte für 42 Jahre Abt Stephan Mariacher, wie sein Vorgänger ein gebürtiger Südtiroler, der es erleben musste, dass seine Heimat an Italien fiel. Der Erste Weltkrieg, die Abtrennung Südtirols und die Wirtschaftskrisen der Zwischenkriegszeit überschatteten seine Zeit an der Spitze des Stamser Konvents. Auch er saß im letzten Jahrzehnt der Monarchie als Vertreter des Prälatenstandes eine Gesetzgebungsperiode lang im Tiroler Landtag. Aber auch er profilierte sich – von seinen seelsorglichen Aufgaben und der Leitung des Klosters abgesehen – nicht als Politiker, sondern als bedeutender Kenner von Kunst und Geschichte. Als solcher wurde er als korrespondierendes Mitglied in die k. k. Zentralkommission für Kunst und historische Denkmäler berufen.

Seine künstlerischen und wissenschaftlichen Interessen und Betätigungsfelder brachten ihn in Kontakt mit zahlreichen Persönlichkeiten des Kultur- und Geisteslebens. Sein Bekannten- und Freundeskreis reichte weit über Tirol hinaus und selbst in die höchsten Gesellschaftsschichten hinein. Er war viel unterwegs, trat aber auch selber als Gastgeber auf und lud sozusagen die Welt nach Stams. Nicht um den Tourismus anzukurbeln, der in Stams um die Wende vom 19. zum

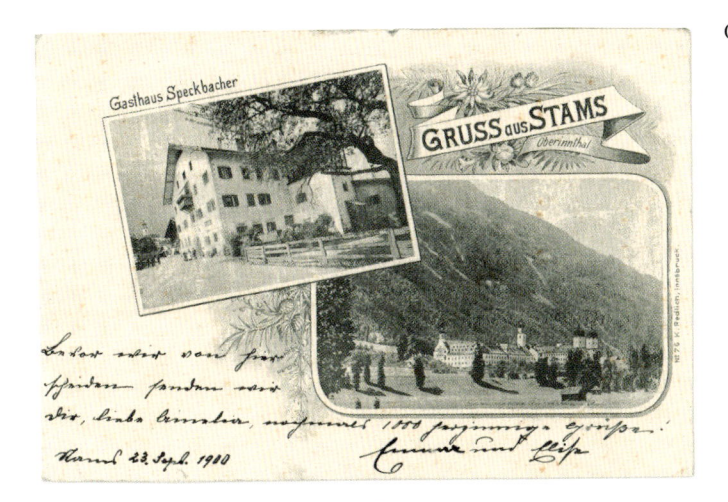

Vom allmählich auch in Stams beginnenden Fremdenverkehr spürte das Stift wenig.

20. Jahrhundert noch kaum eine Rolle spielte, sondern um die Gedanken der Besten seiner Zeitgenossen für Tirol und seine Zukunft nutzbar zu machen. Denn das war das Thema seiner Gelehrten- und Künstlertreffen, die er von den fürstlichen Räumen des Stifts auf die Stamser Alm verlegte, wo einer seiner Vorgänger als Unterkunft für erholungssuchende Mönche ein »Prälatenhaus« samt Kirchlein bauen hatte lassen *(siehe Seite 219)*. Mariachers »Almsymposien« werden wohl eine Mischung aus tiefgründigen Gesprächen und unbeschwert-heiteren Sommerfrischtagen gewesen sein. Den landschaftlichen Reiz dieses Fleckchens Erde in luftiger Höhe wusste man in Stams auch außerhalb des Klosters zu schätzen und pries ihn zur Ankurbelung des Tourismus in einschlägigen Publikationen dementsprechend an. Die Alm und das Stift, mehr hatte der Ort ja den Touristen nicht zu bieten, die seit den 1880er Jahren nicht mehr mühsam mit der Postkutsche, sondern schneller und bequemer per Bahn anreisen konnten.

Einer der am längsten regierenden Äbte von Stift Stams: Stephan Mariacher (1895–1937) und sein Konvent zehn Jahre nach seiner Weihe

Bei seiner Wahl war Abt Stephan erst 35 Jahre alt gewesen. Vorher hatte er in Pfelders und Obsteig als Kooperator seelsorgliche Erfahrung gesammelt. Mit viel Energie und jugendlichem Eifer ging der in Klausen bei Brixen geborene Sohn eines Gerichtsdieners seine neue Aufgabe an, ließ ab 1898 den gesamten Klosterkomplex renovieren, gründete Wirtschaftsbetriebe wie ein stiftseigenes Elektrizitätswerk und errichtete wieder eine theologische Hauslehranstalt, wie es sie im Laufe der Geschichte des Stifts öfter gegeben hatte. Mitten hinein in diese Epoche der Aufschwungs und der Neuerungen fielen die Schüsse von Sarajewo, der Erste Weltkrieg begann und verschonte auch das Kloster nicht vor Not und Schmerz. Priester und Theologiestudenten mussten zwar anfangs nicht einrücken, doch wurden mit Fortdauer des Krieges die für eine Freistellung anerkannten Gründe immer weniger, und so traf es auch einige Stamser Konventualen, vor allem Laienbrüder, zwei sind gefallen. Zwei Priester wurden als Feldkuraten an die Front beordert, ein aus Deutschland stammender Mönch wurde als Feldkaplan zu einem bayerischen Regiment einberufen. Aber nicht nur deshalb, auch wegen des hohen Altersdurchschnitts bei gleichzeitig über Jahre fehlendem Nachwuchs war der Konvent von 32 Priestermönchen, drei Novizen und fünf Laienbrüdern im Jahr 1910 auf 19 Priester, einen Novizen und zwei Laienbrüder im Jahr 1919 zusammengeschmolzen.

Eine große Veränderung für das Stift bedeutete die Grenzziehung an Brenner und Reschen, wochenlang war keine Verbindung mit den Südtiroler Pfarren möglich. Die neuen Verhältnisse erschwerten das Wirtschaften, und als die Faschisten in Italien an die Macht kamen, kam es zu Enteignungen und sonstigen Willkürmaßnahmen gegen die »ausländischen« Pfarr- und Grundherren. Um ihnen nicht ganz schutzlos ausgeliefert zu sein, entschloss sich Abt Stephan dazu, die Pfarre Mais pro forma als eigenes Priorat dem römischen Zisterzienserkloster

Der Krieg macht sich im Professbuch bemerkbar. Oben: Nicht einmal einen Eintrag über die volle Seitenbreite erhielt der »Schneiderbruder« Martin Schwienbacher aus St. Walburg in Ulten. Denn kaum war er am 8. Dezember 1914 als »Laienbruderkandidat« ins Kloster eingetreten, musste er 1915 zu den Kaiserjägern einrücken. Er »machte die Kämpfe am Col di Lana mit u. fand dort auch den Tod«. Er starb »Ende April 1916 als Opfer des Weltkrieges. R.I.P.«

Seite mit zwei Einberufungen: P. Valentin Gumpolt aus Meran musste im Mai 1915 als »Capellanus castrensis« (Feldkurat) einrücken, vermutlich zu den Standschützen, und blieb »usque ad finem belli« (bis zum Ende des Krieges). Fr. Paul Kuen wurde am 15. August 1915 eingezogen. Er hat am 26. Februar 1917 »den Tod für das Vaterland erlitten«.

Abt Stephan Mariacher mit seinem Konvent im Jahre 1918

Zeichnung von Clemens Holzmeister aus der Zeit, als er über Stams seine Dissertation schrieb (1919/1920)

Santa Croce einzugliedern. Diesem Priorat – ein Kloster ohne Abt – wurden wiederum die beiden anderen Pfarren in Südtirol (Pfelders und St. Peter in Gratsch) inkorporiert. Offiziell waren damit die Südtiroler »Filialen« nicht mehr ein Teil des Stiftes Stams, entsprechend einem ordensinternen Vertrag hat sich aber an Betreuung und Besitzverhältnissen nichts geändert.

Gegen Ende des Krieges hatte Mariacher häufigen Kontakt mit einem dreißigjährigen Absolventen der Technischen Hochschule in Wien namens Clemens Holzmeister. Denn der junge Mann, der in Innsbruck verheiratet war und die Elektrofirma seines Schwiegervaters leitete, schrieb seine Dissertation über »Das Cistercienserstift Stams in Tirol – mit besonderer Berücksichtigung seines ursprünglichen Zustandes«. Sein Berufsziel war Architekt, und schon wenige Jahre später (1924) erregte Holzmeister erstmals mit seiner »Feuerhalle Simmering« neben dem Wiener Zentralfriedhof Aufsehen. Und weitere zehn Jahre später beauftragte Abt Stephan den inzwischen weltberühmten Baukünstler mit dem Neubau der Pfarrkirche in Mais bzw. jetzt Untermais und setzte das Projekt durch, obwohl Holzmeisters Auffassung von Kirchenarchitektur damals noch auf viele Widerstände stieß *(siehe S. 158).*

Die personelle Notlage der Nachkriegszeit machte es dem Abt schwer, alle bisher von Stams aus betreuten Pfarren mit einem Priester zu versorgen und ihm vielleicht noch einen oder zwei Kooperatoren zur Seite zu stellen, wie es damals üblich war. In dieser Situation kam es 1923 zum Anschluss des Stiftes Stams, das zur Österreichischen Kongregation der Zisterzienserklöster gehörte, an die Mehrerauer Kongregation. Abt im Vorarlberger Kloster Mehrerau und Generalabt des Zisterzienserordens war damals der Tiroler Kassian Haid aus Ötz. Die beiden Äbte verständigten sich auf eine Zusammenarbeit, die im Moment so aussah, dass Haid mit Priestermönchen aushalf und Mariacher durch den Beitritt von Stams die Bedeutung der Mehrerauer Kongregation stärkte. Als Generalabt resignierte Haid im Jahr 1927, weil seit damals die oberste Ordensleitung in Rom ihren Sitz haben musste und Haid in der Mehrerau bleiben wollte.

Für Stams hatte diese Verbindung Folgen, die damals noch niemand absehen konnte. Denn bald nach der Machtergreifung Hitlers wagte sich Abt Kassian nicht mehr nach Deutschland und ließ sich bei Aufgaben, die dort zu erledigen waren, von Abt Stephan Geyer aus Seligenporten bei Nürnberg vertreten. Nicht zuletzt als Folge dieser Konstellation wurde Geyer nach dem Tod Stephan Mariachers am 7. November 1937 von der Ordensleitung in Rom zum Administrator des Stiftes Stams mit allen Rechten eines residierenden Abtes ernannt. Abt Geyer konnte seine Aufgabe natürlich nur »pendelnd« erledigen. Mehrere Konventualen folgten ihm aus Seligenporten nach Tirol, unter ihnen als Cellerar (Verwalter) P. Alberich Gerards, der 1945 bei der Wiedererrichtung des Klosters Stams eine Rolle spielen sollte, Pfarrer in Obsteig war und später zum Abt von Seligenporten gewählt wurde.

Ein weiterer Zusammenhang: Von Mehrerau aus war 1898 das unter Josef II. aufgehobene Kloster Sittich (Stična) in Slowenien neu besiedelt worden. Wohl mit ein Grund, dass nach 1945 ausgerechnet von dort Patres nach Stams kamen und einen wesentlichen Beitrag zum Wiedererstehen des Kloster leisteten.

Der nach dem Tod von Abt Stephan Mariacher zum Abt-Administrator ernannte deutsche Zisterzienser Stephan Geyer, Abt von Seligenporten

Gefährliche Überfuhr

Ein Foto mit Mönchen am Inn aus dem Verlag Marie Zimmermann in Stams erinnert daran, dass es die heutige Hängebrücke für Fußgänger und Radfahrer noch nicht so lange gibt. Vorher betrieben die Stamser Mönche hier eine Überfuhr, und das seit der Gründung des Stifts im 13. Jahrhundert. Dank Auto und der modernen ausgebauten Straße aufs Plateau ist der Umweg über die Mötzer Brücke, die es seit ca. 1290 gibt, kein Problem. Früher aber war die Fähre eine erhebliche Erleichterung, vor allem wenn man aus Untermieming rasch zum Bahnhof in Stams wollte. Oder wenn Stamser Patres zwischen dem Kloster und ihren Seelsorgestationen am Mieminger Plateau pendelten.

Dass sich das Stift 1933 entschloss, der schon mehrmals eingestellten, aber immer wieder aufgenommenen Fährverbindung ein Ende zu setzen, hängt mit zwei Unfällen zusammen, die sich 1932 und 1933 jeweils nach einem Riss des Führungsseil ereigneten. Beim zweiten ertrank der Fährmann, ein Bauer aus Stams, während sein Passagier, ein Pater des Stifts, gerettet werden konnte.

Dass sich Abt Stephan Mauracher entschloss, an dieser Stelle eine schmale Brücke über den Inn bauen zu lassen, hatte auch soziale Gründe, denn es war die Zeit der großen Wirtschaftskrise und der Arbeitslosigkeit. Dank seiner Verbindungen konnte er den Brückenbau – geplant von dem aus Rietz stammenden Landesingenieur Heinrich Kluibenschedl und ausgeführt vom Mötzer Baumeister Johann Hörmann – im Arbeitsbeschaffungsprogramm der Bundesregierung unterbringen.

Am 25. Juli 1935, dem ersten Jahrestag der Ermordung des Bundeskanzlers Engelbert Dollfuß, wurde die Brücke eröffnet und nach damaligen Gepflogenheiten »Kanzler-Dollfuß-Steg« getauft. Heute ist der unter Denkmalschutz stehende »Stamser Steg« Teil des Wander- und Radwegenetzes dieser Gegend, beliebt nicht zuletzt bei den Wallfahrern auf den Locherboden.

Wo Jahrhunderte lang die Stamser Mönche eine Fähre betrieben, ist seit 1935 eine schmale Kettenbrücke über den Inn gespannt und verkürzte den Fußweg der Patres vom Kloster in ihre Pfarre am Mieminger Plateau.

14292 Stams mit Hangelbrücke, Tirol

Helmut Hörmann

Die zweite Aufhebung und der Weg in die Zukunft

Dokument des überstandenen Horrors: Die Türme des Stifts sind noch um 1960 in desolatem Zustand und mit dem Tarnanstrich der Kriegszeit übertüncht, während die Erneuerung der Westfassade bereits weit fortgeschritten ist.

Der Anschluss Österreichs an das Deutsche Reich am 12. März 1938 hatte im Gegensatz zur politischen Ebene für das Stift Stams zunächst nur geringe Auswirkungen. Zwar wurde ein Pater, der früher als Verwalter tätig gewesen war, wegen Betrugs und politischer Betätigung verhaftet, das religiöse Leben im Konvent ging aber seinen normalen Lauf. Der gebürtige Stamser Frater Stefan Köll wurde am 3. April zum Priester geweiht. Seiner Primiz wohnten sowohl der abgesetzte Bürgermeister als auch der neue NS-Dorfchef bei. Die gleichzeitig geweihten Glocken für die Pfarrkirche wurden auch mit Hitlerflaggen geschmückt. Doch obwohl die Mönche nichts gegen das neue Regime unternahmen, war klar, dass sich ihre Wertvorstellungen nicht mit denen der nunmehrigen Machthaber deckten. Diese setzten alles daran, den Konvent in Misskredit zu bringen, um die beabsichtigte Aufhebung baldmöglichst zu erwirken. Ungünstige Wetterverhältnisse und Sabotage, die zu verlustreicher Ernte führten, und umfangreicher Holzverkauf in die Schweiz zur Tilgung von Schulden waren Vorwand genug, um zunächst den klösterlichen durch einen kommissarischen Verwalter zu ersetzen. Angebliche Misswirtschaft, Tischlesungen monarchistischen Inhalts, Homosexualität und Devisenvergehen wurden konstatiert, um der Forderung nach Verteilung des klösterlichen Grundbesitzes an die bisherigen Pächter Nachdruck zu verleihen. Die Gauleitung versuchte, die Patres durch ein Scheinangebot zu ködern: Im Stift könnte dann ein bischöfliches Priesterseminar errichtet werden. Es kam aber nicht dazu, denn die Schließung des Klosters und die Vertreibung der Eigentümer waren problemloser.

Am 22. Juli 1939 mussten die Mönche unter entwürdigenden Begleitumständen – u.a. bildete die Hitlerjugend für die zum Bahnhof eskortierten Mönche ein Spalier und sang »*Muss i denn, muss i denn zum Städtele hinaus*« – ihr Kloster verlassen. Und schon am darauffolgenden Tag besuchte Gauleiter Franz Hofer in Begleitung des Reichsführers SS und Chefs der deutschen Polizei Heinrich Himmler das »klerusfreie« Stift. Einige Mönche – darunter der Abt-Administrator Stephan Geyer – wurden inhaftiert, einige wurden zur Wehrmacht eingezogen, andere suchten Zuflucht bei ihren Familien oder kamen in den von Stams seelsorglich betreuten Pfarreien unter.

Im Zeichen des Hakenkreuzes:
Primiz von Frater Stefan Köll und
Glockenweihe am 3. April 1938

Im Zeichen des Hakenkreuzes:
Ausschnitt aus einem Klassenfoto
von 1940

Im Zeichen des Hakenkreuzes:
Das »klerusfreie« Stift als Unterkunft für Südtiroler Umsiedlerfamilien

Bald wurden die leeren Räumlichkeiten für Südtiroler Optanten zur Verfügung gestellt, die ab Oktober 1939 hier eine neue Wohnstätte fanden. Bis zum Jahre 1943 sollten im »Heim Stams« mehr als 400 Bewohner untergebracht werden. Mit Zunahme der alliierten Bombardements auf Innsbruck und andere Ziele in Tirol nützten Innsbrucker Kaufleute das mit grün-brauner Tarnanstrich bemalte und damit aus der Luft kaum erkennbare Stift, vor allem aber die bereits im Feber 1940 geschlossene Stiftskirche als Warenlager für Lebensmittel und diverse andere Güter. Als dann im April 1945 die alliierten Truppen an allen Frontabschnitten näher rückten und kurz bevor die US-Truppen Stams erreichten, plünderten SS-Angehörige und Einheimische die Lagerhallen und richteten dabei vor allem die Stiftskirche übel zu. Nicht weniger ungestüm verhielten sich die französischen Besatzungssoldaten, die nach dem Einmarsch im Stift einquartiert wurden. Die marokkanische Einheit wusste mit den christlichen Symbolen wenig anzufangen, verwendete Heiligenfiguren als Zielscheiben für Schießübungen und feierte im Bernardisaal ausgelassene Feste. Als die

Ansichtskarte aus den 1950er Jahren

Relikt aus der Nazizeit: Bei Restaurierungsarbeiten in einem der Türme des Stifts gefundenes Blatt mit Angaben zur verwendeten Tarnfarbe, die auch vor Brand schützen sollte

Soldaten schließlich im Feber 1946 abzogen, hinterließen sie das Kloster in einem erbärmlichen Zustand: Kirche und Fürstengruft erbrochen, wertvolles barockes Mobiliar abtransportiert und damit großteils leere Räume, die Klosterbetriebe abgewirtschaftet.

Ein deutscher Zisterzienser, P. Alberich Gerards, der Ende 1937 mit dem Abt-Administrator Stephan Geyer nach Stams gekommen war, die Stiftsverwaltung übernommen hatte und nach Vertreibung der Mönche durch das NS-Regime als Pfarrer in Obsteig wirkte, wurde noch im Mai 1945 sowohl von Seiten der Landesregierung als auch von Bischof Paulus Rusch mit der treuhänderischen Stiftsverwaltung beauftragt. Zugleich begannen einige »treue Stiftsangestellte«, wie Gerards in einem Bericht schreibt, und deren Verwandte mit den dringendsten Aufräum- und Instandsetzungsarbeiten. Aber erst nach Abzug der Besatzungssoldaten konnten im Frühjahr 1946 die Gebäude zumindest halbwegs wieder bewohnbar gemacht werden. Ab 1. Juli übernahm P. Eugen Fiderer im Auftrag der obersten Ordensleitung der Zisterzienser in Rom als Prior die Leitung des kleinen Stamser Konvents. Der deutsche Zisterzienser hatte seine Gelübde in der gemischtsprachigen slowenischen Zisterzienserabtei Sittich bzw. slowenisch Stična abgelegt und war dort über viele Jahre als Novizenmeister tätig gewesen. 1943 ging er nach Spanien und beteiligte sich am Wiederaufbau des 1835 säkularisierten Königsklosters Poblet. Ohne den Umweg über Spanien kamen bald weitere Mönche aus Sittich nach Stams. Sie waren nach der kommunistischen Machtübernahme durch das Regime von Marschall Tito auf der Flucht und fanden auf Wunsch der Ordensleitung hier ihre neue Heimat. Am »Hohen Frauentag« 1948 konnte die Stiftskirche wieder eingeweiht und für die Gläubigen geöffnet werden.

Neben der Seelsorge fanden die Konventualen ein weiteres Aufgabenfeld in der Fortsetzung der jahrhundertelangen Schultradition durch die Einrichtung einer kleinen Maturaschule im Oktober 1949, die dann 1963 anlässlich des 600-Jahr-Jubiläums »Tirol bei Österreich« den Namen »Meinhardinum« erhielt und sich im Laufe der Jahrzehnte zu einem Doppelgymnasium entwickelte *(siehe Seite 297 ff.)*.

Auch hinsichtlich des ausgedehnten Grundbesitzes mit den nicht mehr ganz zeitgemäßen Pachtverhältnissen, die in der Vergangenheit immer wieder zu Unstimmigkeiten zwischen Stift und seinen Pächtern geführt hatten, gab es eine neue Entwicklung. Die Stiftsführung entschloss sich trotz des dadurch entstehenden wirtschaftlichen Nachteils, den Großteil des Grundbesitzes nach einer umfassenden Feldzusammenlegung der weit verstreuten Güter an die Pächter abzutreten. Weit über 200 ha landwirtschaftlichen Grunds und Waldteile wechselten den Eigentümer. Im Zuge dieser agrarischen Maßnahmen entstand auch der Weiler »Mähmoos«, der im April 1956 offiziell übergeben wurde. Schon Jahre vorher hatte das Stift eine große Wiesenfläche zwischen Bundesstraße und Bahngleis als Baugrund zu äußerst günstigem Preis zur Verfügung gestellt. 34 neu errichtete Eigenheime bildeten nun einen weiteren Ortsteil, dessen Straßenbezeichnung Abt-Fiderer-Straße an die Großzügigkeit des Stifts erinnert.

Begünstigt auch durch personelle Verflechtungen, war das Verhältnis von Stift und Gemeinde von gegenseitigen Respekt und Harmonie geprägt. Wann immer Baugrund für diverse Anliegen gebraucht wurde, erwies sich das Stift als entgegenkommend: etwa bei der Errichtung der neuen Hauptschule und eines Lehrerwohnhauses, des Schigymnasiums mit Mattensprunganlage, des Vereinshauses mit öffentlicher Bibliothek und eines Kreisverkehrs am Ortseingang.

Der wieder angewachsene Konvent im Jahre 1952 mit Abt Eugen Fiderer

Die auf Stiftsgründen entstandene Wohnsiedlung an der Bundesstraße auf einem Foto der 1960er Jahre

Der Konvent im Jahre 1979 mit Abt Bernhard Slovsa und dem schwedischen Königspaar

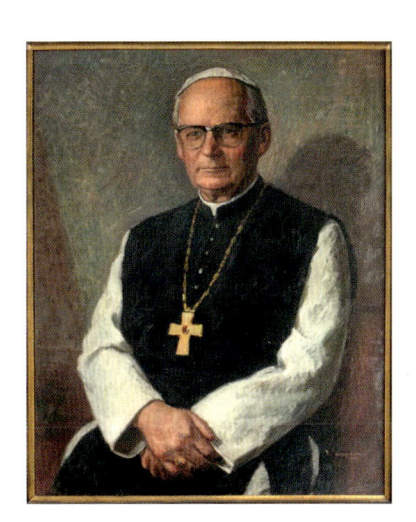

Abt Bernhard Slovsa (1973–1985)

Zum 700-Jahr-Jubiläum seiner Gründung im Jahr 1973 präsentierte sich das Stift nach umfassenden Renovierungsarbeiten in neuem Glanz. Prälat Dr. Bernhard Slovsa konnte als Abt des Stiftes und als Direktor von Meinhardinum und Schigymnasium zahlreiche Ehrengäste willkommen heißen und Stams fortan zu einem Magnet für Gäste und Besucher aus ganz Europa machen, unter ihnen Präsidenten und Minister mehrerer Staaten, das schwedische Königspaar und hohe kirchliche Würdenträger. Regelmäßige Stiftskonzerte mit auserlesenen Ensembles fanden bald ein treues Publikum, das an Sonntagen in den barocken Bernardisaal strömte.

Die Stiftskirche wird anlässlich ihres Weihejubiläums 1984 zur päpstlichen Basilika erhoben.

Zum 700-Jahr-Jubiläum: Stams wird gefeiert, auch mit Briefmarke und Silbermünze.

Das Jubiläum war für den Konvent auch ein Anlass, das ehemalige Mutterkloster Kaisheim in Oberschwaben zu besuchen, aus dem 1273 die ersten Mönche nach Stams gekommen waren. Die gegenseitige äußerst herzliche Aufnahme führte zu einer Gemeindepartnerschaft, die bis heute Bestand hat.

Aufgrund ihrer religiösen Bedeutung und in Würdigung des dreifachen Wallfahrtsortes Stams (mit der Pfarrkirche zum hl. Johannes dem Täufer, der Kapelle mit dem Heiligen Blut und dem Gnadenbild der Mutter vom Guten Rat) wurde die Stiftskirche anlässlich ihres Weihejubiläums 1984 zur päpstlichen Basilika erhoben.

Stams entwickelte sich kontinuierlich mit seinen Pflichtschulen und den Gymnasien zu einem Bildungszentrum der Region, und in der Amtszeit von Abt Josef Maria Köll übersiedelten 1993 die Pädagogische

*Abt Josef Maria Köll
(1985–2003)*

Akademie und das Kolleg für Sozialpädagogik von Zams in den Stiftsbereich und bildeten mit der Religionspädagogischen Akademie das diözesane Studienzentrum, ab 2007 Kirchliche Pädagogische Hochschule Edith Stein.

Ein unvergessliches Ereignis war 1995 die große Tiroler Landesausstellung »Eines Fürsten Traum – Meinhard II. – das Werden Tirols« zum 700. Todestag dieser bedeutenden Persönlichkeit. Die damit verbundene Bautätigkeit führte zur Erneuerung und Komplettierung des Kreuzganges, zur Einrichtung eines Stiftsmuseums und damit verbundener Ausstellungstätigkeit und zur Gründung eines Freundeskreises. Ein Kinderfest mit über 2000 Beteiligten in z.T. mittelalterlichen Kostümen und dem Angebot von zahlreichen kreativen Attraktionen, eine historische Weinfuhre von einem ehemaligen zinspflichtigen Hof

Aus Anlass der Landesausstellung wurde eine mittelalterliche Weinfuhre aus den Besitzungen des Stifts im heutigen Südtirol nachgestellt.

*Tiroler Landesausstellung 1995 im Stift Stams:
Univ.-Prof. Dr. Josef Riedmann erläutert Bundespräsident Klestil die Exponate.*

Großes Schützentreffen in Stams 1996 anlässlich der 200. Wiederkehr des Herz-Jesu-Gelöbnisses des Tiroler Landtags von 1796, das vom Stamser Abt Sebastian Stöckl angeregt worden war

in Lana nach Stams, die Neuauflage des historischen Kreidfeuers als eine Möglichkeit, besondere Nachrichten in noch telefonloser Zeit rasch zu übermitteln, die Einrichtung eines Sonderpostamtes und die Präsentation des Buches »Der Adlergroschen« von Lene Mayer-Skumanz zählten zum Rahmenprogramm dieser Ausstellung.

Stams wurde zum Treffpunkt von Tirolern und Gästen, die sich Gedanken über die Gegenwart und Zukunft des Landes machten und den multikulturellen Gedankenaustausch pflegten. Diese Kulturveranstaltung machte es sich in sieben aufeinanderfolgenden Jahren zur Aufgabe, »Interventionen« zu formulieren und Perspektiven für ein politisch, geistig und kulturell lebendiges Land zu erarbeiten.

Mit Abt German Erd als versiertem und kontaktfreudigem Gastgeber mit Managerqualität setzte eine rege Besuchstätigkeit ein, die viele Persönlichkeiten nach Stams führte. Stams wurde das Ziel großer landesweiter Wallfahrten, diverser Jugendtreffen und zahlreicher Ausstellungen. Die unter seinem Vorgänger begonnene Sanierung der riesigen Dachflächen konnte abgeschlossen, die zu verfallen drohende barocke Orangerie dank großzügiger Sponsoren zu einem stimmungsvollen Restaurant mit anschließendem Klosterladen gemacht werden. Der Kreuzgarten, der erste Innenhof des Klostertraktes, erhielt einen beachtenswerten Johannesbrunnen, die Basilika eine neue Orgel. Seit 2013 beherbergt das Stift eine bedeutende Ikonensammlung.

Die Errichtung eines eigenen E-Werks und eines Fernwärmewerks, der gelungene Erweiterungsbau des Meinhardinums und die Umgestaltung früherer Geschäftsräume zu einem Seminarzentrum sind nur einige der Baumaßnahmen, die Zukunftsperspektive haben.

Die damaligen Landeshauptleute Herwig van Staa (Mitte) und Luis Durnwalder (link) mit Otto von Habsburg (rechts) bei Abt German. Anlass war die Reliquieneinsetzung des seligen Kaisers Karl in der Fürstengruft des Stiftes Stams am 20. Oktober 2007.

Abt German, der als Religionslehrer, Pfarrer von Obsteig und als langjähriger Direktor des Meinhardinums reiche Schulerfahrung sammeln konnte, fungiert auch als Vorsitzender des Hochschulrates. Immer wieder nimmt er öffentlich Stellung zu aktuellen Fragen von Kirche und Gesellschaft und versteht es, das Stift nach außen eindrucksvoll zu repräsentieren. Nach Jahren spärlichen Nachwuchses darf sich das Stift nun wieder über junge Mitbrüder – einige davon aus Vietnam – freuen. Derzeit besteht der Konvent aus 22 Mitgliedern. Das Stift betreut die Pfarren Stams, Mötz (mit Locherboden) und Obsteig in Nordtirol, Gratsch und Untermais/Meran in Südtirol. Die Stiftsbäckerei mit Bruder Franz fungiert als geschätzter Nahversorger, die Obstplantage sorgt für Apfelsaft, Most, Schnäpse und Marmelade. 2016 erstrahlt die aufwendig restaurierte Klosteranlage in neuem Glanz – derart eindrucksvoll dürfte sie im Laufe ihrer Geschichte wohl noch nie gewesen sein.

Abt German Erd und Landeshauptmann Günther Platter: Zwischen Stift Stams und dem Land Tirol gibt es enge Bande.

Der vierte Reiter

Meist sind Reiterstatuen heroische Denkmäler für gekrönte Häupter oder siegreiche Feldherren, und sie stehen auf Sockeln oder Brunnen, um sie noch eindrucksvoller zu machen. Die Reiterfigur in Stams über dem Giebel der Westfassade des Stiftes zeigt keinen Heiligen, sondern stellt einen weltlichen Ritter auf einem Pferd dar, dessen linkes Vorderbein etwas erhoben ist. Diese würdevolle Haltung mit leicht dynamischem Gestus spiegelt das Image wider, das der 1295 verstorbene Graf und Herzog Meinhard II. für das Stift Stams und das Land Tirol hat: Gründer und Mäzen des Klosters und »moderner« Landesfürst mit Weitblick und Tatkraft, der zum »Schmied des Landes« geworden war. Diese imposante Reiterstatue, die große Ähnlichkeit mit Tizians »Karl V. nach der Schlacht bei Mühlberg« (1548) hat, ist Ausdruck der Bewunderung für die Stiftung und steht als eine Art Wächter über der Gedenkstätte der Landesfürsten und als Beschützer der Klostergemeinschaft.

Im Zuge der Barockisierung des Stiftes mit der Errichtung der Westfassade und der Türme hatte sich auf dem geschwungenen Giebel oberhalb des Bernardisaales ein idealer Standort für eine hölzerne Meinhard-Statue angeboten, die 1721 von Bildhauer Ingenuin Lechleitner (1676–1731) aus Grins geschaffen wurde, flankiert von vier Aufsatzfiguren, welche die Tugenden Gerechtigkeit, Tapferkeit, Hoffnung und Glaube symbolisierten.

Knapp hundert Jahre später – so berichtet die Chronik – fiel die inzwischen morsch gewordene Figur in die Tiefe. Der Nassereither Künstler Josef Falbesoner verfertigte eine neue, die am 27. August 1828 aufgezogen wurde. Wiederum ein Jahrhundert später musste die hölzerne Reiterfigur erneut ersetzt werden. Den Auftrag dazu erhielt der junge

GESCHICHTE SEIT *1816*   **123**

Bildhauer Karl Larcher aus Stams. Auch an diesem Reiterstandbild nagte der Zahn der Zeit, und so musste die Giebelfigur 1992 aus Sicherheitsgründen demontiert werden. Für die große Tiroler Landesausstellung 1995 zum 700. Todestag von Meinhard II. durfte aber das für das Stift so charakteristische Standbild nicht fehlen. Dr. Herbert Batliner aus Vaduz, ein großer Gönner des Stiftes, übernahm die Finanzierung, und so konnte ein »neuer

Das von Karl Larcher bei seinem Heim in Stams geschnitzte Reiterstandbild vor dem Transport zum Stift (1930)

Meinhard« in der bisherigen Gestaltung, nun aber aus Aluminium, von der Kunstgießerei Krismer in Telfs gefertigt werden. Weiß koloriert und weithin sichtbar, wacht das neue Reiterstandbild des Gründers seitdem über die Geschicke von Stift und Gemeinde. Mögen – so formulierte es Abt German – »von seiner gebündelten Kraft und geballten Energie wertvolle Impulse für die sich stetig wandelnde Zukunft ausgehen«! HH

3 Bilder unten von links: Der zweite Meinhard, 1828 vom Nassereither Künstler Josef Falbesoner geschaffen / Meinhard II., verwittert und zum Gefahrenmoment geworden / Heute ist die Giebelfigur Meinhards II. aus koloriertem Aluminium.

III.
Klosterleben früher und heute

»Herr, öffne meine Lippen, damit mein Mund dein Lob verkünde.« Wenn die Stamser Mönche um sechs Uhr in der Früh als die erste der »Horen« das Morgengebet singen, weht ein Hauch eines ganzen Jahrtausends durch die altehrwürdige Basilika. Das kunstvoll verzierte Chorgestühl mit seinen schmalen Klappsitzen stammt aus der Barockzeit, ist also erst 250 Jahre alt. Doch das Gebet, der Gesang, die morgendliche Andacht – das sind Formen der Frömmigkeit und der Geistigkeit mit der Tradition eines ganzen Jahrtausends. Die Patres und die Laienbrüder tun dasselbe, was Bernhard von Clairvaux zu Beginn des 12. Jahrhunderts getan hat und was – noch früher – Benedikt von Nursia als Vater des abendländischen Mönchtums allen als freiwillige Pflicht auferlegt hat, die seinem Beispiel folgen wollten: »Ora et labora«, bete und arbeite, war der Leitspruch der Benediktiner und sollte nun auch für die Zisterzienser gelten.

Im Leben der Mönche hat sich im Laufe der Jahrhunderte viel geändert, seine Aufgaben hat der Orden und hat jede Zisterze für sich und ihre Umwelt den Erfordernissen der Zeit angepasst. Doch ihren Grundsätzen sind sie bis heute treu geblieben. Beten und arbeiten. Zur wirtschaftlichen Entwicklung einer Region Wesentliches beizutragen, dieser für das hohe Mittelalter geltenden Verpflichtung sind die Zisterzienser längst entbunden, und ihr soziales Engagement hat andere Formen als das Almosengeben des Mittelalters oder die Sorge um das leibliche Wohl von Pilgern und Bettlern. Aber ein geistig-kulturelles Zentrum zu sein, diese Aufgabe gilt auch für die Gegenwart und weist in die Zukunft.

Nicht geändert hat sich auch der Einsatz in der Seelsorge. Die Zahl der von Zisterziensern aus Stams betreuten Pfarren hat immer geschwankt und hat sich in den letzten Jahrzehnten stark verringert. Im Tiroler Oberland gibt

Im Konventtrakt des Stiftes Stams hat man viel zu schauen und zu lesen. Die Türen haben eine gemalte Architekturumrahmung mit einem Heiligen und einen lateinischen Satz aus der Bibel oder einer erbaulichen Schrift. Die Malerei aus der zweiten Hälfte des 18. Jahrhunderts wird P. Samuel aus Bozen zugeschrieben, der hier als Mönch lebte.

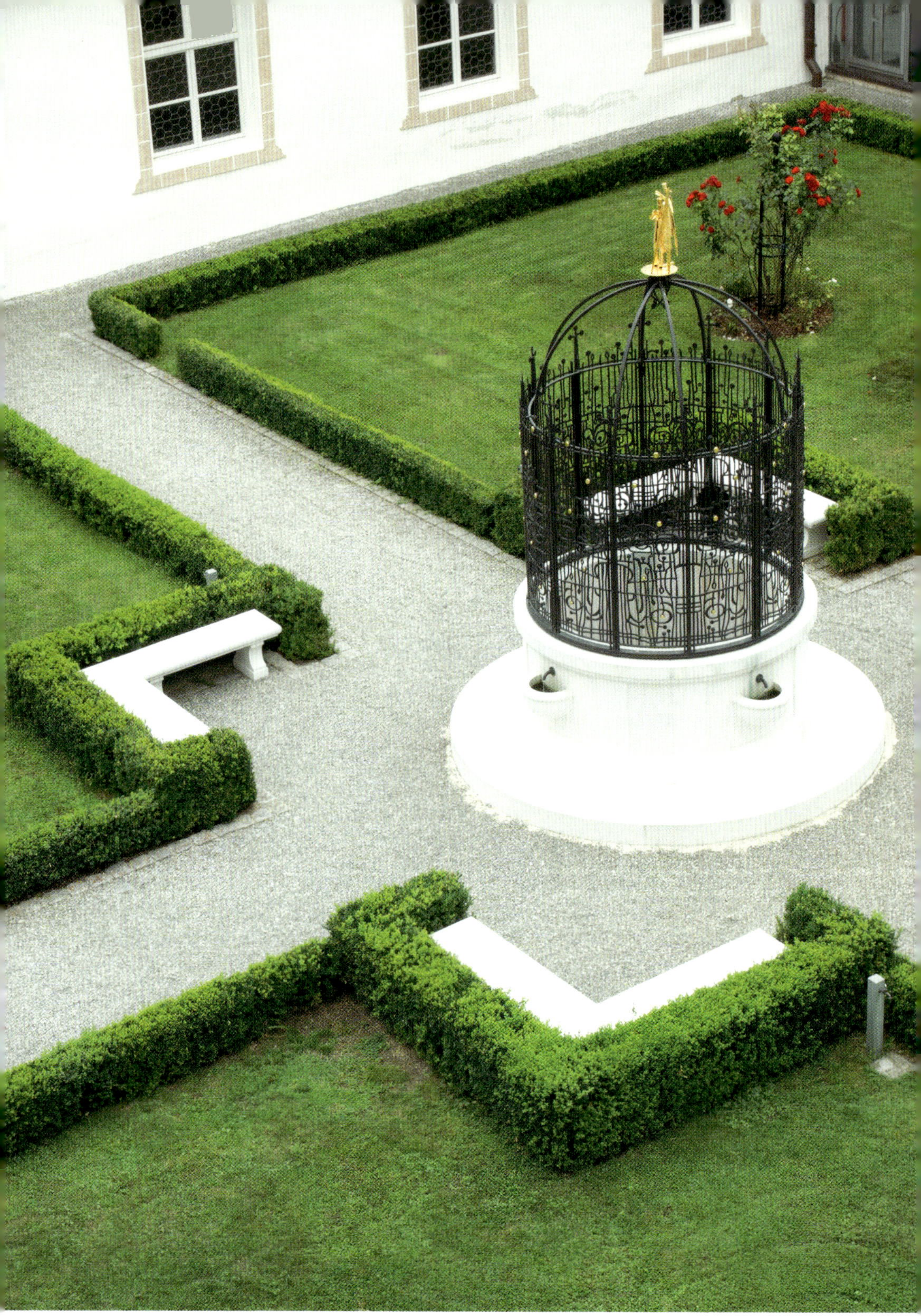

es immerhin noch ein paar. Und in Südtirol ist trotz der 1919 gezogenen Staatsgrenze das »Priorat« in Meran-Mais als aktive Filiale von Stams erhalten geblieben. Die Pfarrseelsorge kann weiter als wichtigste Aufgabe der Tiroler Zisterzienser angesehen werden. Und sie ist in Zeiten des Priestermangels auch der Kern des Auftrags, den sie von den Ordensgründern bekommen haben. Frühere Tätigkeitsfelder fallen heute weg, dafür sind geweihte Priester zu schade, das können andere auch oder besser. Im stiftseigenen Gymnasium unterrichtet derzeit kein Ordensangehöriger mehr, um Verwaltung und Finanzgebarung kümmern sich angestellte Fachleute, das Archiv betreut ein pensionierter Gymnasialprofessor.

Und statt den Tischler- oder den Schlosserbruder zu rufen, wenn etwas im Stift zu reparieren ist, greift man zum Telefon und ruft einen Handwerker an. Dass Frater Franz immer noch für das tägliche Brot sorgt und andere nützliche Fertigkeiten besitzt, ist schon etwas Besonderes und erfreut den Besucher des Klosters. Und Frater Martin, der 2016 vor dem Abschluss seines Theologiestudiums steht, ist als Organist und Chorleiter für Kirchenmusik und Konzerte im Stift verantwortlich und betreut die Kunstsammlung.

Einige Konventualen machen auch Dienst als fachkundige Führer und zeigen interessierten Einheimischen und Touristen das Kloster und seine Schätze. Dabei informieren sie auch über Sinn und Zweck des Lebens hinter diesen Mauern und über die angeschlossenen Schulen. Vielleicht stellt dann ein Besucher die Frage, wie denn Erhaltung und Betrieb eines Klosters heutzutage finanziert wird. Denn Schenkungen der Fürsten und des Adels aus dem Mittelalter oder der frühen Neuzeit werden wohl kaum mehr Einnahmen bringen, oder doch?

Ausruhen, lesen, meditieren im Kreuzhof

Ein Gespräch mit
Abt German

»Wir leben nicht im Mittelalter«

Abt German an der altehrwürdigen Klosterpforte, die äußerst wechselvolle Zeiten erlebt hat.

S tift Stams – Zisterzienserabtei« steht über der Homepage des Oberinntaler Klosters. Und dann als erste Sätze: »Als Mönchsgemeinschaft leben wir nicht im Mittelalter. Wir sind Menschen des 21. Jahrhunderts, aber als Zisterzienser auch Erben einer achthundertjährigen Tradition. Die überlieferten Lebensformen in unsere konkrete Gegenwart zu übersetzen, ist unsere ständige Herausforderung.«

Was damit im Einzelnen gemeint ist, soll ein Gespräch mit Abt German Erd klären. Schon der Name des Ordens dürfte vielen Besuchern von Stift Stams ein Rätsel aufgeben. Woher kommt er?

Wir Zisterzienser nennen uns nach dem ersten Kloster, das 1098 in Citeaux in Frankreich gegründet wurde. Der Name Zisterzienser kommt vom lateinischen Namen dieses Ortes, Cistercium. Charakteristisch für die Zisterzienser ist das weiß-schwarze Ordensgewand, wir tragen über dem weißen Habit einen schwarzen Überwurf, Skapulier genannt. Beim feierlichen gemeinsamen Chorgebet kommt noch die weiße Kukulle darüber, ein mantelähnlicher Überwurf mit Kapuze.

Nach welcher Ordensregel leben die Zisterzienser?

Die Zisterzienser sind benediktinische Mönche, das heißt, wir leben nach der Regel des heiligen Benedikt, die er um 530 auf Monte Cassino geschrieben hat. Benedikt von Nursia stammte aus einem adeligen römischen Haus und hat sich aus der Geschäftigkeit des damaligen Lebens zurückgezogen. Er wollte allein sein, für sich sein, wie es ja auch heute viele machen. Er ist unseren Aussteigern vergleichbar. Er wollte nachdenken über die wesentlichen Dinge, und hat für einen Freundeskreis, der sich ihm angeschlossen hat, einige Grundsätze dafür aufgeschrieben. Am Beginn dieser Regel steht: »Höre, mein Sohn ...« Ihm war das Hinhören auf die Stimme Gottes im Alltag, das In-sich-Hineinhören, ganz wichtig. Das ist geblieben. Das Hören ist für uns alle wichtig, das genaue Hinhören, das Unterscheiden der vielen Stimmen, die auf uns einreden. Der nächste zentrale Begriff in der Benediktusregel ist das Suchen. Auch das ist heute noch total aktuell, sind wir doch immer auf der Suche. Wir suchen Glück, wir suchen Erfüllung, darin stimmen wir alle überein. Nur wie wir es anstellen sollen, dieses Glück zu finden, und wo wir es finden, da gehen die Antworten auseinander. Benedikts Antwort ist Zurückgezogenheit, auch die Regelmäßigkeit des täglichen Ablaufs, der geprägt sein soll von »ora et labora« – beten und arbeiten. Er sieht das Heil nicht nur im Beten, während man die Welt um sich herum Welt sein lässt und vergisst, nein, man soll aus dem Gebet heraus die Welt gestalten. Das ist ja überhaupt der christliche Auftrag.

Der heilige Benedikt entlarvt die versuchte Täuschung durch den Ostgotenkönig Totila, der einen als König verkleideten Diener zu ihm schickt. Das Bild gehört zu einem 50-teiligen Gemäldezyklus über den Heiligen, den Abt Sebastian Stöckl 1803 vom Benediktinerkloster Ettal in Bayern angekauft hat.

Trotzdem gelten die Zisterzienser als kontemplativer Orden, womit gemeint ist, dass Gebet und Meditation am wichtigsten sind?

Es ist schon ein Unterschied, ob man einem sogenannten monastischen Kloster beigetreten ist, wo – wie bei uns – die Regelmäßigkeit des Tagesablaufs und das gemeinsame Gebet sehr wichtig sind, oder einem missionarischen Kloster, das stark vom Seelsorgsauftrag geprägt ist, obwohl die Wirklichkeit ja ineinander fließt. Auch die Zisterzienser haben einen missionarischen Auftrag. Man sieht das am deutlichsten an unserem großen Ordensvater, dem heiligen Bernhard, der sein Leben lang unterwegs war. Er war ein Meister der Mystik und der Meditation, er sagte auch, dass nichts wichtiger sei als der Gottesdienst. Aber er war zugleich unermüdlich tätig, in ganz Europa hat er über 60 Klöster gegründet und dabei die meisten Plätze persönlich ausgesucht, hat sich in die Politik eingemischt und war Berater des Papstes sowie von Fürsten, Königen und Bischöfen. Er hat also alles andere als zurückgezogen gelebt. Zudem hat er noch zahlreiche theologische Werke verfasst. Das eine schließt das andere also nicht aus. Es ist so, wie Bischof Stecher immer gesagt hat: Jeder Christ und vor allem jeder Priester muss irgendwo in seinem Herzen auch Mönch sein, und jeder Mönch muss das Missionarische in sich haben, weil christliches Leben immer missionarisch ist; wenn es nur zurückgenommen wird auf sich, wenn es nur um Selbstheiligung geht, hört es auf, christliches Leben zu sein.

Sind also die Details der alten Regeln gar nicht mehr wichtig, etwa Gebetszeiten, Armut, bestimmte äußere Formen, Lebensumstände?

Natürlich braucht es im Alltag einen gewissen Raster, an den man sich halten soll, aber der muss unserer Zeit angepasst sein. Früher haben die Mönche schon um vier Uhr in der Früh gebetet, oder um fünf, heute fangen wir um sechs Uhr an. Nur war früher vier oder fünf Uhr auch nichts Besonderes, in einer landwirtschaftlich geprägten Lebenswelt sind die Leute ja um diese Zeit schon in den Stall gegangen oder in der heißen Zeit aufs Feld, das war für die Mehrzahl der Menschen normal. Da wäre es nicht angebracht gewesen, wenn die Mönche um diese Zeit noch geschlafen hätten. Unsere Welt hat sich mehr dem Abend zugewandt. Da hat sich auch das klösterliche Leben gewandelt, der Schwerpunkt ist aber noch immer in der Früh.

Wann steht ein Stamser Mönch also auf?

Heute ist unser Tagesablauf so, dass wir um halb sechs etwa aufstehen, um sechs Uhr fangen wir mit dem ersten Stundengebet, der »Laudes«, an. Um halb sieben feiern wir das Konventamt, die tägliche Messe, anschließend gibt es das Frühstück. Danach geht jeder seiner Arbeit nach bis Mittag. Um 12 Uhr halten wir im Tagesablauf inne und beten gemeinsam die »Lesehore« und die »Sext«, gefolgt vom anschließenden Mittagessen. Dann widmet sich jeder wieder seinen Aufgaben. Um dreiviertel sechs treffen wir uns dann zur Vesper, das ist unser Abendgebet. Anschließend folgt das Abendessen und danach die »Rekreation«, wo man zusammensitzt, sich unterhält, sich austauscht und diskutiert. Um 19 Uhr folgt eine geistliche Lesung sowie die »Komplet« als abschließendes Gebet des Tages, das mit dem

Der Konvent beim Chorgebet

»Salve Regina«, dem Gruß an die Gottesmutter, schließt. Danach ist wieder jedem überlassen, wie er den Abend verbringt. Mancher hat auswärts eine Sitzung, als Pfarrer hat man vielleicht ein Brautgespräch zu führen, man muss sich auf den nächsten Tag vorbereiten usw.
So hat der Tag also einen ziemlich fixen Ablauf.

Wie ist es mit all den Dingen, die man sich von einem Mönch erwartet, wie Armut, einfaches Leben, Askese, Verzicht auf mancherlei Annehmlichkeiten? Man fragt sich zum Beispiel, ob ein Zisterzienser heutzutage einen Fernsehapparat in der Zelle stehen hat … Die Gründerväter des Ordens waren sehr streng in punkto Bequemlichkeit, Eigentum usw. Wie ist es heute?

Man muss ganz klar sagen, dass viele Details der Regel heute nicht mehr gelten. Freilich hat Benedikt gesagt, kein Mönch soll irgend etwas sein Eigen nennen. Das geht aber heute nicht mehr. Wenn einer unterrichtet, Vorträge hält, sich auf die Arbeit in der Seelsorge vorbereiten muss, will er seine eigenen Unterlagen haben, seine Bücher, seinen PC. Und wenn er fernsehen will, soll er es tun können, wie er das macht, bleibt ihm überlassen. Wir haben bei uns ein Fernsehzimmer, das Fernsehen hat ja im Grunde nur das Medium Buch ergänzt, und eine Bibliothek gehörte immer schon zu jedem Kloster. Wichtiger ist zu wissen, was der Sinn aller Vorschriften und Verbote und dieser früheren Strenge war. Die Grundprinzipien gelten weiter, und jeder Mönch muss bei der »Profess« geloben, sie einzuhalten. Das sind: Gehorsam, Armut und Ehelosigkeit. Was bedeuten sie heute? Fangen wir hinten an, mit der eindeutigsten Forderung: der Ehelosigkeit. Die gilt heute unverändert. Man lebt für Gott und seinen Auftrag, aber auch die Verfügbarkeit für die Menschen ist damit gegeben, wenn man keine eigene Familie hat. Über dieses Prinzip gibt es – anders als beim Weltpriester – in Bezug auf das Mönchsein keine Diskussion. Im Kloster wird das immer bleiben, sonst ist es kein Kloster mehr.

Und wie ist es mit der Armut?
Man lebt in der Gemeinschaft und hat eben vieles gemeinsam. Aber es hat jeder, was er fürs Leben, für seine Arbeit und für den Alltag so braucht. Nur anhäufen braucht keiner etwas. Insgesamt sollte bei einem Mönch der Hang zur Bescheidenheit und Schlichtheit vorhanden sein. Er darf keine großen Ansprüche stellen. Trotzdem muss heute niemand mit einer engen Zelle auskommen, wie man sie in Stams im 17. Jahrhundert gebaut hat. Die waren ja auch schon eine Erleichterung. Ursprünglich gab es einen Schlafsaal für alle. Heute braucht jeder schon für seine Bücher, Ordner und sonstigen Arbeitsunterlagen mehr Platz. Es gehört heute auch dazu, dass Wohn- bzw. Arbeitsplatz vom Schlafraum getrennt sind. Und eine Nasszelle ist auch kein Luxus mehr. Da muss sich ein Kloster dem anpassen, was sozusagen der Standard unserer Zeit ist. Also haben wir unseren Zellentrakt vor kurzem nach diesem Grundsatz umgebaut, ohne das Prinzip der Schlichtheit und Einfachheit aufzugeben.

Kommen wir noch zum Gehorsam, sicher ein heikler Punkt heute.
In einer Gemeinschaft liegt es auf der Hand, dass nicht jeder tun und lassen kann, was er will. Im Gegenteil, das Klosterleben verlangt von allen, aufeinander einzugehen, es braucht Teamfähigkeit und den Willen zur Selbstdisziplin. Einzelkämpfer eignen sich weniger fürs Kloster. Der Abt wiederum sollte den Blick fürs Ganze haben. Deshalb teilt er jedem seine Aufgaben zu, wobei das heute nicht von oben herab geschieht, sondern nach Rücksprache. In Gesprächen versucht man gemeinsam, das Richtige für jeden zu finden, die Begabungen des Einzelnen herauszustellen und zu nützen. Es wird heute also keine kindliche Folgsamkeit, kein blinder Gehorsam verlangt, das würde nicht mehr in unsere Zeit passen. Die gemeinsame Entscheidungsfindung steht übrigens schon in der Regel. Benedikt sagt, dass der Abt,

wenn etwas Wichtiges im Kloster ansteht, alle zur Beratung zusammenrufen soll, auch die Jüngeren. Aber Benedikt sagt auch, dass es dann beim Abt liegt, alles abzuwägen und zu entscheiden. Und der einzelne Mönch soll dann nicht stur an seiner Meinung festhalten, sondern die einmal getroffene Entscheidung akzeptieren und mittragen. Das ist klösterlicher Gehorsam aus heutiger Sicht.

Wie ist das überhaupt mit der Hierarchie im Kloster? An der Spitze steht der Abt, das ist klar, und seine Stellvertreter sind der Prior und der Subprior. Dann gibt es das Kapitel, das kollegiale Leitungsgremium des Konvents, wie man die Mitglieder der klösterlichen Gemeinschaft nennt. Früher war es eine Zweiklassengesellschaft. Die Laienbrüder oder Konversen waren nicht gleichberechtigt, durften nicht einmal mit den anderen beten, geschweige denn bei der Abtwahl ihre Stimme abgeben. Wie ist das heute?

Heute gibt es nur noch die Mönche, die Chormönche und die Priestermönche, die alle die gleichen Rechte haben. Auch wenn man einen Mönch, der nicht zum Priester geweiht ist, landläufig noch immer als Laienbruder bezeichnet. Von den Statuten her sind Chormönche und Priestermönche gleichgestellt. Nur das Amt des Abtes und des Priors ist Priestern vorbehalten. Subprior, also zweiter Stellvertreter des Abtes, kann auch ein Chormönch werden. Die Laienbrüder hatten ihre eigenen Andachten. Ich kann mich noch an die Brüderkapelle erinnern, da war ich allerdings noch nicht Ordensmitglied. Als ich 1963 hier her in die Schule kam, da trugen die Laienbrüder nicht das zisterziensische Ordenskleid, sondern eine braune Kutte und hatten ihre eigene Kapelle und Rekreation. Sie blieben also unter sich beim Gespräch nach dem Abendessen. Es gab damals auch noch viel mehr Brüder, es waren etwa an die fünfzehn im Haus und sie bildeten eine Gemeinschaft. Das hat zum Teil auch einen Sinn gehabt, sie haben sich ja auch mehr für andere Themen interessiert, aus ihrem täglichen Arbeitsfeld heraus, das waren ja zum Beispiel Waldarbeiter und Handwerker, die ins Kloster gegangen sind.

Es gibt also keine Laienbrüder mehr, aber die Bezeichnung »Frater« vor dem Namen, also das lateinische Wort für Bruder, abgekürzt Fr., gibt es noch.

Das stimmt, die noch nicht die Priesterweihe haben oder gar nicht Priester werden wollen, die nennt man Frater. Als Priester ist er dann ein »Pater«, was ebenfalls lateinisch ist und Vater heißt. Aber beide sind Mönche, rechtlich gibt es keinen Unterschied.

Eine Weihe gibt es nur für die Priester, ein Mönch wird nicht geweiht. Er wird nur in einer feierlichen Zeremonie in den Orden aufgenommen.

Es gibt die Gelübde, die ewige Profess. Man kann sagen, der »Professe« weiht in dieser feierlichen Zeremonie sein Leben Gott und verspricht darin, Gott im Orden treu zu bleiben.

Wie sieht das Prozedere der Aufnahme und der Ausbildung im Orden aus?

Wenn jemand eintritt, absolviert er eine Zeit der Kandidatur, Postulat genannt. Wie lange das dauert, kann jedes Kloster frei festlegen, meist ist es ein halbes Jahr oder ein Jahr. Wenn der Konvent findet, dass alles passt, und es sich auch der Kandidat nicht anders überlegt hat, folgen die Einkleidung und danach ein Jahr Noviziat. In dieser Zeit wird der Aspirant vom Novizenmeister oder Klerikermagister in das Ordensleben eingeführt. Da gibt es einen geregelten Unterricht in Spiritualität, Benediktusregel, Kirchen- und Ordensgeschichte, über die Ordensväter und auch über die Psalmen, die ja einen Großteil unseres Chorgebetes ausmachen. In dieser Zeit lebt der Novize in der Gemeinschaft mit, in die er hineinwachsen soll. Nach diesem Jahr ist im Konvent eine Abstimmung, ob der Novize aufgenommen werden soll. Wenn diese positiv ausfällt, kommt es zuerst zur zeitlichen Profess, die im Normalfall drei Jahre dauert, aber auch verlängert werden kann, häufig auf vier Jahre. Dann kommt die sogenannte »ewige Profess«, auch »feierliche Profess« genannt. Damit bindet man sich für immer an den Orden.

Das war also die Hierarchie im Kloster. Wie ist es innerhalb des weltweiten Ordens der Zisterzienser? Bekommt der Abt von Stams Weisungen von oben, und wenn ja, von wem: vom Papst, vom Bischof, vom obersten Abt der Zisterzienser, und gibt es überhaupt einen solchen?

Es gibt einen sogenannten Generalabt, das war bis zur Auflösung des Gründerklosters von Cîteaux immer dessen Abt. Danach wählte das an wechselnden Orten tagende Generalkapitel des Ordens unter den Äbten aller Zisterzienserklöster einen Generalabt, der in seinem Kloster blieb und von dort aus den Gesamtorden leitete. Seit 1927 müssen die Generaläbte aller Orden ihren Sitz in Rom haben. Eine Weisung des Generalabtes habe ich noch nie bekommen.

Aber Visitationen oder »Besuche eines Oberen zum Zwecke der Bestandsaufnahme und Normenkontrolle«, wie es im Lexikon heißt, gibt es schon noch? Und wer führt die durch?

Im Mittelalter war dies Aufgabe des jeweiligen Mutterklosters, in unserem Fall Kaisheim bei Donauwörth. Seit sich die einzelnen Zisterzienserklöster ab dem 16. Jahrhundert zu Kongregationen zusammenschlossen, war der Abtpräses der Kongregation, der das Kloster angehörte, die nächste Instanz. Er führte dann die regelmäßigen Visitationen durch, ließ sich aber manchmal von einem anderen Abt vertreten. Und jede dritte Visitation führte weiterhin der Generalabt durch. So ist es bis heute geblieben. Stams gehörte früher zur Oberdeutschen, nach deren Auflösung zur Österreichischen und seit 1923 zur Mehrerauer Kongregation. Es ist das eine internationale Kongregation mit Klöstern in Österreich, Deutschland, Slowenien und der Schweiz sowie mit jeweils einem Frauenkloster in Tschechien, in den USA und in Südtirol.

Inwieweit untersteht Stams dem Bischof von Innsbruck?

Als Kloster gar nicht. Da unterstehen wir nur der Ordenshierarchie. Erst beim Papst trifft man sich wieder. Der Bischof hat kein unmittelbares Zugriffsrecht. Doch sind wir durch unsere Pfarren natürlich in die Diözese eingebunden. Es kommt immer auf die Zahl der Patres an, in welchem Ausmaß wir uns in der Seelsorge einbringen können. In der Praxis gibt es jetzt keine sogenannten inkorporierten Pfarreien mehr, sondern nur mehr Pfarren, die wir zur Betreuung übernehmen, solange es eben möglich ist. Sollten wir wieder einen Pater haben, der frei wäre für einen seelsorglichen Einsatz, dann würde ich mit dem Bischof reden, wo er am sinnvollsten eingesetzt werden könnte.

Ist so etwas reine Utopie oder gibt es Nachwuchs?

Das ist von Kloster zu Kloster verschieden. Manche Klöster haben in dieser Hinsicht kaum Probleme, während das zu unserer Kongregation gehörige Männerkloster in den USA im Vorjahr schließen musste. Bei uns ist Nachwuchs da, wir sind nicht in Gefahr auszusterben. Momentan haben wir auch sechs junge Vietnamesen bei uns, von denen die zwei ältesten bleiben werden. Die vier anderen machen hier eine Ausbildung und werden wieder zurückgehen. Da zeigt sich die internationale Vernetzung der Orden und der Kirche überhaupt. Insgesamt sind wir derzeit sechzehn Mönche, zusammen mit den Vietnamesen also zweiundzwanzig.

Kann man sagen, dass die Zisterzienser einer bestimmten Richtung in der Kirche angehören, sind sie eher konservativ oder kann man sie eher als fortschrittlich einstufen? Gibt es diesbezüglich einen Einfluss des Generalabtes oder wie sehr beeinflussen sich die Klöster einer Kongregation untereinander, etwa in Bezug auf innerkirchliche Tendenzen?

Jedes Stift ist relativ autonom, und der Zusammenschluss in der Kongregation ist ein sehr loser. Da treffen sich die Äbte jährlich einmal und besprechen aktuelle Probleme, viel mehr ist es nicht. Jedes Haus hat mehr oder weniger seine eigene Spiritualität. So gibt es oft recht große Unterschiede in der Einstellung und Haltung zu innerkirchlichen Problemfeldern, zu Fragen der Seelsorge oder anderen Punkten. Manche Klöster sind eher konservativ und der Tradition verbunden, andere entwickeln Reformeifer und suchen neue Wege. Auch die Aufgabenstellung wählt jedes Kloster selbst. Das kann man nicht über einen Leisten scheren. In Stams haben wir viele Schulen und sind dadurch anders als zum Beispiel Hauterive in der Schweiz, wo die Mönche ein rein kontemplatives Leben führen und noch in der Landwirtschaft tätig sind und kaum Außenkontakte pflegen. Andere wieder, auch in Österreich, sind viel mehr als wir auf die Seelsorge eingestellt und betreuen zwanzig und mehr Pfarreien. Die Struktur der Klöster ist sehr unterschiedlich und alle sind Zisterzienserklöster.

Nächste Doppelseite: Neunzehn Mitglieder des 22-köpfigen Stamser Konvents mit Abt German, Prior P. Heinrich Ofner (vierter von rechts in der hinteren Reihe) und Subprior Fr. Franz Neuner (etwas links vor dem Abt)

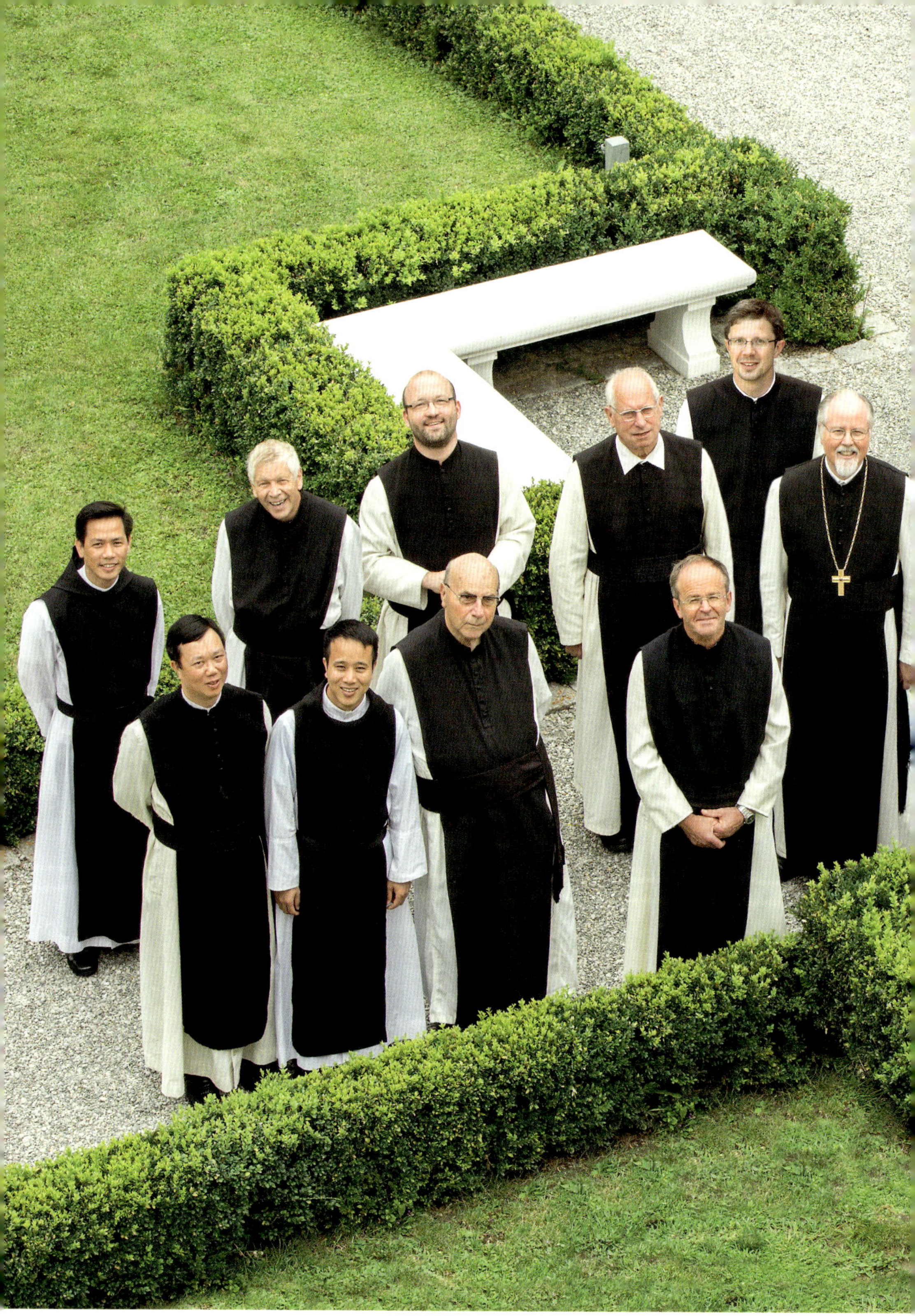

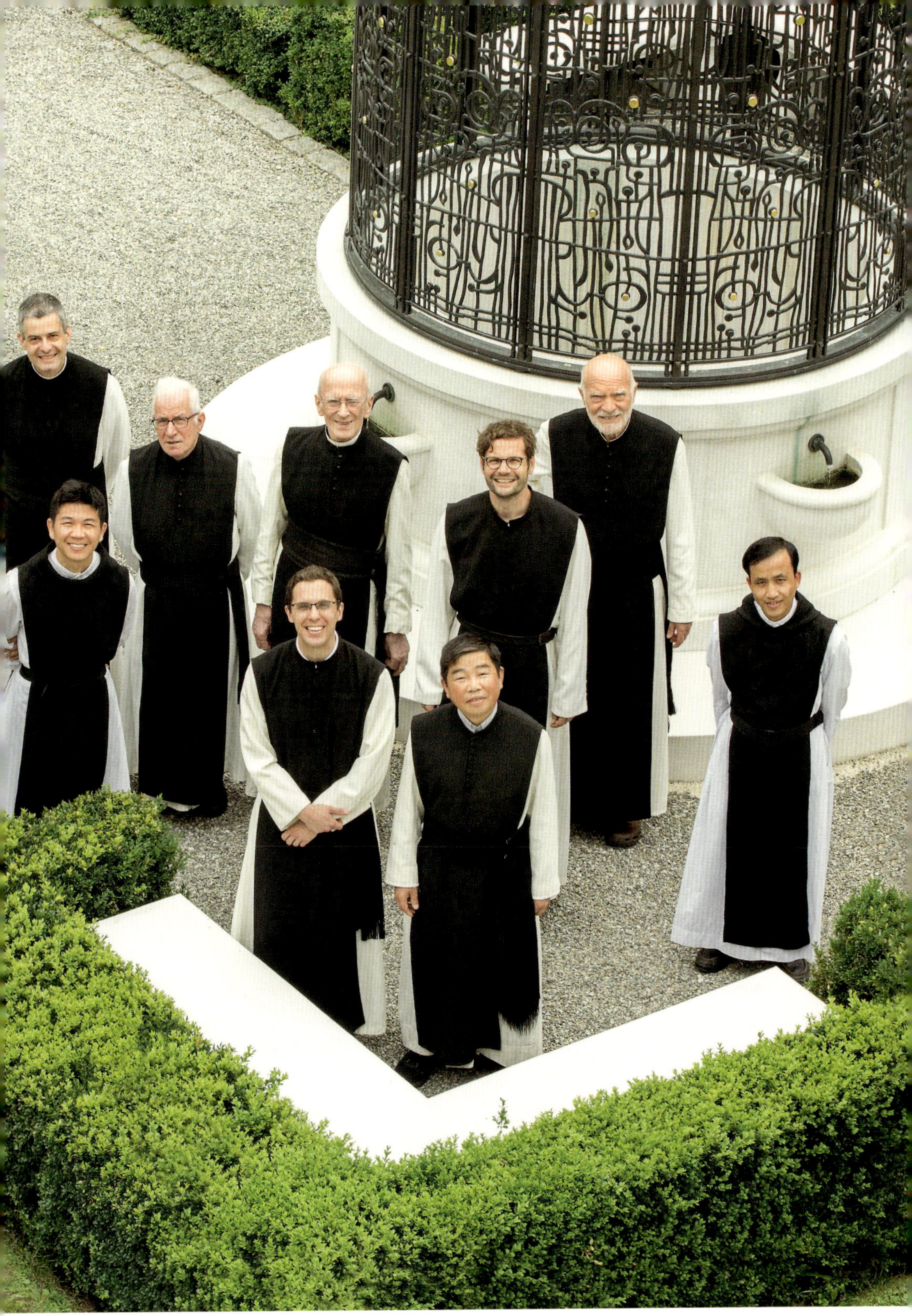

Die Heiligen Benedikt und Bernhard

Die Gründungsgeschichte des Zisterzienserordens ist gar nicht so leicht zu erzählen. Am besten beginnt man damit, dass eine Gruppe von Benediktinermönchen 1098 aus ihrem Kloster Molesme im westlichen Burgund auszog und sich in der Einöde von Cîteaux niederließ, um in einfachsten Verhältnissen lebend die Ordensregel streng zu befolgen. Der Abt des Ursprungsklosters, Robert von Molesme, hatte sich an ihre Spitze gestellt und wurde somit zum Gründer der neuen Ordensgemeinschaft, die bald schon nach dem Ort der neuen Niederlassung, Cîteaux, Zisterzienser genannt wurde. Doch Robert wurde von seinem Stammkloster zurückgeholt, daraufhin wählten die Mönche in Cîteaux zunächst Alberich und nach dessen Tod den gebürtigen Engländer Stephan Harding zu ihrem Abt. Wie Robert von Molesme wurden die beiden später heilig gesprochen. Mit ihnen beginnt die eigentliche Geschichte der Zisterzienser, die das Fest ihrer heiligen Gründerväter jedes Jahr am 26. Jänner begehen.

An der Spitze der Heiligendynastie des Ordens stehen aber – von der Gottesmutter natürlich abgesehen – zwei andere große Kirchenmänner: der heilige Benedikt und der heilige Bernhard. Benedikt von Nursia, 480 geboren, zog sich als junger Mann auf der Suche nach »Läuterung von Geist, Seele und Herz« (P. Gabriel Lobendanz) in die Einsamkeit der Sabiner Berge bei Rom zurück. In Subiaco scharten sich bald Gleichgesinnte und Ratsuchende um ihn, für die er mehrere kleine Mönchsgemeinschaften gründete. Bei den »Satzungen«, die er ihnen gab, greift Benedikt auf ältere Regeln für ein asketisches Mönchsleben zurück. Er selbst gründete in Monte Cassino südlich von Rom ein neues Kloster und schreibt dort gegen Ende seines Lebens seine Ordensregel nieder. Benedikts »Markenzeichen« sind nach den Worten des Stamser Zisterzienserpaters Gabriel Lobendanz »Besonnenheit, kluges Maßhalten, maßvolle Strenge, Seelenkenntnis, Unterscheidung der Geister und väterliche Liebe zu seinen geistlichen Söhnen«. Sie prägen seine Ideale und Vorstellungen vom klösterlichen Leben und fließen in sein umfassendes Regelwerk ein.

Benedikt starb an einem 21. März um die Mitte des 6. Jahrhunderts. Das genaue Jahr kennen wir nicht. Niemand geringerer als Papst Gregor der Große ist der erste Biograph, doch beschreibt er dessen Leben nicht in der Art, wie wir es heute gewohnt sind, sondern schildert einzelne Begebenheiten, vor allem aber Wunder und Visionen des Heiligen, die der Erbauung der Mönche dienen und zugleich seine Berufung zum Seher und zum Vater des abendländischen Mönchtums festigen sollten.

Das Kloster Monte Cassino wurde 577 von den Langobarden zerstört, doch die Benediktusregel überlebte nicht nur, sondern wurde vor allem in England, im fränkischen Merowingerreich und später im Reich Karls des Großen von vielen Klöstern angenommen. Die Bewegung des benediktinischen Mönchtums, das sich rasch in immer mehr Ländern Europas verbreitete, erlebte in den folgenden Jahrhunderten Stagnation, dann wieder Reformen, doch entfernten sich viele gerade

Szene der »Lactatio Bernardi«, in der die Gottesmutter Maria den vor ihr knienden heiligen Bernhard mit ihrer Muttermilch nährt

der großen Benediktinerklöster immer weiter vom Ideal. So ist es zu verstehen, dass die Gründerväter der Zisterzienser es als ihr erstes Ziel bezeichneten, »die Regel des heiligen Benedikt strenger und vollkommener einzuhalten«. Auf dieser Basis entwickelte Abt Stephan Harding seine »Carta Caritatis« (»Verfassung der Liebe«), die der neuen Ordensgemeinschaft für die weitere Entwicklung die nötige rechtliche und spirituelle Struktur gab.

Kurz vor ihrer Bestätigung durch den Papst trat 1113 ein junger Adeliger namens Bernhard in das Kloster ein und brachte einige Brüder, Verwandte und Freunde mit. Später folgte auch sein Vater nach. Es war das wichtigste Ereignis in der frühen Geschichte des Ordens, denn ohne Bernhard von Clairvaux, wie er nach dem von ihm gegründeten Tochterkloster genannt wird, hätten die Zisterzienser wohl nicht diese Verbreitung und Bedeutung erlangt. Allein 67 Klöster gründete Bernhard persönlich, die Standorte sind über Europa verteilt, von Rom und Portugal über Deutschland bis nach Schweden.

Bernhard war in Belangen seines Ordens, aber auch als Vermittler in politischen, kirchlichen und menschlichen Konflikten ständig unterwegs, er nahm an Konzilien, Synoden und Reichstagen teil, verhandelte mit den Mächtigen seiner Zeit und setzte sich für das Zustandekommen des Zweiten Kreuzzugs ein (der allerdings kläglich scheiterte). Sein Erfolg und europaweites Ansehen hatten viel mit seinem Charme und charismatischen Überzeugungskraft zu tun, seine »wie Honig fließenden« Reden und Predigten trugen ihm den Beinamen »doctor mellifluus« und auf Darstellungen das Attribut eines Bienenkorbs ein. Wegen seiner Meditationen über das Leiden Jesu wird er auch mit Kreuz und anderen Leidenswerkzeugen abgebildet.

Der heilige Bernhard war Mystiker und wurde 1830 zum Kirchenlehrer erhoben. Ein Schwerpunkt seiner Theologie und Frömmigkeit ist die auf der Heiligen Schrift beruhende tiefe Marienverehrung. Populär wurde Bernhard nicht zuletzt wegen zahlreicher Wunderberichte und der bildkräftigen Schilderung seiner Visionen. Beides findet in der Kunst ihren Niederschlag. Auch in Stams, wo manche Motive gleich mehrmals zu sehen sind, so zum Beispiel die Amplexus-Christi-Darstellung, in der sich Jesus vom Kreuz herabneigt, um Bernhard zu umarmen (siehe S. 224/225), oder die Szene der »Lactatio Bernardi«, in der die Gottesmutter Maria den vor ihr knienden heiligen Bernhard mit ihrer Muttermilch nährt.

Karl Palfrader
Stamser Mönche in der Seelsorge

Bittprozession der Stamser Pfarrgemeinde auf einem um die Mitte des 18. Jahrhunderts entstandenen Kupferstich, den ein Stamser Abt offenbar als Visitkarte verwendete. »Le Prelat et Abbé DE STAMS« steht auf dem kleinformatigen Kärtchen (Abbildung vergrößert, oben beschnitten).

Obwohl die Zisterzienser ein kontemplativer Orden sind und sich ihr Leben ursprünglich nur innerhalb des Klosters abspielte, wurden die Stamser Mönche von Anfang an auch mit seelsorglichen Aufgaben betraut. Das ist bis zum heutigen Tag so geblieben. Manche der Pfarren in Nordtirol und Südtirol, wo Zisterzienser aus Stams wirken, sind oder waren dem Stift inkorporiert. Mit Inkorporation wird die Eingliederung bzw. Zuweisung einer Pfarre in eine andere kirchliche Institution, in unserem Falle in ein Kloster, bezeichnet.

Die Wurzel dieser Einrichtung liegt im Eigenkirchenwesen des Mittelalters. Laien ließen auf privatem Grund und Boden Kirchen errichten. Über diese Eigenkirchen hatte der Grundherr das Recht der Ein- und Absetzung eines Priesters ohne Bewilligung des Bischofs. Es stand ihm die Nutzung eventueller Erträge zu, doch musste er für die Bedürfnisse der Kirche und der Seelsorge aufkommen. Das Eigenkirchenwesen ermöglichte in einer Zeit, als die Kirchenorganisation nur rudimentär entwickelt war, oftmals erst die seelsorgerische Betreuung der Landbevölkerung. Wie beim Grundbesitz erwarb Graf Meinhard zuerst selbst diverse Eigenkirchenrechte, um sie dann dem

Stift Stams zu übertragen. Eine weniger enge Bindung war das Patronatsrecht. Dabei schlug der Patronatsherr den Priester vor, den dann der Bischof zum Pfarrer ernannte. Neben den inkorporierten Pfarren und solchen, wo Stams das Patronatsrecht zugesprochen erhalten hatte, betreuten und betreuen Zisterzienser auch Pfarren, mit denen das Kloster an sich nichts zu tun hatte.

Die pastoralen Aufgaben der Mönche hatten sehr früh zur Folge, dass die theologische Ausbildung eine zunehmend praktische Dimension erhielt. Das fand zum Beispiel seinen Niederschlag in der Klosterbibliothek, für die nun gezielt auch Werke zur Predigt und Exegetik angeschafft oder abgeschrieben wurden. Wie Stamser Patres ihre seelsorglichen Aufgaben erfüllten, unterschied sich kaum vom kirchlichen Leben und den religiösen Bräuchen in Pfarren mit Weltpriestern. Allerdings gibt es darüber noch keine eingehenden Forschungen.

Die Zahl der Pfarren im hohen Mittelalter war noch gering, und sie waren von großer räumlicher Ausdehnung. Erst allmählich wurden die Pfarren in kleinere Seelsorgebereiche aufgegliedert, doch blieben gewisse Rechte weiterhin der Pfarre vorbehalten, etwa das Führen der Kirchenmatrikel, das Spenden von Taufen und das Schließen von Ehen. In ganz frühen Zeiten wurden auch die Toten nur hier begraben. Für den Pfarrer bzw. den Inhaber der Pfarrei bedeuteten diese Vorrechte nicht unbedeutende Einnahmen. Nach und nach wurde auch den neuen, kleineren Seelsorgsprengel – Kuratien, Lokalkaplaneien oder Expositur genannt – gewisse Rechte zugestanden. Ihre Zahl nahm unter Josef II. erheblich zu, weil er gesichert haben wollte, dass es niemand weiter als eine Stunde zu seiner Messe habe. Mit kaiserlichem Erlass von 1891 wurden in Österreich alle Seelsorgsprengel, die pfarrähnliche Aufgaben und Strukturen hatten, zu Pfarren erhoben. Viele dieser Verselbständigungen werden heute durch die Seelsorgsräume wieder rückgängig gemacht.

Wie viele der dem Stift Stams inkorporierten oder zur Betreuung übergebenen Pfarren jeweils von Mönchen besetzt waren und für welche vom Kloster eingesetzte Weltpriester als Vikare tätig waren, ist für die ganz frühen Zeiten nicht eindeutig festzustellen. Wenn die Liste der Mönche genauer wird und seitdem es Schematismen der zuständigen Diözesen gibt, kann man dort nachschauen und stellt fest, dass durchgehend wahrscheinlich nur Mais und St. Peter (Gratsch) bei Meran, Pfelders im Passeiertal und Stams einen Zisterzienser als Pfarrer oder Kooperator hatten, wobei der Stamser Pfarrer ja im Kloster wohnte und am mönchischen Leben nach Möglichkeit teilnahm.

Im 16. Jahrhundert hatte das Stift kaum Mönche genug, um im Kloster selbst zurechtzukommen, aber auch im ganzen 17. und 18. Jahrhundert, einer Blütezeit des Stifts, waren meist nicht mehr als vier bis sechs Patres »ausgesetzt«, also in einer Pfarrei tätig. Die Zahl nahm seit den 1760er Jahren unter Abt Vigilius Kranicher entsprechend der steigenden Zahl von Konventualen insgesamt zu, sodass 1807, knapp vor der Aufhebung des Stifts durch die Bayern, 14 Mönche als Seelsorger in den Stiftspfarren wirkten, nicht selten zu zweit an einem Ort, einer als Pfarrer, der andere als Kooperator. Im Jahr 1900 hatten in Nordtirol außer Stams noch Sautens, Huben (beide im Ötztal) und Seefeld Pfarrer aus dem Stift. In den drei Südtiroler Pfarren Untermais (damals mit Obermais), St. Peter und Pfelders wirkten allein neun Patres aus Stams.

In den letzten Jahrzehnten musste das Kloster, bedingt durch geringen Nachwuchs, wieder Pfarren abgeben. Immerhin waren 1999 noch Stams, Mötz, Obsteig, Flirsch/Schnann, Wildermieming, Längenfeld/Huben und Sautens von Zisterziensern besetzt, weitere vier Patres wirkten in Meran-Untermais und in Gratsch. Alte Rechte spielen dabei keine Rolle mehr. Wie Abt German Erd versichert, spricht man sich heute mit dem Bischof ab, wie die Seelsorge in bestimmten Gebieten am besten funktionieren könnte, wo notwendig ein Stamser Zisterzienser gebraucht würde oder für welchen Einsatz am ehesten ein geeigneter Priester im Kloster frei gemacht werden könnte. Dabei spielt die Formung und Besetzung der jetzt »Seelsorgsräumen« genannten Einheiten eine Rolle. Zum Zeitpunkt des Erscheinens dieses Buches sind – von Aushilfen abgesehen – nur noch fünf Stamser Patres in der Pfarrseelsorge tätig, und zwar in Stams, Mötz und Obsteig, in Meran-Untermais und in Gratsch/St. Peter.

Die Geschichte der Stamser Pfarren ist überhaupt von einem ständigen Auf und Ab geprägt, insgesamt vielschichtig und kompliziert und soll hier nur in ihren Grundzügen erzählt werden.

Die drei ältesten Pfarren, die dem Stift übergeben wurden, waren Mais, St. Peter in Gratsch (beide bei Meran) und Silz. Die einzelnen Weiler von Stams gehörten zur Pfarre Silz, wurden aber wie die Wallfahrtskirche zum heiligen Johannes dem Täufer seit Errichtung des Klosters von dessen Mönchen direkt betreut.

Silz und das Ötztal

Schon bei der Gründung des Stiftes wurde das Patronatsrecht über die Altpfarre Silz dem Kloster übertragen. Die damalige Großpfarre umfasste beinahe das gesamte Ötztal. Nicht zu Silz gehörte nur Vent, das früher einmal zur Altpfarre Tschars im Vinschgau, jetzt aber zur Pfarre Unser Liebe Frau in Schnals gehört hatte. Allerdings wurde bald auch Vent dem Pfarrer von Silz unterstellt und von Sölden aus betreut.

Die seelsorgliche Versorgung des Ötztales muss zu Beginn des 14. Jahrhunderts wohl noch sehr lückenhaft gewesen sein. Wir finden in den schriftlichen Quellen aus der Zeit immer wieder Forderungen der Ötztaler nach einer besseren Betreuung. Ein starkes Anwachsen der Bevölkerung in dieser Zeit verschlimmerte die Lage zusehends.

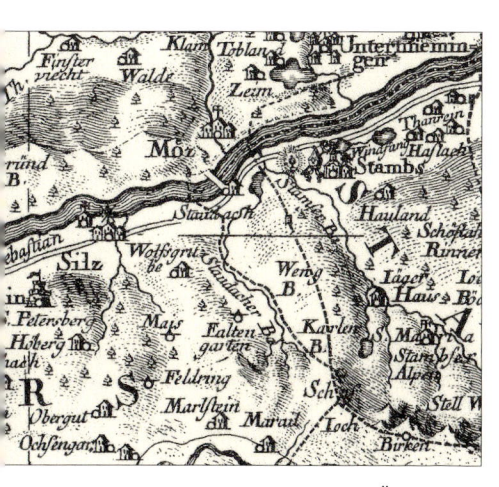

Stams, Silz und das Ötztal auf Ausschnitten aus dem Atlas Tyrolensis des Tiroler Kartographen Peter Anich (1760/62). Das gesamte langgezogene Ötztal gehörte bis auf Vent zur Urpfarre Silz.

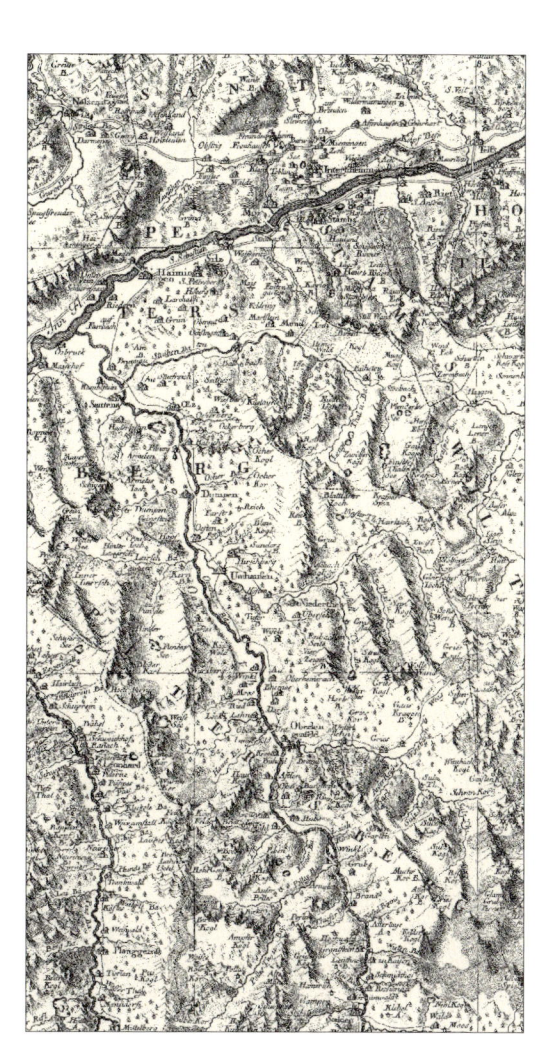

Sölden wurde durch Jahrhunderte von Stamser Mönchen seelsorglich betreut (Aquarell von Th. Ender, um 1840).

So schloss das Stift 1377 einen Vertrag mit den Umhausenern und Oetzern, nach dem sie einen eigenen Seelsorger bekommen sollten. Aber erst seit 1398 befand sich ständig ein Priester in Umhausen.

Für das Jahr 1469 ist in der Chronik des Paters Wolfgang Lebersorg – übersetzt aus dem Lateinischen – zu lesen: »*Durch das Anwachsen bzw. die Vervielfachung der Bevölkerung begann man sich auch vermehrt um die Ernährung zu sorgen, so dass man weder die Rauheit der Berge noch die Öde der Täler noch andere entlegene Gebiete irgendwie unberührt ließ. Dies traf auch im Ötztal zu, wo die Bevölkerung für ihren Lebensunterhalt die innersten und ödesten Bereiche durchsuchte und diese durch ihre Arbeit in ertragreiche Felder und fruchtbare Wiesen umwandelte. Einst war in jenem Tal die einzige Kirche jene von Umhausen, die einen eigenen Priester besaß, der dennoch ein Kaplan des Pfarrers von Silz blieb [...]; zu dieser Kirche musste daher die gesamte innere Talbevölkerung bis zum Timmelsjoch, die alle zur Pfarre Silz gehörten, kommen, um die Messe zu hören und die Sakramente zu empfangen etc. Um dieser schwierigen Lage abzuhelfen, erbauten die inneren Gemeinden zu Längenfeld und Sölden eigene Kirchen, errichteten um sie herum Friedhöfe und ließen sie weihen. Aber weil die Schwierigkeit hinsichtlich des Priesters weiterhin bestand, der als alleiniger in Umhausen weilte und eine so große Menschenanzahl, die auf so weit entfernte Ort verteilt war, nicht einmal auf das Notdürftigste betreuen konnte, wandten sich die genannten Gemeinden an den Abt von Stams als deren eigenen und obersten Pfarrherrn und baten um seinen Rat und Hilfe.*

Daraufhin setzte der Hochwürdige Abt Georg von Stams im Beisein von Martin Pustel, dem damaligen Pfarrer von Silz, und vieler anderer für die besagten Gemeinden zu Längenfeld und Sölden zuerst für jede einen eigenen Priester ein, hierauf grenzte er die Pfarrsprengel dieser Kirchen ab, verteilte auch die Gottesdienste unter sie und ordnete an, wie die Priester von deren Gemeinden zu unterhalten und zu behandeln sind sowie weitere für beide Seiten notwendige Dinge, wie aus der darüber ausgestellten Urkunde deutlich hervorgeht. Darüber hinaus hat die gesamte Gemeinde zu Längenfeld ihrem Priester noch ein Mehr an Viehhaltung, Weide- und Holzrechten etc. zugebilligt gemäß ihrer darüber ausgestellten Urkunde.«

Diese Stelle bei Lebersorg belegt die Sorge des Stamser Abtes um die Seelsorge in einem seiner Obhut anvertrauten Bereich. Es ging bei der Besetzung von Pfarren und untergeordneten Seelsorgsstellen nicht nur, wie man bei der Lektüre mancher Urkunden und Chroniken meinen möchte, um die sprichwörtlichen Pfründe, also um die mit dem Amt verbundenen Einkommen. Solche gab es natürlich, wie Lebersorg auch erwähnt: Zusätzlich zum Zehent, der ursprünglich für den Unterhalt des Priesters, die Unkosten der Pfarre und den Erhalt der Kirche eingehobenen Abgabe, wurden die Gemeinden oft zu weiteren Leistungen für die Versorgung ihres Priesters verpflichtet. Insgesamt erwuchs dem Kloster aus der Besetzung einer Pfarre jedenfalls kein wirtschaftlicher Nachteil.

Die Pfarre Silz war zwar dem Stift inkorporiert, nach einem Abkommen zwischen Bischof und Abt aus dem Jahr 1493 durften aber keine Mönche, sondern ausschließlich Weltpriester als Pfarrer eingesetzt werden. Aus der entsprechenden Urkunde kann man die Sorge der Silzer herauslesen, andernfalls womöglich schlecht ausgebildete Priester zu bekommen, wird doch ausdrücklich ein in Brixen geprüfter Weltpriester (*»Sacerdos saecularis Brixinae examinatus«*) verlangt. Auch dass der Bischof den für ein derart großes Gebiet zuständigen Pfarrer direkt unter seinen Fittichen haben wollte, geht aus dem Text der Urkunde hervor. Ein Vergleich der Silzer Pfarrerlisten mit den Mönchslisten ergibt, dass der spätere Abt Bernhard I. Wälsch tatsächlich der letzte Mönch war, der dieses Amt innehatte, sich allerdings durch einen weltlichen Vikar vertreten ließ. Seit 1689 werden die Silzer Pfarrer vom Bischof ernannt.

Oetz, Umhausen, Längenfeld und Sölden wurden unter Abt Bernhard I. Wälsch 1498 zu ordentlichen Kuratien erhoben und direkt von Stams aus mit Geistlichen versorgt. Huben und Sautens wurden 1786 nach der Pfarrsprengelreform Josefs II. zu Lokalkaplaneien, dem

Sautens hatte seit 1786 Stamser Mönche als Pfarrer. Das Foto aus der Zwischenkriegszeit zeigt die beiden Patres Augustin und Bernhard vor dem Schulhaus. P. Augustin Kofler war von 1902 bis 1931 Pfarrer von Sautens und wurde zum Ehrenbürger ernannt.

Stift Stams wurde die Entsendung von Priestern aufgetragen. Von den Seelsorgestellen im Ötztal, allesamt seit 1891 eigene Pfarren, blieben dem Stift zuletzt nur Huben und Sautens, doch auch hier wirken seit Jahren keine Stamser Mönche mehr.

Stams und Umgebung

Seit der Gründung des Klosters betreuten die Mönche nicht nur die Wallfahrt zum heiligen Johannes, sondern sind auch Seelsorger der rund herum lebenden Bevölkerung. Noch vor der Gründung des Klosters wurde ein eigener, von Silz losgelöster Pfarrsprengel geschaffen und 1275 dem Stift inkorporiert. Häufig im Laufe der Geschichte war die Aufgabe des Stamser Pfarrers mit der des Priors oder Subpriors des Klosters verbunden.

In unmittelbarer Nachbarschaft, inmitten größeren Grundbesitzes, übernahm das Stift 1311 die Pfarre Mieming. Es war ein Tausch gegen eine Pfarre weit draußen im Schwäbischen. Das Besetzungsrecht für Mieming wurde 1689 an die Diözese abgegeben. Dass Wildermieming einen eigenen Stamser Pater als Seelsorger erhielt, war nur eine kurze Episode gegen Ende des 20. Jahrhunderts. Zu Mieming gehörte auch Obsteig, das 1786 zur Lokalkaplanei und 1891 zur Pfarre erhoben wurde. Sie ist dem Stift inkorporiert und hat auch gegenwärtig noch einen Stamser Zisterzienser als Seelsorger.

Auch Mötz gehörte zur Altpfarre Mieming. Die Expositur, 1833 zur Kuratie und 1891 zur Pfarre erhoben, wird zusammen mit der Wallfahrtskirche Locherboden seit 1976 von Stams aus betreut. Dem

Vom Kunstsinn der Äbte im benachbarten Kloster profitierte auch die Pfarre Stams. Die im 18. Jahrhundert barockisierte Kirche trägt die künstlerische Handschrift des Malers Franz Anton Zeiller (das Deckenfresko zeigt den Kirchenpatron Johannes den Täufer als Prediger am Ufer des Jordan) und des Bildschnitzers Johann Reindl.

Stift inkorporiert ist sie nicht. Immer wichtiger wurde in den letzten 150 Jahren die Wallfahrt nach Locherboden. Die heutige Kirche ist ein neugotischer Bau aus dem Jahre 1900, erbaut durch den Mötzer Baumeister Heinrich Hörmann. Die Kirche steht auf einem hohen Felshügel und ist weithin über das Inntal sichtbar. Der wenig ergiebige, aber schon früh überlieferte Erzabbau war für die Geschichte des Wallfahrtsortes insofern wichtig, als ein Mötzer beim Erzsuchen durch einen Stein im Stollen eingeschlossen wurde. In seiner Todesangst gelobte er, eine Kapelle zu bauen. Die Verehrung eines Muttergottesbildes ist an der Stelle ab 1740 nachweisbar. Aber erst als die Mötzerin

Das Muttergottesbild am Locherboden wurde ursprünglich in einem »Knappenloch« verehrt, seit 1872 standen darüber drei Kreuze eines Kalvarienbergs, 1881 wurde die Kapelle erbaut (Foto von Josef Förg in Silz, 1885/1890).

Zwischen 1896 und 1901 errichtete Baumeister Heinrich Hörmann nach eigenen Plänen an der Kuppe des Hügels die weithin sichtbare neugotische Kirche (vermutlich älteste Ansichtskarte von Locherboden).

Maria Kalb 1871 vor dem Gnadenbild Heilung von einer schweren Krankheit fand, wurde der Ort bekannt, und die Wallfahrt nahm zu. Bis 1970 war die Kirche nur über Waldwege erreichbar, heute hat sie eine Zufahrt von der Straße Mötz-Mieming. Großen Zulauf finden die im Sommer allmonatlich stattfindenden Nachtwallfahrten nach Locherboden.

Schnann und Seefeld

Für die Pfarre Seefeld waren ursprünglich die Augustiner-Eremiten zuständig. Nachdem deren Kloster von Josef II. aufgelöst worden war, übertrug dieser die Seelsorge mit einigen Besitzungen dem Kloster Stams. De facto schon 1938 und endgültig 1949 zogen sich die Stamser aus Seefeld aber wieder zurück. Nicht dem Stift inkorporiert ist das 1927 zur Pfarre erhobene Schnann, das von 1979 bis vor wenigen Jahren von Stams betreut wurde.

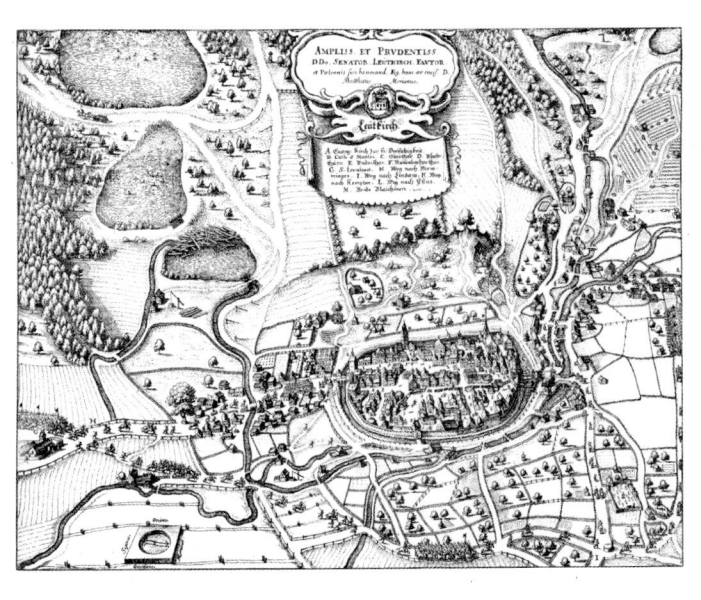

*Das schwäbische Städtchen
Leutkirch, für dessen Pfarre
lange Zeit das Stift Stams
zuständig war (Kupferstich
von Merian, um 1650)*

Schwaben

Schenkungen oder der Erwerb von Gütern in Schaben brachten dem Stift Stams auch das Patronatsrecht über mehrere Pfarren und Seelsorgestellen in diesem Raum. Alle gehörten sie dem Bistum Augsburg an. Dillishausen, Buchloe, Lindenberg, Seeg, Wertach, Kettershausen, Kattrishausen und Leutkirch wurden zeitweise vom Stamser Abt mit einem Seelsorger besetzt, wobei es verschiedene Sonderregelungen gab, zum Beispiel hatten die Bürger von Leutkirch ein Mitspracherecht bei der Ernennung ihres Pfarrers.

Man liest staunend in der Stamser Chronik des Walter Lebersorg, wie man um Patronatsrechte regelrecht gehandelt, Pfarren getauscht und in Verträgen festgelegt hat, wie viel dem Bischof bei der Wahl eines neuen Abtes oder bei Einsetzung eines neuen Pfarrers als »*primus fructus*« (»erste Frucht«) bezahlt werden musste oder was man den als Stellvertreter des Pfarrers eingesetzten Vikaren an jährlicher Geldleistung abverlangen durfte. Als Folge eines Tauschvertrages kamen 1311 zum Beispiel statt zweier schwäbischer Pfarren das benachbarte Mieming, aber auch Seeg bei Füssen zu Stams. Die Patronatsrechte über Seeg und Kattrishausen trat Stams 1545 an die Diözese Augsburg ab, die Pfarre Leutkirch 1547 an die Abtei Weingarten. Diesmal erhielt Stams dafür die Pfarre St. Pankraz in Ulten und das St.-Georg-Kirchlein in Lana, das heute vom Deutschen Orden in Lana betreut wird. Die Pfarre St. Pankraz in Ulten blieb nur bis 1558 beim Kloster Stams, dann ging das Patronatsrecht an den Landesfürsten über.

Eine seelsorgliche Beziehung des Stiftes zu den Pfarren in Schwaben besteht heute nicht mehr.

Karl Palfrader
Die Südtiroler Pfarren und das Maiser Priorat

Die heute noch von Stams aus betreuten Südtiroler Pfarren sind dem Kloster von Anfang an verbunden. Mais (heute Untermais) und St. Peter waren »Grenzpfarren« der Diözesen Trient bzw. Chur und gleichzeitig Nachbarn des Schlosses Tirol. Vielleicht wollte sich Graf Meinhard durch ihre Verleihung an die Stamser die beiden Bischöfe ein wenig vom Leib halten. Mais gehörte bis 1964 zur Diözese Trient und St. Peter in Gratsch bis 1817 zur Diözese Chur, dann bis 1964 zu Trient.

Das Patronat der Pfarre Mais wurde – auf Meinhards Betreiben – vom Trienter Bischof Egno im Jahre 1273 an das Kloster Stams übertragen. Allerdings kam es zwischen dem Bischof und dem Kloster immer wieder zu Auseinandersetzungen um die Frage der Pfarrbesetzung. Auch weil die auf diesen Posten berufenen Weltpriester ihren Aufgaben häufig nicht gerecht wurden und sich lieber mit den in Mais anwesenden Stamser Amtleuten um Einkünfte und die Umgehung unangenehmer Verpflichtungen stritten. Hauptaufgabe der Mönche vor Ort war es, die Besitzungen des Klosters rings um Meran und im Vinschgau zu verwalten und von den Bauern, die ihre Güter vom Stift

Stams zu Lehen hatten, die jährlichen Zinse und Abgaben einzutreiben. Mit der Seelsorge in diesem Raum hatten sie die ersten zwei Jahrhunderte hindurch nichts zu tun.

Die Klagen wegen unzureichender seelsorglicher Betreuung wurden gegen Ende des 15. Jahrhunderts immer dringender und setzten das Kloster als Patronatsherrn unter Druck, sodass die Bemühungen um eine vollständige Einverleibung der Pfarre verstärkt wurden. Nur dann konnte man auch für die Qualität der eingesetzten Seelsorger garantieren. Im neuen Landesherrn Maximilian I. fanden sowohl die Maiser Gläubigen als auch die Stamser Äbte einen kraftvollen Verbündeten, und so gelang es, 1491 die Trienter Zustimmung zur Inkorporierung zur erreichen und ein Jahr später die päpstliche Bestätigung. So sind seit 1492 nicht mehr Weltpriester in der Pfarre Mais tätig, sondern Stamser Mönche. Und zwar ohne Unterbrechung bis heute.

Bild links: Ansicht von Mais im 18. Jahrhundert (Ausschnitt aus einem 1765 entstandenen Ölgemälde): ganz links am Bildrand der Ansitz Mayr am Ort, Sitz der Stamser in Mais seit 1770, links die Maria-Trost-Kirche, die Kirche rechts ist die Pfarrkirche St. Vigil, davor der früher als Stamser Niederlassung benutzte Ansitz Angerheim

Mit dieser Urkunde überträgt Bischof Egno 1273 das Patronat der Pfarre Mais an das soeben gegründete Zisterzienserkloster Stams. Neben seinem Siegel hängt auch das Siegel des Domkapitels an der Urkunde.

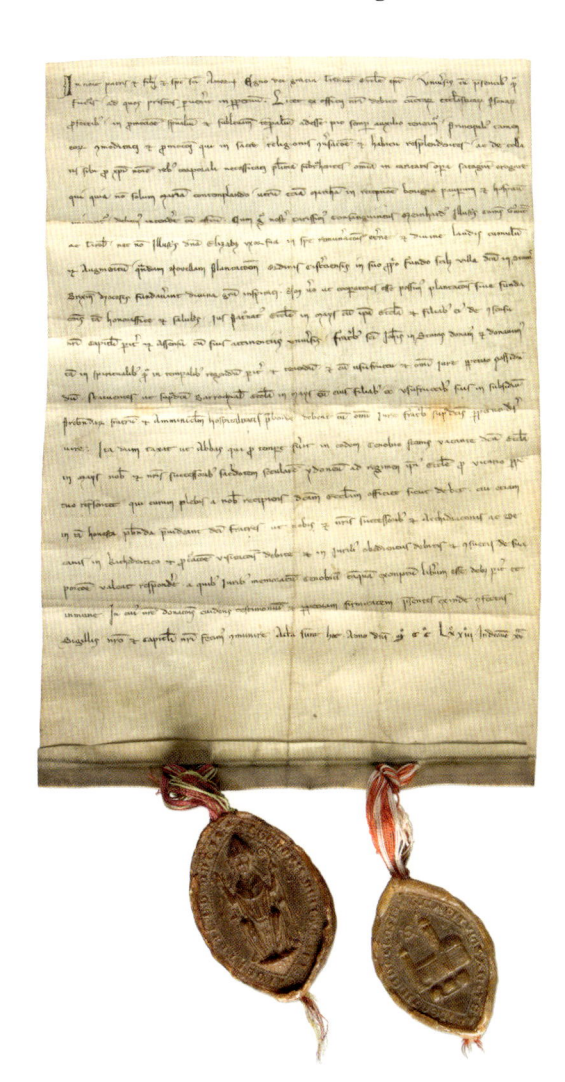

Als Widum diente der Sitz des Stamser Amtmannes und seiner Gehilfen im sogenannten Rauschhof, der nach Erwerb des benachbarten Ansitzes Angerheim in der zweiten Hälfte des 14. Jahrhunderts großzügig ausgebaut worden war. Einen eigenen klösterlichen Amtmann gab es in Mais bald nicht mehr, da dem Pfarrer diese Funktion übertragen wurde. Zusammen mit den Gesellpriestern – später Kooperatoren genannt – und Helfern in der Gutsverwaltung waren meist ein halbes Dutzend Stamser Mönche in Mais.

Weniger das Widum als vielmehr die klösterliche Verwaltungszentrale war 1525 das Ziel revoltierender und plündernder Bauernscharen, die auf der Suche nach Güterverzeichnissen, aber auch nur im wilden Hass auf Grundherrschaft und kirchliche Obrigkeiten laut einer Urkunde des Meraner Stadtrates »*ofen, fenster, und anders im haus zerdrumert zerschlagen und zerbrochen*« haben. Dem damaligen Pfarrer P. Simon Gassler gelang es jedoch in wenigen Jahren, nicht nur die Zerstörungen auszubessern, sondern mit Hilfe großzügiger Unterstützung durch Erzherzog Ferdinand I. das Amtshaus zu einer repräsentantiven Zweigstelle des Klosters auszubauen. Allerdings verließen sie dieses ausgedehnte Gebäude schon im 18. Jahrhundert wieder, um in Zukunft den kleineren Ansitz »Mayr am Ort« als Sitz von Amt und Pfarre zu benützen.

Pfarrer in Mais scheint ein Aufstiegsposten gewesen zu sein. Eine Reihe von Maiser Pfarrern sind zu Äbten des Stiftes gewählt worden: Simon Gassler (Pfarrer 1525–1543), Georg Berghofer (Pfarrer im Jahre 1554), Johann Kölbl (1559–1567), Nikolaus Bachmann (1569–1590), Thomas Lugga (1569–1590, vorher Pfarrer in Gratsch), Augustin Haas (1659–1660), Georg Nußbaumer (1662–1672), Rogerius Sailer (1738–1775) und Alois Schnitzer, der allerdings nur drei Monate lang hier wirkte, bevor er im Juni 1839 zum Abt gewählt wurde. Er war nach dem Tod seines Bruders Laurenz bzw. Pater Kasimir als dessen Nachfolger nach Mais gekommen. Kasimir Schnitzer war in schwierigen Zeiten einer der tüchtigsten und beliebtesten Maiser Pfarrer gewesen und hatte sich auch als Chronist und Historiker einen Namen gemacht. Noch ein dritter Schnitzer hat mit Mais zu tun. Es war Pater Stanislaus Schnitzer, leiblicher Bruder der beiden Vorgenannten, der 1817 als Kooperator nach Mais gekommen war, aber schon 1820 starb.

Die Altpfarre Mais hatte eine große Ausdehnung. Es ist überliefert, dass der Pfarrer Sorge tragen musste, dass jeden Sonntag ein Gottesdienst in Hafling abgehalten wird. Hafling erhielt 1539 unter Abt Pelagius Baur einen eigenen Seelsorger. Im Jahre 1919 wurde es erst zur

Der Ansitz Mayr am Ort, der seit 1770 als Sitz der Stamser Amtleute und als Widum des Pfarrers diente, wie er sich heute präsentiert. Abt Vigilius Kranicher hatte das alte Gebäude repräsentativ ausstatten lassen.

eigenständigen Pfarre erhoben. Seit 1969 ist die ehemalige Pfarre Mais in zwei Pfarreien geteilt. In Obermais wurde 1895 eine Kuratie errichtet und diese 1933 den Franziskanern übertragen. 1969 wurde die Kuratie zur Pfarre erhoben. Obermais wird weiterhin von den Franziskanern betreut, und Untermais führt die Tradition der Altpfarre Mais fort.

In Untermais wurde 1933 ein Priorat errichtet und dazu ein Vertrag mit dem römischen Kloster Santa Croce geschlossen. Man wollte damit Mais vor faschistischen Übergriffen schützen *(siehe auch S. 107 und 168).* In rechtlicher und wirtschaftlicher Hinsicht blieb Mais weiterhin dem Mutterkloster Stams unterstellt, und wie seit jeher kommt der Maiser Pfarrer aus Stams. Dem Priorat – als dessen Name man den der benachbarten Maria-Trost-Kirche wählte – wurden während der Faschistenzeit die drei Stamser Pfarren in Südtirol inkorporiert.

Kasimir Schumacher, Pfarrer und Chronist

»Lieber Pfarrer! Ich habe in Ihnen einen Mann kennengelernt, der nicht das Seine, nichts Irdisches sucht, vielmehr alles Irdische freudig aufopfert, um die höheren und ewigen Interessen der Moral geltend zu machen. Für Männer Ihrer Art gibt es keinen Feind! Ich rechne es mir zur Ehre, Ihnen zum Abschied meine tiefste Verehrung zu bezeigen!«

Diese Worte im Abschiedsbrief eines französischen Offiziers, der 1809/10 während der Besatzung Merans durch Napoleons Armee mit Pfarrer P. Kasimir Schnitzer in Kontakt gekommen und im Maiser Widum ein und aus gegangen war, kennzeichnen besser als lange Aufsätze das integre Wesen und sich ganz und gar hingebende Wirken des 1808 zum Pfarrer von Mais ernannten Zisterzienserpaters. Der 1773 geborene Sohn eines Innsbrucker Bäckermeisters war 1793 in Stams eingetreten, drei Jahre später zum Priester geweiht worden und 1803 als Kooperator nach Mais gekommen. Nach Stams zurückberufen, war er ab 1805 für die Klosterwirtschaft zuständig und musste 1807 für die neue bayerische Regierung die Auflösung des eigenen Klosters durchführen. 1808 kehrte er als Pfarrer in den südlichen Vorposten des Klosters zurück, wo er zum angesehensten und beliebtesten Pfarrherrn wurde, den Mais je hatte.

Es waren schwierige Zeiten unter einer verhassten fremden Regierung, 1809 mehrfach von feindlichem Militär besetzt, Pfarrkinder als Aufständische, Kämpfer und Verfolgte. In den folgenden besseren Zeiten öffnete P. Kasimir sein Widum für Studenten und Gäste aus nah und fern, kümmerte sich selbstlos um seine Pfarrgemeinde und scheute 1836 während einer verheerenden Cholera-Epidemie den Einsatz seines Lebens nicht, um zu helfen, wo es nur ging.

Seine spärlich bemessene Freizeit widmete er der Geschichte und Kultur seiner Heimat. Neben einer Reihe lokalgeschichtlicher Werke und Mitarbeit an einer mehrbändigen Bistumsgeschichte arbeitete Schnitzer an seinem Hauptwerk, das er 1820 unter dem Titel »Blicke in die Geschichte des Zisterzienser-Klosters Stams« vollendete. Für seine Pfarre Mais durchforstete er die Chronik des 1771 verstorbenen Klosterhistorikers Kassian Primisser nach Abschnitten und Notizen über Mais und ergänzte das reichhaltige Material durch Auszügen aus Briefen, Tagebüchern und Aufzeichnungen von Äbten und Mitbrüdern zu seinen »Annales Maienses«.

Kasimir Schnitzers Grabstein auf dem Maria-Trost-Friedhof in Untermais

P. Amadeus Ehinger, Pfarrer in Mais von 1785 bis zu seinem Tod 1808, mit der Maria-Trost-Statuette aus der Wallfahrtskirche. Sein Nachfolger wurde P. Kasimir Schnitzer.

Inzwischen ist Untermais ein Stadtteil von Meran geworden. Auf dem Pfarrgebiet stehen drei Kirchen, neben der Pfarrkirche St. Vigil in nur 150 Meter Entfernung die Wallfahrtskirche »Zu unserer lieben Frau« oder »Maria Trost« und das von Weingärten umgebene Kirchlein St. Valentin. Dort soll der Überlieferung nach schon der hl. Valentin im 5. Jahrhundert eine Kirche errichtet haben.

Auch die Marienkirche ist nach Meinung des Chronisten Kassian Primisser älter als die Pfarrkirche, er spricht sogar von einer »Doppelpfarre«, da beide Kirchen an Bedeutung gleichzusetzen gewesen seien. Die Größe der Kirche, der reiche romanische und gotische Freskenschmuck, zahlreiche Stiftungen und der eigene Friedhof, in dem auch die Maiser Pfarrer beigesetzt wurden, spricht dafür.

Die gotische Pfarrkirche St. Vigil brannte 1878 ab, wurde wieder aufgebaut und 1884 vom Trienter Bischof geweiht. Der starke Bevölkerungsanstieg ab der Jahrhundertwende erforderte nach dem Ersten Weltkrieg eine bedeutende Erweiterung der Kirche. Die Pläne dazu stammen von niemand Geringerem als von Clemens Holzmeister, der

Studienzeichnung für den Um- bzw. Neubau der Pfarrkirche St. Vigil. Links vor dem Turm das alte gotische Presbyterium der Kirche, das Holzmeister als Seitenkapelle bestehen ließ. Im Gegensatz zur Zeichnung blieb der Turmhelm des Neubaus von 1878/84 unverändert.

damals zusammen mit Luis Trenker in Bozen ein Architektenbüro führte. Holzmeister behielt den Turm der alten Kirche bei, auch den gotischen Chor als Seitenkapelle einer gänzlich neuen Saalkirche. Die Fassade übernimmt modern interpretierte Elemente des gotischen Vorgängerbaus. Dass Holzmeisters zeitgemäßes Projekt – nach mehrfachen Abänderungen – verwirklicht wurde, hat sicher mit den persönlichen und beruflichen Beziehungen des damals wohl bedeutendsten Kirchenarchitekten zum Stift Stams zu tun, über das er auch seine Dissertation geschrieben hatte, aber auch mit Kunstverständnis und Qualitätsbewusstsein des damaligen Abtes Stephan Mariacher, der sicher auch ein Zeichen für die geistig-kulturelle Aufgeschlossenheit des Zisterzienserordens setzen wollte.

Die Pfarre bzw. das Priorat war immer mit mehreren Mönchen besetzt, manche Äbte – zuletzt Altabt Bernhard Slovsa – verbrachten ihren Lebensabend dort. Heute ist P. Cyrill allein. Für die Betreuung der Gläubigen italienischer Sprache ist in der Pfarre Untermais ein eigener Priester zuständig, den die Diözese Bozen-Brixen einsetzt. Der im 16. Jahrhundert zum Sitz der Stamser in Mais umgebaute, aber seit 1770 nicht mehr als solcher benützte Ansitz Angerheim wurde in den 1990er Jahren der Gemeinde Meran übertragen und wird nach gründlicher Renovierung als Bildungs- und Kulturzentrum genutzt. Nun verlassen die Mönche auch den Ansitz »Mayr am Ort«, seit 1770 Widum und Sitz der Stamser Verwaltung, und übersiedeln in ein kleineres Gebäude. Die Leitung der wirtschaftlichen Belange erfolgt schon längst von Stams aus.

In unmittelbarer Nachbarschaft zu Schloss Tirol (Blick von dort Richtung Westen) liegt das romanische Kirchlein St. Peter.

Gratsch und Pfelders

In St. Peter in Gratsch erwarb der Tiroler Landesfürst 1287 die Eigenkirchenrechte von einem Geschlecht aus Graubünden und übergab es 1290 dem Stift Stams. Auch hier gab es immer wieder Diskussionen über die Rechte des Churer Bischofs und des Abtes, bis es endlich 1494 zu einer genauen vertraglichen Regelung kam. Im Jahre 1559 wurde mit dem Bischof von Chur vereinbart, dass immer ein Stamser Mönch Pfarrer in Gratsch sein soll. Die Kirche St. Peter, etwas östlich vom Schloss Tirol 300 m über der Talsohle gelegen, ist eine der ältesten Kirchen Südtirols. Die romanische Kreuzkuppelkirche reicht ins 8. Jahrhundert zurück. Der Sitz der Pfarre wurde 1905 in den Ort Gratsch verlegt. Dort dient heute die barocke Kirche zur hl. Magdalena als Pfarrkirche. Die ursprünglich selbständige Gemeinde Gratsch wurde 1923 Meran eingemeindet, das Gebiet um die alte Kirche St. Peter gehört aber zu Dorf Tirol.

Mit Gratsch kam einst auch Pfelders im Passeiertal an das Stift Stams und ist auch jetzt noch eine dem Stift inkorporierte Pfarrei, wenn es auch seelsorglich seit der Mitte des 20. Jahrhunderts nicht mehr von Stams, sondern von Platt aus betreut wird. Wie abgelegen und ausgesetzt Pfelders gelegen ist, zeigt die Tatsache, dass Kirche und Widum nicht lawinensicher sind. 1810 drang eine Lawine in den Widum ein und warf den Kooperator in seinem Zimmer zu Boden.

Josef Kretschmer
Klosterwirtschaft unter neuen Vorzeichen

Für die neue Wohnsiedlung entlang der Bundesstraße stellte das Stift in den 1950er Jahren großzügig Gründe zur Verfügung.

Die wirtschaftliche Lage des Stiftes Stams ist seit Ende des Zweiten Weltkrieges von Paradigmenwechsel, Substanzverkäufen und Rationalisierungen geprägt. Mit Verfügung der Gestapo vom 15.1.1940 wurde das Stift aufgehoben. Als die Ordensleute nach Kriegsende wieder zurückkehrten, war das Kloster geplündert und ausgeräumt: die elektrischen Leitungen abmontiert, die Einrichtung zerstört, Messgewänder und Kunstschätze als auch Viehbestand und Fuhrpark entwendet, im Forst ein Kahlschlag mit 1000 Festmeter produziert oder Liegenschaften in Seefeld und Längenfeld verkauft. Die Schäden waren verheerend und wurden auf 8,9 Millionen Schilling geschätzt. Was diese Summe bedeutet, zeigt ein Vergleich: So wurde das Stiftsvermögen 1956 mit 6,9 Millionen Schilling bewertet! Zu allen Zerstörungen kam der Abtransport von 15 Wagen mit alten Stilmöbeln nach Frankreich, wofür das Stift allerdings eine Entschädigung von 200.000 Schilling erhielt.

In Südtirol war 1933 ein Priorat errichtet und der Besitz des Stiftes zum Schutz vor faschistischen Übergriffen an die italienische Zisterzienserkongregation in Rom überschrieben worden, was zu der Besonderheit führte, dass der heutige Stiftsbesitz in Meran als »Priorat minor« unter dem Namen Kloster Maria Trost geführt wird. In der Zeit des Faschismus wurden in Meran 5 bis 6 Hektar entschädigungslos enteignet. Teile der Untermaiser Kaserne und der Rennbahn stehen zum Beispiel auf ehemaligem Stiftsbesitz. Somit versiegten die wichtigsten Einnahmequellen des Stiftes. Eigenen Wein gibt es keinen mehr, die verbliebenen Weingärten sind verpachtet. Heute muss das Stift die Südtiroler Besitzungen stützen.

Dem Ruf der österreichischen Bischöfe und der Landesregierung, Siedlungsgründe zur Verfügung zu stellen, hat sich das Stift unter Abt Fiderer nicht verwehrt. So wurden die folgenden Jahrzehnte über 179 ha Baugründe und landwirtschaftliche Flächen von Stams bis Seefeld zu teilweise 1 Schilling/m^2 abgegeben. Aus ehemaligen Pächtern wurden somit Eigentümer. In der seinerzeit entstandenen Bahnhofssiedlung wurde eine Straße nach Abt Fiderer benannt. Auch wurden 118 ha Stiftswald in eine Agrargemeinschaft übereignet. Die Einnahmen aus dem Landverkauf wurden für die Beseitigung der Kriegsschäden im Stift – die Entfernung des Tarnanstriches kostete beispielsweise über 500.000 Schilling – und für den Aufbau des Gymnasium Meinhardinum samt Internat verwendet. Mit diesen außergewöhnlichen sozialen Leistungen war das Stift laut Aufzeichnungen von Abt Fiderer nicht nur in Österreich einmalig, es verkleinerte auch seinen über 700 Jahre alten Besitz unter schweren, nicht wieder rückgängig zu machenden wirtschaftlichen und finanziellen Opfern.

In dieser Gepflogenheit gab das Stift bis Ende des 20. Jahrhunderts günstig Bauland für Eigenheime – meist der eigenen Angestellten – und öffentliche Bauten wie das Feuerwehrhaus, die Kläranlage, den Trinkwasserbehälter oder das Schigymnasium ab. Diese Tatsache ist heute jedoch nicht allen Teilen der Bevölkerung mehr präsent. Im Jahr 1961 übergab das Stift der Gemeinde die gesamte Wasserversorgung des Ortes für eine Entschädigungssumme von 10.000 Schilling, da es mit dem ständig steigenden Wasserverbrauch, der Erhaltung des Netzes und fehlender Sanktionsmöglichkeiten bei nicht genehmigter Nutzung überfordert war. Erst im Jahr 2012 übereignete das Stift formell einige bereits lange öffentlich genutzte Straßen aus seinem Besitz an das öffentliche Gut.

Während der Grundbesitz des Stiftes von Schwaben bis Südtirol im 14. Jahrhundert eine größere Fläche als das Fürstentum Liechtenstein umfasste, so sind es heute nur noch 1.697 ha, das entspricht etwa der Hälfte des Gemeindegebietes von Stams. Der Großteil sind Wald in Extremlagen sowie Alm- und Gebirgsflächen, die keinen Ertrag abwerfen.

Zwischen 1998 und 2015 wurden 20 Millionen Euro in die Erhaltung der historischen Substanz des Klosters und in die Erweiterung des Meinhardinums (Vordergrund) investiert.

Alle diese Umstände führten dazu, dass entgegen der landläufigen Meinung das Stift Stams mit seinem Besitz heute ein vergleichsweise armes Kloster ist, welches ohne öffentliche Unterstützung nicht überleben würde. Es ist die jährliche Herausforderung, mit den laufenden Einnahmen und Ausgaben eine schwarze Null zu erwirtschaften. Größere Investitionen werden von der öffentlichen Hand oder privaten Spendern getragen. Zwischen 1998 und 2015 wurden ca. 20 Millionen Euro in die Erhaltung der historischen Dächer und Fassaden, die Renovierung der Orgeln und die Erweiterung des Gymnasiums Meinhardinum investiert. Damit ist die Klosteranlage im Vergleich zu vorherigen Jahrzehnten in einem sehr gepflegten, gut erhaltenen Zustand. Das Land Tirol hat damit in der Tradition der früheren Landesfürsten maßgeblich zum Erhalt des Stiftes beigetragen.

Mit seinen 30 Beschäftigten und über 60 Lehrern gehört das Stift zu den wichtigsten Arbeitgebern in der Region. In Zeiten von hohen Arbeitskosten ist die Bezahlung der Angestellten von der Wäscherin bis zum Koch eine Herausforderung. Die Einnahmen setzen sich aus Gebäudevermietung, Pachterlösen aus Landwirtschaft und Fischerei sowie den Pfarrgehältern zusammen. Der Betrieb des Meinhardinums wird bis auf die Lehrergehälter mit dem Schulgeld finanziert.

Der Forstbetrieb des Stiftes ist durch 696 ha Wald in steilsten Hanglagen, zum Teil als Schutzwald ausgeschieden, und 916,6 ha Alpen- und Felsflächen gekennzeichnet. Die Bergwaldbewirtschaftung in diesem Gelände mit Seilbahnen und aufwendig gebauten Wegen ist extrem kostenintensiv und schmälert den Gewinn pro geerntetem Festmeter erheblich. Den Wald auf diesen Extremstandorten trotz Borkenkäfern, Hangrutschungen, Windwürfen und des in Stams immerwährenden problematischen Wildbisses zu erhalten, hat oberste Priorität und ermöglicht es kaum, die Einnahmen aus dem Holzverkauf in andere Bereiche des Stiftes zu investieren. Der Forstbetrieb des Stiftes ist ein Paradebeispiel für die Umgestaltung der Personalstruktur aus betriebswirtschaftlichen Gründen in den letzten Jahrzehnten, das sogenannte Outsourcing. Waren 1968 noch 21 Arbeiter inklusiv Förster im Forst- und Sägewerksbetrieb angestellt, so wird heute ausschließlich mit Lohnunternehmern aus dem Bereich der EU gearbeitet. Die Beförsterung wird über einen Dienstleistungsvertrag durch die Österreichischen Bundesforste wahrgenommen. Aus heutiger Sicht ein Erfolgsmodell.

Ein Großteil des dem Stift verbliebenen Grundbesitzes sind Alm- und Waldflächen in gefährdeten Extremlagen. Rechts: Holzarbeit mit Lohnunternehmen

Auch die Stamser Alm ist an den Jagdpächter sowie die Almflächen an den örtlichen Almpachtverein verpachtet.

Auch die Landwirtschaft wurde in den 60er Jahren noch mit fünf eigenen Arbeitern betrieben, heute sind alle Flächen und Gebäude verpachtet, wobei der Gemüseanbau in Tirol die derzeit lukrativste Form der landwirtschaftlichen Nutzung darstellt. Ein entscheidender Einschnitt in die Landwirtschaft des Stiftes war der Brand des Wirtschaftsgebäudes nördlich der Stiftsverwaltung im Jahr 1967, das daraufhin abgerissen wurde. Stattdessen wurde östlich der Stiftsmauer das seinerzeit innovative, als Rinderstall verwendete Gebäude mit den markanten Hochsilos errichtet.

Auch die Stamser Alm mit dem von 2005 bis 2010 aufwendig restaurierten Barockensemble ist an den Jagdpächter sowie die Almflächen an den örtlichen Almpachtverein verpachtet. Letzteres Pachtverhältnis ist eher ein Zugeständnis an die Landeskultur, stehen die Einnahmen doch in keinem Verhältnis zum Wegebau oder dem geförderten

Neubau der Almhütte und des Stalles im Jahr 2005. Auch ist es schon ein historisches Problem, den Almpachtverein zu ausreichenden Erhaltungsarbeiten an den Almflächen zu bewegen, um ein Verbuschen zu verhindern.

Der knapp zwei Hektar große Obstgarten um das Stift herum ist seit 2013 an einen örtlichen Obstbauern verpachtet, da der Aufwand für den umtriebigen Bruder Franz zu groß wurde. Trotzdem stellt dieser noch weiterhin Brände, Liköre, Marmeladen, aber auch Brot und andere schmackhafte Backwaren her, welche im Klosterladen im Bereich der Orangerie verkauft werden. Dieser ist der klassische Anlaufpunkt für alle Besucher des Stiftes und bietet neben den eigenen Köstlichkeiten auch Produkte aus anderen Klöstern an.

Bruder Franz sorgt nicht nur für frisches Klosterbrot, sondern auch für andere selbst gemachte gute Sachen.

Der Klosterladen bietet allerlei Köstlichkeiten aus dem Stift Stams und aus anderen Klöstern.

Die Verwertung von Wasserkraft hat im Stift Stams lange Tradition: der Verwalter im Kraftwerk.

Getreu dem zisterziensereigenen Innovationsgeist war auch das Kloster in Stams immer erfindungsreich, wenn es an die Erschließung neuer Einnahmequellen ging, auch wenn diesen nicht immer gleich ein wirtschaftlicher Erfolg beschert war. So wurde 1957 an der Bundesstraße eine Tankstelle mit Café gebaut und verpachtet, wo heute ein Autohandel mit Werkstatt untergebracht ist. Auch die Fernwärmeversorgung des Ortes ist ein Stiftsprojekt, das mit der Ortsgemeinde initiiert wurde. Anlass war, die Ölfeuerungen im Stift, im Schigymnasium, im Don Bosco Haus und in den Gemeindebauten zu ersetzen. So wurde 1998 auf dem ehemaligen Sägewerksplatz des Stiftes am Südostrand von Stams ein Biomasseheizkraftwerk mit einem 2,5-MW-Kessel gebaut. Diese Anlage gehörte zu den ersten in Tirol und hatte somit eine Vorreiterrolle. Heute werden über 70 Abnehmer im gesamten Ort mit ca. 7 Mio. kWh Wärme pro Jahr durch die Verbrennung von Hackschnitzeln versorgt. Die CO_2 Ersparnis liegt bei 2.750 t oder 875.000 l Heizöl pro Jahr!

Die Erzeugung von Strom durch Wasserkraft hat im Stift Stams schon eine lange Tradition. Nach den detaillierten Aufzeichnungen des kommissarischen Verwalters Walter Bretter während der Nazizeit wurde 1935 im Kraftwerk neben der alten Mühle, dem heutigen Meinhardinum, eine neue Turbine mit 38 kW angeschafft, nachdem die alte unbrauchbar geworden war. Zuvor war die Leistung des Kraftwerkes aufgrund fehlender Nachrüstungen nicht mehr für die Versorgung der ganzen Gemeinde ausreichend, und so musste sich

ABT Josef Maria Köll mit den Werksmitarbeitern Subprior Br. Franz, Franz Haßlwanter und Ing. Hubert Wildauer.

Bau des Fernheizkraftwerks auf Biomassebasis 1998. Abt Josef Maria Köll und Subprior Br. Franz (in Arbeitskleidung neben ihm) in der Zentrale (Fotos aus der »Tiroler Tageszeitung«)

diese an ein anderes Kraftwerk (Flaurling) anschließen, was nach Rechnung des Verwalters einen Nutzungsentgang von 8.500 RM nach sich zog. 71 Jahre später nahm Abt German diesen Ratschlag an und ließ ein neues Kraftwerk mit einer maximalen Leistung von 650 kW am Ostrand des Eichenwaldes bauen. Ein Unglück ereignete sich bei der Inbetriebnahme des Kraftwerkes, als auf Höhe des Penz-Grundstückes aufgrund von Material- und Verlegefehlern die Druckrohrleitung platzte. Anschließend wurde noch einmal die gesamte Leitung getauscht, was die Inbetriebnahme erheblich verzögerte. Von diesem Tag an läuft das Kraftwerk aber recht zuverlässig.

Mit einem neuen Planungsteam entschied sich das Stift, unter Ausnützung der günstigen Ökostromförderung ein zweites Kraftwerk mit einer maximalen Leistung von 950 kW wesentlich weiter oben im Bereich des Klapfenweges zu bauen. Aufgrund des extrem steilen und labilen Geländes kam es zu enormen Kostensteigerungen. Neben einer erheblichen Kreditaufnahme entschied sich das Stift, auch weniger rentable Waldgrundstücke in Obsteig und Wildermieming zur Finanzierung der Kraftwerke zu verkaufen. Im Mittel produzieren beide Kraftwerke 5,4 Mio. kWh Strom jährlich, wobei davon etwa 10 % durch das Stift selbst verbraucht werden. Mit dem Ausbau der Wasserkraft hat sich das Stift dazu entschieden, Teile seines Vermögens offensiv in die nachhaltige Energieerzeugung zu investieren.

Im Jahr 2008 erfolgte eine Zäsur in der Verwaltung des Stiftes. Waren die letzten Jahrzehnte Geistliche – zuletzt Pater Heinrich Ofner – mit dieser betraut, so wird diese verantwortungsvolle Aufgabe, von nun an durch weltliche Laien übernommen. Die Komplexität der Aufgabe, verbunden mit den wachsenden Anforderungen an Spezialwissen, aber auch der Mangel an geeignetem Ordensnachwuchs ließ das Stift dem derzeitigen Trend in den Ordensgemeinschaften folgen.

Wie anfangs erwähnt, besitzt das Stift auch heute noch Liegenschaften in der Meraner Gegend. Dazu gehört das sogenannte Priorat in der Romstraße, in welchem das Stift Räumlichkeiten für die Pfarre Untermais bereitstellt. Auch das »Angerheim« in der Pfarrgasse – Teil des Kulturzentrums KIMM –, der malerische Gebäudekomplex St. Peter neben dem Schloss Tirol, der seit 1989 eine Pension beherbergt, und das Gut Valentin mit einem Weinberg und Obstplantagen gehören zum Stiftsbesitz. Einen echtes Aufblühen des Südtiroler Besitzes nach den Kriegsereignissen hat es nie gegeben. In den sechziger Jahren erhoffte man sich vom Bau der Pension St. Valentin neue Einnahmequellen. Leider stürzte das Vorhaben aus nicht mehr nachvollziehbaren Gründen

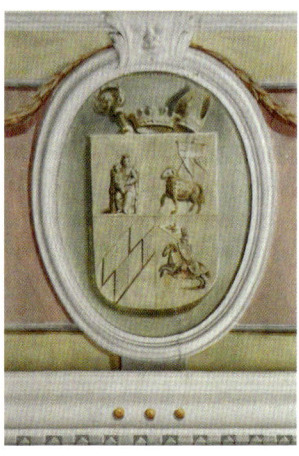

Einst von Abt Vigilius Kranicher repräsentativ ausgestattet, jetzt der Stadt Meran überlassen: der Ansitz Mayr am Ort, das ehemalige Widum der Stamser Pfarrherren und spätere Priorat in Untermais

das Priorat Maria Trost und somit auch das Stift in ein schweres finanzielles Fiasko, für welches der damalige Abt Bruno nicht allein verantwortlich gemacht werden kann. Eine Konsequenz daraus war der Verkauf der Zirmbachalm im Jahr 1969 an den Landesenergieversorger, um die Schulden zu sanieren.

Den nachfolgenden Verwaltern gelang es trotz der Tilgung der Schulden nicht, aus den Südtiroler Besitzungen Erträge für das Stift Stams zu erwirtschaften. Ein glücklicher Umstand war sicherlich die Übertragung des desolaten Angerheimes – des ehemaligen Hauptsitzes der Zisterzienser in Meran – an den Maiser Vereinsverband im Jahr 1992 mittels eines Fruchtgenussrechtes. So konnte dieses wertvolle Gebäude im Besitz des Ordens verbleiben, ohne dass dieser für den Unterhalt und die Sanierung aufkommen musste. Zuvor waren etliche Grundstücke und Gebäude in Meran – auch nach dem Krieg – in einer für das Stift nicht immer förderlichen Weise verkauft oder enteignet worden.

Da heute nur noch zwei Geistliche des Stiftes in Meran tätig sind und die konsequente Verwaltung der Güter von Stams aus kaum möglich ist, entschied sich das Stift, alle Liegenschaften in langfristigen Überlassungsverträgen an kompetente Partner zu übergeben. So konnte das Gut St. Valentin im Jahr 2015 an den Deutschen Orden mit einem 99-jährigen Pachtvertrag übergeben werden, nachdem jahrelange Verhandlungen mit der Provinz Bozen zu keinem Ergebnis geführt hatten. Mit dieser Kooperation zwischen zwei benachbarten Orden betritt das Stift Stams kein Neuland, sondern knüpft an eine Tradition an. So erlebte das Stift unter der Regentschaft Maximilians III., der Hochmeister des Deutschen Ordens war *(siehe Seiten 72/73)*, Anfang des 17. Jahrhunderts eine Blütezeit. Eine ähnliche Vereinbarung ist auch mit der Stadtgemeinde Meran geplant, so soll auf Teilen der Stiftsbesitzungen in der Romstraße ein Schulzentrum entstehen. Damit würde das Stift Stams den Ordensauftrag der Bildung auch auf Südtiroler Territorium unterstützen.

Es wird eine Herausforderung werden, den Betrieb des Stiftes mit seinen zahlreichen Einrichtungen im Geist des Ordens und auch der Stifter in Zukunft abzusichern. Im vergangenen Jahrzehnt wurde versucht, mit Kurskorrekturen und Weichenstellungen langfristig Erträge für die Zukunft zu lukrieren. Ob dies gelingen wird, hängt nicht nur von der Konsequenz der handelnden Personen und den gesellschaftlichen Rahmenbedingungen ab, sondern auch ein gutes Stück vom Wirken des Heiligen Geistes.

IV.
Zentrum der Künste

An die ursprüngliche zisterziensische Bescheidenheit erinnert in Stams heute nur der schmale Dachreiter, der den Glockenturm ersetzt. Der wird aber längst von den mächtigen zwiebelgekrönten Türmen des Westtraktes in den Schatten gestellt. Und die künstlerische Ausstattung gehört zum Kostbarsten, was man in Tirol bewundern kann. Sie stammt wie die beherrschende Fassade aus der Barockzeit. Wenn der Grundriss der ursprünglichen Klosteranlage auch alle Um- und Anbauten überdauert hat und heute noch deutlich zu erkennen ist, kann man sich vom Aussehen des mittelalterlichen Bauwerks kaum mehr eine Vorstellung machen. Glücklicherweise hat Pater Wolfgang Lebersorg in der ersten Hälfte des 17. Jahrhunderts in seine Chronik eine Reihe von Zeichnungen des alten Stiftes eingefügt. Er hatte noch die hölzernen Gebäude des ersten Klosters gekannt, die 1593 durch ein Großfeuer vernichtet wurden, erlebte den Beginn baulicher Erweiterungen und begrüßte die von Abt Melchior Jäger in Angriff genommenen Reformen des Klosterlebens. Auch wirtschaftlich ging es wieder aufwärts. Und so konnten sich kunstsinnige Äbte weitere Umgestaltungen des Stiftkomplexes und die Berufung bedeutender Künstler leisten. In mehreren Phasen wurde Stams in den folgenden zwei Jahrhunderten barockisiert. Als der aus Telfs stammende und vom Stift geförderte Maler Josef Schöpf im Jahr 1800 das neue Deckenfresko für die Heilig-Blut-Kapelle schuf, stand er schon ganz unter dem Einfluss des Klassizismus. So dokumentiert Stams die Kunstentwicklung in Tirol durch zwei Jahrhunderte.

Was das Stift Stams als Kulturzentrum besonders auszeichnet, ist seine Stellung in der Musikwelt: früher durch ein aktives klösterliches Musikleben mit mehreren Mönchen als schaffensfreudige Komponisten; heute wegen seines Notenarchivs.

Das sogenannte »Maria-und-Johannes-Bruderschaftsbild« von Andreas Thamasch gehört zu den bedeutendsten Kunstwerken der Stiftskirche.

Franz Caramelle

Was vom mittelalterlichen Kloster erhalten ist

A ls im Jahre 1273 »*eine kleine Schar von Mönchen in Stams ihren Einzug hielt*« (B. Slovsa), mussten sich die aus dem bayerischen Kloster Kaisheim stammenden Zisterzienser zunächst mit einem provisorischen Notquartier aus Holz begnügen; es sollten noch mehr als elf Jahre vergehen, ehe am 5. November 1284 der gemauerte Klosterkomplex feierlich geweiht und in Betrieb genommen werden konnte. Den Mittelpunkt des Klosters bildete naturgemäß die Kirche, die – wie bei den Zisterziensern üblich – der Muttergottes geweiht ist. Zweiter Patron ist der heilige Johannes der Täufer. Auch wenn der romanische Bau im 18. Jahrhundert entscheidend verändert und barockisiert wurde, ist der Kernbau des 13. Jahrhunderts bis heute erhalten geblieben.

Sowohl im äußeren Erscheinungsbild als auch im Inneren ist die mittelalterliche Bausubstanz – trotz der überreichen Barockausstattung – sicht- und erlebbar. Zu verdanken ist dies dem genialen Umbau des Innsbrucker Baumeisters Georg Anton Gumpp, der wesentliche Teile der Ursprungskirche erhalten hat, je drei querschiffartige Kapellenräume einbaute, den Eingangsbereich veränderte und dem Innenraum jenen unverwechselbaren Stempel aufdrückte, der ihn »zum schönsten und reichsten barocken Denkmal auf Tiroler Boden« (J. Gritsch) werden ließ. Zudem hat im frühen 17. Jahrhundert der Stamser Subprior, Archivar und Chronist Wolfgang Lebersorg den gesamten Stiftskomplex und im Besonderen den alten Kirchenbau in etlichen Zeichnungen und Planskizzen festgehalten, sodass wir über Form, Aussehen und Baudetails dieses mächtigen romanischen Gotteshauses durchaus Bescheid wissen. Im Übrigen hat sich durch die Barockisierung an den Maßen der Kirche nichts geändert: Mit einer Länge von über 84 Metern und einer Breite von über 26 Metern war sie bereits im Mittelalter und ist auch heute eine der größten Kirchen des Landes.

Bei der romanischen Stamser Stiftskirche handelte es sich um ein sakrales Bauwerk im sogenannten basilikalen Stil, eine dreischiffige, geostete Anlage mit einem hohen Mittelschiff und zwei niedrigen Seitenschiffen: Das Mittelschiff wurde im Chor von drei rundbogigen Apsiden, die Seitenschiffe von je einer Rundapside abgeschlossen.

Zwei Abbildungen aus der Chronik des Pater Wolfgang Lebersorg, der uns darin in Beschreibungen und Zeichnungen das Aussehen des alten Klosterkomplexes vor Augen führt:

Links oben die romanische Stiftskirche mit ihren fünf Apsiden von Süden gesehen (ganz links die Heilig-Blut-Kapelle).

Rechts der Grundriss des mittelalterlichen Klosters, der durch die zu Lebersorgs Zeiten bereits begonnenen barocken Umbauten nicht wesentlich verändert wurde. Gut erkennbar an der Nordseite des Kreuzgangs, der Kirche gegenüber, das 1336 abgerissene Brunnenhaus.

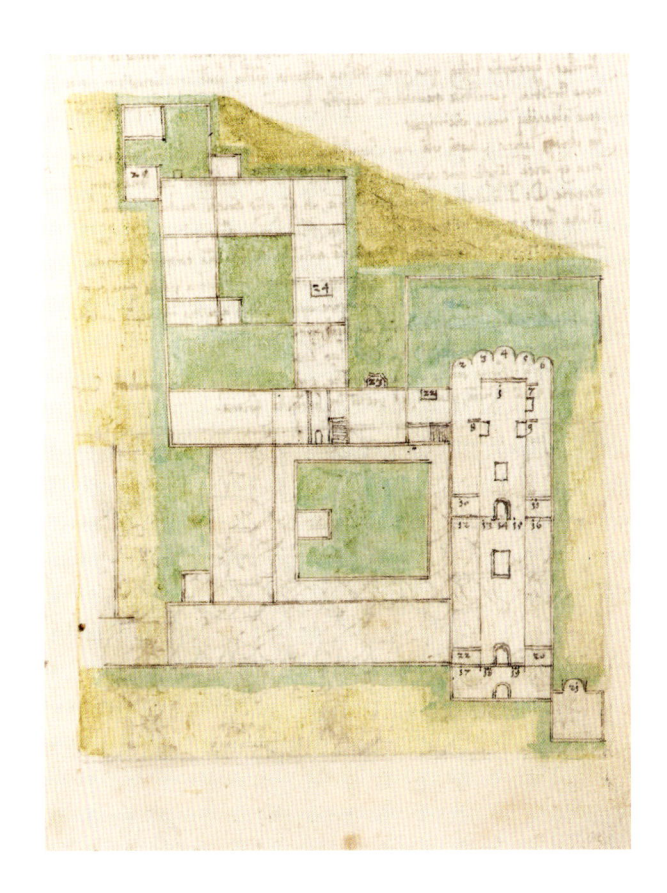

Der Westwand war eine Vorhalle vorgeblendet, auf dem steilgiebligen Dach saß ein spitztürmiger Dachreiter – bei den Zisterziensern gab es im Mittelalter keine Türme –, an der Südwestecke wurde um 1300 die Heilig-Blut-Kapelle angebaut. Licht drang in die Kirche durch rundbogige Obergadenfenster des Mittelschiffes, durch erdgeschossige Rundbogenfenster an den Seitenwänden sowie durch schmale, hochgezogene Rundbogenöffnungen an den fünf Apsiden. Die kleine Biforienöffnung an der Ostwand über der Mittelapside diente der Belichtung des Dachbodens und betonte die Hauptachse der Kirche, deren Fassaden ansonsten keine künstlerischen Akzente – weder bauplastische noch malerische – aufwiesen. Das äußere Erscheinungsbild war von der strengen architektonischen Gliederung geprägt.

Rechts eine aquarellierte Zeichnung des Innenraums aus der Lebersorg-Chronik. Der Blick nach vorne wird vom Lettner begrenzt, der den Mönchschor vom Betraum des Volkes trennt. Auch die Laienbrüder hatten hier ihre Chorstühle. In der Mitte das Hochgrab Sigmunds des Münzreichen, das 1676 als »Österreichisches Grab« in die Tiefe verlegt wurde. Lebersorg malte die Innenansicht aus der Erinnerung, denn als er an der Chronik arbeitete, war die Kirche bereits eingewölbt.

Das Modell zeigt den vordersten Teil der romanischen Kirche im Querschnitt.

KUNST UND MUSIK 175

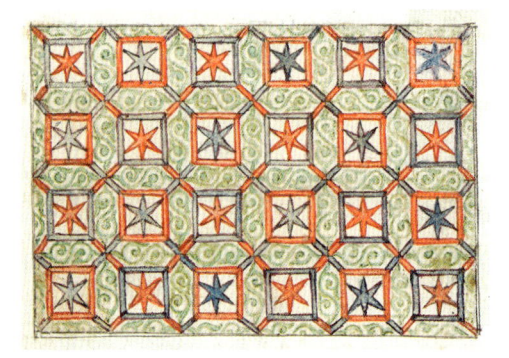

Lebersorg zeigt uns auch die Malerei an der hölzernen Flachdecke der romanischen Kirche und die Arkadensäulen im Kreuzgang. Reste der Kapitelle wurden bei den Renovierungsarbeiten der 1970er und 1980er Jahre gefunden.

Der Innenraum der Kirche war weitgehend schmucklos, »getragen vom nüchternen Geist strengster Askese« (M. Bitschnau), wie es eben den vom hl. Bernhard von Clairvaux festgeschriebenen Ordenssatzungen entsprach: Keine Fresken, keine Ornamente, keine Vergoldungen, auch keine Bauplastik – sieht man von den Kapitellen ab – sollten den schlichten, feierlichen Raumcharakter beeinträchtigen. Den einzigen farbigen Akzent bot die Decke. Den kräftigen Holzbalken, die das 13,5 m breite Mittelschiff umspannten, war eine Felderdecke vorgeblendet, deren Holzkassetten mit einem streng geometrischen Muster bemalt waren, das diagonal versetzte quadratische Felder mit volutenartigen Rauten und sechsstrahligen Sternen zeigte. Die Farben – Rot, Blau, Grün – hatten wohl symbolische Bedeutung. Wolfgang Lebersorg hat dieses romanische Deckenmuster in einer Farbskizze und auch die mittelalterliche Ausstattung der Kirche – u. a. den Lettner, die Orgel, das Fürstengrab, das Chorgestühl – in einer detailgetreuen Federzeichnung dokumentiert. Dies ist umso wertvoller, als die gesamte alte Einrichtung der Barockisierung zum Opfer fiel.

Immerhin hat uns der kunstsinnige Chronist mit dem Aquarell eines Flügelalters wohl den gotischen Hochaltar der Stiftskirche überliefert. Es handelt sich dabei um ein 1376 datiertes Baldachinretabel, nach dem Altar von Schloss Tirol (um 1370) der älteste Flügelaltar unseres Landes. In der Mitte des fünfteiligen Kastens steht auf dreifach abgestuftem Sockel die Schnitzfigur einer Madonnenstatue, die von einem fein gegliederten Fialenbaldachin überspannt ist. Die wimpergbekrönten Flügel zeigen die gemalten Figuren der Heiligen Katharina, Johannes des Täufers, Johannes des Evangelisten und Agnes; die rechteckigen Tafeln des Sockelgeschosses bergen in schachbrettartigen Feldern die Brustbilder der Apostelfürsten Petrus und Paulus. Der Stamser Altarschrein vereinigt in seiner kühn aufsteigenden Architektur, in Malerei und Bildhauerei sowohl böhmisches, italienisches und niederdeutsches als auch heimisches Formengut zu einem Meisterwerk, das durch Aufbau, Figurenreichtum und Farbigkeit gleichermaßen beeindruckt und für die Gesamtentwicklung des gotischen Flügelalters überaus bedeutsam ist.

Aquarell des gotischen Hochaltars der Stiftskirche. In der Lebersorg-Chronik gibt es mehrmals eingebundene, auch kleinere Einzelblätter (wie hier) und ausklappbare Darstellungen.

Bei Restaurierungen wurden immer wieder romanische und gotische Freskenreste und Mauerstücke entdeckt und freigelegt.

Im Zuge der Generalsanierung der Stamser Stiftskirche, die mit umfassenden wissenschaftlichen Untersuchungen einherging und zwölf Jahre in Anspruch nahm (1973–1984), konnten etliche romanische Bauteile gefunden werden, die von der künstlerischen Qualität und historischen Bedeutung des Gotteshauses Zeugnis geben. Hinter dem Antependium des Hochaltars kam der ursprüngliche, noch aus der Romanik stammende Stipes (Altarunterbau) zum Vorschein, dessen Kalkmörteloberfläche mit einer einfachen Ornamentmalerei (rot gebrochene Siena) versehen ist und zweifellos zum ersten Altar der Kirche gehört. Dies ist deshalb bemerkenswert, weil es in Stams nur ein einziges Weihedatum gibt, nämlich jenes von 1284 – auch nach dem barocken Umbau kam es zu keiner neuerlichen Weihe des Altars. An den Wänden der Mittelapside wurde 1963 die romanische Weiheinschrift der Stiftskirche entdeckt und freigelegt, ein außerordentliches epigrafisches Denkmal *(siehe Seite 14)*. Ebenfalls aus der romanischen Kirche stammen die beiden Wappenepitaphe, die bei der Sanierung des südlichen Eingangs in den Chorraum der Kirche entdeckt wurden *(siehe Seite 23)*.

Im Übrigen kann nicht nur die Stiftskirche mit romanischen Bauteilen und gotischen Freskenfragmenten aufwarten, der gesamte Klosterkomplex stammt ja im Kern noch aus dem Mittelalter. Dies gilt vor allem für den Kreuzgang, wo bei Grabungsarbeiten schön geschnittene romanische Kapitelle und ornamentierte Ziegelbodenplatten aus

KUNST UND MUSIK **179**

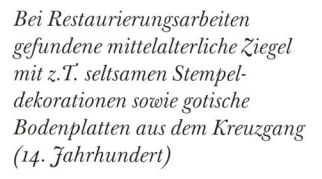

Bei Restaurierungsarbeiten gefundene mittelalterliche Ziegel mit z.T. seltsamen Stempeldekorationen sowie gotische Bodenplatten aus dem Kreuzgang (14. Jahrhundert)

dem 14. Jahrhundert gefunden wurden, für den Bibliothekstrakt mit dem ehemaligen Dormitorium und für das westlich der Kirche gelegene Gerichtsgebäude. Von besonderer baugeschichtlicher Bedeutung ist die mächtige Umfassungsmauer, die das gesamte Klosterareal umfasst. Das hohe, aus schweren Bachsteinen zusammengesetzte, mit Kalkmörtel befestigte Mauerwerk ist nicht nur wegen seiner Dimension – die Gesamtlänge beträgt über 900 m –, sondern auch wegen seines geschlossen erhaltenen Gesamtbildes eine Rarität im Tiroler Denkmalbestand.

Über 900 Meter lang ist die mittelalterliche Umfassungsmauer des Klosterareals.

Obwohl das Zisterzienserstift Stams im Mittelalter eine bedeutende Rolle spielte und über einen reichen Kunstbestand verfügte, ist heute nur wenig davon übrig geblieben. Die Plünderungen beim Bauernaufstand von 1525 und durch die Landsknechte des Herzogs Moritz von Sachsen (1552) haben die »*Schätze und werthvollen Gegenstände*« (J. J. Staffler) arg dezimiert, vieles ist der Barockisierung zum Opfer gefallen, und so manches ist während der bayerischen Regentschaft verschwunden. Die wenigen bis heute erhalten gebliebenen gotischen Kunstwerke (darunter Grabsteine und zwei Muttergottesstatuen) sind dafür umso wertvoller, einige davon sind durchaus von überregionaler Bedeutung.

Mit der Geschichte des Klosters am engsten verbunden ist das große Altarbild der Marienkrönung, das nach alter Klostertradition von Abt Heinrich Grussit, der ein »*geschickter Maler und Bildhauer*« war, um 1385 gemalt worden sein soll und deshalb »Grussittafel« genannt wird. Das Tafelbild (Öl und Tempera auf Holz, 248 × 164 cm) ist oben leicht spitzbogig abgeschlossen, im Rahmenscheitel das Brustbild Gottvaters, seitlich die Propheten Jesaias und Jeremias, auf Goldgrund findet in der Mitte des Bildfeldes auf einer reich gegliederten Thronbank, deren Lehne einem Flügelaltar ähnelt, die Marienkrönung statt. Umgeben ist die Szene von musizierenden Engeln, von Propheten und Heiligen, von denen Agnes, Johannes der Evangelist, Johannes der Täufer, Benedikt, Bernhard, Stephanus, Laurentius, Nikolaus und Augustinus zu identifizieren sind. Vor dem Thron kniet in weißer Kukulle der Abt des Klosters als Stifter. Die Grussittafel, deren Autorschaft umstritten ist – vielfach wird Konrad im Tiergarten aus Meran als Maler angenommen –, ist ein Meilenstein in der Entwicklung der gotischen Malerei in Tirol. Die künstlerischen Vorbilder sind in Oberitalien zu suchen. Die feingliedrige Architektur des mehrfach durchbrochenen Baldachins auf goldigem Grund, die reizvolle Darstellung der Engel mit den verschiedenen Musikinstrumenten, die repräsentative Gruppierung der umstehenden Heiligen und schließlich die innige Hauptszene der Marienkrönung unterstreichen die außerordentliche Qualität dieser Stamser Altartafel, die einst das Mittelstück eines Flügelaltares war, dessen Seitenteile verschollen sind.

Von ähnlicher kulturgeschichtlicher Qualität ist der dreiteilige Votivaltar der Familie Heuperger aus Hall, das »Defensorium Beatae Virginis Mariae« (Mitteltafel 260 × 104 cm, Flügel je 260 × 53,5 cm). Die Eltern des Stamser Zisterzienserpaters Christoph Heuperger hatten das Kunstwerk 1426 in Auftrag gegeben. Die vollständig bemalten Tafeln

KUNST UND MUSIK

*Altarbild der Marienkrönung, der
Überlieferung nach von Abt Heinrich
Grussit um 1385 gemalt*

sind in viele rechteckige Felder geteilt, die mit Spruchbändern und Inschriften versehen sind. Eine Ausnahme bildet das Mittelstück mit der vor dem Kind knienden Gottesmutter in rautenförmigem Feld, umgeben von Aaron, Gideon, Moses, Ezechiel und den Symbolen der Jungfräulichkeit in den Eckzwickeln. Auf den unteren und oberen Randfeldern setzen sich diese Symbole fort, durch Beischriften aus den Büchern der Kirchenväter erläutert. In den Ecken der Flügel erkennt man den Evangelisten Johannes und die Heiligen Thomas von Aquin, Ambrosius und Augustinus, dazwischen Szenen aus dem Alten Testament und der Geheimen Offenbarung. Die Außenseiten sind in drei Zonen geteilt, die von zwei Cherubengeln, den beiden Johannes (der Täufer und der Evangelist) und den Heiligen Agnes und Barbara ausgefüllt sind. Zu Füßen der heiligen Frauen und des hl. Johannes Evangelist bemerkt man je einen knienden Zisterziensermönch als Votant. Das Stamser Defensorium gehört zu jenen gotischen Bildwerken, die einen außerordentlichen Aussagereichtum besitzen und für Kunst, Theologie (Symbolik, Mystik) und Geschichte der damaligen Zeit gleichermaßen von Bedeutung sind. Da es sich um Haller Stifter handelt, schreibt Erich Egg das Kunstwerk dem Maler Hans Masold aus Hall zu.

Auf den Außenseiten der Altarflügel sind oben zwei Cherubine zu sehen, darunter die beiden Johannes, ganz unten Agnes und Barbara. Zu Füßen des Evangelisten kniet der Zisterziensermönch Christoph Heuperger aus Hall, dessen Eltern den Altar in Auftrag gegeben haben.

Defensorien sind eigentlich Verteidigungsschriften. In der spätmittelalterlichen Malerei hat sich unter dieser Bezeichnung ein Typus Tafelbild herausgebildet, der mit Bildern von außergewöhnlichen Vorkommnissen in Geschichte, Sage und Natur und in erläuternden Versen beweisen soll, dass Maria ohne Verlust der Jungfräulichkeit Christus empfangen und geboren hat.

KUNST UND MUSIK

*»Defensorium Beatae Virginis
Mariae« (1426)*

Andachtsbildchen in Form eines Dyptichons, Beginn des 15. Jahrhunderts

Ein Kleinod der besonderen Art ist ein kleines Diptychon, das auf dem einen Flügel die Beweinung Christi (Pietà mit dem hl. Johannes), auf dem anderen Christus als Gärtner (noli me tangere) zeigt. Die zwei Holztäfelchen (15,7 × 13,2 cm, Rahmen ausgearbeitet, Malerei auf die Rahmenschrägen übergreifend) sind auf Grund und Rahmen vergoldet und mit reichem Punzdekor versehen. Beide Darstellungen spielen sich in freier Landschaft ab, die durch Wiesenboden mit Gras und Blumen, durch Bäume und auf einer Tafel durch einen Flechtzaun veranschaulicht wird. Die beiden intimen Andachtsbilder beeindrucken durch reiche Symbolik, ausdrucksstarke Gestik, weichen Faltenwurf der Gewänder und lebhaftes Kolorit. Die Szenen sind perfekt in das Bildfeld komponiert, die Formensprache der Figuren ist auf das Wesentliche reduziert. Die gut erhaltenen Tafelbildchen dürften am Beginn des 15. Jahrhunderts entstanden sein, sie sind Zeugnisse einer preziösen Malkunst, die sich im Hochmittelalter aus der Buch- und Miniaturmalerei entwickelt hat und ihre reifste Entfaltung in Böhmen und am Niederrhein erreicht hat.

Die beschriebenen gotischen Kunstwerke sind heute im Museum des Stifts zu sehen, in der Kirche ist nur eines zu bewundern. Es ist der »Salvator Mundi« (Retter der Welt) links vom Eingang in den Chorraum (an der Stelle des ehemaligen Lettners). Es ist eine ausdrucksstarke Arbeit des frühen 15. Jahrhunderts und zeigt Christus im langen dunkelroten Mantel, die rechte Hand segnend erhoben, die Weltkugel in der linken. Im Hintergrund sind eine reizvolle Landschaft und eine Stadt zu sehen. Das Gemälde, das in der Barockzeit prachtvoll gerahmt wurde, ist stellenweise stark ergänzt – auch das Muster des Vorhangs ist nicht original –, ist aber für die regionale Kunstgeschichte von Bedeutung, weil es sozusagen der Prototyp für andere derartige Darstellungen (Schwaz, Prutz) und im Detail ausgezeichnet gearbeitet ist.

»Salvator Mundi«, Christus als Retter der Welt, gotisches Tafelbild im barocken Rahmen (Stiftskirche)

Gert Ammann
Der barocke Gebäudekomplex entsteht

Der Abschluss der jüngsten Renovierungsarbeiten in Stams mag symbolhaft mit der Erneuerung der Dachlandschaft charakterisiert werden. Die gesamte Anlage ruht nun unter einem neuen Schutzmantel. Im Jahre 1593 griff ein verheerender Brand, der die Wallfahrtskirche und die Holzbauten des ersten Klosters zerstörte, auch auf den Dachreiter und das Dach der Stiftskirche über, konnte aber gerade noch gelöscht werden, bevor das Feuer den Dachstuhl erfasste: Dieses Ereignis war die Geburtsstunde für die barocke Entwicklung in Stams, denn wenige Jahre danach begann man mit umfangreichen Bauarbeiten, die sich in mehreren Phasen bis zur Mitte des 18. Jahrhunderts hinzogen.

Das Zisterzienserstift Stams nimmt aufgrund seiner Architektur, seiner Ausstattung und Einrichtung eine für die barocke Kunstphase in Tirol bemerkenswerte Position ein und spiegelt darin die Wechselwirkung, aber auch das Zusammenspiel von Künstlern aus Tirol und aus der Nachbarschaft. Die Stiftskirche wird trotz ihrer romanischen Grundstruktur zu einer festlich-hellen barocken Raumabfolge mit zentraler Tendenz. Der Fürstentrakt mit den Doppeltürmen im

Norden, der mächtige Risalit des Bernardisaals und die Fassade der Stiftskirche mit der Heilig-Blut-Kapelle im Süden prägen das barocke Erscheinungsbild. Der Klosterhof mit dem im Westen abschließenden (heutigen) Verwaltungstrakt, der Klostermauer und dem illustrativen Gartenpavillon, der Orangerie, ist dieser repräsentativen Fassadenfront vorgelagert. So breitet sich ein Ensemble besonderer Art vor den Augen aus, das von landschaftlichem Umraum begleitet wird. Im Gegensatz dazu ist etwa das Prämonstratenserstift Wilten heute dem städtischen Gefüge Innsbrucks eingebunden und durch den mächtigen Fassadenportikus der Stiftskirche und den gegen Süden anschließenden Prälatentrakt geprägt, während die Benediktinerstiftskirche St. Georgenberg-Fiecht überhaupt hinter dem schlichten Konventtrakt abgeschirmt zurücktritt.

Die bauliche und künstlerische Situation von Stams nach dem Brand von 1593 wird in der Chronik des Paters Wolfgang Lebersorg (um 1635) im Detail beschrieben, ein aufschlussreiches Dokument der Bau-, Kunst- und Wirtschaftsgeschichte, das die Ausgangsposition für die barocke Entwicklung fixiert. Die Bindung des Hauses Habsburg zu Stams war wohl ausschlaggebend, dass hier residenzähnliche Niederlassungen entstanden und das »Österreichische Grab« gepflegt wurde.

Ein neues Dach und die Sicherung der originalen Dachstühle des 17. und 18. Jahrhunderts waren Schwerpunkte der 2016 abgeschlossenen Renovierungsarbeiten.

Der heutige Stiftskomplex, seine Teile und die Zeit ihrer Entstehung bzw. ihres Umbaus.

1. **Stiftskirche**
   erbaut 1273–1284, barocke Umgestaltung 1728–1735

2. **Milser** *bzw.* **Blutskapelle**
   erbaut um 1300, barock umgebaut 1715–1720

3. **Klosterhof** *(heute Kreuzhof) mit Kreuzgang und rundherum anschließenden Gebäuden, erbaut 1273–1284, Erweiterungen 1603–1630*

4. **Konventtrakt**
   im Mittelalter nach und nach aus einzelnen, meist schmäleren Gebäuden zusammengewachsen, offener Hof
   4a *Ältester Teil*
   4b *Ungefährer Bereich der Abträume bis 1604*
   4c *Erste barocke Bauphase 1631–1635*
   4d *Zweite barocke Bauphase 1645–1670*

5. **Bernarditrakt**
   *Ungefähr hier, am nordwestlichen Eck des alten Klosters ließ Abt Melchior Jäger 1603/04 seine »Neue Abtei« errichten. Nach starken Schäden durch das Erdbeben von 1689 wurde das Areal in den neuen Fürstenbau (**7**) einbezogen. 1717–1724 entstand hier der Bernardisaal.*

6. **Prälatur**
   Errichtet 1615–1620 als Fürstenbau, wohnt und amtiert hier seit 1690 der Abt, deshalb die Bezeichnung Prälatur.

7. **Fürstentrakt**
   mit den Doppeltürmen, erbaut 1692–1697

   5 / 6 / 7
   Westfassade
   einheitlich gestaltet 1717–1724

8. **Vigiliustrakt**
   unter Abt Vigilius Kranicher (1766–1786) als Krankentrakt erbaut

9. **Remise**

10. **Gartenhaus** *um 1740*

11. **Orangerie** *um 1740*

12. **Äußerer Klosterhof**

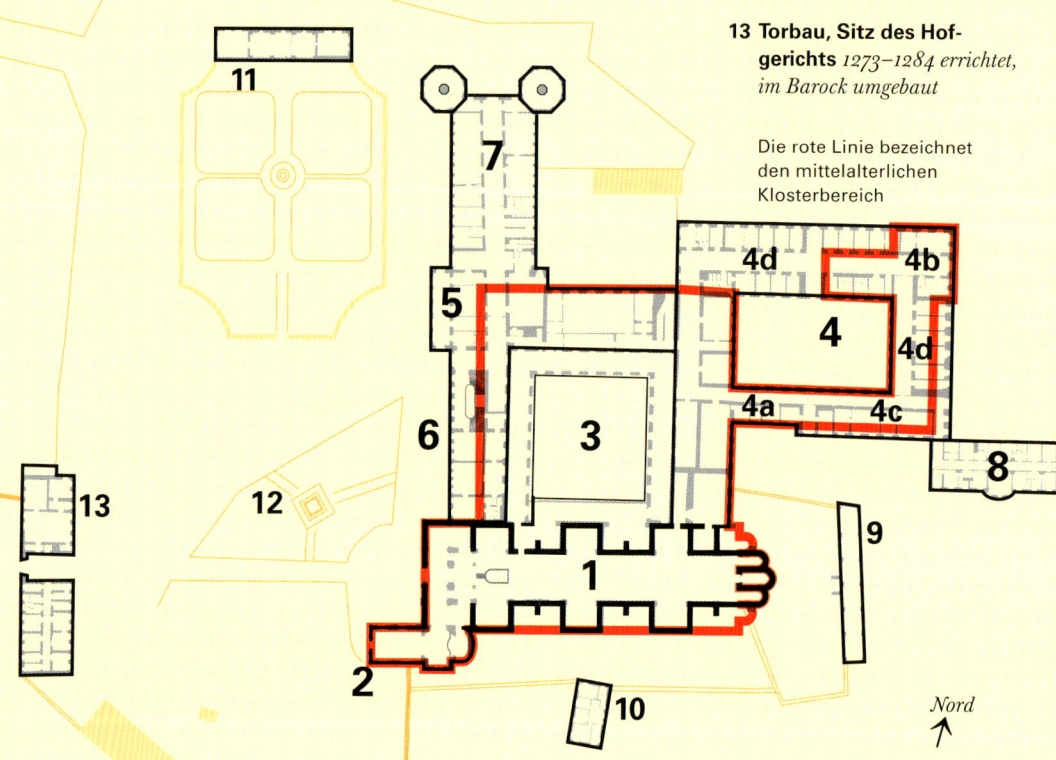

13. **Torbau, Sitz des Hofgerichts** *1273–1284 errichtet, im Barock umgebaut*

Die rote Linie bezeichnet den mittelalterlichen Klosterbereich

Nord

Schon Kaiser Maximilian I. war dem Stift verbunden und nahm gerne hier Aufenthalt. Eine eigene »Residenz« im Klostergarten blieb allerdings im Rohbau stecken. Eine ähnliche Niederlassung, allerdings in Form eines »Kaisertraktes«, ließ Kaiser Rudolf II. planen, doch erst Erzherzog Maximilian III. der Deutschmeister realisierte diesen Bau. Er gehört überhaupt zu den größten Förderern des Stiftes und wird daher »zweiter Gründer von Stams« genannt *(siehe Seiten 72/73)*.

Nur drei Jahre nach seiner Wahl im Jahr 1601 ließ Abt Melchior Jäger seinen Wohn- und Arbeitsbereich vom Nordosten des Klosterkomplexes an dessen Westseite verlegen. Zwischen 1603 und 1604 entstand an der Nordwestecke des Kreuzgangs die zweigeschoßige »Neue Abtei«. Dass man 1607 man mit der Einwölbung der Stiftskirche begann, war wohl – gewarnt durch den Brand von 1593 – nicht zuletzt eine Vorsichtsmaßnahme, denn wie leicht hätte auch die alte Holzbalkendecke ein Raub der Flammen werden können. Abt Melchior Jäger beauftragte die Baumeister Matthäus und Melchior Föderle aus Polling bei Weilheim – die Kostenschätzung von Maurermeister Kaspar Saurwein aus Innsbruck war ihm zu hoch. Auch die übrigen am Bau tätigen Handwerker und Meister engagierte der selbst aus Schaffau im Allgäu stammende Abt aus dem süddeutschen Raum.

Diese Orientierung zu Schwaben und Bayern förderte auch Landesfürst Erzherzog Maximilian III. (1601–1618), der zuvor als Hoch- und Deutschmeister in Mergentheim residiert hatte. 1615/20 waren unter Abt Thomas Lugga die Arbeiten für den bereits erwähnten Fürstentrakt im Gange, zu dem Erzherzog Maximilian 2000 Gulden beisteuerte. Zwischen Kirche und der »Neuen Abtei« wurde in einem nie vollständig ausgebauten Bereich dem Kreuzgang entlang ein dreigeschoßiger Bau mit einem kleinen Erker im dritten Geschoß hochgezogen. Ein paar Jahre später beauftragte Abt Thomas den Weilheimer Maurermeister Veit Braun, die abgebrannten Wirtschaftsgebäude wieder herzustellen, über dem Refektorium einen Saal zu bauen und auch sonst das Raumangebot nördlich und östlich des Kreuzgangs zu erweitern bzw. zu vollenden. Diese Baumaßnahmen waren durch die seit Ende des 16. Jahrhunderts stetig wachsende Zahl an Konventualen notwendig geworden und sollten alsbald sogleich ihre Fortsetzung finden.

Zwischen 1631 und 1635 ließ Abt Paul Gay, wie sein Vorgänger aus Innsbruck stammend, den Südflügel eines geplanten, nach Osten ausgreifenden Konventtraktes mit drei Stockwerken ausführen. Hier umschlossen bisher Bauteilen unterschiedlichen Alters einen nach

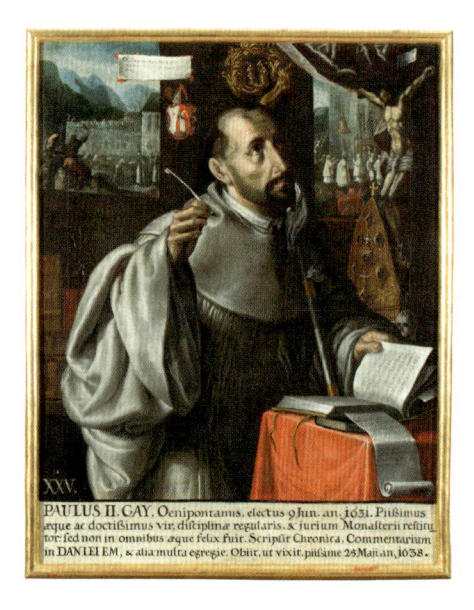

Abt Paul Gay (1631–1638). Auf dem Porträtgemälde von Paul Honecker ist im Hintergrund das Aufziehen der neuen Glocken auf den Turm der Stamser Pfarrkirche zu sehen (1637).

Norden geöffneten Hof. Den damalige Bauzustand des Klosterkomplexes malte Paul Honegger 1636 auf dem vom Abt Paul Gay in Auftrag gegebenen Altarbild mit den Heiligen Sebastian, Rochus und Antonius Abate *(siehe S. 58/59)*. Erst 1645 wurde der »neue Konventbau« unter dem ebenfalls aus Innsbruck stammenden Abt Bernhard II. Gemelich fortgesetzt. Er war vor allem als Dormitorium gedacht und sollte – nach den genauen Vorgaben des Abtes – geräumige Zellen für die Mönche enthalten. Der Innsbrucker Baumeisters Christoph Gumpp d. J. schuf die Detailpläne. Nach mehrfachen Unterbrechungen wurde dieser Bauabschnitt – wie die Inschrifft im Dachstuhl beweist – erst 1670 fertig.

Schon der nächste Abt gab sich mit dem neuen Konventgebäude, das jetzt auch im Norden geschlossen war, nicht zufrieden. In Abt Georg III. Nussbaumer aus Mais bei Meran regte sich der Wille zu einer Erneuerung der immer noch mittelalterlich wirkenden Westfassade im Sinne einer Demonstration monastisch repräsentativer Macht. 1676 lieferte der Bozner Baumeister Peter Delai Pläne für eine neue Prälatur, aber auch für die Umgestaltung der Stiftskirche mit einer doppeljochigen Verbreiterung und mächtiger Vierungskuppel in Anlehnung an italienische Konzepte. Diese Pläne wurden verworfen, ebenso wie 1680/90 ein Entwurf von Frater Jakob Greil für eine Doppelturmfassade der Stiftskirche. Wohl aus Kostengründen blieb man der zisterziensischen Tradition treu, dass das Gotteshaus keinen Turm, sondern nur einen Glockendachreiter aufweisen durfte.

Abt Edmund Zoz aus Schwaz sollte zum herausragende Vordenker und Gestalter der hochbarocken Anlage des Klosters werden, allerdings führte seine »Bauwut« auch zu einem finanziellen Fiasko von 40.000 Gulden Schulden, sodass er 1699 abdanken musste. Abt Edmund war auf Künstler aus Innsbruck eingeschworen, zumal diese die Stadt am Inn zu einem barocken Ensemble geformt hatten. Drei Jahre nach dem schweren Erdbeben von 1689, das die neue Abtei fast unbewohnbar gemacht hatte, begann der Innsbrucker Baumeister Johann Martin Gumpp d. Ä. mit der Umsetzung seiner Pläne für die Neugestaltung des gesamten Westtraktes. Er war schon als Planer namhafter Paläste und des Alten Regierungsgebäudes in Innsbruck aufgefallen. Innsbruck war zwar nicht mehr Residenzstadt eigener Landesherren, aber der Adel, die Spitzen der Provinzregierung und die Landstände waren selbstbewusst genug, um der mittelalterlichen Stadt ein modernes Gepräge zu verleihen. Stams stand nun ganz im Banne dieses regionalen Kunstzentrums.

Gumpp zog für diesen auch als »Hofbau« bezeichneten Abschnitt einheimische Handwerker zur Mitarbeit heran: Die Maurermeister Urban Rangger aus Axams und Veit Span aus Innsbruck führten mit ihren Handwerkern unter der Leitung von Frater Jakob Greil den Bau auf. Johann Martin Gumpp setzte einen deutlichen Akzent in den beiden achteckigen Türmen mit Zwiebelhauben im Norden, die 1697

Abt Edmund Zoz (1690–1699), der herausragende Vordenker der barocken Klosteranlage, der aber wegen zu hoher Schulden zurücktreten musste. Das Porträt malte nicht mehr wie das der früheren Äbte Paul Honecker. Der war 1649 in Innsbruck gestorben.

Stamser Ansicht von 1666/1670

Die Erweiterung der Klosteranlage zwischen 1615 und 1690 ist durch zwei exakt gemalte Ansichten dokumentiert. Paul Honecker zeigt auf seinem Sebastiansaltar (1636) die erste Phase mit Blick von Westen (siehe S. 58/59). Dreißig Jahre später entstand von der Hand eines ungenannten Künstlers dieses Gemälde, das – von Norden gesehen – offenbar das soeben fertig gewordene neue Dormitorium des Konventstraktes zeigen will. Unter Abt Bernhard II. Gemelich schon 1645 begonnen

– er soll selbst den Grundriss gezeichnet haben –, hatten sich die Arbeiten an dem gewaltigen Komplex mit den Zellen der Mönche lange hingezogen. Unter Augustin I. Haas, der am Bildrand rechts gegenüber vom Klostergründer Meinhard II. zu sehen ist, konnte er 1670 endlich fertiggestellt werden. Weitere 30 Jahre später werden die beiden Türme den nördlichen Abschluss des erweiterten Fürstentraktes bilden. Unter den vielen bemerkenswerten Details dieses Gemäldes fällt der noch gotische Turm der St.-Johannes-Kirche auf, das Torhaus (Sitz des Hofgerichts) als Abschluss des äußeren Klosterhofes, das mächtige spätgotische Gebäude der Hofmühle, das als Teil des Meinhardinums heute noch genauso aussieht, und ganz rechts unten das Gasthaus gleich hinter dem Tor, wo in den 1960er Jahren das Schigymnasium unterkommen wird.

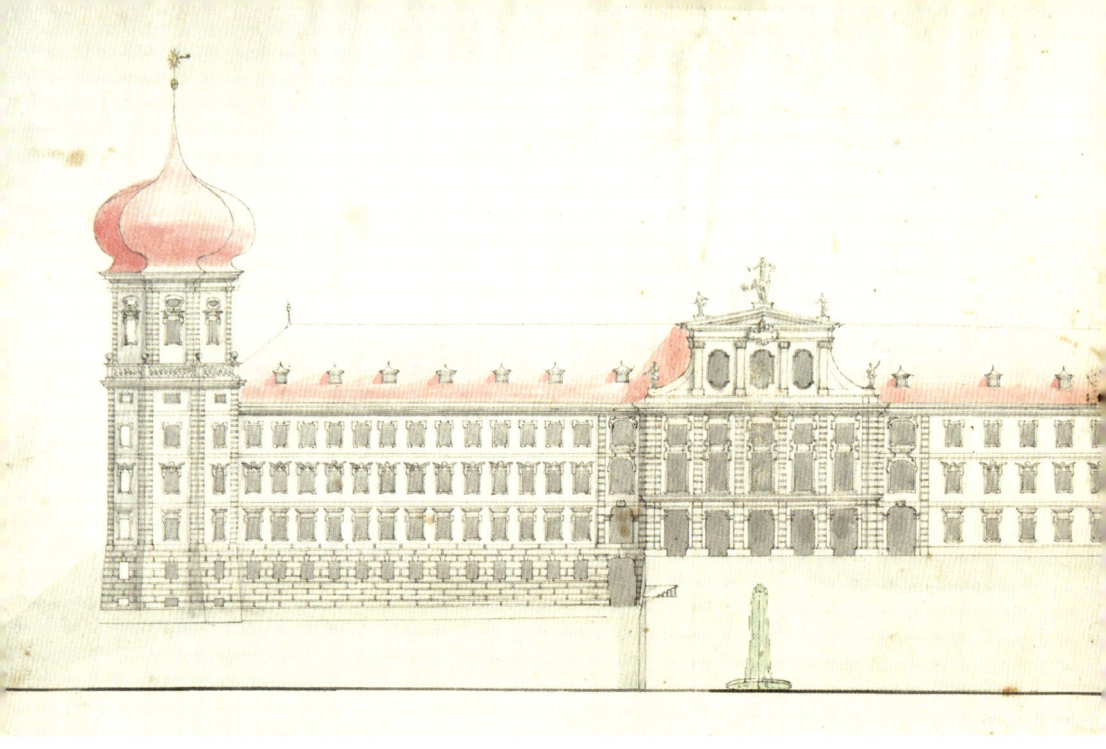

Planzeichnung der nach Norden an die Stiftskirche anschließenden neuen Westfassade mit den machtvollen Zwiebeltürmen und dem vorspringenden Gebäudeteil des Bernardisaales von Johann Martin Gumpp

vollendet waren. Sie erscheinen gleich einer Doppelturmfassade eines Gotteshauses, sind aber Machtsymbole der Abtei. Manche Pläne waren aufgrund von angewachsenen Schulden ad acta gelegt worden. Dennoch verdankt Stams dem Abt Edmund Zoz einen gewaltigen Schub »Modernisierung« im Sinne barocker Repräsentation.

Nicht allein die Schulden und die damit zusammenhängende »freiwillige« Abdankung des Abtes waren schuld, dass die Arbeiten ins Stocken kamen. Auch der gerne als »Bayerischer Rummels« bezeichnete Einfall eines bayerischen Heeres im Jahr 1703, der eine ernste Bedrohung des Stiftes bedeutete, war eine der Ursachen. Die Mönche brachten die wertvollsten Kunstschätze auf die Stamser Alm, und die Heilig-Blut-Reliquie wurde im Turmknopf der Längenfelder Pfarrkirche versteckt. Aber kaum waren die Kriegswirren vorbei, betrieb Meister Urban Rangger 1708/09 den »Hofbau« weiter. Und 1714 begann unter Abt Augustin II. Kastner aus Innsbruck eine neue Phase der barocken Erweiterung und Neugestaltung. Jetzt kam die nächste Generation der Innsbrucker Baumeisterfamilie Gumpp zum Zug.

Johann Martin und Georg Anton Gumpp

Drei Mitglieder der Innsbrucker Baumeisterfamilie Gumpp waren die entscheidenden Gestalter des barocken Stams. Ihr Netzwerk brachte auch die Tätigkeit von heimischen Handwerkern und Künstlern mit sich, welche bereits bei ihren Bauten in Innsbruck mitgewirkt hatten. Die Gumpp prägten in Innsbruck nicht nur die vom Hof oder von den Landständen, sondern gerade die vom Adel finanzierten Bauten. Christoph d.Ä. war Tischler. Christoph d.J. war als Hofbaumeister zwischen 1628 und 1655 für den Bau des Comödienhauses, der Mariahilfkirche und des Hoftheaters in Innsbruck sowie in Stams für den neuen Konventtrakt verantwortlich. Sein Sohn Johann Martin d.Ä. folgte ihm in der Stellung des Hofbaumeisters und baute in Innsbruck für den Adel und die Regierung, aber auch die Spitals- und die Ursulinenkirche samt Kloster. In Stams schuf er die Pläne für den Westtrakt.

Die gesamte Westfassade der Abtei Stams ist im Wesentlichen durch Vater und Sohn Gumpp geprägt. Johann Martin Gumpp gelang mit den Doppeltürmen im Norden und dem Mittelrisalit des Bernarditraktes eine Harmonie im Wechsel von Fensterfluchten und tektonischen Akzenten. Sein Sohn Georg Anton, der um 1700 die Architektur in Rom kennengelernt hatte, sich dann aber auch an der Münchner Kunstauffassung und an Carlone in Rattenberg orientierte, war 1711 zum Hofbaumeister ernannt worden. Er lieferte in Innsbruck die Pläne für den Portikus der Stiftskirche Wilten, das Palais Pfeiffersberg, das Landhaus und die Johanneskirche. Nach Stams berufen, baute er die Westfassade nach den Plänen seines Vaters, setzte aber durch die von ihm entworfene Fassade der Stiftskirche und die Heilig-Blut-Kapelle als Gegenpol zu den Nordtürmen einen wichtigen eigenen Akzent.

Kirchenfassade und Heilig-Blut-Kapelle bilden an der Westfassade das südliche Gegengewicht zu den Türmen im Norden.

Vom Vater geplant, vom Sohn ausgeführt: Der nördliche Teil der Westfassade ist ein Gumpp'sches Gemeinschaftswerk.

Die von Georg Anton Gumpp gebaute Heilig-Blut-Kapelle mit der dominanten Kuppel vor dem Hochaltar

Georg Anton Gumpp begann 1715 mit der Neugestaltung der um 1300/06 erbauten Milser-Kapelle oder Heilig-Blut-Kapelle mit einer dominanten Kuppel vor dem Hochaltar, der heimische Maurermeister Christian Heimb aus Telfs führte den Bau aus. 1717 wurde Gumpp auch beauftragt, den Bernarditrakt zu errichten, wofür er sich auf Pläne seines Vaters Johann Martin Gumpp stützen konnte. Die Arbeiten begannen 1719 und wurden 1724 abgeschlossen. Die damalige bauliche Situation hielt Johann Georg Wolcker neun Jahre später auf seinem Michaelsgemälde in der Stiftskirche fest, die mit Ausnahme des reichen Schmucks durch Giebelfiguren an der Kirchenfassade und über dem Bernardisaal weitgehend heute noch gegeben ist.

Georg Anton Gumpp, Aufriss des Kuppelraumes der Heilig-Blut-Kapelle (um 1715)

Johann Georg Wolcker malte das Stift 1733 auf seinem Michaelsgemälde in der Stiftskirche.

Damit war aber die Barockisierung noch nicht abgeschlossen. Ein von Gumpp erstelltes Gutachten erklärte die Bausubstanz der Stiftskirche durch größere Risse als instabil und warnte, dass »*in der Closterkürchen das gewelb einzufallen in gefahr und über 2 oder 3 jahr nit dauern werde*«. Mehrere Baumeister waren für den Umbau im Gespräch, so etwa Johann Georg Fischer aus Füssen, der kurz zuvor die Innsbrucker Pfarrkirche St. Jakob vollenden konnte, oder ein namentlich nicht eruierbarer Planzeichner aus dem Jahre 1726, der mit I. H. Z. signierte. Ihre Pläne wurden jedoch nicht verwirklicht. Durch archivalische Belege – etwas durch einen Bauvertrag – lässt sich auch die Planung und Bauleitung durch Georg Anton Gumpp nicht beweisen. Doch stand Abt Augustin II. ständig mit ihm in Kontakt, auch Zahlungen an ihn sind belegt. So war es wohl die geniale Idee des Innsbruckers, die Mauern des Mittelschiffs großteils zu erhalten, gleichzeitig aber durch den teilweisen Abbruch der spätromanischen Seitenschiffe drei Querschiffe zu gestalten und so eine typisch barocke Zentrierung des Längsraumes zu erreichen. Die kapellenartigen Erweiterungen der Längsflucht in die Breite lassen eine rationale, klar konzipierte Synthese von Lang- und Zentralraum entstehen.

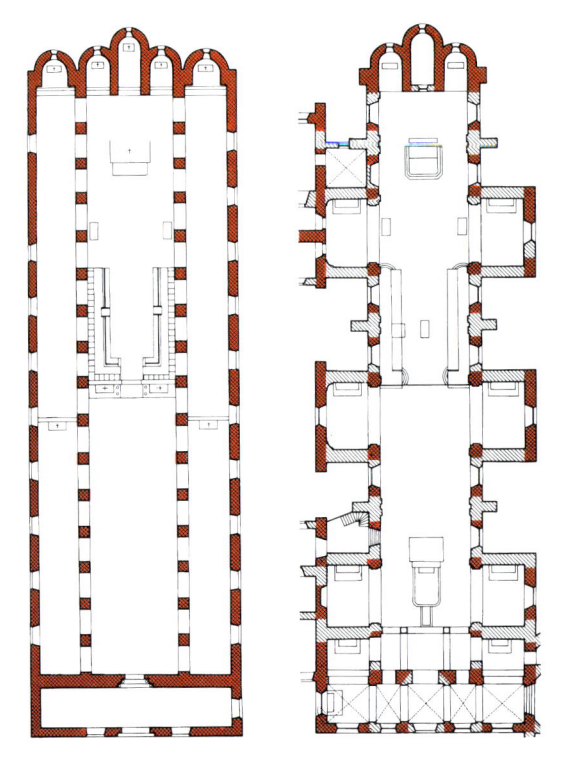

Gumpps genialer Plan eines Umbaus der Stiftskirche bestand darin, Teile der Seitenschiffe als kapellenartige Erweiterungen bzw. Querschiffe der langgezogenen Hauptachse zu gestalten. Dabei konnte, wie der Vergleich der Grundrisse zeigt, ein guter Teil des Mauerwerks erhalten bleiben:
▨ *alte Mauern*
▨ *neue Mauern*

Rechts: Blick ins Kirchenschiff, mit dem eine Synthese aus Lang- und Zentralraum gelang

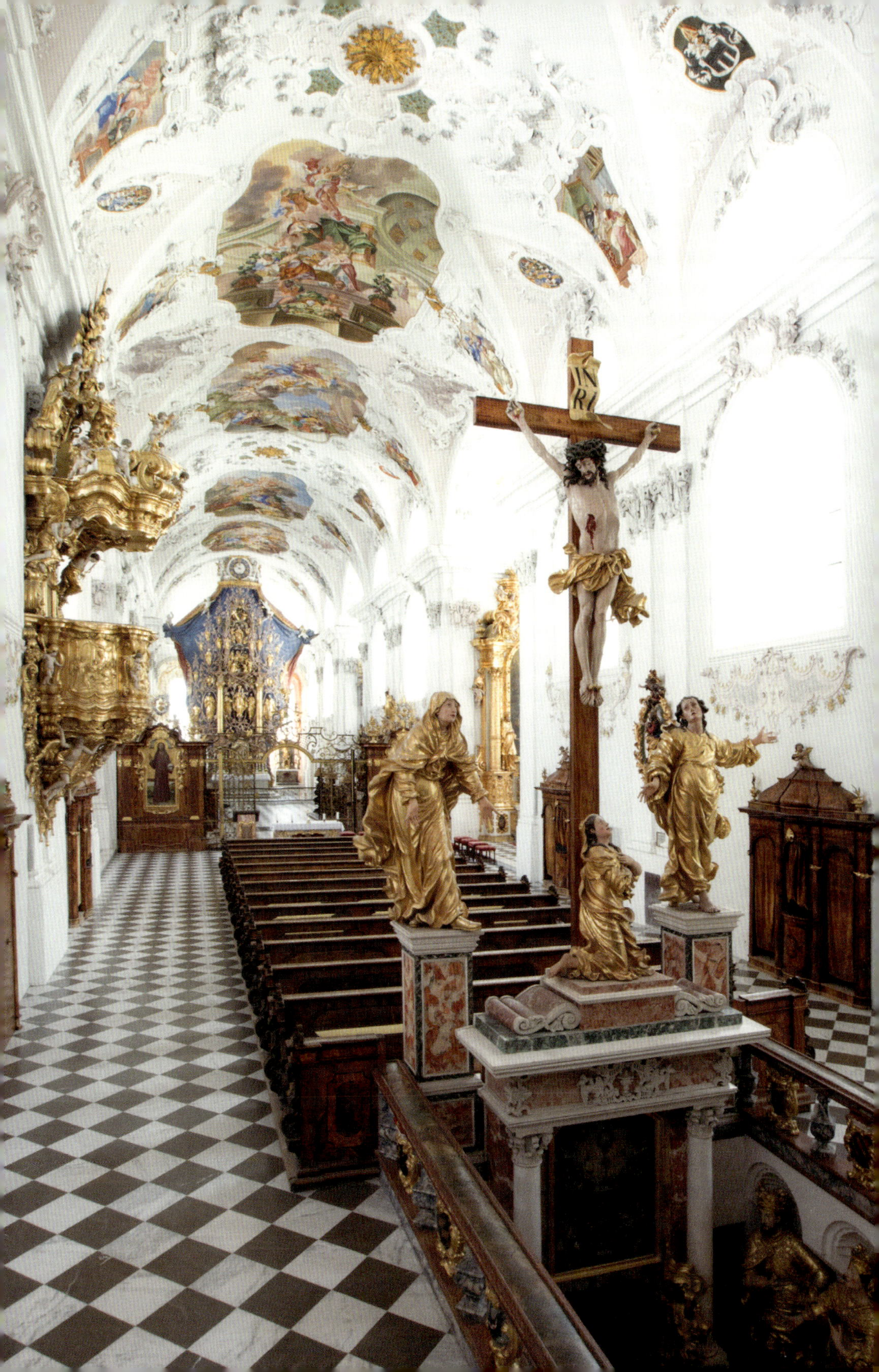

Am deutlichsten wird die barocke Zentrierung der Längsachse beim Blick in die Querschiffe bzw. Seitenkapellen.

Ende 1729 wurde mit den Arbeiten begonnen. Und bereits im Oktober 1730 waren sie so weit fortgeschritten, dass mit dem Augsburger Maler Johann Georg Wolcker ein Vertrag über die Ausführung der Fresken und der Altarbilder geschlossen werden konnte. Ein Jahr später wurde Franz Xaver Feuchtmayr aus Wessobrunn für die Stuckarbeiten engagiert. Beim Tod von Abt Augustin II. Kastner im Jahr 1738 war der ganze Komplex der Stiftsanlage mit Abtei, Konvent und Stiftskirche in der Bausubstanz umgestaltet oder neu errichtet.

Lediglich im Außenbereich ließ sein Nachfolger Jakob Milbeck (1738 – 1742) noch zwei kleine Bauvorhaben ausführen: Westlich des Abteitraktes entstand eine Gartenanlage und als deren nördlicher Abschluss ein Glashaus mit seitlichen Pavillons, eine sogenannte Orangerie, und südlich der Stiftskirche ein Gartenhaus für sommerliche Veranstaltungen. Abt Jakob war es aber auch, der bei Andreas Kölle aus Fendels Altäre und die Kanzel in Auftrag gab und damit mit der Vollendung der künstlerischen Ausstattung der Stiftskirche begann.

Als Abt August II. Kastner (1714 – 1738) starb, war der barocke Umbau der Stiftsanlage vollendet.

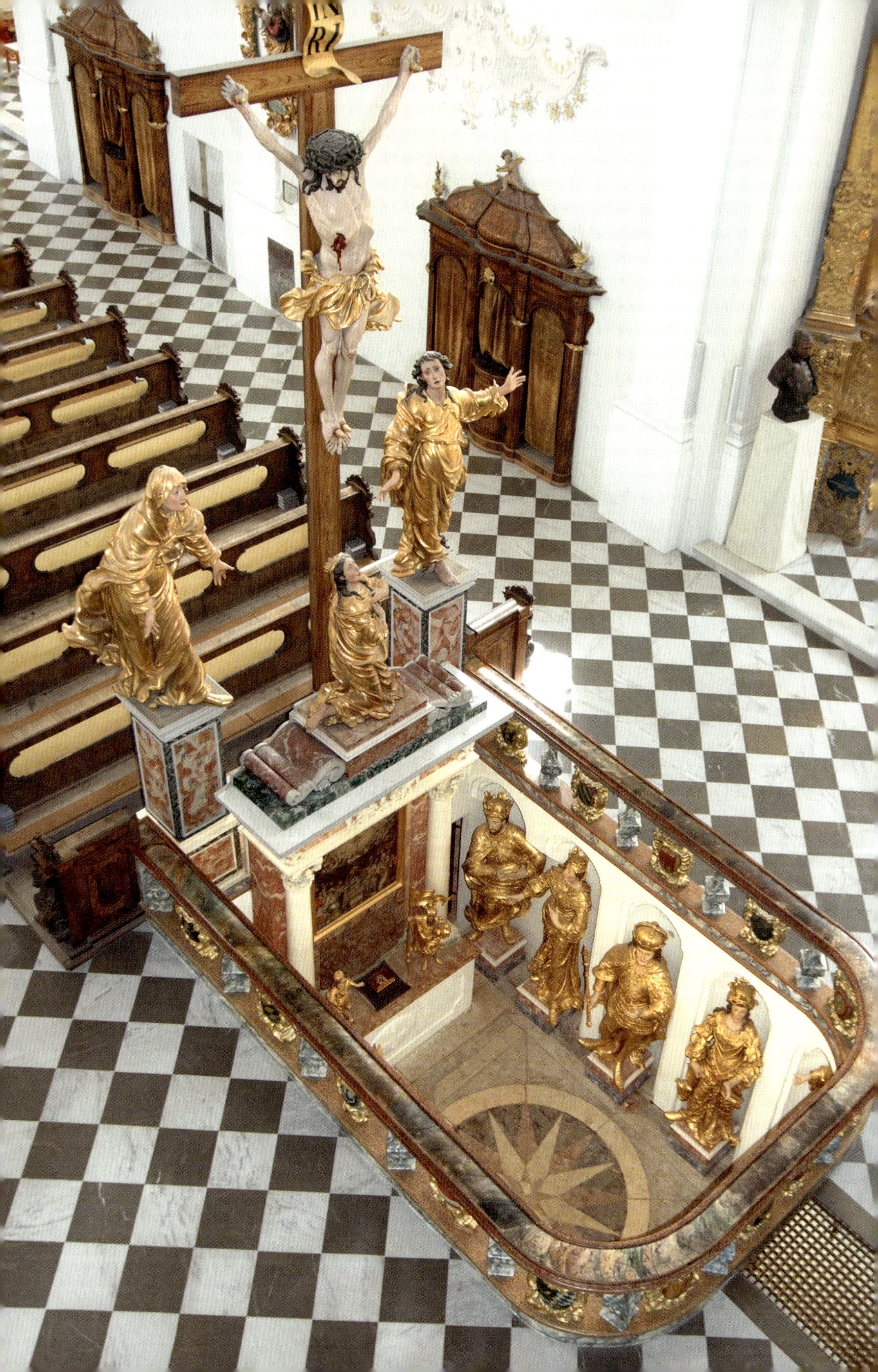

Wie das »Österreichische Grab« entstand

Betritt man die Stiftskirche durch das Hauptportal, wird man von einer etwas düsteren Vorhalle umfangen und stößt dann, von der Helligkeit des Gotteshauses überrascht, direkt auf das »Österreichische Grab«, eine Gruftanlage, die von einer mit Wappen gezierten Ballustrade gerahmt und von einer monumentalen Kreuzigungsgruppe überragt wird. Hier stand einst das Tumbagrab für den Landesfürsten Sigmund den Münzreichen, das er 1480, also noch zu seinen Lebzeiten, für sich, seine Ahnen und Nachfolger von Hans Radolt aus Augsburg in Gips gestalten ließ. Zuletzt wurde 1511 auch Maria Blanca Sforza, die zweite Gemahlin von Kaiser Maximilian I., hier bestattet. Das Grabmal, dessen Aussehen durch zwei Abbildungen in der Lebersorg-Chronik (um 1635) dokumentiert ist, hatte die Plünderungen durch die Schmalkaldischen Truppen 1552 nicht gut überstanden, sodass 1609 der Hofbildhauer Alexander Colin zusammen mit dem Innsbrucker Schlosser Johann Daiser das Grabmal restaurieren musste.

Als 1674/76 der Bildhauer Andreas Thamasch von Abt Georg III. Nussbaumer beauftragt wurde, anstelle des frühbarocken Hochaltars einen neuen im modernen hochbarocken Stil aufzustellen (von dem sich in Stams nichts erhalten hat), beeinträchtigte das Hochgrab den Blick vom Kircheneingang her. Also ließ es der Abt mit Zustimmung von Kaiser Leopold I. schleifen und durch eine Gruftanlage in Form der Confessio in St. Peter in Rom ersetzen. Die 14 von ehemals 16 Wappen an der Ballustrade sind Teil des genealogischen Programms. Wer dafür verantwortlich zeichnete, ist nicht geklärt.

Die Bindungen zu Rom sind in Stams seit dem frühen 17. Jahrhundert nachweisbar. Wenn etwa Abt Edmund Zoz die romanischen Seitenapsiden durch den Innsbrucker Hofmaler Egyd Schor ausmalen ließ, so kam dieser 1666 aus Rom nach Tirol zurück und brachte sichtlich »römische Kunsterfahrungen« mit. Zudem war die Confessio-Anlage von Bernini als damals moderne Konstruktion vermutlich durch Kupferstiche bekannt. Die in Rundbogennischen eingestellten Figuren schnitzte Andreas Thamasch 1678/84: der Klostergründer Meinhard II. und dessen Sohn Heinrich, Herzog Friedrich IV. mit der leeren Tasche mit seinen beiden Gemahlinnen Elisabeth von der Pfalz und Anna von Braunschweig, Erzherzog Sigmund der Münzreiche mit seiner Gemahlin Eleonore von Schottland sowie die zweite Gemahlin Kaiser Maximilians I., Maria Blanca Sforza, und Kinder der landesfürstlichen Familie. 1681/84 schnitzte Thamasch die monumentale Gruppe mit dem hoch aufgerichteten Kruzifixus über der Gruft, eine grandiose gesten- und emotionsgeladene Arbeit.

Drei weitere Erinnerungsorte künden von der Bedeutung der Stiftskirche als Grablege der Gründer und Tiroler Landesfürsten. Im Mönchschor zeugen die Grabplatten für den Stifter Graf Meinhard II., seine Gemahlin Elisabeth von Wittelsbach und ihre Familienmitglieder von der ursprünglichen Idee der Gründung des Klosters als Begräbnisstätte der Grafen von Görz-Tirol. Zwischen dem Chorgestühl ist die Gruft für Herzog Friedrich IV. mit der leeren Tasche eingelassen.

Im Zentrum die Madonna: Details aus dem Hochaltar des Weilheimer Bildschnitzers Bartlmä Steinle (1609/1612)

Gert Ammann
Ein theologisches Programm für Künstler im Netzwerk

Die Ausstattung der Stamser Stiftskirche beeindruckt nicht nur wegen ihrer durchgehend hohen Qualität, sondern auch durch ein theologisches Programm, das sich selbst in zeitlich weit auseinanderliegenden Werken erkennen lässt. Im Mittelpunkt steht der Hochaltar des Weilheimer Bildschnitzers Bartlmä Steinle, der zwischen 1609 und 1612 im Auftrag von Abt Melchior Jäger eines der beeindruckendsten Altarwerke unseres Kulturraumes schuf, nur zu vergleichen mit den im süddeutschen Raum erhaltenen Altären in Überlingen der Gebrüder Zürn und in Augsburg von Hans Degler. Über der von Voluten flankierten Predellazone erhebt sich ein »Mittelschrein« zwischen zwei Säulen und dazwischen zurücktretendem verkröpftem Gebälk mit seitlich angefügten offenen Baldachinen: ein optisch-statisches Gerüst, umwoben mit einem Geflecht von Ranken und Konsolknospen und insgesamt 78 Figuren, einem Lebensbaum gleich. Die ursprüngliche Gegenlichtwirkung wurde dem Altaraufbau durch den Stuckvorhang im Jahre 1734 genommen. Ausgehend von Adam und Eva (seitlich der Altarmensa), führen die Ranken über Marias Eltern Joachim und Anna zur Figur der Gottesmutter im

Mittelschrein, flankiert von den Heiligen Johannes dem Täufer und Johannes dem Evangelisten, außen von den Aposteln Petrus und Paulus und ganz außen von den Ordensgründern Bernhard und Benedikt. Mit der Aufnahme und Krönung Mariens wird in der Vertikale das theologische Programm »Maria« manifestiert und zugleich formal die Strenge der Architektur durch die auf dem inneren Gebälk positionierten Apostel um das leere Grab zu einer malerischen Höhenentwicklung aufgerissen. Damit überwand Steinle die Reminiszenz an das gotische Retabel.

*Gesamtansicht des Steinle-
Altars und Ausschnitt mit der
Himmelfahrt Mariens*

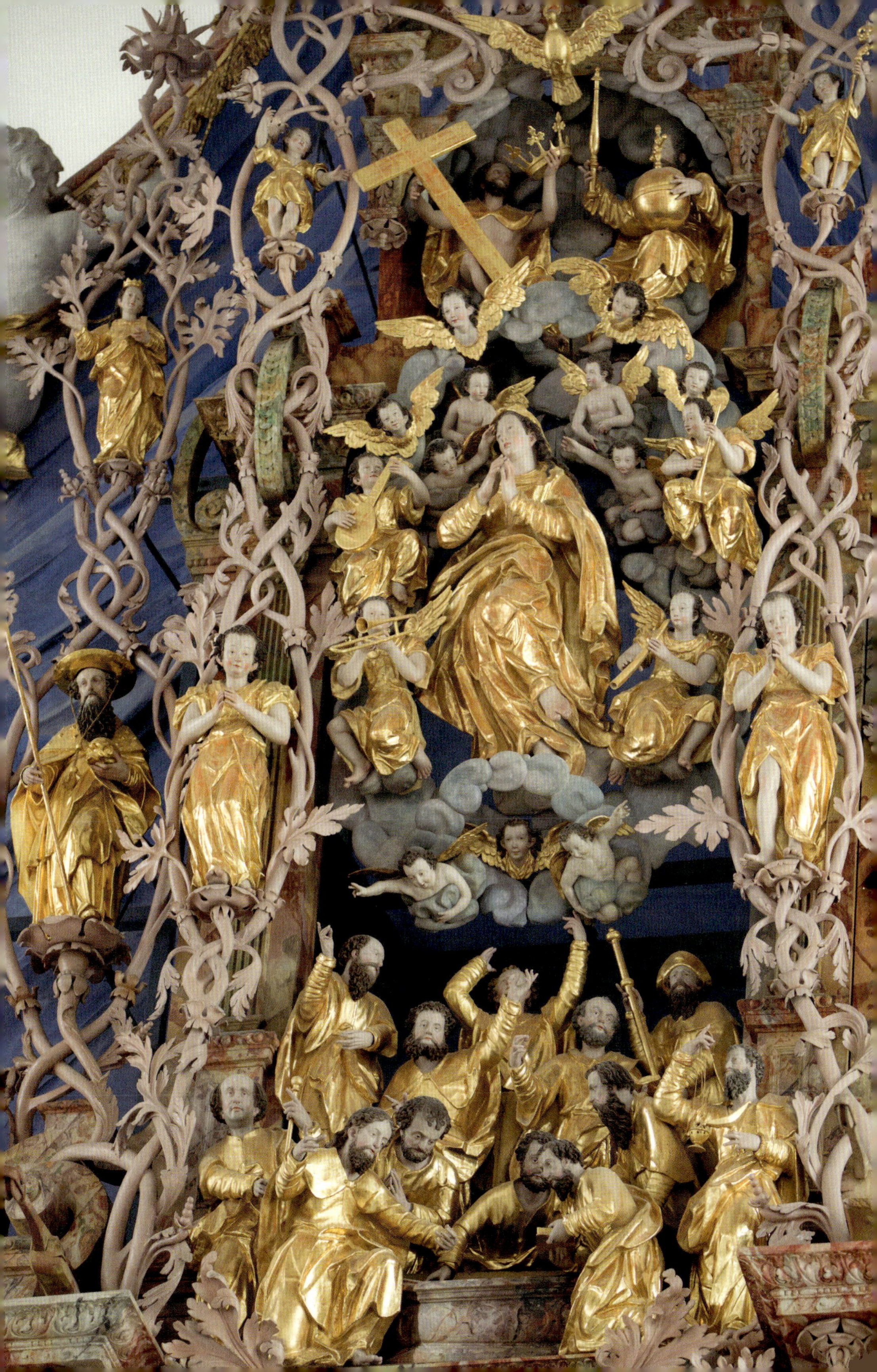

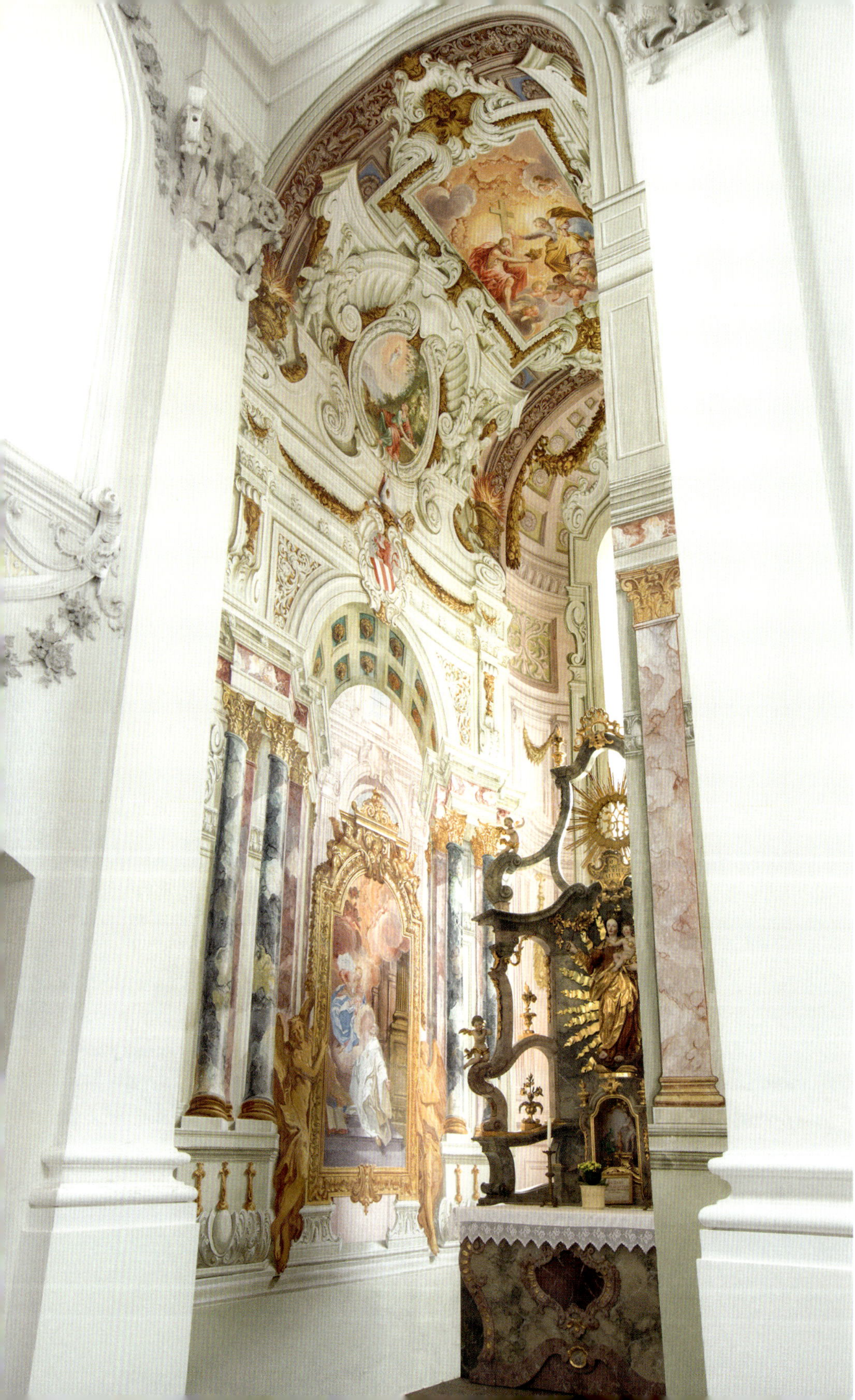

Kunst und Musik

Die Gottesmutter Maria, die Patronin der Zisterzienser und der Stiftskirche, ist in der gesamten Ausstattung und Einrichtung des Gotteshauses beherrschend. Schon in den gotischen Altartafeln stand die Muttergottes im Zentrum, wie P. Wolfgang Lebersorgs Zeichnung zeigt *(siehe Seite 177)*. Nun ist sie im Hochaltar in einer Simultandarstellung präsent, und am linke Seitenaltar in der romanischen Apside steht die Marienskulptur von Bartlmä Steinle, umgeben von Fresken, auf denen Egyd Schor die »Lactatio Bernardi« und die Erscheinung der Muttergottes vor dem hl. Bernhard darstellt (1691/97). Über dem »Österreichischen Grab« wirkt Maria in der monumentalen Kreuzigungsgruppe des Paznauner Bildhauers Andreas Thamasch (um 1684) wie eine Vorahnung zum Geschehen des Hochaltares. Und die Gottesmutter mit Jesus und Gottvater erscheint im Hochaltars der Maria- und Johannesbruderschaft an der rechten Langhauswand in einem reich geschnitzten Akanthuskranz *(siehe Abbildung S. 170)*: Es ist eines der lebendigsten Bildwerke des Andreas Thamasch, das auch seine letzte Arbeit gewesen sein dürfte; deshalb fehlt vermutlich auf der kleinen Konsole die Statue des hl. Johannes des Täufers. Nach seinem Tod 1697 leitete seine Frau Maria Kluibenschädl die Werkstatt, ließ das Werk von Bernhard Strebele aus Stams fassen und übergab, wie die Inschrift mit ihren Initialen M. K. zeigt, das Bildwerk 1704 an die Bruderschaft.

Blick in die linke Apside mit der Muttergottes von Bartlmä Steinle und den Fresken von Egyd Schor: unten Marienerscheinung des heiligen Bernhard und an der Decke die Dreifaltigkeit, die der zum Himmel fahrenden Muttergottes (im Bild nicht sichtbar) eine Krone entgegenhält.

Im rückwärtigen Teil der Kirche wird der Besucher durch die Kreuzigungsgruppe des Andreas Thamasch über dem »Österreichischen Grab« auf eine andere Seite im Marienleben verwiesen: kein liebliches Kind im Arm, keine Himmelfahrt, sondern das Leiden der Mutter beim Tod ihres Sohnes.

Der Freskenschmuck stammt vom Augsburger Johann Georg Wolcker (1730/34) und bildet einen Zyklus mit 94 Bildfeldern mit der Himmelfahrt Mariens als zentralem Motiv. Das Himmelfahrtsfest am 15. August ist das Patrozinium der Stiftskirche.

Von virtuoser Stuckatur umrahmt sind die 22 Medaillons in den Gewölbezwickeln.

Schließlich wird das Gotteshaus überstrahlt vom Freskenzyklus mit 94 Bildfeldern von Johann Georg Wolcker aus Augsburg (1730/34), der auch die Seitenaltargemälde schuf. Wolcker war als Schüler des späteren Augsburger Akademiedirektors Johann Georg Bergmüller ein erfahrener Kolorist und Dramaturg von Scheinarchitektur, dynamisch in großem Schwung drapierten Figurengruppen und lichten Wolkenstimmungen: Maria ist wiederum Mittelpunkt des Bildprogramms. Im Chorraum tritt uns die Verkündigung an Maria (Symbol des Frühlings, Fest am 25. März) entgegen. Dann folgen im Langhaus die Heimsuchung (Sommer, Fest am 2. Juli), die Himmelfahrt als zentrales Motiv (Patrozinium der Stiftskirche am 15. August), dann die Geburt Mariens (Herbst, Fest am 8. September) und die Empfängnis Mariens (Winter, Fest am 8. Dezember). Über der Orgelempore erscheint die Glorie des großen Marienverehrers Bernhard. In den Seitenkapellen fügen sich in den Gewölbe- und Wandfresken Bildmotive aus dem Leben des zweiten Ordensgründers, die wie Wegbegleiter zur Glorie wirken. In den Zwickelfeldern sind marianische Symbole eingebunden. Das Gemälde unter der Empore weist die Verehrung Mariens durch Mönche und Nonnen der Zisterzienser und allegorische Symbole der Marienverehrung auf. Franz Caramelle hat aufgrund der Forschungen von Pater Konradin Linder (1923) das Konzept der Fresken in den 22 Medaillons in den Gewölbezwickeln und den Gewölbeanläufen des Langhauses erstmals richtig beschrieben, indem er die Motive nicht mit Szenen aus dem Leben des hl. Bernhard, sondern mit Ereignissen von verschiedenen Heiligen und Seligen, vornehmlich des Zisterzienserordens, in Bezug zu Maria setzt. Sie ist in diesem barocken Ensemble mit der tiefen Verehrung und Huldigung an die Gottesmutter und Patronin der Stiftskirche allgegenwärtig.

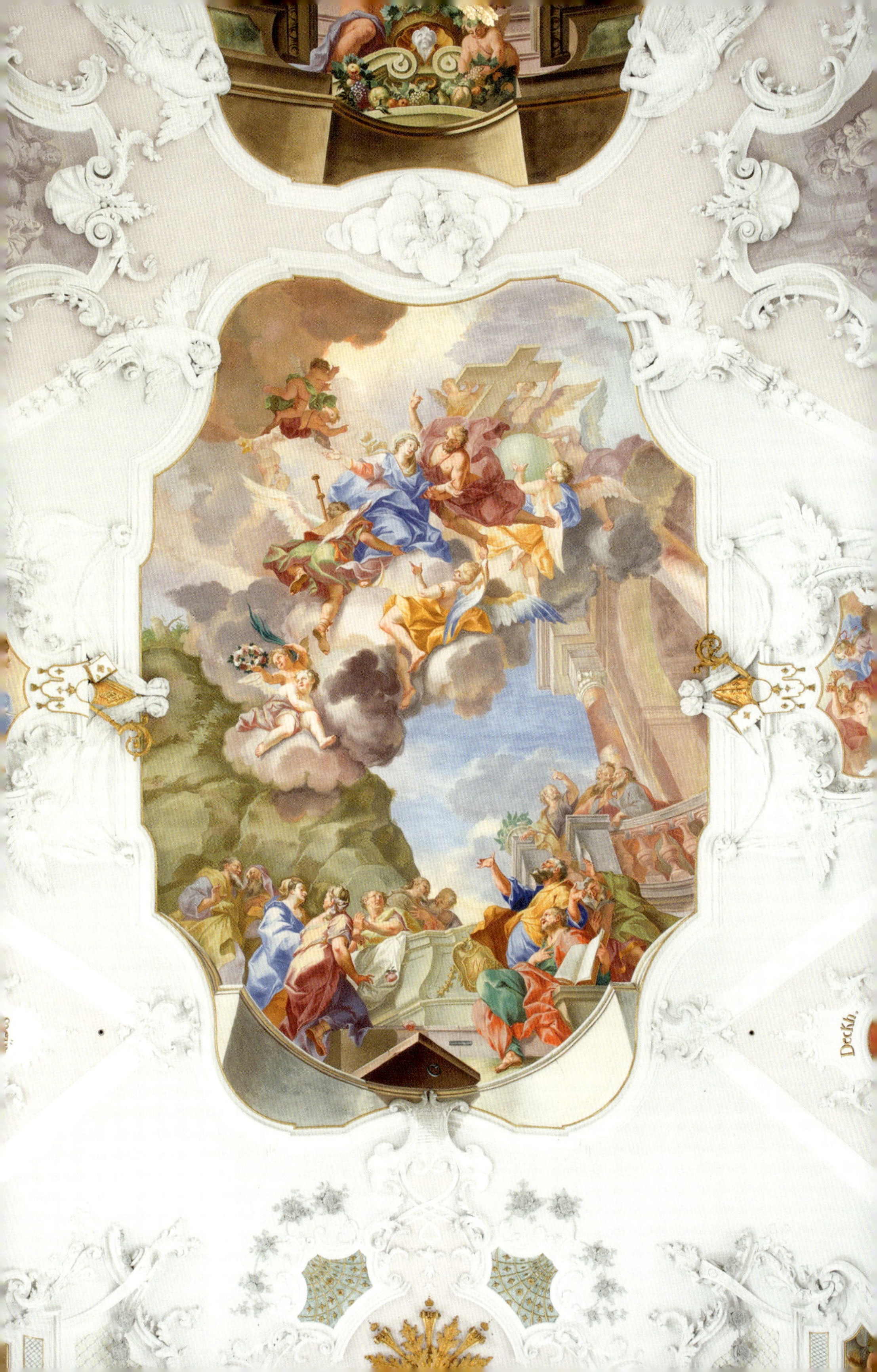
Deckh.

Das Konzept des theologischen Programms weitet sich auf die Altäre aus. Als Verkünder der Botschaft Christi sitzen die Apostel oben auf dem Gebälk der Seitenaltäre. Die großen Bekenner der Kirche und Ordensgründer sind mit den Heiligen Benedikt und Bernhard auf den beiden Chorgestühlreihen im Mönchschor und in den großen Statuen auf den Seitenaltären präsent. Im Auftrag von Abt Jakob Milbeck schuf Andreas Kölle aus Fendels (1738/42) in der linken Kapelle des mittleren Querhauses die Statuen der heiligen Ordensgründer Franziskus (Franziskaner, Klarissen) und Bruno (Kartäuser)

sowie in der rechten Kapelle jene von den Heiligen Johannes Nepomuk (Generalvikar des Erzbischofs von Prag) und Bernhardin von Siena (Generalvikar der Franziskaner), in der linken Kapelle des rückwärtigen Querhauses neben dem Gemälde der Mantelspende des hl. Martin die Statuen des Papstes Urban und des Kirchenlehrers Augustinus und in der rechten Kapelle die beiden heiligen Zisterzienseräbte Alberich und Stefan Harding. Sie flankieren ein Altarbild, auf dem die Heiligen Benedikt und Robert von Molesme, der Gründer des Zisterzienserordens, die Heilige Familie verehren.

Drei Apostelfiguren (Petrus, Matthäus und Andreas) und links unten zwei Ordensgründer (Franziskus und Bruno von Köln) von Andreas Kölle (1738/1742). Rechts der Martinsaltar mit der Darstellung der Mantelteilung von Johann Georg Wolcker und den Figuren der Heiligen Urban und Augustinus, ebenfalls Werke von Andreas Kölle.

Als das Meisterwerk von Andreas Kölle gilt seine Stamser Kanzel (vollendet 1742).

Die Statuen des heiligen Ignatius und des Apostels Philippus auf einem der beiden Seitenaltäre im Mönchschor, den der bereits dem Rokoko zuneigende einheimische Bildhauer Johann Reindl 1763/64 schuf

Schließlich schuf Johann Reindl auf den beiden Seitenaltären im Mönchschor links die Skulpturen der Ordensgründer Ignatius und Aloisius (Jesuiten) sowie rechts Dominikus (Dominikaner) und Norbert von Xanten (Prämonstratenser). Den größten Anteil am plastischen Schmuck der Stiftskirche hat Andreas Kölle. Er hatte schon 1716/17 die Altarfiguren in der Heilig-Blut-Kapelle geschnitzt. Den Höhepunkt seiner Kunst erreichte er in den Jahren 1739/1742 mi der prachtvollen Kanzel, deren Reliefszenen den Kampf des heiligen Bernhard gegen die Häretiker (Hammer), Irrlehrer (Geißel) und Mitleidlosen (Blitz) zeigen. Auch die Skulpturen der vier rückwärtigen Seitenaltäre und die beiden Altäre unter der Orgelempore sind sein Werk.

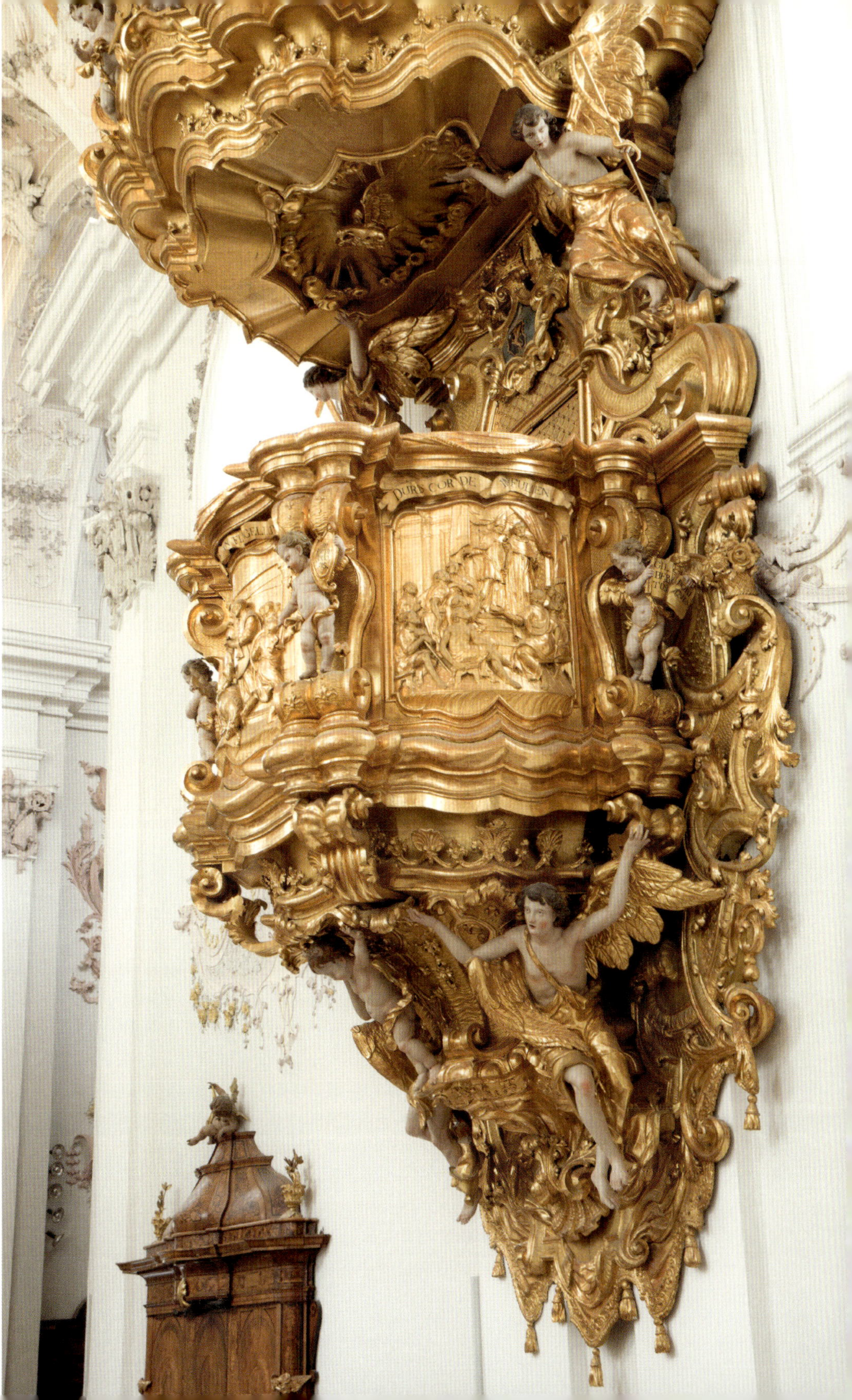

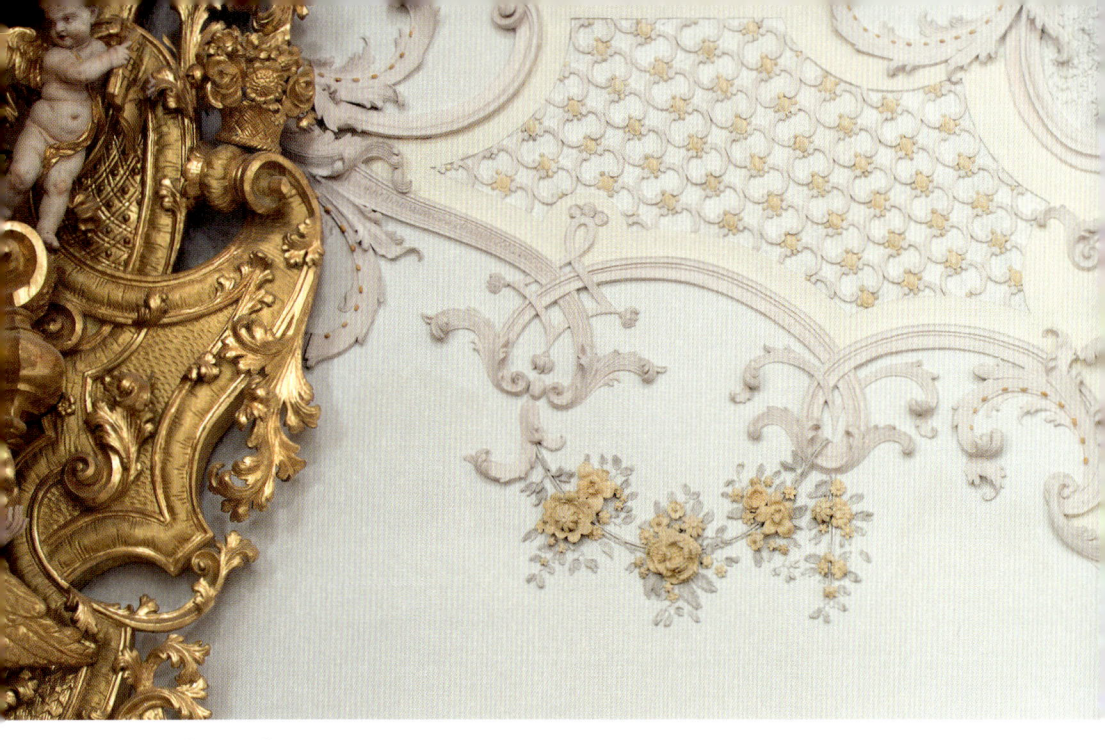

Die Stuckaturen des Franz Xaver Feuchtmayr aus Wessobrunn und seines Mitarbeiters Franz Fischer aus Füssen prägen das barocke Gesamtbild der Stiftskirche ganz wesentlich mit.

Für die barocke Gesamtwirkung ist besonders das Zusammenwirken von verschiedenen künstlerischen Kräften maßgeblich. Für die Ausstattung der Stiftskirche gaben nicht die Innsbrucker Hofkünstler den Ton an, sondern Künstler aus dem süddeutschen Raum. Abt Augustin II. Kastner aus Innsbruck beauftragte neben dem Augsburger Maler Johann Georg Wolcker 1731 den Stuckateur Franz Xaver Feuchtmayr aus Wessobrunn für die Stuckornamente, der zusammen mit seinem Mitarbeiter Franz Fischer aus Füssen tätig war. Besonders eindrucksvoll wirken die in zartem Rosa gefärbelten Stuckkapitelle über den Pilastern mit der Doppelmitra, dem Bischofsstab, einem Flammenleuchter und einem Buch. Sie schufen auch 1733/34 den Stuckvorhang hinter dem frühbarocken Hochaltar.

Die Putten am Prospekt der Orgel, 1773 vom Johannes Feurstein gebaut, schuf Johann Reindl. In der Gesamtschau wirken auch die filigranen schmiedeisernen Gitter, das Rosengitter (1710/16) von Bernhard Bachnetzer, die beiden Gitter in der Vorhalle (1734) und im Chorraum (1742/45) von Michael Neurauter, als wesentliche Barockelemente mit.

Netzwerke

Die in Stams tätigen Baumeister, Maurermeister, Stuckteure, Maler und Bildhauer sind meist in ein Netzwerk eingebunden, das erst eine gedeihliche Entwicklung möglich machte. Förderlich waren auch die Verbindungen der auftraggebenden Äbte oder Wohltäter, etwa ihre Aufenthalte in Kunstzentren wie Rom oder ihre Orientierung nach Süddeutschland, um künstlerische Konzepte in Stams nachwirken zu lassen.

Als 1608 von dem aus Bayern stammenden Abt Melchior Jäger der damals bereits berühmte Weilheimer Bildschnitzer Bartlmä Steinle für den Hochaltar gewonnen werden konnte, was lag da näher, als dass dieser Handwerker aus seiner Heimat für den Altaraufbau mit nach Stams brachte, so den Tischlermeister Wolfgang Kirchmayr aus Weilheim und seine Gesellen Stefan Zwink, Hans Schüz, Hans Stelzer aus Schongau und Georg Polsterle. Abt Thomas Lugga aus Innsbruck zog den aus dem Deutschordenszentrum Mergentheim stammenden und in Rom geschulten Maler Paul Honecker mit nach Stams, wo er bis 1620 wirkte und sich anschließend in Innsbruck niederließ. Von ihm ist in Stams neben den Orgelgemälden *(siehe Seite 255)* und den 25 Abtporträts das 1636 entstandene Altargemälde mit den Heiligen Sebastian, Rochus und Antonius erhalten, das nicht nur den Abt mit

Paul Honeckers Bildnisse der frühen Stamser Äbte sind Phantasieporträts, vielleicht waren Mönche seiner Zeit die Modelle. Abt Heinrich III. Grussit (1369–1387), dem ein beachtliches Malertalent nachgesagt wurde, malte Honecker als Selbstporträt vor der Staffelei.

seinem Konvent, sondern auch die Klosteranlage um 1636 zeigt *(siehe Seiten 58/59 und 64)*. Paul Honecker war durch seine Schulung in der Accademia di S. Luca in Rom stark dem Helldunkelstil eines Caravaggio oder dem florentinischen Manierismus verpflichtet.

Die Orientierung auf Rom war auch durch die Brüder Bonaventura und Egyd Schor aus Innsbruck gegeben, die sich Mitte des 17. Jahrhunderts in der Tiberstadt aufhielten und nach ihrer Rückkehr in Stams eine Reihe von Aufträgen erhielten. Schließlich weist auch die Anlage des »Österreichischen Grabes« auf Rom.

Interessant ist bei den einheimischen Kräften – abgesehen von der Mitarbeitern der Gumppfamilie – besonders die Verbindung von Bildhauer Andreas Thamasch zu Andreas Kölle, die beide maßgeblich für Stams wirkten. Thamasch war vor seiner Tätigkeit in Stams für das Mutterkloster Kaisheim mit umfangreichen Aufträgen beschäftigt. Das Imster Skizzenbuch (Leihgabe der Stadt Imst im Tiroler Landesmuseum Ferdinandeum in Innsbruck) belegt, dass Andreas Thamasch Geselle bei Thomas Schwanthaler im damals bayerischen Ried im Innkreis war. Er gab die Studienblätter seinem in Donauwörth tätigen Lehrling Paul Tschiderer aus Pians, dieser wiederum übergab sie an seinen Schüler Andreas Kölle aus Fendels. So mag letztlich das Wirken von

Stamser Alm – kaum bekanntes Juwel des Rokoko

Immer noch ein Geheimtipp für Kunstfreunde ist die Stamser Alm. Auf 1873 m Seehöhe gelegen, gehört der Wirtschaftsbetrieb heute noch dem Stift. Um 1740 kam Abt Roger Sailer auf die Idee, den wunderschönen Platz mit seiner gesunden Luft als Sommerfrische für seine Mitbrüder zu nutzen. Er ließ ein Konventhaus (vollendet 1744) und eine kleine Kirche (1748) bauen und verpflichtete zu deren Ausstattung einige der besten einheimischen Künstler wie den auch für Stiftskirche und die Stamser Pfarrkirche tätigen Johann Reindl aus Mötz. Der schuf für die Almkirche den Hochaltar mit den Eltern der Muttergottes, der Heiligen Anna und Joachim. Die Fresken stammen vom Imster Josef Jais. Er stellte an der Decke des Kirchenschiffs den heiligen Bernhard mit mehreren seiner üblichen Attribute dar: dem Bienenkorb – weil ihn Zeitgenossen wegen seiner Redebegabung als »Doctor mellifluus« (»honigfließenden Lehrer«) bezeichneten –, den Leidenswerkzeugen wegen seiner Meditation über die Passion Christi, dem Abtstab als Ordensgründer und Klostervorstand, außerdem mit Krone, Lilie und Buch wegen seiner Schriften über die Himmelskönigin Maria. In den seitlichen Kartuschenmedaillons ist die Stamser Alm symbolisch überhöht dargestellt, über dem Triumphbogen der heilige Michael, und im Presbyterium thront Gottvater. Wer die reichen Stuckaturen geschaffen hat, konnte bisher nicht geklärt werden.

Blick auf das Gebäude-Ensemble der Stamser Alm

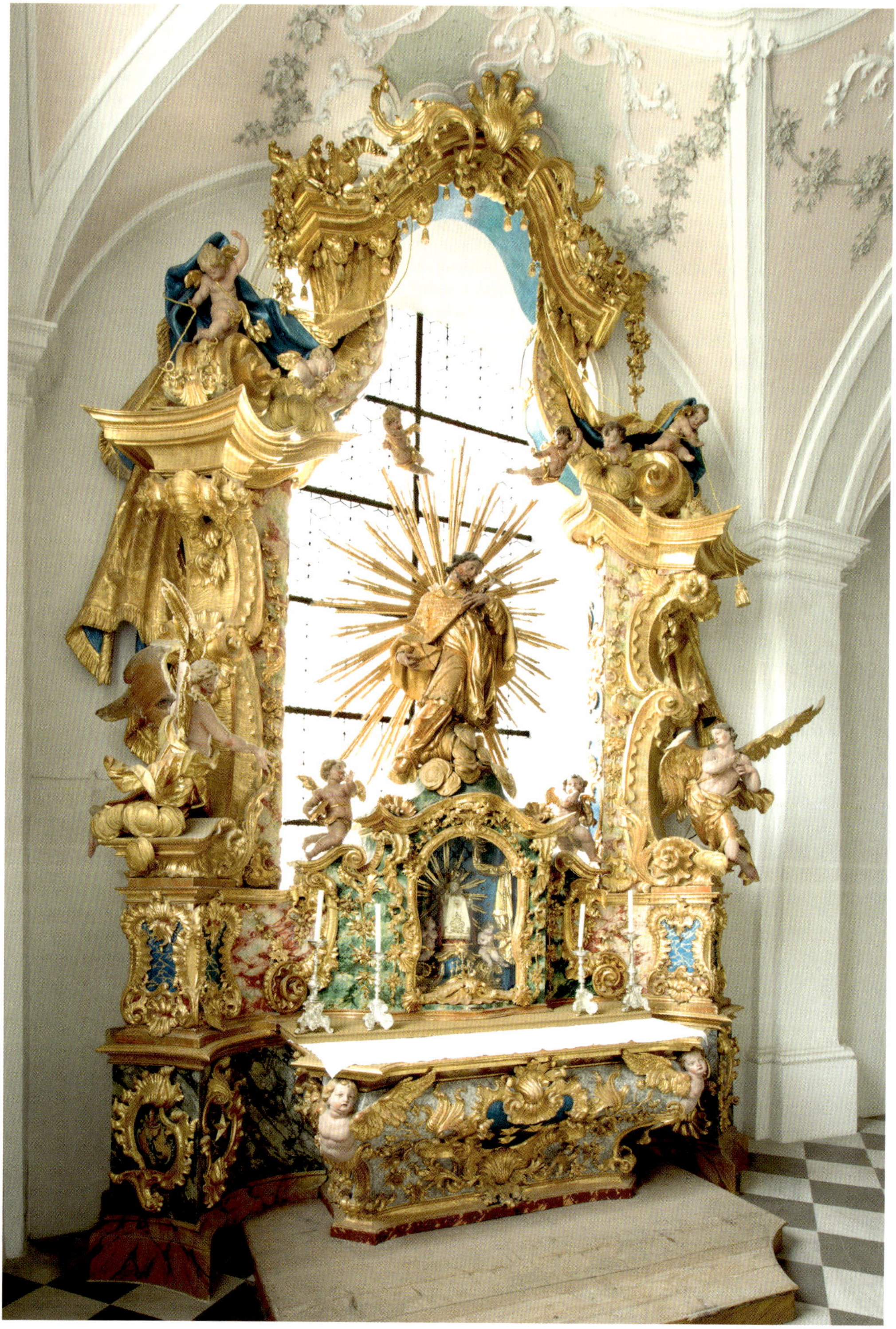

Thamasch in Stams die Grundlage für die zahlreichen Aufträge an den vielleicht markantesten Schnitzer des Tiroler Oberlandes sein. Trotz seines fruchtbaren Schaffens für Stams war er nie Stiftsbildhauer. Zusammen mit seinen Söhnen betrieb Andreas Kölle in seinem Heimatort Fendels eine Werkstatt und versorgte von dort aus Westtirol einschließlich dem Vischgau, aber auch Teile Vorarlbergs mit plastischen Bildwerken.

Schließlich wurde der aus Mötz stammende Bildschnitzer Johann Reindl nach der Lehre beim Bildschnitzer Augustin Strigl aus Thannrain bei Stams und nach seiner Ausbildung in Wien zum bevorzugten Schöpfer von Skulpturen für Abt Rogerius Sailer. Reindl lieferte bereits kurz nach seiner Ankunft in Stams 1745/46 den Johann-Nepomuk-Altar in der Kapelle der linken Vorhalle, dann 1753 den Altar in der Kapelle auf der Stamser Alm, 1759 den Hochaltar der Pfarrkirche Stams und 1763/64 die beiden Seitenaltäre im Mönchschor. Der Johann-Nepomuk-Altar mit seiner elegant geführten Volutenrahmung, seinem reichen Rocailledekor, der Einbeziehung des Kirchenfensters als Gegenlichtquelle und der darin eingebundenen verinnerlicht-pathetischen Skulptur des hl. Johannes Nepomuk zählt zu den bedeutendsten »lichtinszenierten« Leistungen des Rokoko in Tirol.

Den Ausklang des Barock prägte schließlich der Maler Josef Schöpf aus Telfs, der wohl von allen im Stift tätigen Künstlern am meisten hier verwurzelt war. Ein Stamser Konventuale hatte sein Zeichentalent schon früh entdeckt und ihm kleine Aufträge gegeben. Abt Roger Sailer verschaffte ihm die Möglichkeit, beim Innsbrucker Maler Philipp Haller in die Lehre zu gehen. Nach Wanderjahren und Arbeiten als Gehilfe bei Innsbrucker Meistern bekam Schöpf wiederum vom Stift die Möglichkeit, mit dem Deckenfresko der Kapelle des neuen Krankentraktes 1767 sein erstes selbständiges Werk zu schaffen *(siehe S. 341)*. Ein ganz besonderes Stamser Netzwerk also, dem schließlich auch das Gewölbefresko in der Heilig-Blut-Kapelle (1800/1801) mit der Szene »Gottvater entsendet Christus zu den Vätern des Alten Bundes« zu danken ist.

Eine der bedeutendsten Leistungen des Rokoko in Tirol: Johann Reindls Nepomuk-Altar in der Vorhalle der Stiftskirche

Nächste Doppelseite: Den Übergang der Stilentwicklung zum Klassizismus zeigt das Kuppelgemälde der Heilig-Blut-Kapelle von Josef Schöpf (1800).

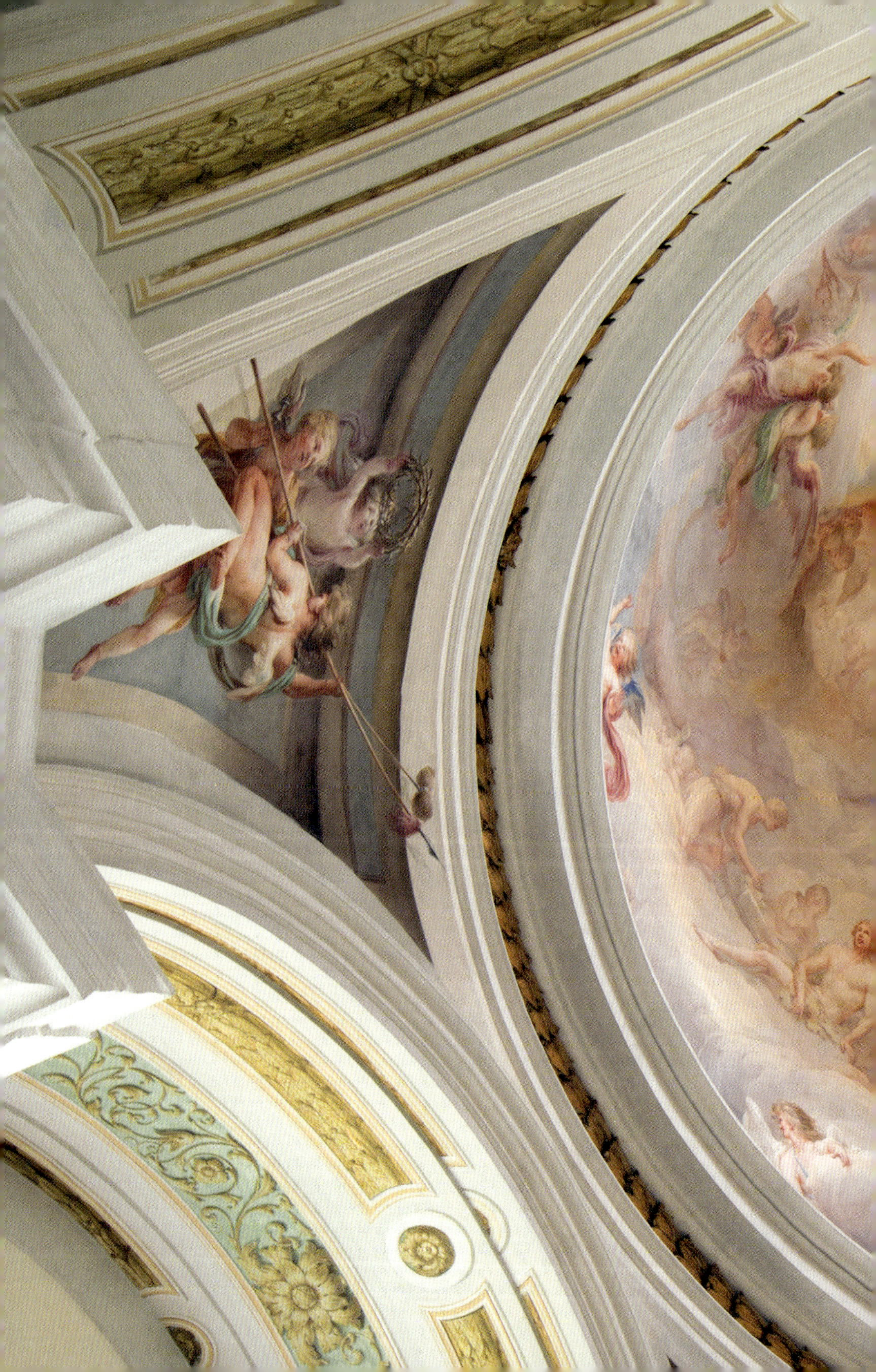

Der Bernardisaal

Der Mittelrisalit an der Westfront war schon von Johann Martin Gumpp als fünfachsiger, zweigeschoßiger Bau mit dreifachem Giebelaufsatz konzipiert: Sein Plan ist mit »Prospect der neuen Abtey, des alten Firstenbaues sambt dem vorhabenden mitleren grosen Sal und Stiegen in Stambs« bezeichnet. Michael Krapf hat diesen Festsaal in unmittelbarem Zusammenhang mit dem Stiegenhaus gesehen, das vom Deckenbild des Innsbrucker Hofmalers Franz Michael Hueber mit dem einen Bauplan haltenden hl. Bernhard und dem Engelskonzert bekrönt wird. Diese »Prälatenstiege« hält Saal und Abtei zusammen.

Mit der Bauleitung wurde 1717 Georg Anton Gumpp beauftragt. Und wieder beschäftigte das Stift bevorzugt heimische Handwerker, so den Maurermeister Urban Rangger aus Axams und für die Arbeiten im Stiegenhaus die Stuckateure Johann Singer aus Götzens und Andrä Gratl aus Innsbruck.

Das äußere Erscheinungsbild war von Giebelfiguren geprägt, die nicht mehr erhalten sind. Die Statue Graf Meinhards II. als Reiter schuf ursprünglich Ingenuin Lechleitner aus Grins, der auch seit 1722 im Innern des Bernardisaales die sieben Hermenfiguren als Stützen der Bogenloggia genau nach Plänen von Gumpp schnitzte; dann wirkte er als Hofbildhauer des Statthalters Philipp von der Pfalz für das Landhaus in Innsbruck sowie für die Palais Tannenberg-Enzenberg und Trapp. Schließlich war der Innsbrucker Hofmaler Franz Michael Hueber mit den Malereien beauftragt, der seinen Schüler Anton Zoller aus Telfs das Motiv des Brotwunders rechts vom Kamin selbständig malen ließ.

Der festliche Saal mit den fünf Fensterachsen zum Klosterhof und zur Orangerie vermittelt in den Wandmalereien mit von Putten begleiteten Blumenkörben einen laubenartigen Raum, der nicht illusionistisch eine Scheinarchitektur, sondern ein mehr oder weniger in sich geschlossenes Raumgefüge darstellt. Man fühlt sich in diesem »römisch« geprägten Festsaal an die malerischen Konzepte Cortonas in Rom erinnert, kein Wunder, wenn man sich Gumpps Aufenthalt in Rom vor Augen hält. Für die figuralen Wand- und Deckenbilder wurden Ereignisse aus dem Leben und Wirken des hl. Bernhard und natürlich auch die Wappen des Ordens und des Auftraggebers, Abt Augustin II., gewählt. Der Hofmaler Hueber, der in der Innsbrucker Residenz bereits den nicht erhaltenen Herkulessaal ausgestaltet hatte, fand hier eine seltene Gelegenheit vor, diesen imposanten Festsaal mit reichem koloristischen Farbenklang und in Felder gerahmten Bildern vom heilsamen Wirken des Ordensheiligen zu inszenieren. Allerdings war er dem Konzept von Gumpp

KUNST UND MUSIK 225

verpflichtet: »auf solche Weis und Formb, wie es der Herr Paumeister Gumpp demselben bereits an die Handt gegeben«.

Besonders eindrucksvoll wirkt die Weihnachtsvision Bernhards im flachen Deckenbild der Bogenloggia. Die Gesamtwirkung des Saales ist ein Beispiel hoher Hofkunst, ein Repräsentationsraum besonderer Art, der Erinnerungen an italienisches Flair widerspiegelt. GA

Bilder oben: Details aus den Gemälden von Franz Michael Hueber: Vision des hl. Bernhard (Christus beugt sich vom Kreuz herab zu ihm) und Putto mit Blumenvase

Bild linke Seite: Die Prälatenstiege, die Saal und Abtei zusammenhält, mit einem der kunstvollen Gitter des Silzer Schlossermeisters Bernhard Bachnetzer

Bild rechts: Deckenbild in der Bogenloggia (Weihnachtsvision des jungen Bernhard von Clairvaux)

Der Bernardisaal. Das Bildprogramm entwarf Georg Anton Gumpp, ausgeführt wurde es von Franz Michael Hueber. Das Brotwunder des hl. Bernhard rechts vom Kamin malte Huebers Schüler Anton Zoller.

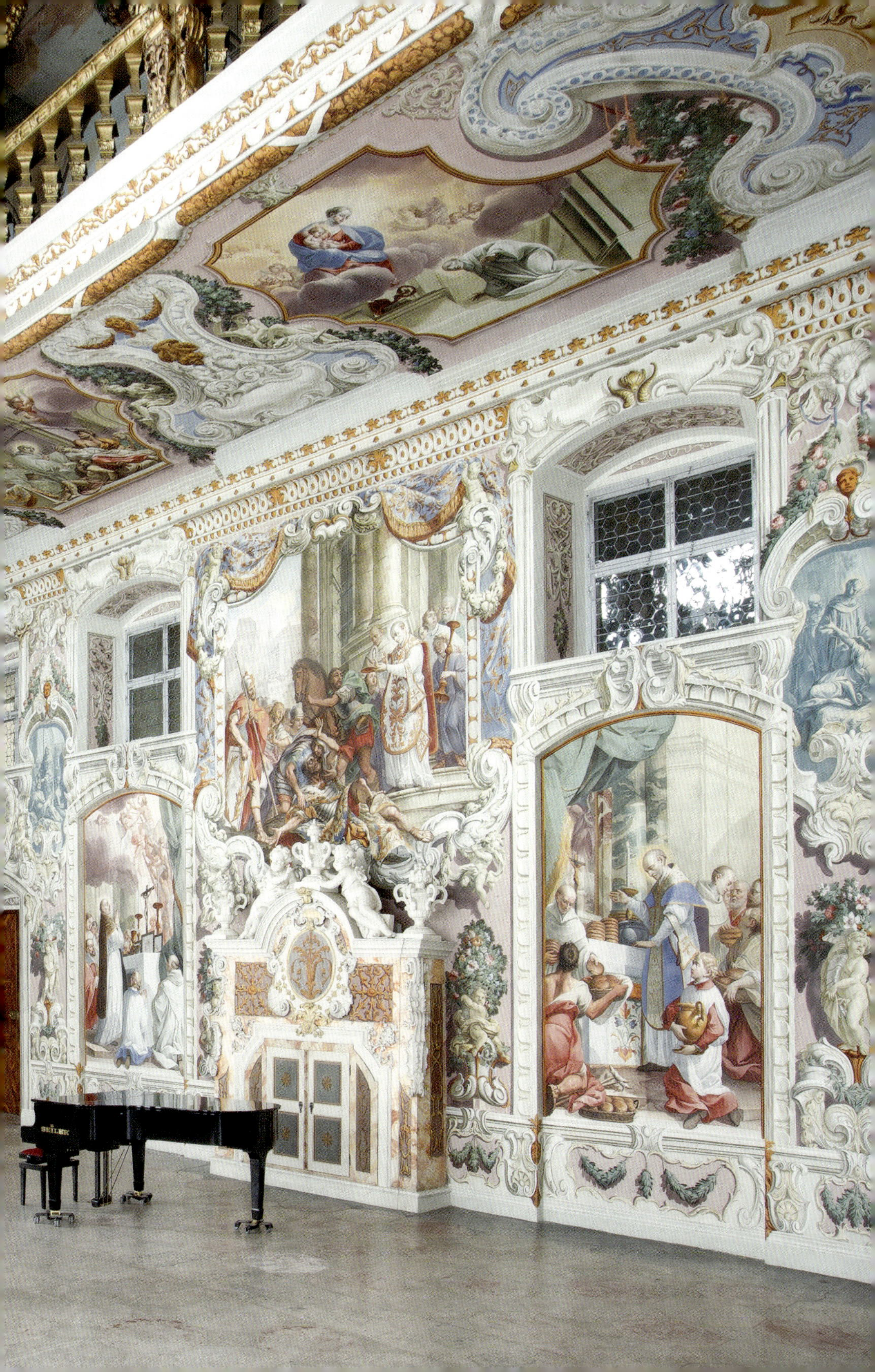

Detail aus dem Rosengitter

Franz Caramelle
Von der Eleganz der Stamser Gitter

Die »hochstehende Handwerkskunst«, wie das Kunstgewerbe treffend definiert wird, spielt in der künstlerischen Ausstattung des Stiftes Stams eine wichtige Rolle. Die liturgischen Geräte, die Reliquiare und Paramente *(siehe Beitrag über das Museum, S. 336 ff.)*, auch einige Möbel – vor allem die Kirchenbänke, das reich intarsierte Chorgestühl und die mit Zinneinlagen versehenen Beichtstühle – erreichen durchwegs hohes kunsthandwerkliches Niveau. Die Schöpfer dieser Arbeiten, die wesentlich zum Gesamteindruck vor allem der Stiftskirche beitragen, sind einheimische Meister oder gar Angehörige des Konvents, die Chorstühle zum Beispiel stammen vom Tischlerbruder Georg Zoller aus Silz (1700–1767).

Ein Zweig des Kunstgewerbes ist in Stams besonders ausgeprägt: die barocke Schmiedeeisenkunst. Die »Stamser Gitter« markieren einen Höhepunkt der Tiroler Kunstgeschichte und gehören »zum Elegantesten auf diesem Gebiet in Österreich« (J. Gritsch). Nirgendwo sonst haben sich so viele Barockgitter in so hervorragender Qualität erhalten. Die Stamser Schmiedeeisenkunst hat eine lange Tradition. In den Urkunden des Stiftsarchivs wird vielfach von Schlossermeistern

KUNST UND MUSIK 229

*Das Chorgestühl, eine
weitere Meisterleistung
des Kunsthandwerks*

*Intarsienbild mit
Zinneinlage auf einem
Beichtstuhl*

berichtet, besonders im 16. und 17. Jahrhundert blühte dieses Kunsthandwerk. Allerdings hat sich aus dieser frühen Zeit außer einigen Schlössern und Beschlägen nichts weiter erhalten, der Bestand an alten Eisengittern ist beim großen Klosterumbau durch die Innsbrucker Barockbaumeister Johann Martin und Georg Anton Gumpp verloren gegangen. Dafür hat das 18. Jahrhundert eine Fülle prachtvoller Gitter aus der Hand heimischer Kunsthandwerker hervorgebracht.

Am bekanntesten und wohl auch bedeutendsten ist das viel gerühmte Rosengitter, das die Vorhalle der Stiftskirche zur Heilig-Blut-Kapelle hin abschließt und das Hauptwerk des Silzer Schlossermeisters Bernhard Bachnetzer (um 1680–1753) ist. Das monumentale, 4,30 m hohe und 3,65 m breite Gitter ist zweigeteilt, den unteren Teil prägt ein schlichtes Rautenmuster, die Sockelzone besteht aus Spiralen mit Akanthusblättern und Knospen. Der obere, rundbogige Teil ist durch Querstäbe in drei Felder gegliedert und mit überreichem, spiralförmigem Rankenwerk ausgefüllt. Aus den Hauptspiralen sprießen – umgeben von dichtem Akanthusdekor – große vielblättrige Rosen, Tulpen und Beerendolden. In der Mittelachse des Bogenfeldes sind Embleme eingefügt: unten die

Das Rosengitter von Bernhard Bachnetzer als Abschluss der Vorhalle zur Heilig-Blut-Kapelle (Seite rechts: Detail des Bogenfeldes) und das Gitter (links im Bild) vor dem Annenaltar, geschaffen von seinem Schüler, dem Konventualen Michael Neurauter

1716

Die Gitter der Prälatenstiege von Bernhard Bachnetzer; das Deckenfresko (Engelskonzert und der hl. Bernhard, dem ein Engel den Klosterplan zeigt) schuf Franz Michael Hueber.

von einem Kranz aus Blumen und Blättern umschlossene Jahreszahl 1716, darüber die Heilig-Blut-Monstranz, ganz oben das Wappen des damaligen Abtes Augustin Kastner, von Blattwerk umkränzt und der Mitra bekrönt; die seitlich sichtbare Blattkrone weist auf die adelige Herkunft des Auftraggebers hin. So wie alle Kirchengitter in Stams ist auch das Rosengitter schwarz-gold gefasst, dadurch erhält es eine edle, festliche Note und strahlt eine gewisse Ruhe aus. Die Fassung bündelt den Dekorations- und Formenreichtum zu einem geschlossenen Ganzen, und der Kontrast zwischen dem schlichten unteren Teil mit der Türe und dem oberen mit dem üppigen Rosendekor erzeugt ein zusätzliches Spannungsmoment. Das Stamser Rosengitter ist ein Meisterwerk barocker Schmiedeeisenkunst, die kunstvoll modellierten Rosenblüten und die elegant geschnittenen Akanthusblätter verleihen ihm seine besondere Note.

Von Bachnetzer stammt auch das zweite Gitter, das den Altarraum der Blutskapelle von der Stiftskirche trennt. Es ist schmäler, in gleicher Weise gegliedert und nicht so reich und plastisch ausgeformt wie das Rosengitter, lässt aber in der eleganten Ausformung der Spiralen, Akanthusblätter und Rosen die Qualität des Meisters erkennen.

Ein drittes Werk Bernhard Bachnetzers hat sich in der Prälatur des Klosters erhalten: das Gitter der sogenannten Prälatenstiege, die sich an die Ostseite des zweigeschossigen Stiegenhauses schmiegt und an den schmalen Nord- und Südseiten leicht gewendelt ist, während an der Westseite die Podeste liegen, die als Gänge weiterlaufen. Die Begrenzung der Treppenläufe bildet ein umlaufendes Schmiedeeisengitter, das mit seinem außergewöhnlichen Formenreichtum und seiner kräftigen polychromen Fassung im Zusammenwirken mit den Stuckaturen und dem Deckenfresko dem Stiegenhaus einen besonderen künstlerischen Akzent verleiht und dessen Repräsentationswirkung steigert. Das 105 cm

Details der Prälatenstiege

hohe Stiegengeländer ist verschiedenartig gegliedert. Im Wendelbereich zeigen die mit Messingkugeln besetzten Zwischenstäbe gedrehte Rundeisen mit eingesetzten Blumen, Blattrosetten und Akanthusblättern, im Bereich der Podeste steigert sich der Reichtum des figuralen Schmucks: Rosen und Tulpen bilden den Hauptdekor, Puttenköpfe, Karyatiden, geharnischte Engel und Genien kommen dazu. Die Gittertüren sind mit einem Spiralmuster mit Bandelwerk und Quadrillagen versehen, das Monogramm des Abtes Augustin Kastner und die Jahreszahl 1727 halten Auftraggeber und Entstehungsdatum fest *(siehe auch Seite 224)*. Das an Ornamentvielfalt und Detailfreude kaum zu überbietende Barockgitter der Stamser Prälatenstiege wurde in den Jahren 1994–1997 auf Kosten der Messerschmitt-Stiftung mustergültig restauriert.

Nicht so bekannt wie Bernhard Bachnetzer, aber kaum weniger bedeutend ist dessen kongenialer Schüler, der Zisterzienserfrater Michael Neurauter (1705–1774) aus Stams, der schon beim Prälatengitter seinen Meister unterstützt und um die Mitte des 18. Jahrhunderts sechs große, selbständige Arbeiten höchster Schmiedeeisenkunst abgeliefert hat. Sein erstes Meisterwerk ist das mittlere Vorhallengitter (1734) im Eingangsbereich der Stiftskirche, ein noch ganz im typischen Formenspiel spätbarocker Stilvariationen gehaltenes Gitter, das neben dem zarten Bandelwerk von einem streng symmetrisch angeordneten Dekorationsschema geprägt ist, das bisweilen an manieristische Grotesken erinnert. Auch die beiden anderen Gitter des Vorraums – jenes neben dem Rosengitter vor dem Annenaltar und jenes vor dem Nepomuk-Altar – sind in Form, Gliederung und Ornamentik dem Eingangsgitter ähnlich und können mit Sicherheit Michael Neurauter zugeschrieben werden.

Rechts: Das mittlere Vorhallengitter, das den Haupteingang zur Stiftskirche schließt, ist das erste Meisterwerk von Frater Michael Neurauter.

Links: Detail des Vorhallengitters vor dem Annenaltar (siehe auch Abbildung Seite 230), das ebenfalls Michael Neurauter zugeschrieben werden kann.

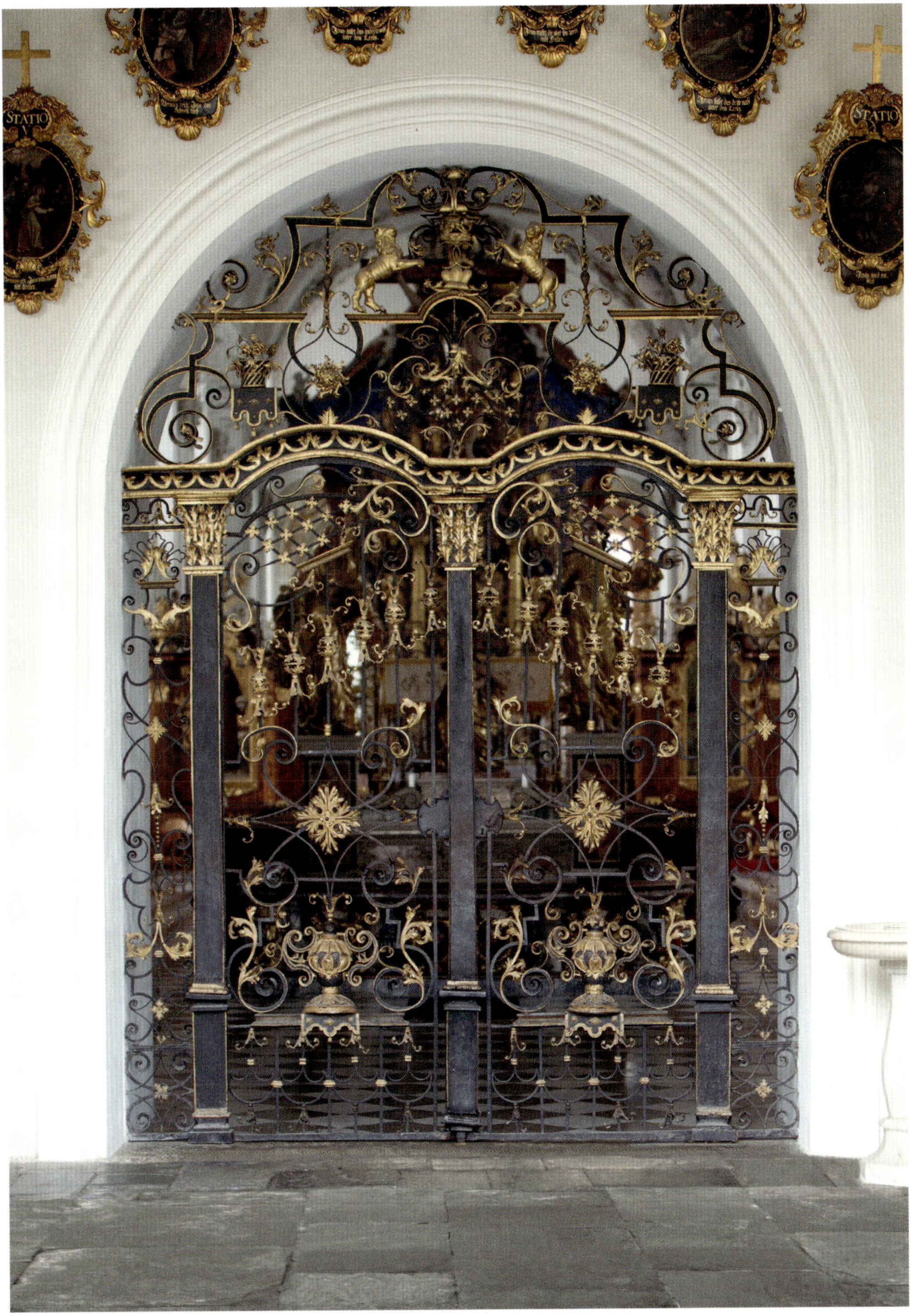

Um 1745 ist das Chorgitter in der Kirche entstanden, zweifellos das Hauptwerk Neurauters. Das 4,27 m breite und 3,62 m hohe Gitter trennt anstelle des ehemaligen Lettners den Volksraum vom Chorbereich und bildet ein grandioses Schmuckelement im Kirchenschiff. Neurauter entfaltet in diesem Gitter seinen ganzen Phantasiereichtum und sein technisches Können als Kunstschmied. Die ungemein bewegte, zarte Komposition mit ihren variantenreichen Stilformen und die vielen, aufeinander fein abgestimmten Dekorationselemente ergeben ein Gesamtbild, das an Schönheit nicht zu überbieten ist. Stilistisch ist das Stamser Chorgitter noch dem Barock zuzuordnen, das Rokoko kündigt sich in den vielfach ausschwingenden Ranken zwar an, allein die strenge Symmetrie lässt den neuen Stil noch nicht zu. Die vergoldete Statuette des Längstrompete blasenden Engels, der den Aufsatz dieses Prachtgitters krönt, präsentiert das Wappen des Auftraggebers, des kunstsinnigen Abtes Rogerius Sailer (1742–1766).

Detail aus dem Chorgitter in der Kirche, dem Hauptwerk Michael Neurauters

Für die Aufstellung im Freien vermutlich ebenfalls vom Schlosserbruder Neurauter geschaffen: das heute einen Konventgang abschließende, etwas robustere Gartengitter

Nicht unerwähnt bleiben darf das ehemalige Gartengitter, das den der Orangerie vorgelagerten Garten abgeschlossen hat. Das 3,20 m breite Gitter war von zwei gemauerten Pfeilern begrenzt und ließ sich durch eine zweiflügelige Türe öffnen. 1985 wurde es – da es starke Verwitterungs- und mechanische Schäden aufwies – von seinem ursprünglichen Standort entfernt, restauriert und in das Kloster transferiert, wo es nun einen Konventgang abschließt. Neurauter dürfte es um 1740 geschaffen haben, das Wappen des Abtes Jakob Milbek lässt auf diese Datierung schließen. In Aufbau, Gliederung und Ornamentik entspricht das Gitter dem bekannten Neurauter'schen Formenvokabular, die Ausführung ist freilich – wohl bedingt durch die Aufstellung im Freien – wesentlich stabiler und gröber als die Kirchengitter des Meisters.

Den Schlusspunkt der barocken Stamser Schmiedeeisengitter setzt das »Speisgitter« in der Stiftskirche. Es bildet die Brüstung der Kommunionbank, ist barock geschwungen und lässt sich in der Mitte zweiflügelig öffnen. Das mit dem Wappen des Abtes Sebastian Stöckl versehene Gitter ist mit 1793 datiert und eine Arbeit des Kunstschlossers Ulrich Schilcher, eines aus Hall stammenden Stamser Konventualen *(siehe Seite 90)*. Das elegante, breit ausgezogene Bandelwerk repräsentiert erstklassige Schmiedekunst, stilistisch ist das Dekorationsmuster retardierend und greift auf längst vergangene Kunstformen zurück, dem Klassizismus wird der Zugang in die Stamser Stiftskirche verwehrt.

Hildegard Herrmann-Schneider

Ein Blick in die musikalische Schatzkammer Tirols

Engelskonzert. Detail aus dem Gewölbefresko von Egyd Schor in der rechten Apsis der Stiftskirche (um 1695)

Im Stift Stams erklang Musik in aller Reichhaltigkeit während der Liturgie, zur Repräsentation und Reverenz gegenüber hohen Besuchen, zur Ehrerbietung gegenüber dem Abt und an Festen von Mitgliedern des Konvents, zur persönlichen Rekreation der Konventualen, im Verband von Mitbrüdern, Stiftsbediensteten und Gästen. Hier prägte Musik junge, dem Stift zur Erziehung und umfassenden Bildung anvertraute Menschen in ihrer Persönlichkeitsentwicklung; die musikalische Mitwirkung der Knaben im Gottesdienst und bei Theatervorstellungen war eine Selbstverständlichkeit. Grundstrukturen klösterlicher Musikpflege sind an vielen Orten oft einander ähnlich: Kantoren, Chorregenten, Instrumentalisten, Sänger, Musikpädagogen und nicht zuletzt Komponisten aus dem Kreis der Konventualen, meist mit professionellem Können, sind die wichtigsten Träger der Musik. Zeitweise gaben musikalische Fähigkeiten eines Postulanten ausdrücklich den Ausschlag, ob er als Novize im Kloster Aufnahme fand oder nicht. Wenn Äbte oder Prioren eine Vorliebe für Musik besaßen und sich als Musikmäzen erwiesen, zog dies renommierte Komponisten und Musiker als Gäste an, die den Musikdarbietungen im Kloster Glanz verliehen und hier nicht selten authentische Abschriften ihrer Werke oder gar Autographe als persönliche Aufmerksamkeit zurückließen, gern gegen eine Gratifikation.

Über ein solch gängiges Gefüge des Musiklebens in einem Kloster weit hinaus weist Stams für seine musikalische Vergangheit zahllose Besonderheiten auf, die es zu einem der bedeutendsten Musikzentren in Tirol machten, im 18. Jahrhundert wohl nahezu unvergleichlich. Zahlreiche außergewöhnliche Fakten erlauben es, Stams als die »musikalische Schatzkammer Tirols« anzusehen. Acht aus dem Kontext der über Jahrhunderte vielgestaltigen Stamser Musikgeschichte ausgewählte Kernpunkte mögen hier als Streiflichter repräsentativ die musikalische Vergangenheit der Abtei beleuchten.

Die Visualisierung von Musik in der bildenden Kunst

Auffallend häufig und an prägnanten Stellen der Stiftskirche oder des Klostergebäudes wird Musik visualisiert. Wenngleich in den Darstellungen gängige Topoi musikalischer Motive dominieren, so stechen diese doch durch ihre planvolle Gestaltung ins Auge. Die in Stams vielerorts auf Bildern oder als Skulpturen musizierenden Engel sind keine Nebensache. Von Anfang an waren die betreffenden Kunstobjekte für Stams bestimmt, daher kann aus ihnen abgelesen werden, welch zentralen Stellenwert die Musik im Kloster eingenommen haben muss, anderenfalls hätte man die Musik nicht wiederholt optisch generös in Szene gesetzt. Allen Musikdarstellungen in Stams ist gemäß ihrem Standort eine transzendente Komponente eigen.

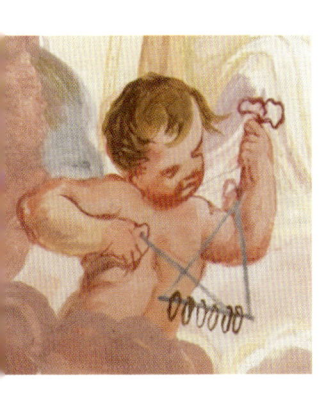

Putto mit Triangel (weiteres Detail aus dem Stamser Engelskonzert von Egyd Schor)

Putto mit Längstrompete am Schalldeckel der Kanzel von Andreas Kölle (1739)

*Musizierender Engel mit Fidel.
Detail aus der Marienkrönung,
einer um 1385 gemalten Altartafel
im Stift Stams (siehe auch S. 181)*

*Engelskonzert. Detail aus dem
Deckenfresko von Franz Michael
Hueber (1729) über der Prälaten-
stiege (siehe auch S. 232)*

Bereits aus der Zeit um 1385 stammt ein in jeder Hinsicht außergewöhnliches Kunstwerk mit unverkennbar musikalischem Inhalt: die Altartafel eines Meraner Malers, genannt Konrad im Tiergarten. Sie zeigt die Krönung Mariens zur Himmelskönigin *(vgl. S. 181)*. Jeweils neun singende und sechs musizierende Engel flankieren im Chor links und rechts die Ehrenbezeigung, dazu verleihen acht einzeln über dem Gesamtgeschehen auf goldenem Hintergrund positionierte, jeweils ein Musikinstrument spielende Engel dem Schauplatz eine majestätische, ebenso introvertierte Aura. Die ganze Welt mittelalterlichen Musikinstrumentariums scheint vergegenwärtigt: Die Engel spielen Harfe, Harfenzither, Psalterium, Mandola, Fidel, Schnabelflöte, Dudelsack, Platerspiel, Tuben (gerade Längstrompeten), Portativ. Freilich steht diese glanzvolle himmlische Musik auf dem Altarbild im Gegensatz zum Klosterleben im Mittelalter, bei dem die Musikausübung wohl noch ausschließlich vokal zum Lob Gottes erfolgte.

Wiederum wird die Aufnahme Marias in den Himmel von musizierenden Engeln begleitet auf dem gegenwärtigen Hochaltar der Stiftskirche aus den Jahren um 1610 *(vgl. S. 204–207)*. Den Aufgang zur Prälatur schmückt ein Deckenfresko von Franz Michael Hueber (1729) mit einem prunkvollen Engelskonzert, das die übrige Thematik des Bildes fast zu überdecken scheint *(vgl. S. 232)*. In der Basilika erkennen wir

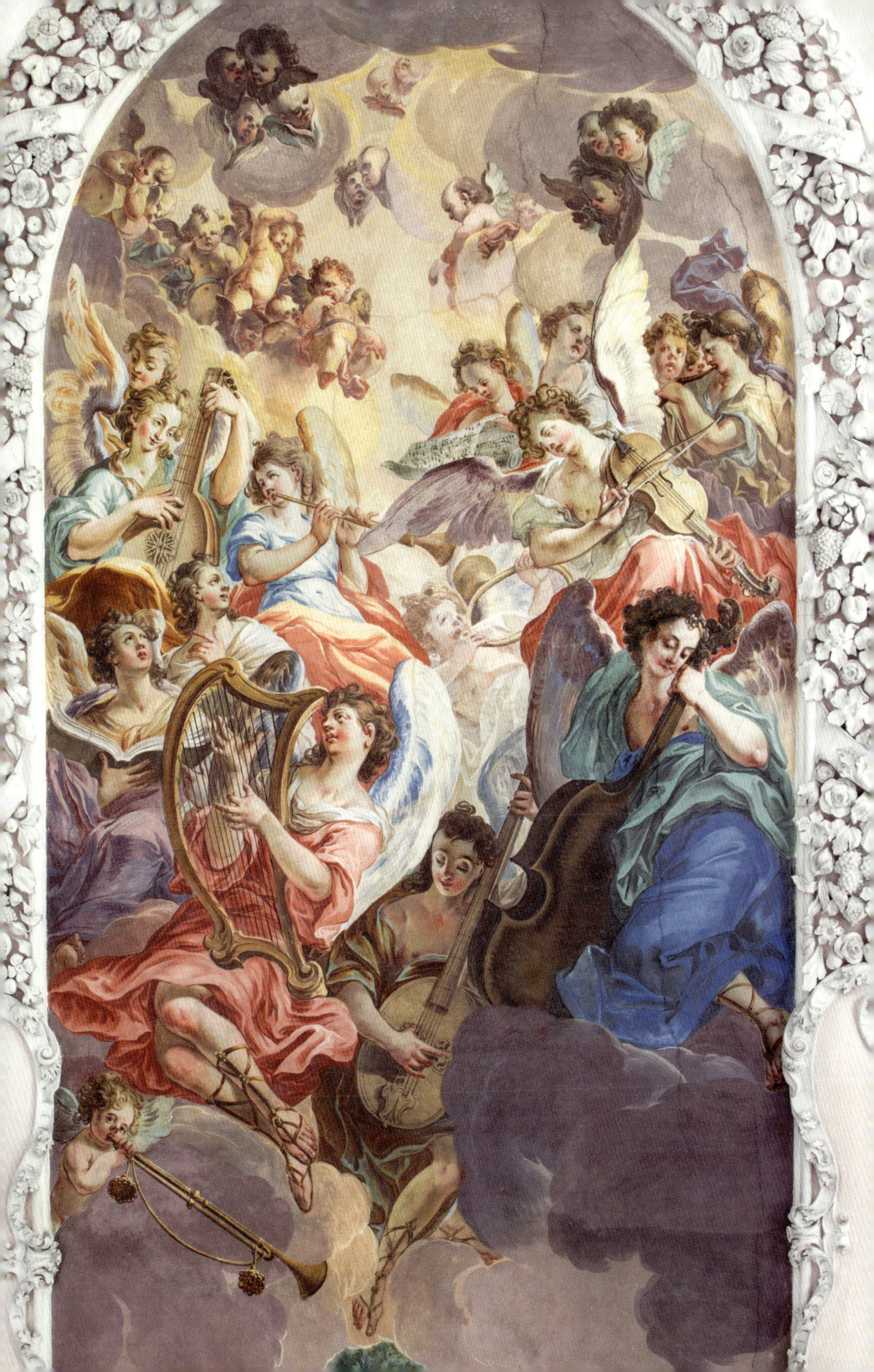

Zisterziensermönche singen im Chor, unter Orgelbegleitung und der Erscheinung Mariens. Gewölbefresko (Grisaille-kartusche) von Johann Georg Wolcker d. J. in der Stiftskirche (um 1732)

schräg gegenüber der Chororgel von Andreas Jäger (1757, *vgl. S. 256/257*) auf einem Gewölbefresko von Johann Georg Wolcker d. J. (Zisterzienser-) Mönche beim Chorgesang mit Orgelbegleitung und der Erscheinung Mariens (um 1732). Derselbe Maler hob in seinem Deckenfresko über der Orgelempore deutlich singende und musizierende Engel hervor. Barocke Klangvielfalt indiziert das Engelskonzert im Gewölbebild der rechten Apsis von Egyd Schor (um 1695). Der beschwingte Engel auf dem Chorgitter (um 1742/45, *vgl. Abb. S. 236*) und die Putti auf dem Schalldeckel der Kanzel von Andreas Kölle (vollendet 1739) künden mit ihren Längstrompeten das Lob des Herrn in alle Welt.

Zeugnisse des Choralgesangs

Aus der Gründungszeit der Abtei sind liturgische Gesänge mit klarem Stams-Bezug nicht überliefert. Da solche jedoch aus dem Stamser Mutterkloster Kaisheim in der Bayerischen Staatsbibliothek München erhalten sind und in Stams unter Abt Friedrich von Tegernsee (reg. 1279–1289, 1294–1299) der Kantor Giselher von Kuenburg sowie der Sukzentor Leopold offiziell in ihrem Amt bestätigt sind, ist hier gegen Ende des 13. Jahrhunderts auf eine stete Choralpflege zu schließen. Im Jahr 1432 beschrieb der aus Sachsen stammende Mönch P. Valentin Korner OCist in Stams ein prachtvolles Graduale samt Hymnen mit monastisch zisterziensischem Inhalt. Der Codex gelangte 1808 im Zug der Säkularisation an die Universitätsbibliothek in Innsbruck, wo er seither verwahrt wird (Signatur Cod. 1). Choralgesang

Introitus »De ventre matris meae vocavit me Dominus« zum Geburtsfest des hl. Johannes des Täufers (24. Juni) in einem Graduale, 1432 in Stams von P. Valentin Korner geschrieben. Gotische Choralnotation

»Processionale sacri cisterciensis ordinis«, Paris: Jérôme de Manef 1603, Titel, davor Blatt eingefügt mit Responsorium »Hic est fratrum amator« und Versus »Vir iste« (Handschrift um 1500, gotische Choralnotation, Schluss)

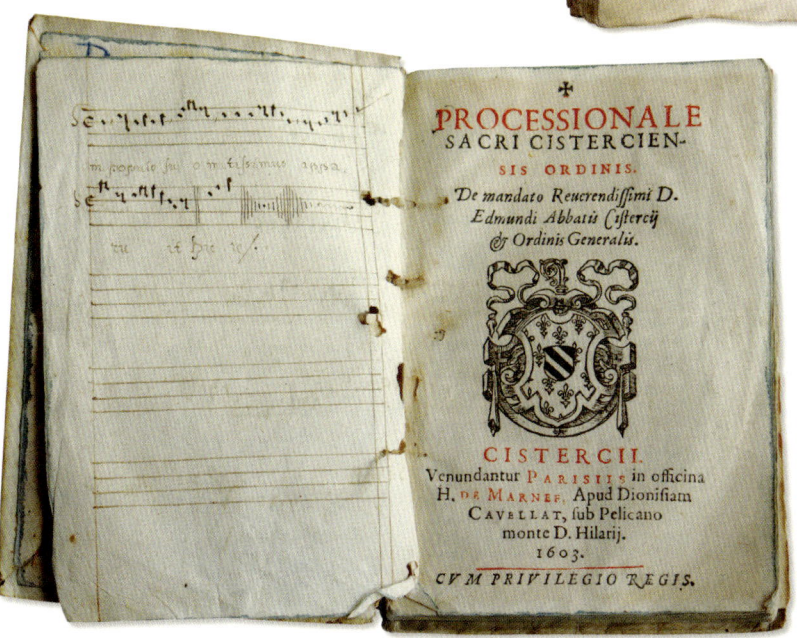

aus der Zeit um 1500 ist dokumentiert auf einem handschriftlichen Notenblatt mit dem Responsorium »Hic est fratrum amator« (»Dieser ist ein Freund der Brüder«, 2 Makk 15, 14) in gotischer Choralnotation, das dem »Processionale sacri cisterciensis ordinis« (Paris 1603) vorgeheftet ist und zum Empfang eines Visitators gesungen wurde.

Abbildung oben: Titel zum »Stabat Mater« von Giovanni Battista Pergolesi (1710–1736), Stimmkopie eines anonymen italienischen Schreibers (um 1770)

Abbildung unten: Duett aus der 1833 in Mailand uraufgeführten Oper »Caterina di Guisa« von Carlo Coccia (1782–1873) in einer Bearbeitung für Blasmusik, die der als Kaiserjäger in Oberitalien stationierte Unterjäger Gasser in Piacenza noch im selben Jahr abschrieb (Anfang und Schluss der Partitur, Relikt von Militärmusik)

Im 18. Jahrhundert lebte die Tradition des Choralgesangs aus handschriftlichen Büchern wieder auf. So schrieb der Stiftsarchivar P. Roman Gienger 1723/24 einige Folianten in Hufnagelnotation auf vier Notenlinien. Bis um die Mitte des 19. Jahrhunderts entstanden in Stams neue Choralhandschriften für den Alltagsgebrauch, ab der zweiten Hälfte des 18. Jahrhunderts im damaligen Usus auch mit Orgelbegleitung. Diese Quellen befinden sich im Musikarchiv von Stift Stams.

Das Musikarchiv

Das Stamser Musikarchiv verfügt mit einem Bestand von etwa 3000 Musikhandschriften und Musikdrucken – einschließlich zahlreicher Sammelbände – vor allem aus dem 18. und 19. Jahrhundert, über einzigartige Quellen zur Musikgeschichte Tirols und darüber hinaus. Fast singulär sind die Geschlossenheit der Überlieferung aus dem 18. Jahrhundert sowie die Vielfalt der Unikate. Die vielschichtige Konsistenz des Bestandes ermöglicht es, ein wirklichkeitsnahes Bild einstiger klösterlicher Musizierpraxis zu bekommen. Neben Musik für die Gottesdienste stehen kammermusikalische, sinfonische und theatralische Werke. Die Reihe der Komponisten reicht vom österreichisch-deutschen und böhmischen Raum über einen deutlichen Schwerpunkt mit Italien bis in die Niederlande. Musikalienbestände, die an anderen Orten verloren gingen, lassen sich über Handschriften in Stams zu einem Teil rekonstruieren, zum Beispiel diejenigen der säkularisierten Zisterzienserklöster Kaisheim und Fürstenfeld oder möglicherweise auch des 1783 aufgelösten Königlichen Damenstifts in Hall.

Einen eigenen, in Tirol sehr seltenen Fundus stellen etwa 100 Partituren und Stimmen mit Abschriften von Blasmusik ab der ersten Hälfte des 19. Jahrhunderts dar, Bearbeitungen aus Opern, Tänze, Märsche. Mit Unterstützung der Kulturabteilung der Tiroler Landesregierung arbeitet die Musikwissenschaftlerin Hildegard Herrmann-Schneider an der wissenschaftlichen Erschließung der musikalischen Quellen im Stift Stams. Derzeit (Juli 2016) sind ca. 7200 Titelaufnahmen von Musikhandschriften, ebenso von einigen Musikdrucken aus Stams für jedermann zugänglich im RISM-OPAC, dem Online Public Access Catalogue des Répertoire Internationale des Sources Musicales, des Internationalen Quellenlexikons der Musik (*www.rism.info, Bibliothekssigel für Stams: A-ST*).

Der Stamser Musikalienkatalog aus dem Jahr 1791

P. Stefan Paluselli OCist. (1748 Kurtatsch – 1805 Stams) legte bei seinem Amtsantritt als Chorregent in Stams 1791 einen selbst für heutige Maßstäbe mustergültigen Musikalienkatalog an, das »Registrum Musicalium Stamsensium« (A-ST Mus.ms. 200). Er verzeichnete darin bzw. ergänzte in den Folgejahren diejenigen Stücke, die ihm für den Gebrauch im Stift relevant schienen. Dieser Katalog ist in seiner Art ein Unikat: Hier sind nicht nur wie meist üblich die Komponistennamen, die Stücke nach ihrer Gattung, die Signatur und eventuell noch die Tonart aufgelistet, sondern Paluselli schreibt zu jedem Titel ein zweizeiliges Notenincipit samt einer detaillierten Besetzungsangabe, er markiert seine eigenen Erwerbungen und erschließt das Kompendium mit 240 Seiten Umfang und ca. 970 enthaltenen Werken durch zwei alphabetische Register, eines für die Autoren, eines für die Kompositionen nach liturgischen und gattungsspezifischen Kriterien.

»Registrum Musicalium Stamsensium«: Seite 126 aus dem Musikalienkatalog von P. Stefan Paluselli OCist, 1791 ff. In der Rubrik »Offertoria Pastoralia« sind Weihnachtsstücke von Jan Zach (1713 – 1773), von »N.N.« (identifiziert als der Füssener Benediktiner Gerard Martin, 1755 – 1797), Edmund Angerer OSB (1740 – 1794), Karl Constanz (Hof- und Pfarrorganist in Brixen, 1740 – 1817) und František Xaver Brixi (Kirchenmusiker in Prag, 1732 – 1771) angeführt.

Titel zur »Berchtoldsgaden Musick« von P. Edmund Angerer OSB, Stimmkopie von Stefan Paluselli, um 1790. Diese Quelle bot 1996 den Schlüssel zur Identifizierung des als »Kindersinfonie« weltbekannten Stücks durch Hildegard Herrmann-Schneider; es war früher Joseph oder Michael Haydn bzw. Leopold Mozart zugeschrieben.

Eine weltweite Sensation: die sogenannte »Kindersinfonie«

Unter anderem bot die penible Musikalieninventarisierung durch P. Stefan Paluselli ein stichhaltiges Indiz, dass 1996 erstmals der tatsächliche Autor der weltberühmten sog. »Kindersinfonie« zweifelsfrei identifiziert werden konnte. Der Komponist des Stücks war seit deren Entstehungszeit fraglich gewesen, man hatte Joseph und Michael Haydn oder Leopold Mozart als Urheber angesehen. Im Stamser Musikarchiv lag in der Handschrift mit der »Berchtoldsgaden Musick« und der Autorenangabe P. Edmund Angerer der Schlüssel für den differenzierten Nachweis, dass Edmund Angerer (1740–1794), der Chorregent und mehrfach in Stams zu Besuch und Musikaufführungen weilende Benediktiner aus dem nicht allzu weit von Stams entfernten Kloster Fiecht, der Komponist des seit Jahrhunderten populären musikalischen Kleinods sein muss *(siehe Mozart-Jahrbuch 1996)*.

P. Stefan Paluselli: ein musikalisches Universaltalent

Im Jahr 1770 trat Johann Anton Paluselli nach Abschluss seiner Gymnasialzeit in Innsbruck mit zwei ebenfalls schon früh musikalisch tätigen Mitschülern in das Stift Stams ein. Er nahm den Klosternamen Stefan an, wurde 1774 in Brixen zum Priester geweiht und prägte in den nächsten Jahrzehnten umfassend das Musikleben im Kloster, als Musiklehrer im 1778 gegründeten Knabenseminar während der Jahre 1784/85 bis 1791/92. Paluselli war ein musikpädagogischer Pionier und ausgeklügelter Didaktiker, für seinen Singunterricht entwarf und verwendete er ein neues Solmisationssystem. Er spielte virtuos auf Streichinstrumenten und war im Orgelspiel sehr bewandert. Er kopierte zahlreiche Werke fremder Komponisten, entsprechend damaligem Usus bearbeitete er sie gelegentlich für die Aufführungsmodalitäten in Stams. Ab 1791 stand er der Figuralmusik vor, bis elf Tage vor seinem Tod, als ihn am 16. Februar 1805 der aufgrund der Säkularisation von Fürstenfeld nach Stams gekommene P. Josef Maria Riedhofer (1774–1838) ablöste. Paluselli hinterließ ca. 200 eigene Kompositionen, Sakralwerke, Kantaten, Singspiele, Divertimenti, Orchestertänze, Kammermusik, Cembalostücke. Die Autographe haben sich in Stams weitgehend erhalten. Obwohl er selbst das Kloster kaum verließ, war ihm europäisches Musikrepertoire geläufig. Dies belegen die aus seiner Zeit in Stams vorhandenen Noten, in denen sich nicht selten aufführungspraktische Eintragungen von seiner Hand finden.

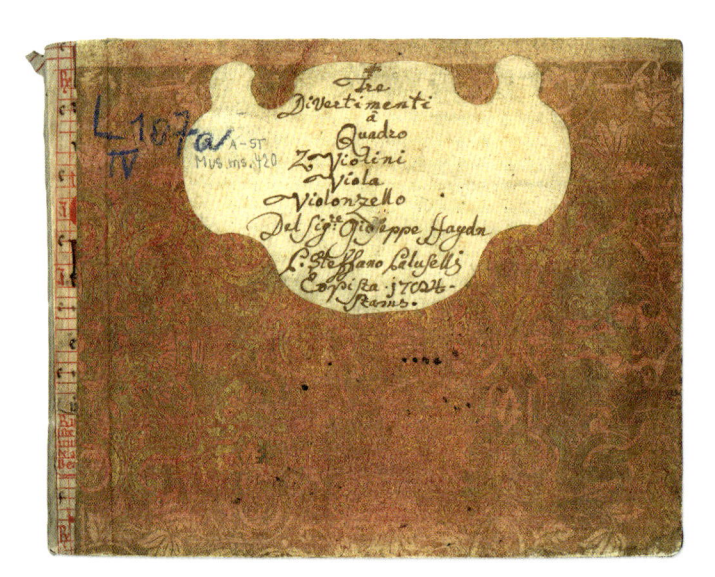

Einband (Brokatpapier, als Rücken Fragment aus einer älteren Choralhandschrift) zu den sog. »Sonnenquartetten« Nr. 3, 5 und 6, Hob. III: 33, 35, 36 von Joseph Haydn. Abschrift (Partitur) von Stefan Paluselli, Stams 1784

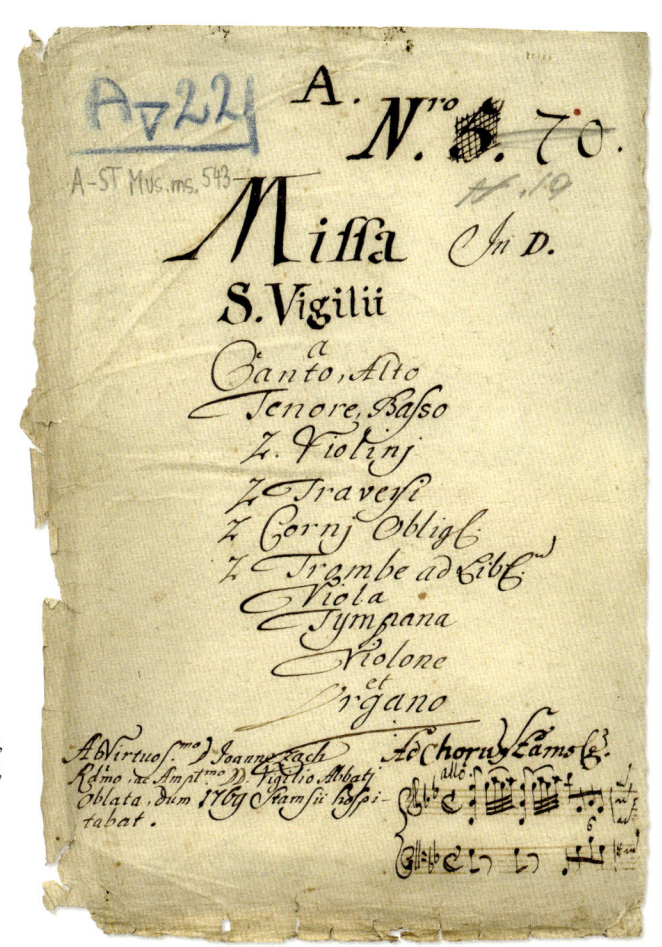

Jan Zach, »Missa Sancti Vigilii«, Abt Vigilius Kranicher gewidmet, Umschlagtitel, geschrieben von P. Alois Specker, Stams 1769, als Zach in Stams weilte

Eine rastlose Künstlerpersönlichkeit: Jan (Johann) Zach

In den Jahren 1767, 1769 und 1771 hielt sich Jan Zach (1713 Dehtáry bei Brandýs nad Labem/Tschechien – 1773 Ellwangen/Baden-Württemberg) in Stams auf. Als Instrumentalvirtuose und Komponist war er eine musikalische Autorität seiner Zeit. Er hatte bald nach 1740 seine Heimat Böhmen verlassen, schließlich 1756 auch Mainz, wo er 1745–1750 das Amt des Hofkapellmeisters bei Johann Friedrich Karl von Ostein, Erzbischof und Kurfürst von Mainz, innegehabt hatte, 1746 unterbrochen durch einen vom Dienstherrn bewilligten Aufenthalt in Italien. Zach war eine selbstbewusste, wohl überaus eigenwillige Künstlerfigur, verbrachte den Rest seines Lebens auf Konzertreisen, ohne je mehr eine feste Anstellung zu haben, bestritt sein Leben durch den Verkauf seiner Kompositionen und das Erteilen von Musikunterricht. Die musikliebenden Patres in Stams verehrten Zach, und dieser überließ ihnen eine Vielzahl seiner Kompositionen zur Abschrift oder im Autograph. Bei seiner Abreise aus Stams 1771 wurde Zach von Abt Vigilius mit einem äußerst großzügigen »Weggeld« bedacht. Und als 1771 der Imster Orgelbauer Franz Greil in der Heilig-Blut-Kapelle eine neue Orgel errichtete *(vgl. S. 261)*, wurden über der Klaviatur in Höhe des Notenpults Stimmen zu einer »Missa Solemnis« von Zach aufgemalt, nämlich zu seiner vom Stamser Regens chori P. Alois Specker 1771 eigenhändig kopierten »Missa Sancti Thomae Aquinatis.« Stift Stams besitzt mit über 70 Werken überhaupt den größten Teil des kompositorischen Vermächtnisses von Zach, der vor allem als einer der ersten Schöpfer der von Oper und Oratorium losgelösten, autonomen Konzertsinfonie seinen Platz in der Musikgeschichte hat.

Musikinstrumente der Extraklasse

Außer den Orgeln gehörten weitere Musikinstrumente zum selbstverständlichen Inventar eines die Musik kultivierenden Klosters. Stams besaß außer einer (zumindest angeblichen) Geige von Jakob Stainer aus Absam (ca.1617–1683) Blasmusikinstrumente, die auch an Musikanten in der Umgebung verliehen wurden. Zu den aus dem 17. und 18. Jahrhundert erhaltenen Instrumenten im Stift Stams gehören eine Leinentrommel (Militärtrommel) von 1656, eine fünfsaitige Armviole mit Knabenkopf des aus Füssen gebürtigen Münchner Hoflautenmachers Rudolf Höß (1706), ein Violone (Kontrabass) in individueller Corpusform, gebaut 1777 vom Augustiner-Eremiten Vitalis Haselberger (1732–1800) im Kloster Seefeld, eine Bass-Viola da gamba von Johann Georg Psenner d. Ä. (ca. 1680 Bozen–1762 Innsbruck), die später zu einem Violoncello umgebaut wurde. Die Datierung »1656« auf der Trommel dürfte auf das in diesem Jahr zu Innsbruck abgehaltene »erzfürstliche Frei- und Gnadenschießen« Bezug nehmen. Aus der Zeit um 1800 werden seit 1941 unter anderem drei Czakane (in einen Spazierstock eingebaute Blockflöten) und eine Vogelorgel (Serinette) in der Musiksammlung des Tiroler Landesmuseums Ferdinandeum als Legat aus Stams verwahrt.

Violone, gebaut 1777 von P. Vitalis Haselberger OESA im Augustinerkloster Seefeld, wo er 1761–1772 und 1776–1782 als Organist wirkte

Bass-Viola da gamba von Johann Georg Psenner d. Ä., Innsbruck 1749, später umgebaut zu einem Violoncello

Leinentrommel (Militärtrommel), 1656, bemalt mit dem Wappen des Stamser Abtes Bernhard Gemelich (reg. 1638–1660). Ober- und unterhalb der Kartusche Spruchband mit Fehlstellen: »nit in spi[ln?] oder Wörn sonde[rn] in Namen des Herrn / […] Bernar[…] Abb[…] in Stam[…]«

Denkmalpflege für die Stamser Klangwelt

Werke der Malerei, der bildenden Kunst oder historisch wertvolle Gebäude zeigen sich unmittelbar als Opus ihres Schöpfers, daher wird ihnen hinsichtlich ihrer Erhaltung in der Regel große Aufmerksamkeit zuteil. Die Tonkunst hingegen bedarf der Interpretation durch Musiker, um für die Allgemeinheit sinnlich wahrnehmbar zu werden. Eine musikalische Komposition erschließt sich in ihrem realen Klang nur sehr wenigen Leuten bereits vom Notenblatt her, die Bewahrung des musikalischen Erbes einer Institution braucht somit ein eigens zugeschnittenes Vorgehen. Eine elementare Grundlage für die Konservierung von Musikalien ist die wissenschaftliche Katalogisierung (vgl. oben S. 245). Der Musikwissenschaftler Manfred Schneider (u. a. 1984–2007 Kustos der Musiksammlung des Tiroler Landesmuseums Ferdinandeum und seit 1983 Vorstand des Instituts für Tiroler Musikforschung in Innsbruck) beschritt in beharrlicher Pionierarbeit einen für die systematische musikalische Denkmalpflege in Tirol neuen Weg: Er brachte seit 1988 konsequent die für die Musikgeschichte Tirols eindrucksvollsten Werke von aus Tirol stammenden oder in Tirol wirkenden Komponisten in Konzerten zur Aufführung, als Arbeitsprojekte des Tiroler Landesmuseums Ferdinandeum (bis 2007) und des Instituts für Tiroler Musikforschung. Die Livemitschnitte dieser Konzertpremieren erschienen auf CD (bislang ca. 180 Editionen). Aus dem Musikarchiv von Stift Stams konnten über 200 Werke des 18. Jahrhunderts dauerhaft und für jedermann verfügbar in CD-Veröffentlichungen vorgelegt werden, als gleichsam klingende Ausstellung. Für die Stamser Schätze wurde 1994 im Institut für Tiroler Musikforschung eine eigene CD-Reihe »Musik aus Stift Stams« begründet. Das dritte Tiroler Weihnachtskonzert mit ausschließlich Stamser Weihnachtsmusik (2007) erschien im Jahr 2008 als Folge 24 der Reihe »Musik aus Stift Stams«. Eine Auflistung des Inhalts der CD-Ausgaben findet sich auf der website des Instituts für Tiroler Musikforschung www.musikland-tirol.at, dort sind zu jeder CD auch Hörproben abrufbar.

CD aus der Reihe »Musik aus Stift Stams« des Instituts für Tiroler Musikforschung, deren Folge 24 ausschließlich Stamser Weihnachtsmusik enthält. Das Titelmotiv ist ein Emaille-Medaillon am Weihnachtskelch von Johann Jakob Vogelhund, Augsburg um 1710, Stift Stams.

Kunst und Musik

Anonymes Stück, Stimme für »Cornetto [Zink] solo«, Handschrift um 1610/20, Einbandmakulatur. Zustand nach der Restaurierung im Tiroler Landesarchiv (Februar 2015)

»Altpapier« und Preziosen

Musikhandschriften und -drucke waren auch in Stams Gebrauchsgegenstand, mit der Änderung des musikalischen Geschmacks gingen Neuanschaffungen einher, Altes wurde ausgesondert. Der verbreiteten Gepflogenheit, zum Musizieren überflüssig gewordene Notenblätter einer weiteren Verwendung zuzuführen, sie beispielsweise als Einbandmaterial zum Schutz anderer Schriften zu nutzen, verdanken wir in Stams das Faktum, dass im Archiv an sich nicht mehr vorhandene Musik des 17. Jahrhunderts über Fragmente aus Einbandmakulatur partiell rekonstruierbar wird. Freilich tun sich dabei viele Rätsel auf, so bei der Einbandmakulatur mit einem Notenfragment, das den Anfang einer anonymen Einzelstimme Cornetto solo enthält. Die genuine Provenienz des um 1610/20 zu datierenden Notenblatts ist bisher nicht zu beweisen, doch könnte vielleicht ein Kontext mit der Innsbrucker Hofmusik und dem im fürstbischöflichen Dienst zu Brixen stehenden Zinkenisten Elias Ranftner bestehen. Es ist der Restaurierungswerkstätte des Tiroler Landesarchivs zu verdanken, dass im Jahr 2015 viele üble Spuren sorgloser Behandlung des Notenblatts in der Vergangenheit beseitigt und eine optimale Konservierung der Handschrift zustande gebracht werden konnten. HHS

Alfred und Matthias Reichling

Stamser Orgelgeschichte und ihre heutigen Zeugen

Bilder rechts unten:
Zwei Flügelgemälde der
Orgel, die 1610–1612 am
Lettner zwischen Chorraum
und Kirchenschiff aufge-
stellt wurde, geschaffen
1619 von Paul Honecker

Seit mehr als einem halben Jahrtausend trägt in den Gottesdiensten des Stiftes Stams der Orgelklang zur Erhöhung der Feierlichkeit bei. Die heutigen Instrumente – Stiftsorgel, Chororgel und die Orgel in der Heilig-Blut-Kapelle – stehen am Ende einer langen Traditionskette; ihre historische Substanz reicht immerhin noch bis in das 18. Jahrhundert zurück.

Die erste Stamser Orgel entstand unter dem vierzehnten Abt Kaspar Märkle (1481–1484) als sogenannte Schwalbennest-Orgel an der nördlichen Hochwand. 1557 ist von nicht näher spezifizierten Orgelbauarbeiten die Rede. Zwanzig Jahre später beschloss man, das »groß Orglwerch« (gab es damals vielleicht auch schon ein »kleines«?) zu renovieren, und beauftragte damit Anton Neuknecht, der zu jener Zeit auch in Hall und Innsbruck tätig war. Die Orgel wurde um einen Ganzton tiefer gestimmt und erhielt mehrere neue Register, wofür unter anderem 4 Zentner und 50 Pfund Blei sowie 150 Pfund Zinn benötigt wurden. Es handelte sich also um eine Modernisierung, sprich: um einen eingreifenden Umbau, der im September 1578 vollendet war.

Neuknecht baute zusätzlich eine »kleine Orgel«, ein Positiv also, wodurch die Stiftskirche spätestens von da an über eine große Haupt- und eine kleine Chororgel verfügte. 1590 wurde ein Organist angestellt, der am Tag und in der Nacht beide Instrumente je nach Anordnung bespielen, dazu einen oder zwei Konventualen im Spiel von Tasteninstrumenten unterrichten und schließlich auch noch mehrere Schüler musikalisch ausbilden musste. Hierfür erhielt er jährlich 18 Gulden und durfte am Tisch des Abtes speisen.

1610 kam Daniel Hayl aus Irsee bei Kaufbeuren, der nicht nur seine zwei Söhne Daniel und Diepolt samt einem Gehilfen, sondern auch sein altes »*Mütterle*« mitbrachte, also für die Dauer der Arbeit (bis Ende Juli 1612) den Familienwohnsitz in Stams hatte. Er erbaute auf einem zuvor errichteten »*Gwölb*«, dem Lettner zwischen Chorraum und Kirchenschiff, eine neue Orgel, die über eine Wendeltreppe zu erreichen war. 1612 wurde noch ein Positiv im Chor »*gehörig gemacht*«. Die große Orgel hatte zwei Schauseiten (Prospekte): sowohl zum Mittelschiff als auch zum Chor hin, jede mit Flügeltüren versehen, die 1619 von Paul Honecker bemalt wurden. In geschlossenem Zustand sah man vom Schiff aus die Verkündigung und die Heimsuchung, geöffnet die Anbetung des Kindes durch die Hirten und die Drei Könige. Fünf der ehemals acht Flügelbilder sind – etwas umgearbeitet – heute noch im Stift erhalten.

1647 baute Carlo Prati aus Trient ein neues Principalregister ein. Im Jahre 1702 kam der berühmte Zisterzienser P. Mauritius Vogt aus Böhmen für weit mehr als ein Jahr, um nicht nur die Orgel von Grund auf zu renovieren, sondern auch mit jüngeren Fratres Philosophie zu betreiben, einen von ihnen als Organisten auszubilden und zwei weitere im Flötenspiel zu unterrichten.

Anlässlich der Umgestaltung der Stiftskirche im barocken Sinn (ab 1730) demontierte der Orgelbauer Johann Baptist Cronthaler aus Kaufbeuren die Lettnerorgel. Am Westende des Kirchenraums wurde eine Musikempore erbaut, sodass nun auch genügend Platz für die Ausübung der damals üblichen mehrstimmigen Kirchenmusik mit Instrumentalbegleitung zur Verfügung stand. Dort stellte Cronthaler 1732/33 die Orgel wieder auf, wobei er mehrere hundert neue Pfeifen, einige neue Register sowie Klaviaturen mit größerem Tastenumfang einbaute.

Im Jahre 1757 errichtete Andreas Jäger aus Füssen die heute noch bestehende einmanualige Chororgel, die direkt an das Chorgestühl angebaut ist. Sie war dem einstimmigen gregorianischen Choral der

Kunst und Musik   **257**

*Frater Martin an der Chororgel und Details dieses 1757 entstandenen Instruments.
Während der Restaurierungsarbeiten 2015 – 2016 war ein Blick über die Pfeifen auf das Chorgestühl möglich.*

täglichen Gottesdienste (Messe und Stundengebete) zugeteilt. Jäger stimmte dieses Instrument mit Rücksicht auf die Choralsänger um einen halben Ton tiefer als heute üblich ein. Anschließend erbaute er eine Orgel mit neun Registern für die Stamser Pfarrkirche, für die er auch Pfeifen der alten Chororgel von 1612 verwendete. Schäden, die Besatzungssoldaten nach 1945 angerichtet hatten, wurden 1953 durch Johann Pirchner aus Steinach am Brenner behoben. Im Jahre 2016 fand eine durchgreifende Restaurierung durch Alois Linder (Nussdorf am Inn) statt.

Zeichnung der neuen Hauptorgel, noch ohne das Brüstungspositiv, im Diarium des Abtes Vigilius Kranicher (1773)

Die von Cronthaler umgestaltete Hauptorgel wich 1773 einem Neubau von Johann Evangelista Feyrstein (Feurstein) aus Kaufbeuren mit zwei Manualen und 27 Registern *(»kein hölzerne Pfeiffe«)* unter Wiederverwendung vorhandener Pfeifen. Ein Teil der Register stand zunächst im Unterbau der Orgel; die von Feyrstein nachträglich geplante Versetzung dieser Abteilung der Orgel in die Emporenbrüstung als »Brüstungspositiv« wurde erst nach seinem Tod (1779) durch die ehemaligen Gehilfen Johann Baptist Zech und Andreas Handmann im Jahre 1781 verwirklicht. Diese fügten noch vier weitere Pedalregister hinzu.

Trotz der Aufhebung des Klosters durch die bayerische Regierung (1807) blieb die Hauptorgel (wie auch die beiden anderen Instrumente) durch geschicktes Taktieren des Abtes Sebastian Stöckl vor dem Verkauf bewahrt. 1836 ersetzte Johann Georg Gröber (Innsbruck) die sechs Bälge durch vier neue; Franz Weber (Oberperfuss) tauschte 1867 ein Register aus. Ab 1899 gab es Pläne für einen Neubau der Hauptorgel, den im Jahre 1931 Alois Fuetsch aus Lienz im alten Hauptgehäuse erstellte. Mit 33 Registern und zwei Manualen wurde dies sein größtes Werk. Auch er verwendete zahlreiche alte Pfeifen wieder. Vom Brüstungspositiv blieb jedoch nur die Fassade, die mit hölzernen Pfeifen-Attrappen bestückt wurde. In technischer Hinsicht verwendete Fuetsch ein eigenes System. Die Disposition war auf eine reichhaltige Palette

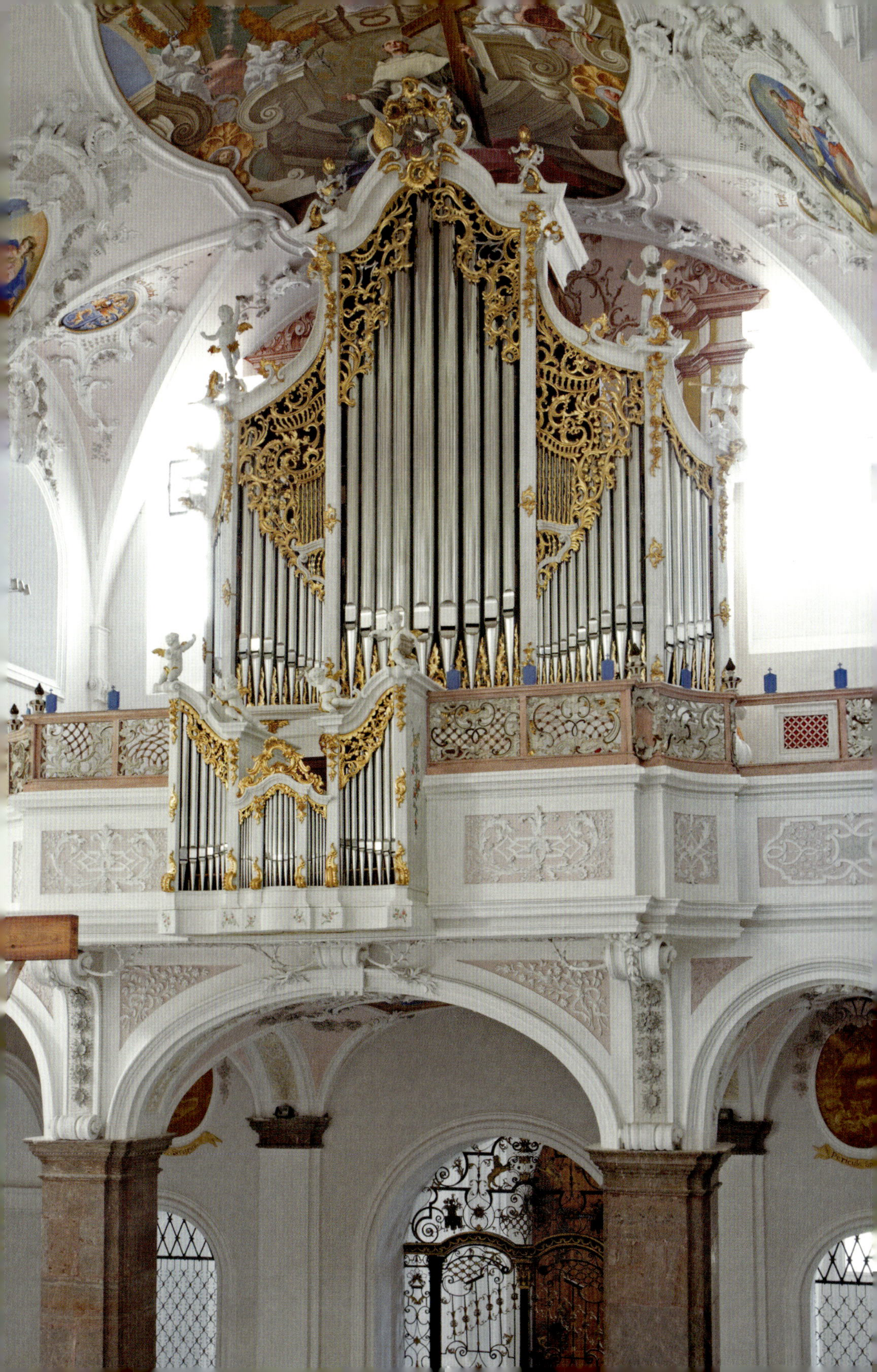

unterschiedlicher Klangfarben und Lautstärken ausgerichtet. 2011 kam zu den vorhandenen Instrumenten noch ein mobiles »Truhenpositiv« mit drei Registern hinzu, erbaut durch Johannes Führer (München). Im Jahre 2015 wurde als Nachfolgerin der Fuetsch-Orgel durch die Firma Rieger (Schwarzach, Vorarlberg) die jetzige Hauptorgel mit 43 Registern auf drei Manualen und Pedal fertiggestellt.

Die Heilig-Blut-Kapelle erhielt 1718 ihre erste Orgel mit 8 Registern von Joseph Fuchs (Matrei am Brenner), die 1731 in die Pfarrkirche versetzt wurde. 1746 lieferte Andreas Jäger ein »Örgele«. Im Jahre 1771 errichtete der »Schreiner« Franz Greil aus Imst, über den nur sehr wenig bekannt ist, eine einmanualige Orgel mit neun Manual- und zwei Pedalregistern. Diese wurde 1882 von Franz Weber umgebaut und verfügte danach über drei Pedalregister. Nach dem Zweiten Weltkrieg verlor sie alle Metallpfeifen. Im Jahre 2015 erfolgte eine Restaurierung mit Rekonstruktion der inzwischen verloren gegangenen Teile durch Alois Linder.

Alle heutigen Orgeln sind also Zeugen der reichen und wechselvollen Stamser Orgelgeschichte: Die Chororgel befindet sich (mit Ausnahme der Bälge) praktisch noch im Originalzustand. Mit ihren zwölf Registern weist sie eine reichhaltige Klangfarbenpalette auf. Der Erbauer erwies seine große Kunstfertigkeit auch durch die Art und Weise, wie er das komplizierte Innenleben des Instruments auf engstem Raum unterbrachte. Vergoldetes Rokoko-Schnitzwerk, Flammen-Ornamente zwischen den Füßen der Prospektpfeifen und zwei Vasen auf dem Abschlussgesims zieren samt der prachtvollen Kartusche mit der Jahreszahl 1717 das Äußere des wertvollen Instruments. Der Prospekt kann bei Nichtgebrauch der Orgel durch eine Falttüre geschlossen werden.

Die Orgel der Heilig-Blut-Kapelle zeigt nach den Restaurierungs- und Rekonstruktionsarbeiten von 2015 den dreigeteilten Prospekt mit überhöhter Mitte wieder mit den größten Pfeifen des Registers Principal 8' gefüllt. Interessant ist die Intarsienmalerei am Unterbau mit ihrer Mischung von Bandelwerk- und Rocaille-Elementen. Auf dem Notenpult präsentieren sich als Musterbeispiel illusionistischer Malerei (»Trompe l'œil«, Augentäuschung) Notenblätter mit dem Titelblatt der »Missa Solennis« von Johann Zach, die der böhmische Komponist im Baujahr der Orgel dem Stamser Studienseminar

Links: Auf der Empore über der Heilig-Blut-Kapelle steht seit 1718 eine Orgel. Erhalten ist das im 19. Jahrhundert umgebaute, im 20. Jahrhundert ausgeplünderte und 2015 rekonstruierte Instrument von 1771.

Rechts und umseitig: Ein gemaltes Notenblatt am Pult als künstlerische Besonderheit und das Register »Franzino« als weltweites Unikum

gewidmet hat. Der Orgelbauer Franz Greil hat seinen Vornamen dazu benutzt, ein streichendes Register in der seltener vorkommenden trichterförmigen Bauart als absolutes Unikum mit der Bezeichnung »Franzino« auszuzeichnen.

Nicht nur für ausgesprochene Spezialisten, sondern auch für musikbegeisterte und orgelkundige Laien mögen die Disposition der Orgeln im Chor und in der Heilig-Blut-Kapelle interessant sein. Sie werden deshalb hier wiedergegeben.

Disposition Chororgel
Andreas Jäger 1757

Manual C – c³ / 45 Töne

Cimbl	3 fach	1'
Mixtur	4 – 3 fach	1½'
Superoctav		2'
Flaut		4'
Quint		3'
Cornet	1 – 3 fach	4'
Octav		4'
Viola		4'
Gamba		8'
Copl		8'
Principal		8'

Pedal C – gis⁰ / 17 Töne

| Subbass | | 16' |

Disposition Orgel der Heilig-Blut-Kapelle
Franz Greil 1771

Manual C – c³ / 45 Töne

Principal		8'
Cimbl	2 fach	1'
Superoctav		2'
Terzetto	2 – 3 fach	4'
Franzino		4'
Quint		3'
Octav		4'
Flauto		4'
Copel		8'

Pedal C – a⁰ / 18 Töne

| Posaune | | 8' |
| Subbass | | 16' |

Der sich bis zum Gewölbescheitel auftürmende Prospekt der Hauptorgel leitet mit dem Schwung der Kranzgesimse den Blick nach oben bis zu dem bekrönenden Wappen des Abts Vigilius Kranicher; die schräg gestellten Außenfelder mildern die Breite und lassen ihn schlanker erscheinen. Ungewöhnlich ist die große Fläche des vergoldeten, filigran geschnitzten Schleierwerks über den Pfeifen, in das sogar zwei kleine Pfeifengruppen und die Jahreszahl 1773 eingewoben sind. Das in die Brüstung mit dem aufsitzenden Gitterwerk hineinkomponierte Positiv belebt das Gesamtbild durch die Gegenbewegung

Stamser Orgellandschaft zwischen der Lieblichkeit himmlischer Musikanten und barocker Dramatik im Blick von unten mit dem Apostel Johannes von der Thamasch-Kreuzgruppe im Vordergrund, während ganz oben der heilige Bernhard inmitten sich auftürmender Scheinarchitektur mit Kreuz und Leidenswerkzeugen zum Himmel weist

seiner Außenfelder. Hinzu kommen die musizierenden Engel, die den Höhendrang unterstreichen und – im Gegensatz zur scharfen Konturierung des Gehäuses – ebenso wie die Putten des Hauptprospekts für Bewegung und Auflösung des Linienspiels sorgen. Bis auf den heutigen Tag ist das Gesicht dieser Orgel vom Wirken Feyrsteins und seiner Nachfolger geprägt. Der Pfeifenbestand des jetzigen Instruments enthält immer noch mehr als hundert ältere Pfeifen, sodass auch hier die Geschichte quasi greifbar weiterwirkt.

V.
Ort der Wissenschaft und der Bildung

Seit Umberto Ecos Roman »Im Namen der Rose« und dem gleichnamigen Film wissen auch nicht besonders historisch Interessierte, dass es in mittelalterlichen Klöstern Bibliotheken und Schreibstuben gab, ja dass diese sogar einen besonderen Stellenwert besaßen. Im Stift Stams war es nicht anders. Eifrige Mönche schrieben bei schlechtem Licht Zeile für Zeile dicke Wälzer ab, die man vom Mutterkloster Kaisheim ausgeliehen hatte oder von anderen Klöstern, zum Beispiel vom Stift Wilten. Man brauchte Bücher, um Wissenschaft betreiben zu können, deren Grundlage damals die Theologie war. Auch im angeblich so finsteren und rückständigen Mittelalter war es durchaus üblich, dass Mitglieder der Tiroler Mönchsgemeinschaft in Paris, Heidelberg oder Wien studierten. Man war in Stams auf der Höhe der Zeit. Das kann man an der akribischen Ordnung des Stiftsarchivs erkennen, dessen Urkunden in einer Art und Weise aufbewahrt werden, die man durchaus als einzigartig bezeichnen kann: Auf Stäbchen aufgerollt, hängen über 3000 Urkunden an der Holztäfelung der Wände – ein faszinierender Anblick.

Gegen Ende des 18. Jahrhunderts begann das Engagement der Stamser Zisterzienser im schulischen Bereich. Nach 1945 wurden Bildung und Ausbildung zu einem der wichtigsten Aufgabengebiete des Stifts. Es sind zwar längst keine Mönche mehr, die am Gymnasium Meinhardinum unterrichten, doch sind Schule und Internat weiterhin Einrichtungen des Stifts. Weitere Bildungsinstitute sind im Klosterkomplex eingemietet, und zu den Trägern des Schigymnasiums gehört das Stift immer noch. Die Idee eines Gymnasiums für zukünftige Skirennläufer und Skispringer wurde schon 1967 vom Stift aufgegriffen und entwickelte sich zu einem weltweit bekannten Erfolgsmodell.

Regal der Stamser Klosterbibliothek als Sinnbild des Wissens und des Lernens

Ein Zisterziensermönch als Hörer bei einer Vorlesung an der Pariser Universität (Initiale in einem Codex, die ein Stamser Mönch im 14. Jahrhundert von seinem Studienaufenthalt in Paris mitgebracht hat)

Maria Schuchter
Von gelehrten Mönchen und kostbaren Büchern

Seit der Gründung des Stiftes Stams gibt es im Kloster eine Bibliothek. Und eine Schreibstube, in der ausgeliehene Bücher abgeschrieben wurden. Um das Jahr 1319 entstand dort die Kopie eines Werks, in dem das Wissen der damaligen Zeit zusammengetragen war. Es ist das »Speculum« des Vinzens von Bouvais, das Grundlagenwerk aller mittelalterlichen Enzyklopädien (der Begriff ist in dieser Verwendung allerdings ein Produkt des 18. Jahrhunderts). Sie zeigen, dass Wissen damals nicht auf Grundlage heutiger naturwissenschaftlicher Vorstellungen vermittelt und angeeignet wurde, sondern im Rahmen eines von christlichem Denken geprägten Weltbildes. Wissenschaft fand im Mittelalter vor allem auf der Basis des Studiums der Theologie statt. So ist das »Speculum« eine materielle Manifestation der wissenschaftlichen Betätigung in der Zisterze Stams. Dass es sich heute nicht mehr in Stams befindet, sondern in der Universitäts- und Landesbibliothek Innsbruck, hängt mit der wechselvollen Geschichte des Klosters zusammen, in deren Verlauf Verlauf ihm große Teile der wertvollen Bibliothek verloren gingen, wie noch zu berichten sein wird.

Der Aufschwung der Universitäten im 14. Jahrhundert hatte auch Auswirkungen auf den Zisterzienserorden. Der Gründung des St.-Bernhard-Kollegs in Paris in der Mitte des 13. Jahrhunderts folgten bald schon weitere Ordenskollegien in Frankreich und in verschiedenen europäischen Ländern. In ihnen konnten Zisterzienser während ihrer Studienaufenthalte unterkommen. Handschriften französischer Herkunft in der Stiftsbibliothek legen die Vermutung nahe, dass Stamser Mönche bereits in den Anfangszeiten des Stiftes zum Studium an die Universität nach Paris geschickt wurden. Nach Gründung der Universität Wien (1367) und Einrichtung einer theologischen Fakultät (1384) studierten Stamser Konventualen auch dort und am Wiener Ordenskolleg der Zisterzienser von Heiligenkreuz.

In diesem Zusammenhang ist ein bemerkenswertes und besonders wertvolles Objekt im Stift Stams zu erwähnen: ein astronomischer Tisch, der – laut Inschrift – 1428 vom Magister, Erzpriester und Domherrn Rudolf Medici in Augsburg gefertigt wurde. Auf den drei zusammenklappbaren Platten aus Eichenholz (je 113 x 111 cm groß) ist die

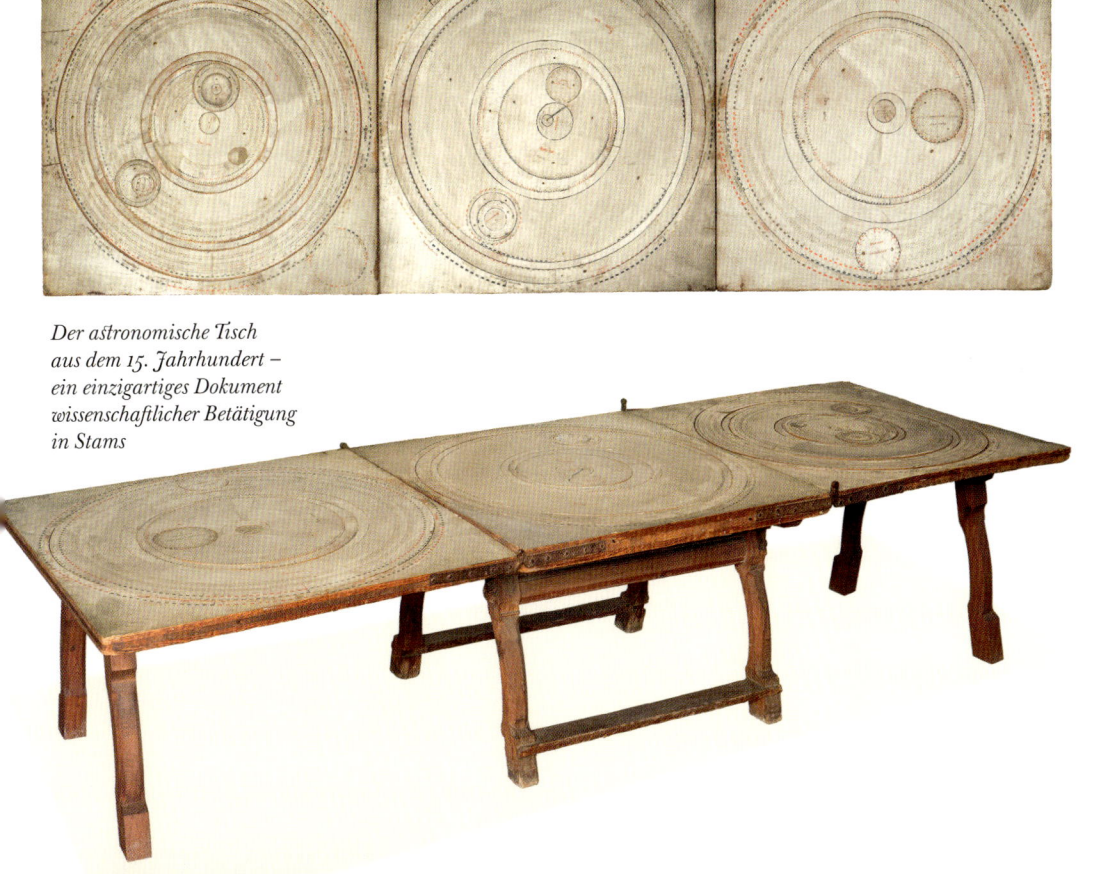

Der astronomische Tisch aus dem 15. Jahrhundert – ein einzigartiges Dokument wissenschaftlicher Betätigung in Stams

Bewegung von zwei Planeten mit exzentrischen und epizyklischen (d.h. Kreis auf Kreis) Bahnen dargestellt, eingefasst von Tierkreiszeichen und mit Gradangaben am Rand. Die Darstellung der Sonne fehlt, da ja nach ptolemäischem Weltbild die Erde im Mittelpunkt stand. Die daraus resultierende, anscheinend unregelmäßige Bewegung der Planeten am Himmel versuchte man durch die Annahme von Kreismittelpunkten außerhalb der Erde und Überschneidungen zu erklären. Der Tisch diente also der schwierigen Darstellung der Planetenbewegung sowie astronomischen und chronologischen Berechnungen. Er ist das älteste noch erhaltene wissenschaftliche Instrument dieser Art im deutschen Sprachraum. Thomas Köll legte in einer ausführlichen Untersuchung überzeugend dar, dass es 1438 vom Astronomen und Mathematiker Vitus de Augusta (d.h. »von Augsburg«) anlässlich seines Eintritts in das Kloster nach Stams gebracht wurde. Sein Vater war der erste namentlich bezeugte Astronom und Chronologe in Augsburg, damals Mittelpunkt der astronomischen Tätigkeit in Deutschland.

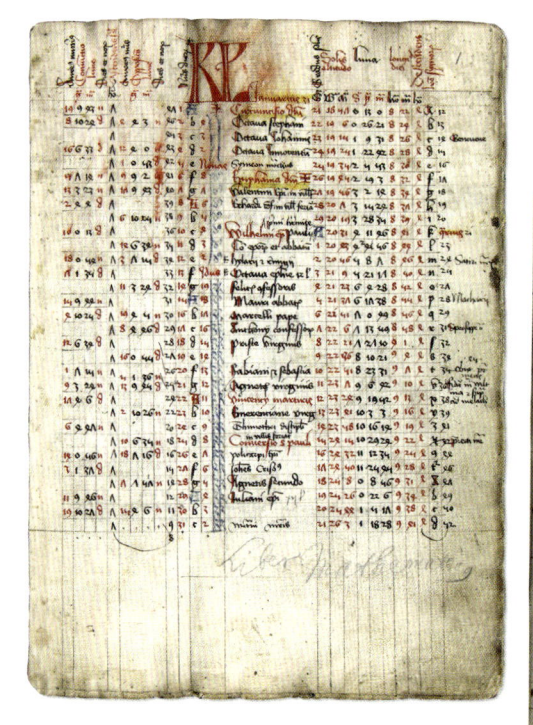

Links die erste Seite aus dem »Calendarium Stamsense« des Stamser Mönchs und Wissenschaftlers Vitus de Augusta; unten aus demselben Sammelband die Anleitung zur Herstellung einer Sonnenuhr

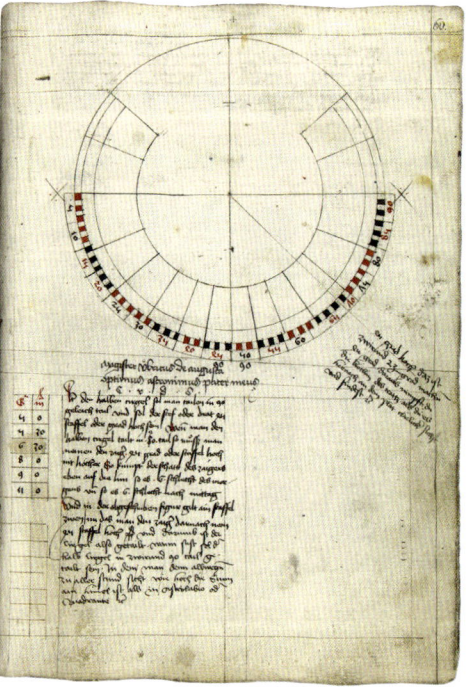

Seine bereits vorhandenen Kenntnisse konnte Vitus sowohl in Stams, wo bezüglich Astronomie nachweislich Interesse bestand, als auch durch ausgedehnte Reisen weiter vertiefen. Vor allem die Universität Wien und das Zisterzienserstift Heiligenkreuz galten als Zentren dieses Fachgebiets. Mit seinem »Calendarium Stamsense« zeigt sich Vitus, der um 1464 starb, auf der Höhe des Wissensstandes der damaligen Zeit. Er sprach sich für die Einführung von Schaltjahren aus und erkannte die Notwendigkeit einer Reform des seit Caesar gültigen Julianischen Kalenders, die bekanntlich aber erst 1582 stattfand. Vitus de Augusta steht als Person für den Höhepunkt der wissenschaftlichen Tätigkeit in Stams an der Wende vom Mittelalter zur Neuzeit.

Im Laufe des 15. Jahrhunderts wurde auch die Universität Heidelberg mit dem dortigen Zisterzienserkolleg eine Anlaufstelle für die Ausbildung von Stamser Konventualen. In den meisten Fällen, vor allem bedingt durch finanzielle Probleme der Zisterze, absolvierten sie dort nur ein Kurzstudium, das in erster Linie auf den Priesterberuf vorbereiten sollte. Eine Ausnahme war der aus Nördlingen an der Donau stammende Bernhard Wälsch, der vor seinem Studienbeginn in Heidelberg ins Stamser Kloster eingetreten war. Welsch erwarb

Einer der vierzehn erhaltenen Globen des deutschen Gelehrten Gerhard Mercator (1512–1594) kann in Stams bewundert werden. Man war im Stift an neuesten wissenschaftlichen Erkenntnissen interessiert.

sich später aufgrund seiner theologischen Kenntnisse hohes Ansehen, war mehrere Jahre als Professor an der Universität Heidelberg tätig, publizierte mehrere theologische Schriften und stand von 1484 bis 1501 dem Stift Stams als Abt vor. 1488 erhielt er als erster Abt von Stams die päpstliche Erlaubnis für den Gebrauch der Pontifikalien (Bischofsstab, Mitra, Ring und Brustkreuz).

Mit dem Ausbreiten der Reformation auch in Heidelberg gewann die neugegründete Jesuitenuniversität in Dillingen, das Ausbildungszentrum des Klerus im Bistum Augsburg, für Tiroler Theologen und damit auch für Stams an Bedeutung. Die reformierten Statuten des Zisterzienserordens verlangten von den Klöstern dezidiert die Ausbildung ihrer Priesteramtskandidaten an Universitäten. Das auswärtige Studium für Konventualen bedeutete eine enorme finanzielle Belastung, die man jedoch mit Einschränkungen in Kauf nahm, da die so ausgebildeten Ordensbrüder ihr Wissen zu Hause an den Nachwuchs weitergeben konnten. Paul Gay aus Innsbruck, als Magister der Philosophie Absolvent der Universität in Dillingen, jahrelanger Leiter der theologischen Studien in Stams, Prior und schließlich Abt (1631–1638), ist ein Beispiel für so eine erfolgreiche Bildungsinvestition.

Die Voraussetzungen für eine Ausbildung der jungen Konventualen vor Ort wechselten aufgrund ordensinterner Regelungen bzw. staatlicher Bestimmungen im Laufe der Jahrhunderte mehrmals. 1758 wurde in Stams wieder einmal eine »Hauslehranstalt« eingerichtet, die aber kurz darauf unter Josef II. aufgehoben wurde. Als sein Nachfolger das Verbot theologischer Studien in den Klöstern wieder aufhob, verzögerten Personalprobleme ihre Wiedereinführung. Abt Augustin Handle legte dann in der ersten Hälfte des 19. Jahrhunderts die Grundlagen für eine neue theologische Hauslehranstalt.

Eine Konstante wissenschaftlicher Beschäftigung im Stamser Stift ist die Arbeit der Chronisten und Geschichtsschreiber. Neben Abt Paul Gay († 1638) und Wolfgang Lebersorg († 1646), mit denen die Reihe der Klosterhistoriker beginnt, seien Kassian Primisser († 1771), Roger Schranzhofer († 1816), Kasimir Schnitzer († 1838), Fortunat Spielmann († 1903) und Konrad Lindner († 1953) genannt. Meist waren sie auch als Archivare und Bibliothekare tätig.

Wesentliches Element für die Bildungsfunktion ist natürlich die Bibliothek. Von Kanonikus Gottfried von St. Barbe-en-Auge (ca. 1170) stammt wahrscheinlich die Formulierung, ein Kloster ohne Bibliothek gleiche einer Burg ohne Waffenkammer. Nach dem Verfall des Römischen Reiches waren Klöster praktisch die einzigen Institutionen, die

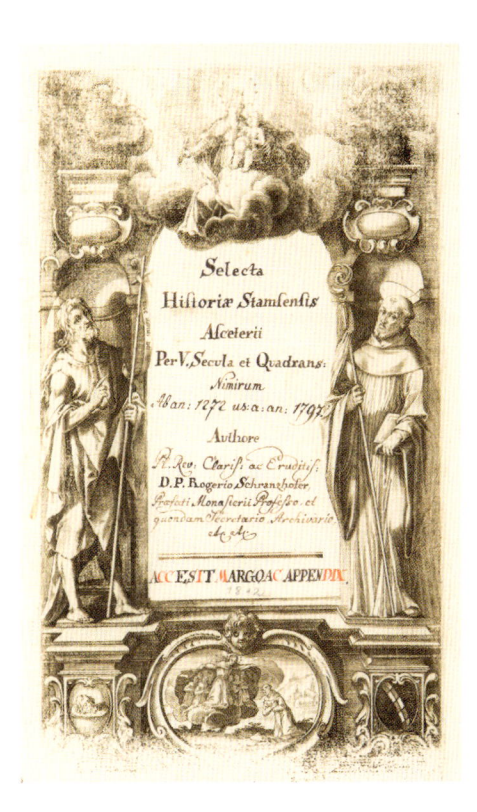

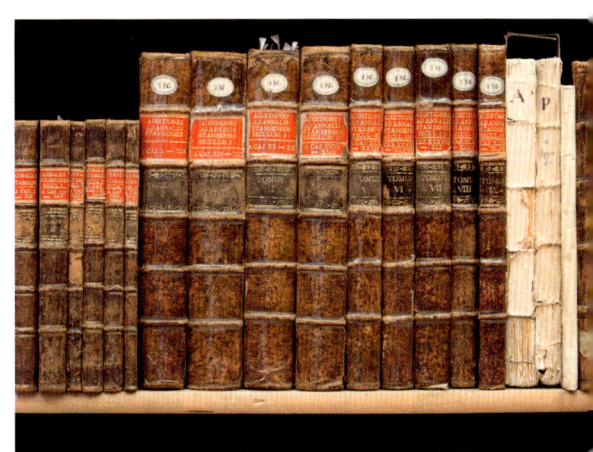

Aus dem Schaffen der Stiftshistoriker Roger Schranzhofer (Titelseite seines Hauptwerks) und Kassian Primisser (Buchrücken seiner sechs Bände »Annales Stamsenses« und der neun Ergänzungsbände »Additionen ad Annales Stamsenses«)

sich mit Büchern beschäftigten. Auf Benedikt von Nursia zurückgehende Ordensregeln bestimmten Lesen als Teil des klösterlichen Tagesablaufes. Da zum Lesen Bücher gebraucht werden und diese vor Erfindung des Buchdruckes durch Johannes Gutenberg in den 1430er Jahren Mangelware und dementsprechend teuer waren, wurden Bücher einerseits geschätzt, andererseits mussten sie in mühevoller Handarbeit abgeschrieben werden. Neben der Bibliothek gab es daher in Klöstern Scriptorien (Schreibstuben), wo Mönche nach strengen Regeln (Schweigegebot, Materialsorgfalt u. a.) Bücher für den praktischen Gebrauch sowie Prunkhandschriften zur Ehre Gottes (liturgische Bücher, Bibeln, Andachtsbücher) herstellten.

Buchproduktion und Wissenschaftsbetrieb waren im mittelalterlichen Tirol eher bescheiden, wie die Forschungen von Walter Neuhauser, dem ehemaligen Direktor der Innsbrucker Universitätsbibliothek, deutlich machen, aber aufgrund der guten Quellenlage können gerade für Stams exakte Aussagen getroffen werden. Über den beträchtlichen Umfang der Stamser Bibliothek im 14. Jahrhundert orientiert ein Bücherkatalog aus dem Jahr 1341. Die wichtigste Quelle über den Ausbau der Bibliothek und die Schreibtätigkeit sind die Bücher selbst, in welchen sich häufig Eintragungen über Käufe, Schenkungen,

Entlehnungen und Schreibvorlagen finden. Bereits bei der Gründung erhielt Stams vom Mutterkloster Kaisheim einen entsprechenden Grundbestand an Büchern. Schenkungen, Käufe und Schreibtätigkeit der Mönche trugen zu dessen Vergrößerung bei. Belegt ist zudem die enge Zusammenarbeit der Scriptorien bzw. Bibliotheken des Stiftes mit denen des Klosters Wilten. Gegenseitige Entlehnungen von Handschriften zum Zweck des Abschreibens sind mehrfach nachweisbar und in einzelnen Exemplaren vermerkt.

Der mittelalterliche Bücherkatalog von Stams ist der einzige dieser Art in Tirol und umfasst ca. 230 überwiegend theologische Schriften. Handschriften anderen Inhaltes sind seltener, doch standen in der Stiftsbibliothek auch andere Werke, zum Beispiel zu Kirchenrecht und Volksrecht, die eingangs genannte Enzyklopädie, ein astronomischer Traktat aus Frankreich, das »Innsbrucker Arzneibuch« oder zwei Bücher über Alchemie. Als der Einsatz der Mönche in der Seelsorge zunahm, wurde mehr Predigtliteratur angeschafft oder abgeschrieben.

Romanische Initiale aus einem Buch über Heilige, das vor 1200 im Kloster Kaisheim geschrieben wurde. Mönche dieser Abtei gründeten 1273 das Kloster Stams und brachten die Handschrift mit.

Rechts: Dieses Initial gestalteten 1304 Stamser Schreibermönche, die ein Buch mit Texten des damals zeitgenössischen Theologen Albertus Magnus kopierten. Die »Fleuronnée« genannte Art der Verzierung ist typisch für Schreibstuben der Zisterzienser; diese hier speziell für Stams.

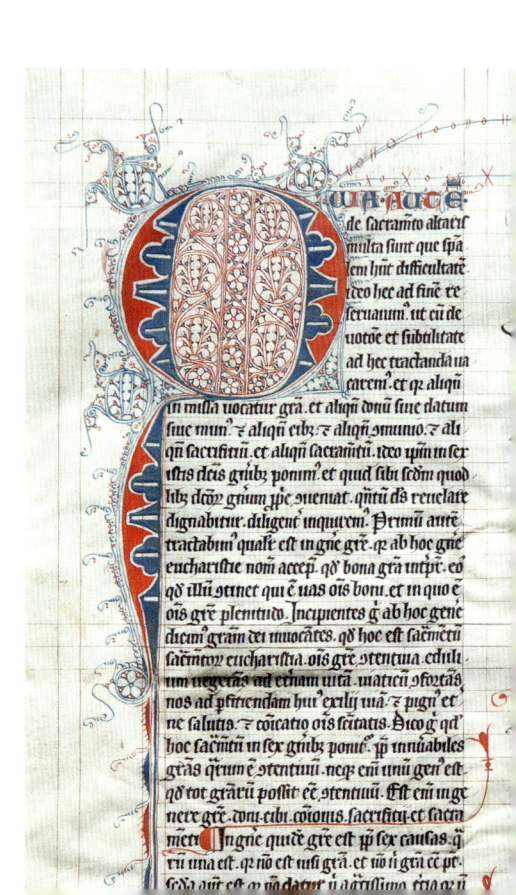

Um 1350 in Stams abgeschriebenes und mit Fleuronnée-Initialen ausgestattetes Messbuch

Geschlossene Einbände zweier Codices aus der Stamser Stiftsbibliothek. Links die Textsammlung von Albertus Magnus, von der auf der Seite gegenüber ein Initial zu sehen ist; oben eine Predigtsammlung aus der Zeit, als man sich für die neuen seelsorglichen Aufgaben Literatur besorgt hat.

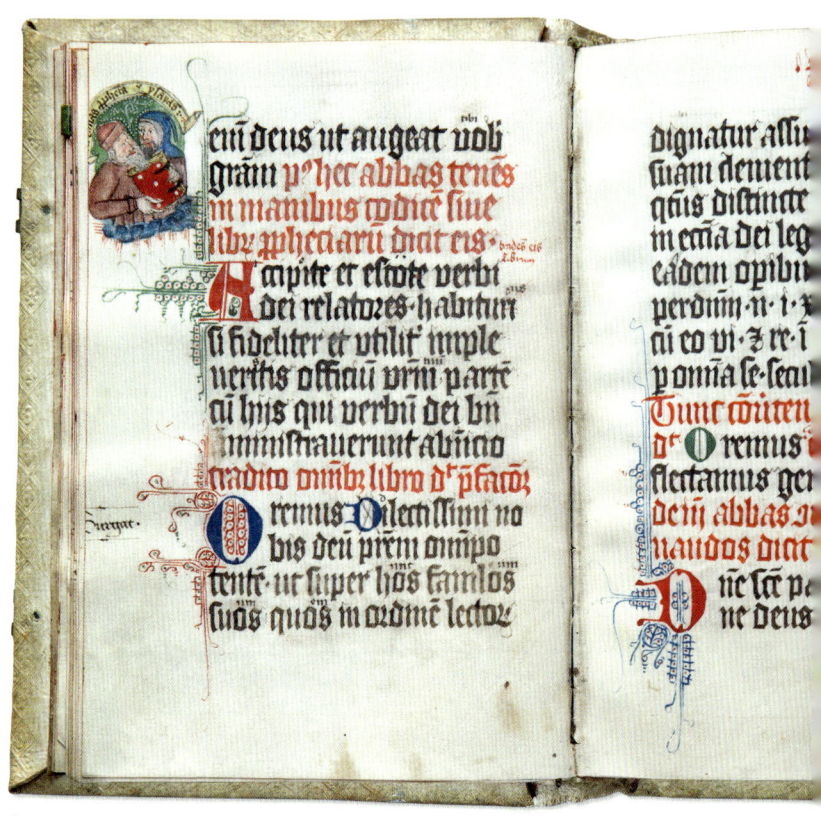

Initial mit zwei Propheten (Jesajas und Jeremias) aus dem Stamser Benedictionale, das zwischen 1430 und 1450 für den Gebrauch durch den Abt angefertigt wurde

Ein Zentrum der Buchmalerei war Stams nie, deshalb sind »illuminierte Codices«, also mit Miniaturen ausgestattete Handschriften, meist ausländischer Herkunft. Als kunsthistorische Kostbarkeit der Stamser Stiftsbibliothek gilt vor allem der Codex 12. Die beiden Wappen auf der ersten Prunkseite der vermutlich für den Privatgebrauch bestimmten Sammlung von Gebetstexten weisen auf Johannes von Bucca, Bischof von Leitomischl (Böhmen), als Auftraggeber. Die hohe Qualität von Schrift und Bildern, aber auch die Textauswahl sprechen dafür, die Arbeit der böhmischen Buchmalerei um 1400 zuzuschreiben. Verschiedene Illuminatoren (Miniaturenmaler) der Prager Hofwerkstatt dürften für die Ausgestaltung der Handschrift verantwortlich gewesen sein. Die von Walter Neuhauser rekonstruierte Provenienzgeschichte gibt Einblick in die vielfältigen Handels-, Wirtschafts- und Familienbeziehungen im Mitteleuropa der frühen Neuzeit, welche die Pergamenthandschrift schließlich nach Stams brachten.

Mit dem Buchdruck nahm der Buchbestand der Stiftsbibliothek beständig zu. Verschiedene Verzeichnisse nachfolgender Jahrhunderte – auch hier finden sich wieder die Namen der Chronisten Lebersorg und Primisser – sind zwar vermutlich unvollständig, lassen aber Rückschlüsse auf Bestände sowie Verlorengegangenes zu. Auch lässt sich aus ihnen die Vermutung ableiten, dass im Stamser Stift längere Zeit zwei Bibliotheken existierten: eine Bibliothek des Abtes, in der u. a. die wertvollen Pergamentcodices aufbewahrt wurden, und eine wesentlich umfangreichere Konventsbibliothek.

Im Zuge der Säkularisierung des Klosters durch die bayerische Regierung musste 1807/08 ein großer Teil der Stamser Bibliothek an die aus der Bibliothek der degradierten Innsbrucker Universität hervorgegangene Lycealbibliothek abgegeben werden. Der »Übergabekatalog« aus dem Jahr 1808 nennt ca. 300 Handschriften und 2200 gedruckte Bücher, darunter ca. 150 Inkunabeln (»Wiegendrucke« aus

Pater Johannes Messner in der Stiftsbibliothek, die zu seinem klösterlichen Zuständigkeitsbereich gehört. Außerhalb des Klosters ist er Pfarrer von Mötz und betreut die Wallfahrt Locherboden.

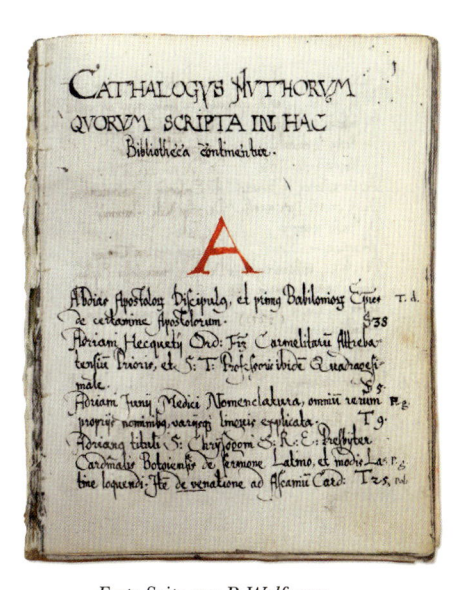

Erste Seite aus P. Wolfgang Lebersorgs Bücherkatalog von ca. 1600. Der für seine Klosterchronik berühmt gewordene Stamser Konventuale war um diese Zeit für die Bibliothek zuständig.

Dominus te xp̄e rex isr̄l
ur gencium princeps re
gum tr̄ domine sabba
oth virtus omnipotentis
dei fortissima. Adoramus
te preciosum precium re
demptoris nostri hostia
pacifica que sola odoris
tui ineffabili suauitate
pr̄em qui in altis hr̄itat
ad respiciendum humilia
in cl̄nalibi ꞇ filiis nr̄e pla
cabilem reddidisti. Tuas
xp̄e miseraciones pdicamus tue suauitatis memoriā
cum habundancia eructamus. Tibi xp̄e sacrificium lau
dis ꞇ immolamus, p̄ multitudine pietatis tue quam
oñdidisti nobis semini nequam filiis sceleratis ꞇ per
ditis Cum enim adhuc eemus in inimia tui domine
ꞇ mors antiqua in omnem carnem iniquum exerceret
dominium cui omne semen Adam lege primordialꞇ
culpe erat obnoxium, recordatus es nr̄i tue ꞇ p̄speris
ti de sublimi habitac̄oe tua in hanc vallem ploraco
nis ꞇ misise dedisti afflictionem p̄pli tui ꞇ tactus dulce
dine caritatis in inseuisti apposuisti cogitare sup nos cogi
taciones pacis ꞇ redempc̄ois Et quidem cum esses
filius dei deus uerus deo patri sancto q̄ spiritui coeter
nus ꞇ consubstalis lucem inhr̄ans in accessibilem p̄ er̄is
q̄ omnia uerbo uirtutis tue non despexisti in hoc nr̄e
mortalitatis ergastulum altitudinem tuam ichinac
ubi m̄um ꞇ gustares ꞇ absorberes misiam nostrq̄ re
pares ad glr̄am, parum fuit caritati tue ad confirma
dum opus nr̄e salutis cherubin atq̄ seraphin aut
vnum euangl̄is destinare ipe ad nos venire dignat̄
es p mandatum pr̄is cuius nimiam caritatem ex
p̄ti sumus inꝫ venisti inquiam non loci mutando
sed pr̄iam tuam nobis p̄ carnem exhibendo. Descē
a regali solio sublimis glorie tue in humilem ꞇ ab

*Abt Vigilius Kranicher ließ den
großen Bibliothekssaal mit
dekorativen Malereien ausstatten.
Über der Türe sein Wappen.*

der Frühzeit des Buchdrucks). Letztendlich wurden u. a. aufgrund von Transportproblemen »nur« 459 Handschriften und Druckwerke nach Innsbruck überstellt *(siehe Seiten 82/83)*.

Heute befinden sich in der Stiftsbibliothek ca. 75 Handschriften, 200 Inkunabeln und eine große, nicht gezählte Menge an Druckwerken, die nach 1600 erschienen sind. Neben dem Buchbestand ist die in Pastelltönen gehaltene, duftige Rokokomalerei im großen Saal bemerkenswert, gemalte Kartuschen und Bilderrahmen mit floralem Dekor und dem Wappen von Abt Vigilius Kranicher. Er war der Auftraggeber für diese Wanddekorationen, die vermutlich vom Tiroler Maler Josef Anton Puellacher stammen und auch in anderen Räumen des Stiftskomplexes (z. B. im Speisesaal und im dritten Stock des Fürstentraktes) zu finden sind.

*Seite aus dem kostbaren Gebetbuch
des Bischofs von Leitomischl
(Böhmen) Johannes von Bucca,
das auf verschlungenen Wegen
nach Stams gelangte und heute
einen der dort verbliebenen
Schätze darstellt (Codex 12)*

eternam michi tribuas Audi et
exaudi me dulcissima uirgo ma
ria mater dei et misericordie Am

Nicht minder bedeutend und berühmt als der aus Prag stammende Codex 12 ist das kleinformatige Stundenbuch des Urich Kneußl (Codex 44). Der Trienter Domherr mit guten Kontakten zu Stams ließ es um 1480 im Stift schreiben und anschließend vom venezianischen Buchmaler Pico mit Verzierungen und Miniaturen ausstatten. Die Flächen mit Schrift sind wie Papierseiten mittels Fäden an gemalten Rahmen, Architekturelementen und Ornamenten aufgehängt, das Kapitelende auf der linken Seite unserer Abbildung im Originalformat (9 cm breit, 12 cm hoch) ist dementsprechend auf einem kleinen Zettel geschrieben. Der Einband des – wie die Spuren an den Seitenrändern verraten – viel benutzten Büchleins stammt aus späterer Zeit.

Wie man sich um Kranke sorgte

Im Stift Stams haben sich Relikte einer Apotheke aus dem 18. Jahrhundert in Form von bemalten Schränken, Gefäßen, Gläsern u. a. erhalten. Nach der Benediktinischen Regel gehörten zu den Aufgaben des Ordens auch die Behandlung und Betreuung von Kranken. Dementsprechend gab es ein Krankenhaus mit Kapelle im Klosterareal spätestens seit 1312. Näheres erfahren wir aus den mittelalterlichen Quellen darüber aber nicht. Bemerkenswert ist das aus der Stiftsbibliothek stammende und heute in der Innsbrucker Universitätsbibliothek aufbewahrte »Innsbrucker Arzneibuch« von ca. 1150. Diese Sammlung medizinischer Gebrauchstexte, theologischer Texte und Segensformeln ist ein Musterbeispiel für die fließenden Grenzen zwischen medizinischem, religiösem und abergläubischem Denken der damaligen Zeit.

Ob sich der eine oder andere Konventuale mit der medizinischen Wissenschaft befasste, ist ungewiss. Ein Hinweis darauf könnte ein Denkmal für den 1541 verstorbenen Aurelius Theophrastus Paracelsus sein, das laut einer Ende des 18. Jahrhunderts verfassten Schrift in Stams bestanden haben muss. Der Epitaph sollte allen Verehrern dieses berühmten Arztes eine Reise zu dessen Grab in Salzburg ersparen, wie die Inschrift auf dem Gedenkstein andeutet: »Viel hören von Theophrast sagen / Thun nach Salzburg Verlangen tragen / zu schauen allda sein Grabstein / der tuet hier abgebildet sein.«

Zeichnung eines nicht mehr existierenden Epitaphs, der in Stams an den berühmten Arzt Paracelsus erinnerte

Für das Jahr 1536 belegen Rechnungen, dass Kranke zu einem Arzt nach Innsbruck geschickt wurden und dass in der dortigen Apotheke eingekauft wurde. Aus dem Jahr 1587 ist ein Vertrag zwischen dem Stift und dem in Innsbruck ansässigen Arzt Enoch Khünig erhalten, der bei Bedarf nach Stams kam. Er enthält genaue Angaben zu Besoldung, Erwerb und Herstellung von Medikamenten, aber auch zum Ausschluss der Konkurrenz: »Item ihre Gnaden und der ehrwürdige Konvent sollen und wollen auch zu was Zeiten sie in meiner Kur sein werden, meinem Rat folgen und keinem anderen Medicum denn mich brauchen.« Auch sei dem Arzt für die Reise nach Stams ein Pferd zur Verfügung zu stellen.

In der zwanzigjährigen Amtszeit von Abt Vigilius Kranicher (1766–86) nahmen Pharmazie und medizinische Betreuung im Stift einen enormen Aufschwung. Der neue Krankentrakt erhielt eine gut sortierte Apotheke. Der Laienbruder und spätere Priester Dismas Mader, Apotheker aus Meran, wurde zum Leiter der Stiftsapotheke berufen und wirkte jahrzehntelang nicht nur im Kloster, sondern auch in der Stamser Umgebung. Rechnungsbelege aus der Zeit Maders zeigen, dass das Stift aus Innsbruck nun vorwiegend »Simplicia« bezog und die Arzneien in der stiftseigenen Apotheke gemixt wurden.

Dismas Mader beschränkte sich nicht auf seine pharmazeutische Aufgabe, sondern trat auch als Mediziner auf, was ihn in Konflikt zu dem unter Maria Theresia 1770 erlassenen Generalsanitätsnormativ brachte. Dieses Gesetz sah im Sinne einer einheitlichen Regelung des Gesundheitswesens universitäre Prüfungen für Besitzer oder Leiter öffentlicher Apotheken vor und erlaubte die medizinische Praxis nur ausgebildeten Ärzten. Mehrere Anzeigen seitens der beruflichen Konkurrenz waren die Folge, was ihn aber nicht von seinem im Volk geschätzten Wirken abhalten konnte. Er musste noch den Verkauf des Großteiles der Apotheke während der Aufhebung des Klosters (1807–1816) erleben und legte 1821 fast 80jährig das Apothekenamt zurück. Sein Nachfolger, der in den Quellen nicht mehr in Erscheinung tritt, war vermutlich der letzte Apotheker im Stift. MS

Exponate im Stiftsmuseum aus der von Abt Vigilius Kranicher um 1770 eingerichteten Klosterapotheke

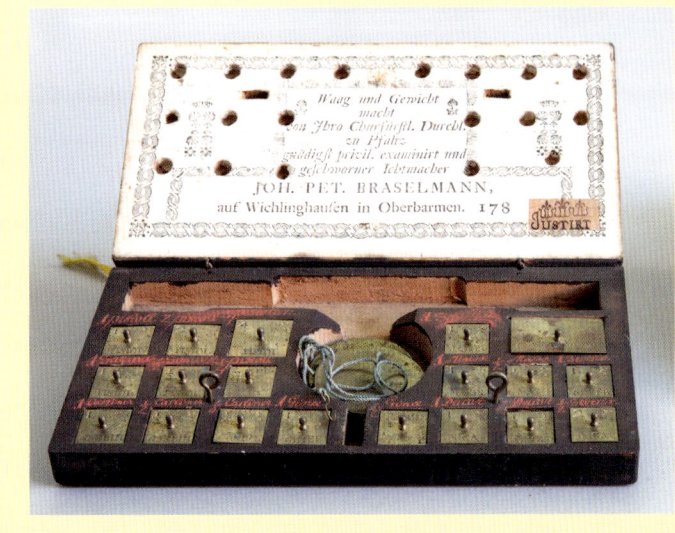

Das Archiv und das Ordnen der Zeit

Wie die anderen österreichischen Klöster – die Ordensarchive zusammengenommen sind doppelt so umfangreich wie das unter Maria Theresia gegründete Haus-, Hof- und Staatsarchiv, das zentrale Archiv des Hauses Habsburg – wartet auch das Stift Stams mit einem reichhaltigen Archiv auf, mit einem besonders prachtvollen noch dazu, nicht nur weil es trotz zweimaliger Aufhebung auf eine fast lückenlose Urkundenreihe verweisen kann.

Archive und ihre Konzeption stehen seit der zweiten Hälfte des 20. Jahrhunderts im Interesse der Kulturwissenschaften und beschäftigen sowohl Geschichte, Kunstgeschichte und Philosophie als auch Medienwissenschaft und Wissenschaftsgeschichte.

Zwei kleine Räume hinter einer schweren Eisentür sind der Ort, an dem die Gemeinschaft der Zisterzienser von Stams die Urkunden, Akten, Dokumente und andere Aufzeichnungen aufbewahrt: die Stiftungsurkunde des Landesfürsten, Erlässe und Urkunden von Landesfürsten, Königen, Bischöfen und Päpsten über Rechte und Privilegien, vor allem aber Schriftstücke über sämtliche Wirtschafts-, Eigentums- und Rechtsverhältnisse. In diesem Sinne fungiert das Archiv als Ort des Gedächtnisses, als Ort des Bereithaltens und des Zurverfügungstellens, um Verwaltungsangelegenheiten zu ermöglichen bzw. zu vereinfachen oder Rechtsansprüche

Links: Mit Ortsnamen und Themen sind die Schubladen für Schriftstücke aus der späteren Zeit beschriftet, in der Urkunden nicht mehr gerollt wurden.

Oben: Im Abschnitt »Libertates Ecclesiae« hängen Urkunden mit verliehenen kirchlichen Privilegien.

Rechte Seite: Auf jedem Stäbchen sind mehrere Urkunden aufgerollt, bis zu 25 können es sein.

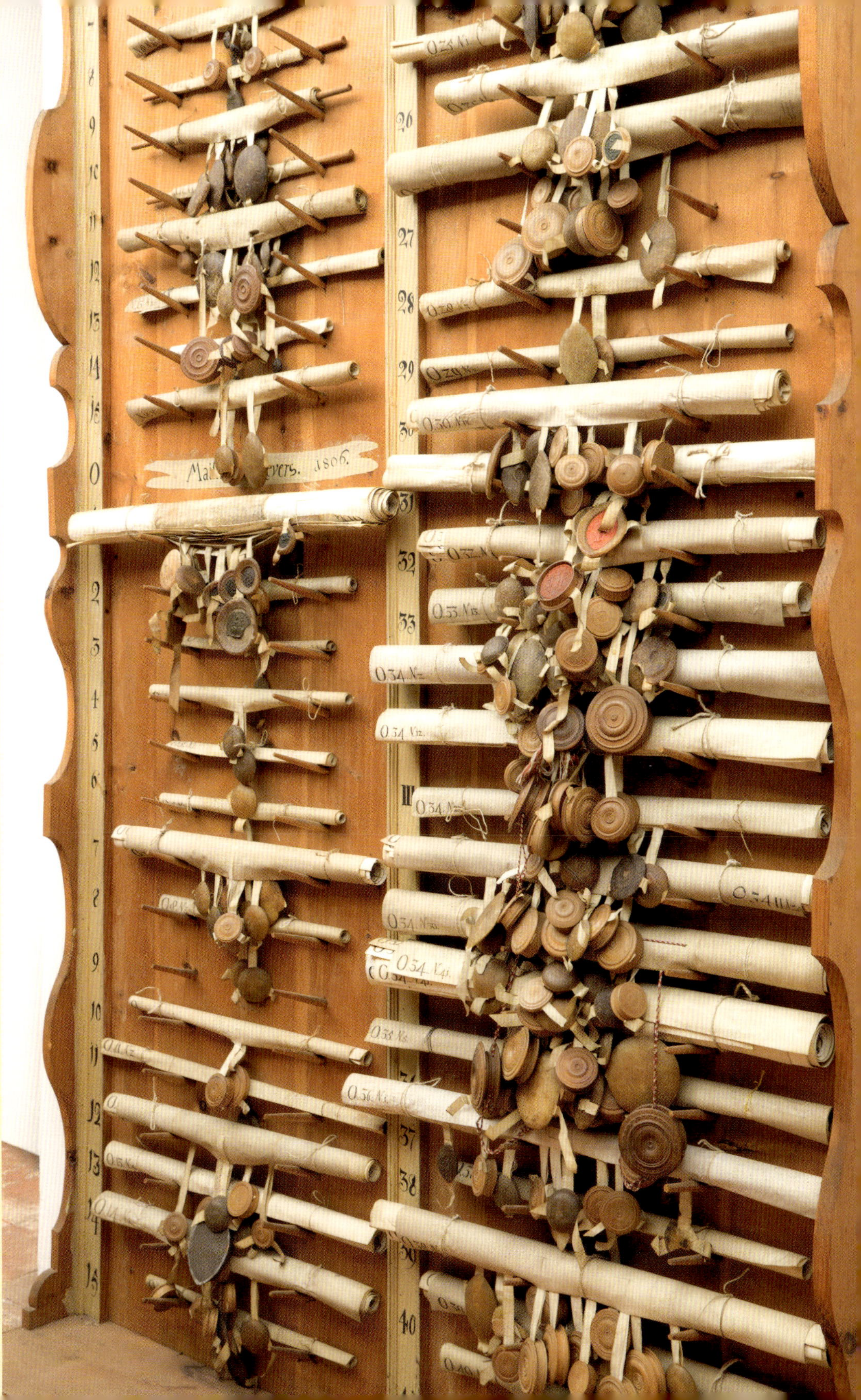

zu belegen. Damit untrennbar verbunden sind Ordnung und System, die den Gebrauch des Archivs erst ermöglichen und die seine Charakteristik mitbestimmen.

Wie hier die Urkunden aufbewahrt werden, ist im mitteleuropäischen Raum einmalig: Über 3000 Stück hängen, auf Holzstäben gerollt, an vertäfelten Wänden, die, mit Buchstaben und Zahlen beschriftet, das Vektorensystem zur Auffindung bilden, wobei sich bis zu 25 Pergamente auf einer Rolle befinden. Als Findmittel im Archiv dienen handschriftliche Altrepertorien (Verzeichnisse), die den Inhalt der Urkunden in Kurzform (Regesten) wiedergeben. Sie wurden

Sorgte für die digitale Speicherung der Repertorien und Regesten, mit deren Hilfe man einzelne Urkunden finden kann: Stiftsarchivar Professor Karl Palfrader

vom jetzigen Archivar Karl Palfrader in Maschinenschrift übertragen und digital gespeichert, um eine praktischere Handhabung zu ermöglichen. 2012 erfolgte die Digitalisierung der Urkunden, die nun unter www.monasterium.net online zugänglich sind. Stück für Stück wurden sie abgenommen, gereinigt und gescannt. Dabei wurde auf einem der Holzstäbchen neben der Jahreszahl 1803 die Signatur von Pater C. Urbanus Mayr entdeckt, der offensichtlich für das Stamser Archivsystem verantwortlich ist.

Die Grundlagen dafür hatte aber schon P. Wolfgang Lebersorg um 1600 geschaffen, der den gesamten Bestand eingehend studierte und das meiste für seine Chronik sorgfältig abschrieb. Offensichtlich fand man um 1800 Anlass für eine Neugestaltung. Urbanus Mayer steht mit seiner Arbeit völlig in der Tradition der Wissenschaften des 18. Jahrhunderts. Kategorisieren und Klassifizieren des Wissens, das Ordnen der Welt gehörten zum Denken der Zeit und stellten die Grundlage wissenschaftlichen Arbeitens dar. Natürlich hatte die Neuorganisation des Archivs auch den praktischen Vorteil des Schutzes vor Feuchtigkeit, der auch heute noch für den

Neben den Urkunden und sonstigen Schriftstücken werden im Archiv auch gebundene Handschriften zur Stiftsgeschichte aufbewahrt, die frühere Generationen von Klosterarchivaren verfasst haben.

hervorragenden Zustand der Pergamente verantwortlich ist. Die ästhetisch ansprechende Ausführung, die die Siegel wie in Kaskaden über die Wände fallen lässt, ist aber auch Ausdruck für die ideelle Bedeutung und Wertschätzung des Archivs und seiner Dokumente, die zu Monumenten werden. Das Archiv, das neben der administrativen Kontrolle und als Ort der wissenschaftlichen Forschung auch die Funktion des Erinnerungsortes hat und damit zur Identität seiner Institution beiträgt, wird hier deutlich vor Augen geführt.   MS

Gerolltes Pergament aus fast 800 Jahren Stiftsgeschichte mit zum Teil prachtvollen, zum Teil unscheinbaren, oft gut erhaltenen, manchmal stark beschädigten Siegeln, die nicht alle aus Wachs bestehen. Die Päpste siegelten in Blei (Bild unten).

Maria Schuchter

Was man in Stams alles lernen kann

Damals und heute: Eine Schulklasse des Aufbaurealgymnasiums Mitte der 1960er Jahre mit P. Bernhard Slovsa und Schüler des Gymnasiums 2016

Eine über den konventsinternen Bereich hinausgehende schulische Ausbildung für Schüler, die nicht Ordensmitglied oder Priester werden wollten, gehörte nicht zu den ursprünglichen Ordensaufgaben des Zisterzienserordens. Diese Situation änderte sich erst mit der Aufhebung des Jesuitenordens (1773), als andere Orden die Lücke schlossen. So gründete Abt Vigilius Kranicher 1778, im Trend der Zeit liegend, ein Seminarium, worin »*die Jugend zum Nutzen der Kirche und des Vaterlandes*« gebildet wurde. Der Unterricht erstreckte sich auf die ersten drei Gymnasialklassen und Musik und diente zudem der Ausbildung von Sängerknaben und Instrumentalisten für die feierlichen Gottesdienste im Kloster.

In der in jeder Hinsicht schwierigen Zeit nach der Wiederbelebung des Konventes im Jahr 1816 wird von der Einführung einer Gymnasiums-Vorbereitungsschule für Knaben unter Abt Augustin III. Handle berichtet. Auch wurde die Verpflichtung eingegangen, Lehrpersonal für das Gymnasium in Innsbruck zu stellen. Beides bereitete finanzielle und personelle Probleme, und die Verbindlichkeiten gegenüber dem Gymnasium wurden gerne wieder an die Jesuiten zurückgegeben, als diese nach der neuerlichen Zulassung 1838 nach Tirol zurückkehrten. Der Schulbetrieb im Stift war während des 19. Jahrhunderts mehrfach unterbrochen und betraf neben dem Vorbereitungsunterricht primär die hausinterne Grundausbildung für zukünftige Kloster- oder Priesterkandidaten. Abt Mariacher soll daran gedacht haben, den Bildungs- und Ausbildungsgedanken wieder verstärkt im Stift zu verankern, doch konnte er seine Pläne, in Stams eine landwirtschaftliche Schule ins Leben zu rufen, nicht verwirklichen. Sein Tod 1937 und die Machtergreifung der Nationalsozialisten ein Jahr später setzten nicht nur solchen Überlegungen ein Ende.

Unmittelbar nach Kriegsende griffen maßgebliche Herren der Landesregierung Mariachers Idee wieder auf, wie der von Landeshauptmann und Bischof zum Verwalter des vom französischen Militär besetzten Stifts ernannte P. Alberich Gerards Ende 1945 in einem Bericht niederschrieb. Wieder wurde daraus nichts, da sich starke politische Kräfte in Imst dagegen gewehrt hätten. Dafür beherbergte das Stift 1949 bis 1965 die Berufsschule für das holzverarbeitende Gewerbe.

Die Gründung einer privaten Maturaschule für Spätberufene, die den Priesterberuf in Erwägung zogen, war 1949 der Ausgangspunkt für die Entwicklung von Stams zum heutigen Ausbildungszentrum. Neben dem Gymnasium, Aufbaurealgymnasium und Internat Meinhardinum befindet sich am Stiftsgelände mittlerweile einer der vier Standorte der Kirchlichen Pädagogischen Hochschule Edith Stein, das Institut für

Sozialpädagogik und das außerhalb des Stiftgeländes gelegene Schigymnasium. Der Stamser Ausspruch, es gäbe hier mehr Schüler als Einwohner, spiegelt die Situation treffend wieder.

Das Meinhardinum

Die einstige Maturaschule, auch »Arbeitermittelschule« genannt, deren Schüler die Reifeprüfung noch extern an einem Bundesgymnasium in Innsbruck oder Bregenz ablegen mussten, war im Fürstentrakt des Stiftes untergebracht. Sie wurde im Schuljahr 1960/61 in eine zunächst fünfjährige (ab 1970 vierjährige) Aufbaumittelschule mit Öffentlichkeitsrecht umgewandelt. Im darauffolgenden Jahr folgten der Zweig eines Realgymnasiums sowie die Einrichtung eines Internates für 120 Schüler, wodurch sich der Einzugsbereich der Schule vergrößerte.

Anlässlich der Feier »600 Jahre Tirol bei Österreich« (1963) erhielt die Schule auf Anregung des damaligen Landeshauptmannes Eduard Wallnöfer den Namen Meinhardinum. Modernisierungen nach außen (Erweiterungsbauten wie Turnhalle und beheiztes Schwimmbad) und nach Innen (Englisch statt Griechisch, naturwissenschaftliche Ausrichtung) prägten die Schulentwicklung. 1977 maturierten die ersten beiden jungen Frauen, dann wurde auch die Unterstufe eingeführt. Der durch konstantes Wachstum bedingte notorische Platzmangel wurde schließlich durch den Ausbau von Stiftsmühle und Tischlerei unterhalb der beiden Türme behoben. Seit 1985 ist das Meinhardinum hier in einem modernen Bau untergebracht. Der Anteil der Geistlichen am Lehrkörper war nie besonders hoch und erreichte meist nicht einmal ein

Die ersten weiblichen Schülerinnen maturierten 1977 im Meinhardinum.

Die mittelalterliche Klostermauer, die barocken Türme und der moderne Zubau des Meinhardinums bilden eine zeitlose Einheit.

Aus der Reportage von »Tirol TV« über die Einweihung des neuen Meinhardinum-Trakts am 24. Oktober 2015 mit Abt German Erd, Landeshauptmann Günther Platter (neben ihm) und (ganz rechts) Landwirtschaftsminister Andrä Rupprechter

Drittel. German Erd war sowohl der letzte am Meinhardinum unterrichtende Zisterzienser wie auch der letzte Ordens-Direktor, bevor er 2011 Abt wurde. Noch unter seiner Direktorentätigkeit wurden die Weichen für den im Herbst 2015 eröffneten Erweiterungsbau gestellt, der auf Grund der hohen Schülerzahlen dringend nötig wurde.

Der architektonisch moderne Auftritt entspricht dem Wandel im Selbstverständnis der Schule. Die Jubiläumsausgabe der Schulzeitung Spektrum zum 50-jährigen Bestehen aus dem Jahr 1999 ist noch geprägt von starker Betonung der Tradition, man verstand sich als historisch gewachsene, auf alten Fundamenten stehende, fast elitäre Bildungseinrichtung und betonte dies auch nach außen. Mittlerweile prägt ein modernes, demokratisch-offenes Verständnis von Bildungsvermittlung

*Zeitgemäße Schularchitektur
zu Füßen barocker Herrlichkeit*

die Schule. Das Meinhardinum präsentiert sich heute als modernst eingerichtete, lichtdurchflutete Schule. Es bietet ca. 600 Schülerinnen und Schülern mit unterschiedlichsten religiösen Bekenntnissen (»Wir leben Toleranz«, so Direktor Georg Jud) die Möglichkeit zur Erlangung der Matura, entweder über die achtjährige Langform oder über das vierjährige Aufbaurealgymnasium.

Kirchliche Pädagogische Hochschule (KPH) Edith Stein

Der ehemalige Fürstentrakt ist heute ein Standort der Kirchlichen Pädagogischen Hochschule (KPH) Edith Stein. Die heiliggesprochene Ordensfrau Edith Stein war wissenschaftliche Mitarbeiterin Edmund Husserls, Lehrerin, Philosophin, Frauenrechtlerin und starb als Opfer des Holocaust auf Grund ihrer jüdischen Abstammung. »Mit diesem Namen ist auch ein pädagogisches Programm verbunden. Edith Steins Pädagogik war eng verbunden mit ihrer philosophischen Arbeit, mit den Fragen nach der Person, der Einfühlung als Erkenntnisweg, mit der Frage nach der Wahrheit«, schreibt die Gründungsrektorin Regina Brandl, die das Stift als den schönsten Campus Österreichs bezeichnet.

Auch die Studierenden schwärmen von der Atmosphäre (»Einfach ein besonderer Flecken Erde«, Nina F., Studierende der Primarschulausbildung), loben das familiäre Klima und dass man sich gegenseitig kenne. Barockes Ambiente und aktuelle Pädagogik treffen hier aufeinander und scheinen sich gut zu vertragen.

Bereits seit 1993 war vor Ort das sogenannte Studienzentrum u.a. mit der Pädagogischen Akademie und der Religionspädagogischen Akademie der Diözese Innsbruck angesiedelt. Das Stift unter der Leitung von Abt Josef Maria Köll hatte im Jahr zuvor der Diözese Innsbruck die Räumlichkeiten angeboten und damit eine Schließung dieser Institutionen verhindert. Auf der Grundlage des Hochschulgesetzes von 2005 und im Sinne der Bologna-Erklärung beschloss die Diözese Innsbruck in Partnerschaft mit den Diözesen Feldkirch und Salzburg der Aufgabe der Lehrerbildung im Pflichtschulbereich auch auf Hochschulniveau weiter nachzukommen.

Regina Brandl wurde 2006 im Zuge der Hochschulwerdung als eine von zwei Gründungsrektorinnen der insgesamt vier kirchlichen Pädagogischen Hochschulen in Österreich bestellt. Diese bemerkenswerte Tatsache – ein Frauenanteil von 50 Prozent im Rahmen der als konservativ verschrienen Institution Kirche – kann so manchen politischen Verantwortlichen im Sinne der Vorbildwirkung nahegelegt werden.

Das Angebot in Stams umfasst Studiengänge für das Lehramt an Volksschulen (seit dem Studienjahr 2015/16 »Primarstufe«), das Lehramt an Neuen Mittelschulen (NMS, vorher Hauptschulen), das Lehramt für Katholische Religion und für Sonderpädagogik. Die Abgangszahlen

Die Frauenrechtlerin Edith Stein würde sich freuen: Überwältigender Frauenanteil bei der Bachelorfeier der nach ihr benannten Kirchlichen Pädagogischen Hochschule im Bernardisaal des Stiftes Stams

Die alte »Speckbachervilla« oberhalb des Stiftareals wurde für Lehrveranstaltungen der KPH Edith Stein adaptiert und dabei alte Bausubstanz sichtbar gemacht.

der letzten Jahre von durchschnittlich 80 bis 100 Studierenden im Primarschul- und NMS-Bereich sowie 15 Studierenden in der Religionspädagogik belegen den wichtigen Beitrag der KPH Edith Stein zur Pädagogenausbildung in Tirol.

Mit dem 2013 im Nationalrat beschlossenen Gesetz zur »PädagogInnenbildung NEU« ist die KPH Edith Stein Teil des Lehramtsverbundes West (Tirol und Vorarlberg). Neben der Primarstufenausbildung, die nach wie vor in Stams stattfinden wird, kooperiert sie ab dem Studienjahr 2016/17 mit der Universität Innsbruck, dem Mozarteum und den staatlichen pädagogischen Hochschulen von Tirol und Vorarlberg in Bezug auf das Lehramtsstudium »Sekundarstufe Allgemeinbildung«.

Institut für Sozialpädagogik

Auch das Institut für Sozialpädagogik, vormals Kolleg für Sozialpädagogik, befindet sich seit der Errichtung des Studienzentrums (1993) innerhalb der Mauern des Fürstentraktes und, zumindest aus kunsthistorischer Sicht, in bevorzugter Position, zeigen doch Direktion und Seminarräume im dritten Stock noch die Rokoko-Malereien an den Wänden. Das Institut steht unter der Trägerschaft der Diözese Innsbruck und zählt damit zu jenen Ausbildungen im Sozialbereich, die traditionell von kirchlichen oder kirchennahen Trägern geführt wurden und werden. Es steht derzeit unter der

Leitung von Lydia Naschberger-Schober und versteht sich als Einrichtung der Erwachsenenbildung mit dem Ziel der Erlangung von Handlungskompetenz für das Arbeiten in sozialpädagogischen Berufsfeldern. Die Ausbildung erfolgt in Kollegform (Tageskolleg über 4 Semester, Kolleg für Berufstätige über 6 Semester) und schließt mit einem staatlich anerkannten Diplom ab. Zum Einzugsgebiet gehört auch Vorarlberg. Die kontinuierliche Expansion des Instituts und die Zahl von ca. 250 Studierenden im Schuljahr 2015/16 verweisen auf die gesellschaftliche Bedeutung der sozialen Berufe in der modernen Industriegesellschaft, der das Institut für Sozialpädagogik Rechnung trägt. Und worin sehen die Mitglieder der Schulgemeinschaft das Wesen ihrer Bildungsinstituts?

> *»Sozialpädagogik ist eine bunt gefüllte Werkzeugkiste für sozialpädagogisches verantwortbares Handeln.«*
> Anna, Studierende

> *»Als Sozialpädagoge(In) lernt man mit allen Menschen umzugehen, sie zu begleiten, ihnen zu helfen und sie dort abzuholen, wo sie sind.«*
> Roosje, Studierende

> *»Hinschauen wo andere wegschauen.«*
> G. Schick, Lehrende am Institut

Moderner Unterricht in alten, fürstlich dekorierten Räumen: Institut für Sozialpädagogik

Als ein »Strich in der Gegend« (Architekt Othmar Barth) präsentiert sich das moderne Gebäude des Schigymnasiums.

Schigymnasium

Last but not least ist als vierte mit dem Stift verbundene Bildungseinrichtung das außerhalb des Stiftsgeländes liegende Schigymnasium zu nennen. 1967 als Schulversuch innerhalb des Meinhardinums gegründet, wurde es 1972 zu einer selbstständigen Institution, die im ehemaligen Gasthaus Speckbacher untergebracht war. Aus Platzgründen erfolgte 1976–82 ein Neubau, mit dem der Südtiroler Architekt Othmar Barth beauftragt wurde.

Die Idee eines Schigymnasiums hatte den österreichischen Schriftsteller und Philologen Alois Brandstetter in den 70er-Jahren in seinem Roman »Die Abtei« noch zu leichtem Sarkasmus veranlasst: »*In einem sogenannten Schigymnasium werden nicht mehr Latein, Griechisch, Hebräisch, Mathematik, Physik, Musik, Deutsch, Geschichte, Geographie und Religion gelehrt, sondern Schispringen und Schifliegen. Darum heißt es Gymnasium und Schispringgymnasium. Bald werden wir sicher auch Schispringuniversitäten und Schi- und Sportuniversitäten bekommen.*«

Heute erfahren wir im Wikipedia-Eintrag von einer der erfolgreichsten Sportschulen der Welt, eine Einschätzung, der man in Anbetracht der Liste der Medaillengewinner/innen im Eingangsbereich des Schulgebäudes durchaus zustimmen kann. Sie liest sich wie das Who-is-who des Schisportes, Stand Juni 2017: 86 Goldmedaillen bei Weltmeisterschaften, 28 Goldmedaillen bei Olympiaden, 19 große Kristallkugeln der Weltcup-Gesamtwertung und 105 Goldmedaillen bei Junioren-Weltmeisterschaften – ohne Erwähnung der großen Zahl von Silber- und Bronzemedaillen.

Die Schule mit dem offiziellen Namen »Internatschule für Schisportler«, wird nach wie vor als Schulversuch geführt, ein Faktum, das laut Direktor Arno Staudacher größere Flexibilität bezüglich Vereinbarkeit von Leistungssport und Curriculum ermöglicht. Sie befindet sich im gemeinsamen Eigentum von Republik Österreich, Land Tirol und Stift Stams. Das schulische Angebot umfasst ein Oberstufenrealgymnasium und eine Handelsschule, beides als Vollinternat-Schule geführt, wobei die Schuldauer im Vergleich zur Normalform jeweils um ein Jahr verlängert ist. Die sportliche Ausbildung bzw. Wettkampfbetreuung umfasst die Sportarten Alpin-Schilauf, Langlauf/Biathlon, Nordische Kombination, Snowboard und Sprunglauf. Zweifellos trägt das Schigymnasium wesentlich zum internationalen Bekanntheitsgrad von Stams bei, zumal, allerdings in beschränktem Maße, auch Plätze für nichtösterreichische Spitzensportler/innen angeboten werden.

Schihelden der Vergangenheit, Gegenwart und Zukunft bei der Einweihung der Mattensprunganlage im Sommer 1995 und bei diversen Jubiläen und Feiern: Die Olympiasieger Karl Schnabl und Toni Innauer mit Schihosenlegende Sepp Reinalter, Stefan Eberharter bei der Ehrenringverleihung 2003, Nachwuchs bei der Siegerehrung des Mattenspringens 1995 (ganz oben der Stamser Schüler Andi Goldberger) und der nordische Kombinierer Mario Stecher beim Sommerwettkampf

Modell für den Zubau zum Meinhardinum (Architektenbüro Stoll-Wagner, 2013)

Architektonische Kostbarkeiten der Moderne

Konstantes Wachstum der Schülerzahlen und notorischer Platzmangel forderte einen Neubau des Meinhardinums außerhalb des Stiftsgebäudes. So entstand die Idee, die unterhalb der beiden Türme gelegene alte Mühle, ein denkmalgeschützter Bau aus dem 14. Jahrhundert, sowie die daran anschließende Stiftstischlerei und das bereits existierende Hallenbad zu einem modernen Schulkomplex umzubauen. Abt Bernhard Slovsa führte ab 1982 langwierige Verhandlungen mit Bund, Land Tirol, Denkmalamt und Gemeinde Stams bezüglich Finanzierung und Genehmigung. Die Bauaufgabe war eben nicht ganz einfach: Einerseits mussten die Auflagen des Denkmalamtes in Bezug auf Beibehaltung der alten Bausubstanz im Äußeren erfüllt werden, andererseits stellte das Bundesministeriums für Unterricht und Kunst Forderungen nach einem zeitgemäßem Schulgebäude mit modern eingerichteten Klassenzimmern und Spezialräumen. Architekt Richard Gratl realisierte unter Beibehaltung des Gesamteindruckes der Stiftsanlage eine ansprechende Lösung, die durch ein Spiel zwischen alt und neu geprägt ist. In dem von ihm entworfenen hellen, offenen Bau mit den markanten Gaupen im Dach (eine Anregung aus einem Stich des 17. Jahrhunderts) hat das Meinhardinum seit 1985 seinen Standort.

Die weitere Schulentwicklung und nach wie vor hohe Schülerzahlen brachten allerdings auch dieses Gebäude an seine Grenzen. Nach einer ersten Erweiterung 1994

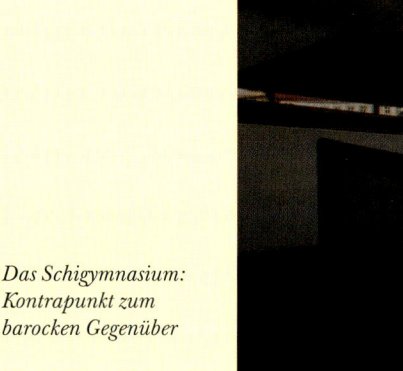

Das Schigymnasium: Kontrapunkt zum barocken Gegenüber

(durch R. Gratl selber) wurden noch unter der Direktorentätigkeit des jetzigen Abtes German Erd die Weichen für den dringend und benötigten und im Herbst 2015 eröffneten Erweiterungsbau gestellt. Das beauftragte Architekturbüro Stoll-Wagner bezog die imposanten Türme als optische Begrenzung in den Schulkomplex mit ein und führte die Idee der klösterlichen Innenhöfe weiter. Durch Absenken von Räumen bzw. Minimieren der oberirdischen Baumasse entstand ein offenes Atrium, das zum neuen räumlichen Angebot einen zusätzlichen, auf vielfältige Weise nutzbaren Bereich im Freien bietet.

Ebenfalls aus Platzgründen erfolgte 1976–82 der Neubau des Schigymnasiums, mit dem der aus Südtirol stammende Architekt und Universitätsprofessor für Raumgestaltung Othmar Barth beauftragt wurde. Der niedrige, in die Breite gestreckte Baukörper mit den abgesenkten Räumen und dem auffallenden Dach aus Sichtbeton fügt sich harmonisch in die Landschaft ein und markiert den Ortsrand. Barths Bauten gelten als interessante Neuformulierungen eingebettet in die landschaftliche Situation und den kulturellen Kontext. Der perforierte, weiße Sockel mit dem abgehobenen, schwebenden Dachgeschoß zieht den Hang entlang, bricht und fasst zugleich die Hauptlinien des Stiftes und setzt mit dem am Westende quergestellten, höheren Heimtrakt den Kontrapunkt zum Barocken gegenüber (Otto Kapfinger). Auch der Raumcharakter im Inneren ist primär durch das in zwei Schalen schwingende, die Lichtführung bestimmende Dach geprägt. Der Bau gilt als moderne Übersetzung des alpinen Einhaus-Typs mit offenem, durchgehenden Dachraum.   MS

VI.
Das Erbe erhalten und nützen

Was ist ein Erbe? Was erben »wir« im Fall von Stift Stams, was erbt der Konvent, was das Land Tirol? Nur das Gebäude und die darin enthaltenen Kunstwerke? Oder geht es nicht auch und vielleicht noch mehr um die Bedeutung der ererbten Sache, um deren geistigen Wert, deren Strahlkraft? »Stift Stams ist ein phantastisches Gebäude, eine städtebauliche Anlage, welche die gesamte Gegend und alle Besucher inspiriert«, schreibt die ehemalige Stamser Maturantin Regina Pizzinini, eine der beiden ersten weiblichen Absolventen des Meinhardinums (siehe Seite 288). In ihrem Rückblick, den sie für die Jubiläumsdokumentation 1949–1999 der Schulzeitschrift »Spektrum« verfasste, nennt die inzwischen international bekannte Architektin Stams einen »Ort der Kultur, des Geistes und des Denkens«.

Nach der Restaurierung der Stiftskirche in den siebziger Jahren und fast zwei Jahrzehnten einer umfassender Sanierung der gesamten Klosteranlage erstrahlt das Stift nun in neuem Glanz. Das Erbe ist erhalten, das Juwel der Kunst in seinem Bestand gesichert. Was dazu im Einzelnen gemacht werden musste, davon wird in den folgenden Beiträgen berichtet. Auch von einer Entdeckung, die noch ihrer Revitalisierung wartet. Und auch von den Kunstschätzen, die ihren Platz in einer »Wunderkammer« finden und Besucher aus Nah und Fern erfreuen sollen. Damit beginnt bereits das »Nützen des Erbes«. Konzerte, CDs und Noteneditionen aus dem reichhaltigen Stamser Musikarchiv sind nur eine weitere Facette davon.

Letztlich ist es die geistige Ausstrahlung eines solchen Ortes, der für die Zukunft bewahrt und genützt werden muss. Das können weder Denkmalpfleger noch Geldgeber garantieren. In dieser Hinsicht ist das Erbe in erster Linie den Mönchen anvertraut.

Walter Hauser

Was »Denkmalpflege« im Stift Stams bedeutet

Blick in den geöffneten Dachstuhl eines der Türme, mit denen 1998 die Gesamtsanierung des Stifts begonnen wurde

Das Zisterzienserstift Stams ist zwar die jüngste der Nordtiroler Abteien, als landesfürstliche Stiftung jedoch für die Geschichte unseres Landes von großer Wichtigkeit. Zudem zählt es neben dem Prämonstratenserstift Wilten zu den künstlerisch bedeutendsten Klöstern im Bundesland Tirol. Sein Weg durch die Jahrhunderte war wechselhaft. Seit der Gründung im Jahr 1273 lösten sich Phasen des Aufblühens mit Phasen des Niedergangs ab. Die letzte große Blüte galt dem Barock, die letzte Phase des Zusammenbruchs liegt gerade einmal ein gutes halbes Jahrhundert zurück.

Die Erhaltung eines Stiftes ist eine nie endende Aufgabe. Im Kleinen geschieht dies kontinuierlich, im Großen in der Regel in Wellen, entsprechend den wirtschaftlichen und finanziellen Verhältnissen, so auch im 20. Jahrhundert. Es gab eine erste bescheidene Welle nach der Wiederbesiedelung des Klosters in den 1950er Jahren, dann zwei große, eine in den 1970er Jahren und eine weitere, bis zum heutigen Tage andauernde, ab den späten 1990er Jahren. Über Letztere, die der baulichen Gesamtinstandsetzung des Stiftes galt, soll nachfolgend berichtet werden.

Das Erbe erhalten

In der zweiten Hälfte des 20. Jahrhunderts prägten Veränderungen die Denkmalpflege. Zum einen standen die Richtlinien der »Charta von Venedig« (1964) in ihrer praktischen Bewährungsprobe, zum anderen veränderten sich die Restaurierungs- und Handwerkstradition nachhaltig. Nicht zuletzt wuchsen technische Anforderungen in einem noch nicht da gewesenen Ausmaß. Diese Entwicklungen machten auch nicht Halt vor Stift Stams.

In den 1970er Jahren standen die Stiftskirche und die Stiftsfassaden im Mittelpunkt der Restaurierung und ließen das Stift zum 700-jährigen Gründungsjubiläum im barocken Glanz erstrahlen. Die Maßnahmen in der Stiftskirche gelten landläufig als vorbildlich und haben ihre barocke Strahlkraft bis heute bewahrt. Während mithilfe großzügiger Sponsoren (beispielsweise die Messerschmitt-Stiftung München) die Restaurierung wertvoller Ausstattungsstücke weitergeführt werden konnte (z. B. 1994/95 das Rosengitter in der Prälatur), war der Erhaltung der baulichen Substanz lange ein dunkles Schattendasein beschieden. Die wenigen gesetzten Maßnahmen hatten vergleichsweise den Stellenwert bescheidener Sanierungen. Erste Schritte in einer dem baulichen Bestand adäquateren Weise wurden im Vorfeld der Landesausstellung 1995 gesetzt: einerseits durch die in neuer Form durchgeführte Wiedererrichtung des seit dem Barock abgetragenen südlichen Kreuzgangflügels als Teil des Stiftsmuseums, andererseits – wenn auch nur ansatzweise – im Rahmen der im Jahre 1995 erfolgten Einrichtung des diözesanen Bildungszentrums im Fürstentrakt.

Detail des Rosengitters in der Prälatur nach der Restaurierung von 1994/95

Bei der Restaurierung der Stiftskirche in den 1970er Jahren erhielt der Hochaltar von Balthasar Steinle (1609/12) ein Stützgerüst. Blick zwischen das Schnitzwerk des Altars und den Stuckvorhang von 1734

Diese baulichen Maßnahmen fokussierten sich wie alle anderen der vorangegangenen Jahrzehnte – wohl der immensen Herausforderung und Ohnmacht wegen – auf die jeweils unmittelbaren Bauaufgaben und entsorgten alle strukturellen Probleme in die umliegenden Bereiche, insbesondere in die Dachräume. Diese entwickelten sich zusehends zu einem Infrastrukturfriedhof und damit zu einer massiven Brandlast. Zusätzlich zeigten sich Schäden an den Dächern, die bereits vor Jahrzehnten ihren Ausgang nahmen und über die Jahre nur notdürftig repariert wurden. Die unzähligen, meist handwerklich unzulänglichen Ausbesserungen hatten über Jahre die historischen Dachwerke sehr in Mitleidenschaft gezogen und äußerlich zum Verlust einer einheitlichen Dachlandschaft des Stiftes geführt. Die Grundinstandsetzung der Stiftsdächer war unaufschiebbar geworden und wurde zum Auslöser eines fast 20-jährigen Restaurierungsprozesses.

Die Baudenkmalpflege war in Stams in ihrer Qualität weit hinter der Kunstdenkmalpflege zurückgeblieben. Dies änderte sich 1997. Es kam im Stift zu einem Paradigmenwechsel. An die Stelle des gewohnten Austausches der barocken, im Kern nicht selten mittelalterlichen Bausubstanz trat die historisch angemessene sachgemäße Reparatur. Diesem Wandel war eine glückliche Entscheidung des Stiftes vorausgegangen. Abt Josef Maria Köll holte sich als verantwortlichen Projektleiter den erfahrenen Stiftsbaumeister der schwäbischen Benediktinerabtei Neresheim Wolfgang Bauer und stellte ihm aus dem eigenen Hause Pater Cyrill Greiter zur Seite. Damit waren die fachlichen Voraussetzungen geschaffen. Überdies gab es eine wohlwollende Unterstützung der öffentlichen Hand, insbesondere seitens des Landes Tirol. Die Grundinstandsetzung von 15.000 m² Stiftsdächer konnte ihren Lauf nehmen.

Damit stand die erste große Entscheidung zur Diskussion, nämlich die Frage nach dem Dachdeckungsmaterial. Die Dachlandschaft des Stiftes bestimmten zuletzt ein knappes Dutzend gleichermaßen unterschiedlicher wie aus jüngerer Zeit stammender Dachplatten. Diese glichen mehr einer Baumaterialsammlung des 20. Jahrhunderts als der Dachlandschaft eines barocken Stiftes. In geschützten Bereichen der Dachwerke fanden sich Reste der barocken Schindeldeckungen wie auch eine Anzahl barocker, handgeschlagener Biberschwanzziegel mit Segmentschnitt. Es mussten also einst Mischdeckungen vorhanden gewesen sein. Mithilfe von Illustrationen des Stiftes in der Lebersorg-Chronik, einer einzigartigen Aufzeichnung aus der ersten Hälfte des 17. Jahrhunderts, konnte der Befund für jene Zeit bestätigt werden.

15.000 m² Dachfläche waren zu decken, der Großteil mit Biberschwanzziegeln, die Türme mit Holzschindeln.

Die Dächer zeigten sich dort überwiegend mit Lärchenschindeln gedeckt, einzelne Bereiche trugen bereits rote Ziegeldeckungen, die künftighin allmählich die Schindeldeckungen ablösen sollten. Diese barocke Mischform – wenn auch überwiegend in Ziegel – sollte wieder Vorbild werden. Die Hauptdächer wurden nun einheitlich mit Biberschwanzziegeln gedeckt, die Turmdächer mit Holzschindeln. Durch diese Maßnahme besitzt Stift Stams heute wieder eine einheitlich wohltuende, weithin sichtbare Dachlandschaft.

Eine größere Herausforderung war die Reparatur der barocken Dachstuhlkonstruktionen. Diese stellen eine bauhistorische Besonderheit des Stiftes dar, die in diesem Umfang in Tirol einzigartig ist. Während bei den Dachplatten im Hinblick auf die großen Flächen mit Umsicht eine angemessene Auswahl getroffen wurde, waren die zu setzenden Maßnahmen aufgrund der teils immensen Schäden an den Holzkonstruktionen bei den Dachstühlen nicht einschätzbar. Die Schäden, insbesondere in den Traufbereichen, machten mehrfach aufwendige Ergänzungen notwendig, häufig waren zusätzliche statische Verstärkungen erforderlich. Mit der Instandsetzung der Dachstühle und Dächer allein war es aber nicht getan. Die Arbeiten dehnten sich auf die teils stark geschädigten obersten Geschoßdecken sowie die

Das Erbe erhalten 305

In diesem Umfang einzigartig in Tirol sind die originalen barocken Dachstuhlkonstruktionen des Stiftes Stams.

Das »Dachstuhlprojekt« entwickelte sich, von den Türmen ausgehend, zu einem Großprojekt zur nachhaltigen Gesamtinstandsetzung des Stiftes.

statisch stark in Mitleidenschaft gezogenen Stiftstürme und die gesamten Fassaden des Stiftes aus. Dass dabei die technische Infrastruktur unter Dach zur Reduktion der Brandgefährdung erneuert werden musste und bauphysikalische Verbesserungen, Brandabschottungen u. a. m. notwendig wurden, war mehr als nur eine Begleitmusik. Das »Dachprojekt« entwickelte sich zusehends zu einem Großprojekt zur nachhaltigen Gesamtinstandsetzung des Stiftes. 1998 wurde das Vorhaben mit den Türmen begonnen, über die Jahre Bauteil für Bauteil fortgesetzt und 2014 am Torbau abgeschlossen.

Mit dem Fortschreiten des Dachprojektes zeigte sich bald, dass die Maßnahmen weitreichendere Konsequenzen hatten. Noch 1998 zog die Behebung der Dachwasserschäden eine Konservierung der originalen, nie überfassten barocken Stuckdecke des Stiegenhauses der Prälatur nach sich, was eine noch überschaubare Ausdehnung des Projektes zur Folge hatte. Spätestens bei der Reparatur der Schäden an Dach- und

*Dachstuhlkonstruktion mit
Verstärkungsfachwerk über dem
Bernardisaal*

*Restaurierung der
1722 geschaffenen Fresken
des Prunksaales*

Dachstuhlkonstruktion über dem Bernardisaal wurde evident, dass sich künftig das nach außen orientierte Projekt in großen Teilen nach innen verlagern würde. So musste 2001 zur Sicherung der Saaldecke die gesamte barocke Emporenausstattung ausgebaut und eine Einrüstung und Fixierung der von Fehllasten des Daches sich durchbiegenden Saaldecke vorgenommen werden. Diese Maßnahmen zogen 2004/05 gemeinsam mit den vorhandenen Altschäden an den Deckengemälden eine Restaurierung der 1722 von Michael Hueber und Anton Zoller geschaffenen malerischen Ausgestaltung nach sich. Mit der Frage der

Erneuerte Sechseckverglasung nach barockem Vorbild (Durchblick zum Torbau, dem westlichen Abschluss des Stiftgeländes)

Der 300 Jahre alte Estrichboden des Barocksaales, einzigartig weit über die Landesgrenzen hinaus

Raumfassung ging jene der Fenster einher. Sie stammten aus den 1950er Jahren und waren in schlechtem Zustand, also wurden sie nach barockem Vorbild ausgetauscht. So ergibt – der inneren Logik von Bauabläufen folgend – eines das andere. Elektrik, Beleuchtung und Brandschutzeinrichtungen runden den Bogen der Maßnahmen ab. Als 2007 die Arbeiten mit der schwierigen Konservierung des weit über die Landesgrenzen hinaus einzigartigen, 300 Jahre alten Estrichbodens des Bernardisaales zu Ende gebracht werden konnten, war damit nicht nur ein Highlight des Restaurierungsprojektes abgeschlossen, sondern auch Dimension und Maßgabe für andere Bauabschnitte ablesbar.

Wie dies der Restaurierungsabschnitt Bernardisaal veranschaulicht, wuchs das Projekt »Stift Stams« in einer eigenen Dynamik. Die Breite an notwendigen Maßnahmen offenbarte, was in anderen Bereichen des Stiftes nun zu erwarten war, und machte eine Neuorientierung des Gesamtprojektes sowohl im Ablauf wie im Controlling erforderlich. 2003 übernahm Abt German Erd die Geschicke des Zisterzienserstiftes. Ihm stand ab 2008 mit Josef Kretschmer ein neuer, gleichermaßen umsichtiger wie engagierter Verwalter zur Seite. Dieser wurde in den letzten Jahren von Frater Martin Anderl im Bereich Kunst, Musik und Museum unterstützt, wobei er die Museumsagenden von Pater Norbert Schnellhammer übernommen hatte. Gemeinsam mit einem eigens gegründeten Bauausschuss sollte die notwendige Neuorientierung aufgestellt und die Umsetzung künftighin begleitet und überwacht werden. 2009 stand eine weitere Wachablöse an. Architekt Max Schönherr übernahm die Restaurierungsleitung von dem altersbedingt ausscheidenden Architekten Wolfgang Bauer, den er zuvor bereits über Jahre unterstützt hatte.

Ein Rückblick zur Projekthalbzeit zeigte, dass bereits nach zehn Jahren viel Detailwissen über Maßnahmen verloren gegangen war. Wissen, das später eine Erhaltung erleichtern würde, wie zum Beispiel systematische Aufzeichnungen über die technische Infrastruktur, über Pflegeroutinen zu durchgeführten Maßnahmen, über Inventare zu historischen Beständen (Gläsern, Beschlägen, Ofenkacheln u. v. a. m.) oder über Erkenntnisse zur Bau- und Restauriergeschichte des Zisterzienserstiftes, die im Laufe der Arbeiten gesammelt werden konnten. So wurde 2009 im Torbau ein eigenes Bauarchiv angelegt *(siehe S. 318 ff.)*, in dem alle Aufzeichnungen in Fortführung des Lebersorg-Vorbildes seit 1998 systematisch verzeichnet werden.

Neu strukturiert, konnten die nachfolgenden Bauabschnitte im gesamten analysiert, geplant und umgesetzt werden. Das Prozedere für Dach und Außenhaut hatte sich inzwischen eingespielt. Die Dachreparaturen erfolgten unter provisorischen Schutzdächern. Verblechungen erwiesen sich nicht selten als anspruchsvolle Spenglerarbeit. Dies zeigte sich beispielsweise an Speiern, Rinnkesseln und Turmzwiebeln, Dacheindeckungen, Kaminbedachungen. Zur jährlichen Routine gehörten auch Dränagierungsmaßnahmen zur Entfeuchtung der Grundmauern, Ableitung der Dachwässer, Rüstarbeiten, Ausbesserung an

Über 750 Fenster waren zu restaurieren bzw. instandzusetzen.

Anspruchsvolle Spenglerarbeit: Die Kuppel der restaurierten Heilig-Blut-Kapelle (2007)

Im Gegensatz zur Westfassade, wo die für das 20. Jahrhundert typische Gelb-Ocker-Fassung beibehalten wurde, erhielt die Ostseite ihre ursprünglich gelblich kühle Polychromie zurück.

den Fassaden, insbesondere in den Sockelzonen, Ergänzungen von Fassadengliederungen und Dachgesimsen, Ausbesserungen an den Fenstern, Restaurierung von Fenstergittern. Mitunter waren statische Maßnahmen wie Ankerungen/Vernadelungen notwendig, so beispielsweise bei der Vorhalle der Stiftskirche.

Bei den Fassaden wurde – wenn möglich – auf die barocke Fassung in Kalk Bezug genommen und in der Regel materialfremde Anstriche abgenommen. Das war nur machbar, soweit diese nicht durch frühere Interpretationen unumkehrbar geworden waren, wie dies an der einheitlich in den 1970er Jahren neu gefassten Hauptfront des Stiftes gegen Westen der Fall war. Damals wurde bestandsgemäß in Mineralfarbe ausgebessert, wodurch die für das 20. Jahrhundert charakteristisch gewordene historistische Gelb-Ocker-Fassung erhalten blieb. Die ursprüngliche, gelblich kühle Polychromie der Schaufassade zeigt sich an der 1994 durchgeführten Restaurierung der Ostfassade des Fürstentraktes.

Die Erneuerung der für den Bernardisaal entwickelten, mit Sechseckverglasungen vollführten Fensterkonstruktionen wurde an Fehlbeständen im Kreuzgang und in Teilen des Prälatentraktes fortgesetzt. Dabei war es möglich, die alten Verglasungen neu verbleit weiterzuverwenden. Originale barocke Fensterkonstruktionen wurden grundsätzlich unter restauratorischen Gesichtspunkten instand gesetzt, die große Zahl der übrigen Fenster technisch wie in ihrer Oberfläche handwerklich repariert. 2007 folgte dann die barocke Verglasung der rahmenlosen, über Windeisen getragenen Fenster der Stiftskirche und der Blutskapelle. Sie wurden ausgebaut, neu verbleit und wiedereingesetzt. Die baulichen Maßnahmen zogen trotz aller Schutzvorkehrungen eine Reinigung/Entstaubung der prachtvollen Ausstattung der Stiftkirche nach sich, die die letzten 40 Jahre mangels Kirchenbeheizung in nahezu frisch restaurierter Pracht überdauert hatte.

Die Maßnahmen an den einzelnen Gebäudeabschnitten schlossen stets die Hof- und Umgebungsbereiche ein. Bereits 2004 konnte im mittelalterlichen Kreuzganghof eine barock geteilte Klostergartenanlage erneuert werden, die mit dem in Kunststein gegossenen, schmiedeeisenbekrönten Brunnen 2009 eine neue Mitte bekam. Der Brunnen war das Abschiedsprojekt des Architekten Wolfgang Bauer. 2015 folgte der zweite, große Klosterhof, der, geometrisch geordnet, über neue Freitreppen erschlossen und entsprechend den bescheidenen Pflegemöglichkeiten bepflanzt, im Charakter eines Klosterhofes rückgebaut wurde. Natürlich darf bei der Aufzählung der Außenbereiche die Instandsetzung der Friedhofsanlage des Stiftes mit den kleinen Torbauten, der Einfriedung und der barocken Wagenremise nicht fehlen. Die alte Wagenremise mutierte dabei zur baudenkmalpflegerischen Kür, bei dem die besten erhaltenen alten Strangfalzziegel des Stiftes zusammengeführt und wiederverwendet wurden und so dem Bauwerk einen natürlichen Alterswert verleihen.

Im Laufe der vielen Jahre ergab sich auch manches Nebenprojekt. Dabei gibt es kleinere, wie etwa 2012 die Schaffung einer musealen Raumfolge seitlich des westlichen Kreuzgangflügels für eine Ikonen-

Abschiedsprojekt des Architekten Wolfgang Bauer: Entwurf zur Gestaltung des Kreuzhofes und Detail des vom deutschen Kunstschmied Manfred Bergmeister geschaffenen Johannesbrunnen

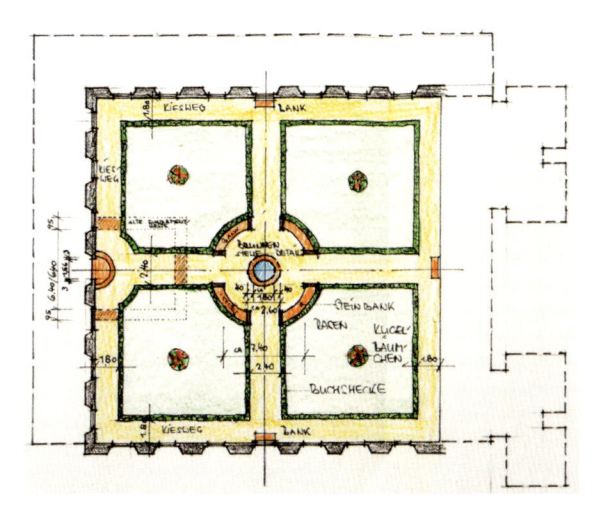

sammlung oder die Einrichtung von Seminarräumen im westlichen Torgebäude 2015. Manche entwickelten sich zu einem eigenständigen größeren Projekt, beispielsweise die Renovierung der Orangerie 2009/10 oder die Innenrestaurierung der Blutskapelle 2014/15. Zu den Maßnahmen gehört auch die Erweiterung des Stiftsgymnasiums, das in den nördlichen Anger unterhalb der beiden Stiftstürme in die Erde abgesenkt wurde. Last but not least galt es in mehreren Etappen im Nordtrakt des Konventes die Zellen der Mönche zu renovieren und mit Bädern neu auszustatten (2009–2016). Während der Schulbau 2014/15 von den Architekten Stoll-Wagner realisiert werden konnte, erhielt Architekt Max Schönherr für die zahlreichen Nebenprojekte im Stift Unterstützung von Architekt Mario Ramoni. Die Orangerie wurde von Architekt Jürgen Hörhager verwirklicht.

Die Orangerie des Stiftes galt über Jahrzehnte als ungenutzt. Für eine Wiederbelebung des Gartenhäuschens samt umgebender Gartenanlage gab es zwar immer wieder Anläufe, sie scheiterten jedoch stets an den Pflegeressourcen des Stiftes. So fiel das Bauwerk allmählich in einen schlechten Erhaltungszustand, obgleich auf den ersten Blick die 1983/84 rekonstruierten barocken Fassadenmalereien darüber hinwegtäuschten. Aufgrund der Lage am nördlichen Rand im Ankunftsbereich des Stiftsbezirkes mehrten sich die Überlegungen, die Orangerie als Cafeteria am Klostergarten mit Klosterschenke und Klosterladen nutzbar zu machen und die Besucherankunft dorthin zu verlegen. Die Edith-Haberland-Wagner Stiftung München ermöglichte 2009 eine Revitalisierung der Orangerie durch eine Adaptierung und Restaurierung, wobei die einzelnen Maßnahmen vom Dach bis zum Boden mit jenen der aufwendigeren Teile des Stiftes vergleichbar waren. Durch die umfangreichen unterirdischen Bauteile konnte die Erscheinung der Hauptfront der Orangerie am Stiftsgarten unverändert bleiben. Die Orangerie ist dadurch wieder zu einem großen Gewinn für das Stiftsensemble geworden. Im Inneren ließen das gedrängte Raumprogramm, die mitunter allzu aufwendige Gestaltung, aber auch manche im Nachhinein in diesem Umfang nicht notwendige Multifunktionalität bzw. Ausstattung den genius loci des bescheidenen barocken Wirtschaftsgebäudes schwinden.

Die Maßnahmen an der Heilig-Blut-Kapelle hatten bereits im Zuge der Außenrestaurierung des Klosters 2006 mit der Renovierung des Dachstuhls begonnen, der insbesondere Schäden im Bereich der Kuppelkonstruktion aufwies. 2007 wurden sie mit der Neueindeckung des Daches und der Neuverbleiung der barocken Kirchenfenster

Die Hauptorgel in der Stiftskirche wurde 2014/15 mit einem neuen Spielwerk versehen, ein offener Wunsch seit der Restaurierung der 1970er Jahre.

fortgesetzt. Im Inneren war die Blutskapelle seit den 1950er Jahren unverändert geblieben. Die Ausbesserungen an den Fensterleibungen, die Behandlung eines starken Anobienbefalls der Holzteile, welche auf die gesamte Stiftskirche und Teile des Museums ausgedehnt wurde, aber auch der Wunsch des Konventes, eine gläserne thermische wie akustische Trennung von Kapelle und Stiftskirche zu schaffen, legten eine Innenrestaurierung nahe. Ziel dabei war, den Zustand aus der Zeit um 1800 wiederherzustellen, als die Kapelle durch die malerische Ausgestaltung von Josef Schöpf ihre letztgültige künstlerische Interpretation erhalten hatte.

Das Restaurierungskonzept mit Neufassung der Architekturflächen, Reinigung und Restaurierung der Wandmalereien, der Stuccolustropilaster wie der künstlerischen Ausstattung reiht sich nahtlos in die Restaurierungskontinuität der Stiftskirche ein. Eigenes Augenmerk galt hingegen der Restaurierung des spätbarocken Steinbodens, des prachtvollen Rosengitters von 1716/17 und des Goldtabernakels. Mit der Restaurierung der Orgel von 1771, für die fehlende Prospekt- und Holzpfeifen wie Teile des Spielwerkes rekonstruiert wurden, konnte die Innenrestaurierung der Kapelle abgeschlossen werden. Lediglich die neue Gestaltung des liturgischen Ortes steht noch aus.

Die Restaurierung der Greil-Orgel der Blutskirche war im Orgelbestand des Stiftes ein Nebenthema, ebenso die aktuelle Restaurierung der kleinen barocken Chorgestühlorgel. Die Modernisierung der spätbarocken Hauptorgel der Stiftskirche hingegen galt seit der Innenrestaurierung der 1970er Jahre als offenes Desiderat. Die Orgel wurde 2014/15 mit einem neuen Spielwerk versehen. Dabei konnte sie auf 43 Register erweitert, das pneumatische Spielwerk von 1931 musste gleichzeitig aufgegeben werden. Um das neue Orgelprospekt im Gesamtbild der Stiftskirche angemessen zu integrieren, wurden das spätbarocke Gehäuse wie auch jenes des Brüstungspositives gemeinsam mit dem Emporengitter ohne Überfassung restauriert.

Für die Aufstellung der Orgel mussten statische Verstärkungen am Emporenboden durchgeführt werden. Dabei fanden sich mehrere Hölzer der romanischen Stiftskirche in Zweitverwendung, ein Deckenbalken überspannt dabei noch die gesamte Breite des Kirchenschiffes. Eine dendrochronologische Datierung der Hölzer durch die Universität Innsbruck erbrachte mit 1281 ein beachtenswertes Fälldatum. Es zeigt, dass die Stiftskirche des Klosters zu dieser Zeit noch im Bau war. Hier ermöglichte der Restaurierungsprozess einen Blick in die Gründungszeit des Klosters und unterstreicht einmal mehr die Bedeutung von bauhistorischen Aufnahmen im Zuge von Restaurierungen.

Nach zwei Jahrzehnten neigt sich das Großprojekt dem Ende zu. Die Erhaltung des Stiftes Stams ist vorerst auf Jahrzehnte gesichert. An die Stelle der großen Instandsetzungswelle kann wieder ein kontinuierliches Erhalten treten. Manch kleineres Projekt steht noch aus oder ist bereits in Umsetzung, so die Vervollständigung von Brandschutzmaßnahmen, der Fußboden des Kreuzgangs, eine barrierefreie Erschließung der Museums- und Veranstaltungsbereiche oder die Finalisierung des Stiftszuganges. Als wichtige Maßnahme ist allerdings die Instandsetzung der gut 1,2 km langen, etwa 3 bis 4 Meter hohen Klostermauer noch ausständig. Diese aus der Gründungszeit des Klosters stammende Steinmauer, die in Umfang und Baualter eine Besonderheit unter den Stiften Österreichs darstellt, harrt nach einer ersten partiellen Probesicherung 1993 immer noch einer Gesamtreparatur.

Schließlich bedarf auch das barocke Sommerhaus südlich des Stiftes eines Mäzens. Das ehemalige Gartenhaus besaß einen ausgemalten Saal im Obergeschoß, der im 20. Jahrhundert durch Verlegung der barocken Decken und Einbau von Wänden in Wohnräume aufgeteilt wurde und sozusagen auf ein Wiedererwachen wartet. Die Erhaltung eines Stiftes ist eben eine nie endende Aufgabe.

Beginnend mit dem letzten Drittel des 20. Jahrhunderts erfuhr das Stift sicher das größte Erhaltungsintervall seit den großen architektonischen und künstlerischen Veränderungen im Barock. Die Annäherung war dabei eine denkmalpflegende, eine dem barocken Stift in seiner Präsenz teils konservierende, teils wiedergewinnende Vorgangsweise. Veränderungen gibt es zahlreiche, sie blieben aber stets in der zweiten Reihe. So sind es auch die äußeren Symbole, etwa der Guss des einst hölzernen Reiterstandbildes von Meinhard II. am Giebel des Mittelrisalites und der beiden bereits ergänzten Giebelfiguren Weisheit und Gerechtigkeit, denen nun noch die beiden ausstehenden Tugenden,

Tapferkeit und Mäßigung, beiseitegestellt werden. Diese nach historischen Vorlagen neu geschaffenen Figuren krönen den Abschluss, während das in seiner Form rekonstruierte Bildfeld an der Giebelfassade der Blutskapelle an den Bauherrn von heute erinnern soll.

20 Jahre stellen eine lange Zeitspanne dar. Alle baulichen Entwicklungen sind immer mit handelnden wie mit fördernden Personen verbunden. Die seit 1997 laufende Gesamtinstandsetzung des Stiftes lag in den Händen zweier Äbte, Abt Josef Maria Köll und Abt German Erd. Sie fiel mit Wendelin Weingartner, Herwig van Staa und zuletzt Günther Platter unter die Patronanz von drei Landeshauptleuten und sechs Kulturlandesräten (Fritz Astl, Günther Platter, Herwig van Staa, Elisabeth Zanon, Erwin Koler und Beate Palfrader). Betreut wurde das Projekt von drei Landeskonservatoren, umgesetzt in einem Netzwerk von Kulturverantwortlichen und Kulturschaffenden. Ginge man an den Beginn in den 1970er Jahren zurück, würde sich die Aufzählung noch um einiges verlängern. Bei so viel Heterogenität im Werden ist die erreichte Kontinuität erstaunlich wohltuend.

Wie werden wohl Denkmalpfleger in hundert Jahren urteilen und die Maßnahmen beschreiben? Wahrscheinlich werden sie sagen: »Die Restaurierung in jenen Jahrzehnten war nichts Gewöhnliches, aber auch nicht Außergewöhnliches. Sie lässt wie anderenorts den Zeitraum des zwiespältigen Diskurses von Substanz und Erscheinung, von Neuheitswert und Alterswert, von Konnex und Kontrast, von technisch-industriellen Standards und dem Aussterben althergebrachter handwerklicher Tradition erkennen.« Wenn sie hinzufügten: »Das Management of Change hat trotz offenbarer Gegensätze Kontinuität und Angemessenheit bewiesen«, würde es meine Vorgänger wie mich freuen.

Alte Orangerie mit neuer Bestimmung

In den Jahren vor 1740 entstanden zwei Gebäude am Rand des Stiftsbereichs. Eines davon, die Orangerie, ist heute nach weitgehenden Veränderungen als Restaurant genutzt und bekannt; das andere kennt praktisch niemand und würde eine gründliche Restaurierung und Wiederbelebung verdienen: das sogenannte Gartenhaus südlich der Stiftskirche.

Die Orangerie bildete und bildet seit der Mitte des 18. Jahrhunderts den nördlichen Abschluss des im äußeren Klosterhof angelegten Gartens. Es war – wie im Grunde alle

DAS ERBE ERHALTEN 317

*Deckenfresko
im westlichen Pavillon*

*Die Orangerie im
20. Jahrhundert (Foto links
unten) und nach
der Revitalisierung als
Restaurant (2009)*

*Bild oben Seite links: Ausschnitt
aus einem 1754 entstandenen
Huldigungsgemälde für Abt
Rogerius Sailer, das die vollendete
Klosteranlage mit dem Garten im
großen (westlichen) Klosterhof
und der nördlich abschließenden
Orangerie zeigt.*

Orangerien der barocken Gartenarchitektur – in erster Linie ein Zweckbau zur Unterbringung wertvoller Pflanzen, jedoch von barocker Eleganz geprägt und mit offenen Loggien links und rechts. Diese waren von Balustraden begrenzt, mit Deckenfresken geschmückt und ließen sich durchaus zur gemütlichen Rast bei einem Glas kühlem Wein oder einer Tasse Tee nutzen. Gegen Ende des vorigen Jahrhunderts stand der praktische Nutzen im Vordergrund: Vor der Fensterfront des breiten Mittelteils wurde Gemüse angebaut. Die Fresken innen waren noch gut erhalten, die an der Außenseite gänzlich verschwunden oder zum Teil erneuert.

Im Zuge der Restaurierung wurde die Orangerie über die Geländestufe zu den darunter liegenden Gewölben erweitert und mit Restaurant, Klosterladen und Ausstellungsräumen verbunden. Der einst für die Pflanzen bestimmte Teil hinter schrägen Glasflächen bietet heute Platz für einen großzügigen Seminarraum. Die Außenmalerei am Mittelteil und an den Loggien ist zum Teil einige Jahrzehnte alt und wurde nur restauriert, die auf Wunsch der die Restaurierung finanzierenden Stiftung völlig neu angebrachten figürlichen Darstellungen folgen der Vorstellung, wie die barocken Fresken an dieser Stelle ausgesehen haben könnten.

Frau Mitterer im Büro des Bauarchivs von Stift Stams

Barbara Lanz und Sonja Mitterer
Das Bauarchiv – 118 Ordner über 30 Jahre Arbeit

Stift Stams ist einer der größten Klosterkomplexe Österreichs mit einer 700 Jahre andauernden Baugeschichte. Beginnend in den Nachkriegsjahren, wurden bereits vereinzelt Restaurierungsmaßnahmen durchgeführt, so die Neufärbelung der Fassaden zur Übertünchung des während des Zweiten Weltkriegs aufgetragenen Tarnanstrichs und die Innenrestaurierung der Stiftskirche. Ende des 20. Jahrhunderts wurden neuerlich Restaurierungsarbeiten notwendig, die seit 1998 in einer umfassenden Gesamtsanierung etappenweise durchgeführt wurden und werden. Sie betreffen vor allem die Fassaden und Dächer des Stiftes. Es ist dies in Anbetracht von 15.000 m² Dachfläche und etwa gleich viel Fassadenfläche sowie gut 750 Fenstern ein gewaltiges Unterfangen, für das es eine gut strukturierte Organisation braucht.

Der gesamte Baukomplex wurde dafür in 20 Bauabschnitte gegliedert. Beginnend an den Nordtürmen, wurde Jahr für Jahr Richtung Süden um den Kreuzhof und anschließend Richtung Osten um den Konventhof gearbeitet. Die auf dem Klostergelände und um das Kloster freistehenden Gebäude sowie die Klostermauer folgen als weitere Bauabschnitte und sind derzeit teilweise noch in Bearbeitung.

Innerhalb des umfassenden, seit nunmehr knapp 20 Jahren laufenden Restaurierungsvorhabens haben sich nicht nur die Methodik zur Dokumentation der Arbeiten, sondern vor allem die Art der Kommunikation und die Abwicklung des Projektes maßgeblich verändert. *»Begutachtung der Verputzarbeiten an den Nordtürmen: die Arbeiten sind noch nicht abgeschlossen.«* So ein kurzer Aktenvermerk der Bauleitung vom August 1998, der heute mit einer E-Mail an die zuständige Restauratorenfirma mit Aufforderung um rasche Erledigung abgetan wäre, hat noch vor drei Jahrzehnten zu einem umfangreichen Briefwechsel geführt. Mit Schreibmaschine getippt, mit Briefmarke versehen und zur Post gebracht, hat die Nachricht die Baustelle erst Tage später erreicht. Die Kommunikation dauerte um ein Vielfaches länger als heute und wurde von allen Beteiligten als mühsam empfunden, wie immer wieder in Schriftstücken zu lesen ist. Die Bauleitung findet manches Arbeitsergebnis *»erschreckend«*, Arbeiten sollten mit Berufung auf Vereinbarungen *»baldigst beginnen«*, Reklamationen werden ignoriert, *»wie ich es bislang in meiner Praxis noch nicht erfahren konnte«*. Wenn es aber keine Entschuldigung gibt, droht umgekehrt der Restaurator, *»rühre ich keinen Finger mehr«*, und das Ganze endet mit dick rot korrigierten Abrechnungen und Randbemerkungen: *»gelogen! stimmt nicht!«*

In dieser analogen Welt ging naturgemäß auch einmal das eine oder andere Schriftstück verloren oder wurde falsch abgelegt. Die Dokumentation der durchgeführten Arbeiten erfolgte zwar mit Fotos und meist durch die Bauleitung selbst, aber es wurde an Material und Kosten für Abzüge gespart. Heute steht dem eine Flut an Ausdrucken versendeter E-Mails gegenüber. Schreiben, Antworten und Gegenantworten werden abgelegt. Die Datenmengen für digitale Bilder sind unermesslich angewachsen. Bauaufnahmen und Vermessungen, Material- und Schadenskartierungen, Gutachten im Vorfeld und abschließende Restaurierberichte sind heute auch in weniger umfangreichen Restauriervorhaben Standard.

Im Laufe der Gesamtsanierung hatte sich so allmählich beeindruckend viel Material angesammelt, sodass ein Überblick über bereits durchgeführte Maßnahmen und noch anstehende Arbeiten nicht einfach war. Daher wurde 2009 der Entschluss gefasst, ein Bauarchiv einzurichten. Primäres Ziel war es, ein Ordnungssystem für die umfangreichen Schriftstücke und Planmaterialien zur Gesamtsanierung auszuarbeiten. Anhand der vorhandenen Unterlagen sollten die bereits durchgeführten wie auch noch anstehenden Bauabschnitte systematisch dokumentiert werden. Dies vor allem, um bei künftigen Umbauten Kenntnisse über technische und restauratorische Maßnahmen zu haben. So sind anhand der je nach Bauabschnitt detailliert ausgearbeiteten Ausschreibungsunterlagen z.B. Informationen zu verwendeten Mörtelzusammensetzungen, Art eines Fensteranstrichs oder handwerkliche Detailausführungen herauszulesen und diese punktgenau nachzuverfolgen. Auch Installationsführungen und Leitungslegungen sind so nachvollziehbar, um jederzeit gezielt Wartungen und Reparaturen durchführen zu können.

Einen wesentlichen Beitrag zum Bauarchiv stellen die im Lauf der letzten Jahre getroffenen bauhistorischen Erkenntnisse dar. Um das Wissen zur Baugeschichte des Stiftes zu festigen bzw. die Baugeschichte des Klosters besser zu beleuchten, wurden seit 2009 sämtliche Arbeiten an den Bauabschnitten bauhistorisch begleitet. Vor allem während der Arbeiten an den Fassaden und den Sockelsanierungen waren die Beobachtungen ergiebig: Mauerwerk wurde freigelegt und bislang verborgene Mauerzüge aufgedeckt, die Aufschlüsse über die bauliche Entwicklung des Stiftes geben. Die Befunde wurden dokumentiert, mit dem derzeitigen Stand der Quellenforschung abgeglichen, die Bauphasen in Detailplänen dargestellt und die Beobachtungen in Untersuchungsprotokollen festgehalten. Das baugeschichtliche Bild wird durch eine Reihe von historischen Baustoffen und Fragmenten von Bauteilen ergänzt, die geborgen und archiviert werden. Die Bauteile aus Holz, Keramik und Metall wie Dachschindeln und -ziegel, Nägel und Bleiglase sind ein Fundus für Beobachtungen zu früherer Handwerkstechnik und bilden für sich ein kleines Museum der Kuriositäten.

Durch die Sondierungen und Beobachtungen im Zuge der bauhistorischen Begleitung konnten einige wertvolle Erkenntnisse zur Baugeschichte des Stiftes gewonnen werden. Die Entstehungsgeschichte des Baukomplexes ist zwar in groben Zügen bekannt, an den einzelnen Bauabschnitten war es jedoch möglich, die Bauphasen detaillierter aufzuschlüsseln. Bei der Ersterrichtung gab es etwa nicht eine große Bauphase, sondern es entstanden im 13. und 14. Jahrhundert nach und nach Gebäude. Der Beleg für eine bereits spätromanische Kapelle, die sich mit der heutigen, spätbarock überformten Heilig-Blut-Kapelle zumindest im Langhaus gänzlich deckt, ist eines der wichtigsten neuen Erkenntnisse zur Baugeschichte. Spätromanische Mauerzüge konnten ebenso im Bereich des Konventhofes nachgewiesen werden, die in Abgleich mit den Darstellungen

*Aus dem Fundus der
geborgenen Bauelemente*

und Beschreibungen der Lebersorg-Chronik als Bauteile des ehemaligen Novizen- und Gästetraktes identifiziert werden konnten. Der in den ursprünglich wesentlich kleineren und gegen Norden teilweise mit einer Umfassungsmauer abgeschlossenen Konventhof einstehende Bau sowie auch eine frühgotische Kapelle an der Nordostecke des Traktes wurden zur Mitte des 17. Jahrhunderts überformt, teilweise abgebrochen und in den neu angelegten Konventtrakt integriert. Auch der Alte Torbau, Jahrhunderte lang Sitz des Hofgerichts, ist nahezu in der heutigen Größe und in der vollen Höhe inklusive der breiten Durchfahrt bereits als spätromanischer Bestand zu sehen. Teilweise bis in die Dachgeschoße konnten Befunde der Gründerzeit des Klosters 1273–1284 und der Spätromanik des 14. Jahrhunderts nachgewiesen werden.

Frau Lanz bei der Dokumentation der Dachstühle

Romanisches Mauerwerk im Torhaus (altes Gerichtsgebäude) mit originaler Fensteröffnung des 13. Jahrhunderts

Eine weitere besondere Herausforderung waren Restaurierung und Dokumentation der Dachstühle. Die Dachgeschoße des Stiftes nehmen eine Fläche von knapp 9000 m² ein und sind bis auf den »Bauabschnitt BA05« unverbaut und als solche belassen. Die Dachkonstruktionen sind ausnahmslos historisch und selbst als bauhistorisches Archiv zu sehen: teilweise weit gespannte, grazile Konstruktionen mit besonders ausgearbeiteten Details, aufwendig ausgeführten Verstrebungen und Verbindungen und nahezu lückenloser Nummerierung durch Bundzeichen. Die Dachkonstruktionen wurden nun im Vorfeld der Dachsanierungen umfassend und einheitlich begutachtet und dokumentiert. Neben einer verformungsgerechten Vermessung der Gespärre wurden bauhistorische Details, konstruktive Zusammenhänge und als Grundlage für die Sanierung Art und Ausmaß der Schäden dokumentiert. Jeder Dachstuhl ist analysiert, beschrieben, fotografiert und nach festgelegten Kriterien katalogisiert. Zur jahrgenauen Datierung wurden Holzaltersbestimmungen, sog. »dendrochronologische Analysen«, der Bauhölzer herangezogen. Der älteste Dachstuhl von Stift Stams liegt über der Bibliothek im Verbindungstrakt zwischen Kreuzhof und Konventhof und stammt aus den Jahren 1375 – 1376 mit baulichen Veränderungen aus der Zeit 1424 – 1426. Der Großteil der Dachstühle wurde entsprechend den Umbaumaßnahmen unter den Baumeistern Gumpp im späten 17. und im 18. Jahrhundert errichtet.

So fließen in das Bauarchiv von Stift Stams nicht nur Schriftstücke aller Art und technische Angaben zur Restaurierung ein, sondern auch die begleitenden Dokumentationen und neuen Erkenntnisse zur Baugeschichte. Für die Einrichtung des Bauarchives wurden alle im Stift vorhandenen und neu gesammelten Materialien gesichtet, sortiert und katalogisiert. Ergänzend wurden nicht nur das Plan- und Bildarchiv des

Stiftes gezielt bearbeitet, sondern auch Archive der beteiligten Behörden wie Bundesdenkmalamt, Land Tirol und Bauamt der Gemeinde gesichtet, weiters Unterlagen von beteiligten Planern, Fachspezialisten und Handwerkern eingearbeitet. Die bereits abgeschlossenen Bauabschnitte ließen sich im Nachhinein beinahe lückenlos dokumentieren. Für die anstehenden Bauabschnitte wurde eine systematische Vorgehensweise festgelegt, nicht nur für die Ablage der Schriftstücke, sondern wie beschrieben für den Ablauf begleitend zu den Arbeiten.

Die Unterlagen zu den durchgeführten Arbeiten sind in Ordnern nach Themen getrennt aufbewahrt. Nach dem allgemeinen Schriftverkehr zwischen Stift, Bauleitung und Behörden sind die Schriftstücke nach Gewerken geordnet. Daran anschließend, finden sich eine Abteilung für Fotos – sowohl historische Abbildungen als auch Baustellenfotos – und eine für die Plansätze. Die Einteilung der Gewerke folgt der gängigen Norm. Nach den allgemeinen Leistungen für die Baustelle wie Gerüst und Lieferungen sind folgende Arbeitsbereiche gelistet: Baumeister, Verputz und Stuck, Maler und Restaurator, Dachdecker,

Bauabschnitt	Restaurierung	Dendrodaten Dachstuhl
Nordtürme	1998–2001	1693–1696/97 Inschrift: »1695«, »1953«
Fürstentrakt Westflügel	2000–2006	1694/95
Fürstentrakt Bernardisaal	2002–2008	1718
Fürstentrakt Abtei	2001–2008	1729/30–1730/31, 1718/19 (nördlich)
Internatstrakt, Kreuzgang	2002–2008	1622/23
Bibliothek, Kreuzgang	2010	1652–1659/60, 1375/76, 1424–1425/26, 1656/57
Konvent Nord	2012	1639/40–1644, 1656–1668/69 Inschrift: »1670«
Konvent Ost	2011–2012	1660/61
Konvent Süd	2011–2012	1481/82–1482/83, 1629/30–1633/34 Inschrift: »1635«
Stiftskirche	2005–2011	1729/30–1730/31
Helig-Blut-Kapelle	2005–2015	×
Alter Torbau	2013–2015	1801/02
Kreuzhof	2002–2009	×
Dachentwässerung	2010	×
Kreuzgang Stiftskirche	2008–2009	×
Vigiliustrakt, Remise	2013	1765/66–1766/67
Orangerie	2008–2010	1740–1743, 1834/35
Orgeln	2014–2015	×
Klostermauer	in Vorbereitung	×
Gartenhaus	in Vorbereitung	1737/38

Spengler, Schlosser, Zimmerer, Bautischler, Glaser, Blitzschutz und Haustechnik. Entsprechend der historischen, vorwiegend barocken Bausubstanz des Stiftes waren die Gewerke der Zimmerer, Restauratoren und jene für den Fensterbau am umfangreichsten.

Für die Akten- und Unterlagensammlung im Bauarchiv haben sich bis heute 118 Ordner angesammelt. Am umfangreichsten ist der »Bauabschnitt BA10« für die Restaurierung der Stiftkirche mit 11 Ordnern. Mit nur einzelnen Ordnern sind kleine Bauabschnitte wie »BA05« Internatstrakt und Kreuzgang Internat sowie »BA15« Kreuzgang der Stiftskirche vertreten, aber auch für die außerhalb des Stiftes dokumentierte Restaurierung der Orangerie hat sich nur Material für einen Ordner angesammelt. Der Bauabschnitt zur Sanierung der Klostermauer ist derzeit in Vorbereitung, und es werden aufgrund des heterogenen Schadensbildes verschiedene Probeflächen angelegt. Auch das südlich der Stiftskirche liegende Gartenhaus, ein bauhistorisches Kleinod und seltener Vertreter früher »Freizeitarchitektur«, wurde bauhistorisch bearbeitet. Eine Restaurierung steht hier aufgrund einer unklaren künftigen Nutzung derzeit noch aus.

Grundsätzlich ist das Ordnungssystem mit fortlaufenden Nummern für die Schriftstücke so aufgebaut, dass es fortgeschrieben werden kann. Unterlagen und Schriftverkehr, die künftig zu einem Bauabschnitt entstehen, werden einfach nachgereiht. Selbstverständlich sind auch alle Daten digitalisiert: In Tabellen ist – nach Bauabschnitten getrennt – jedes Schriftstück über eine Ordnungsnummer zu finden.

Das Bauarchiv ist im ehemaligen Torbau untergebracht; neben den Räumlichkeiten der Stiftsverwaltung ist ein kleines Zimmer, in dem auch sämtliche dazugehörigen Abrechnungen des Stiftes lagern, dafür reserviert. Das Bauarchiv wird derzeit noch von Barbara Lanz und Sonja Mitterer betreut. Ihnen obliegt es, Daten und Unterlagen einzuarbeiten. Diese werden von der Stiftsverwaltung durch Herrn Josef Kretschmer oder von der Bauleitung durch Architekt Max Schönherr vorbereitet bzw. bereits vorsortiert. Nach Abschluss der Gesamtrestaurierung wird es voraussichtlich keine so intensive Betreuung des Archives mehr brauchen, die gelegentliche Einordnung von Schriftstücken kann durch die Stiftsverwaltung erfolgen. Das Bauarchiv ist nicht unbedingt ein öffentliches Archiv, kann aber von bauhistorisch interessierten Forschern gesichtet werden. Besondere Bedeutung wird es erst bei zukünftigen Bauarbeiten erlangen, wenn mühelos Planmaterial, Ausschreibungsunterlagen und technische Informationen abgerufen werden können.

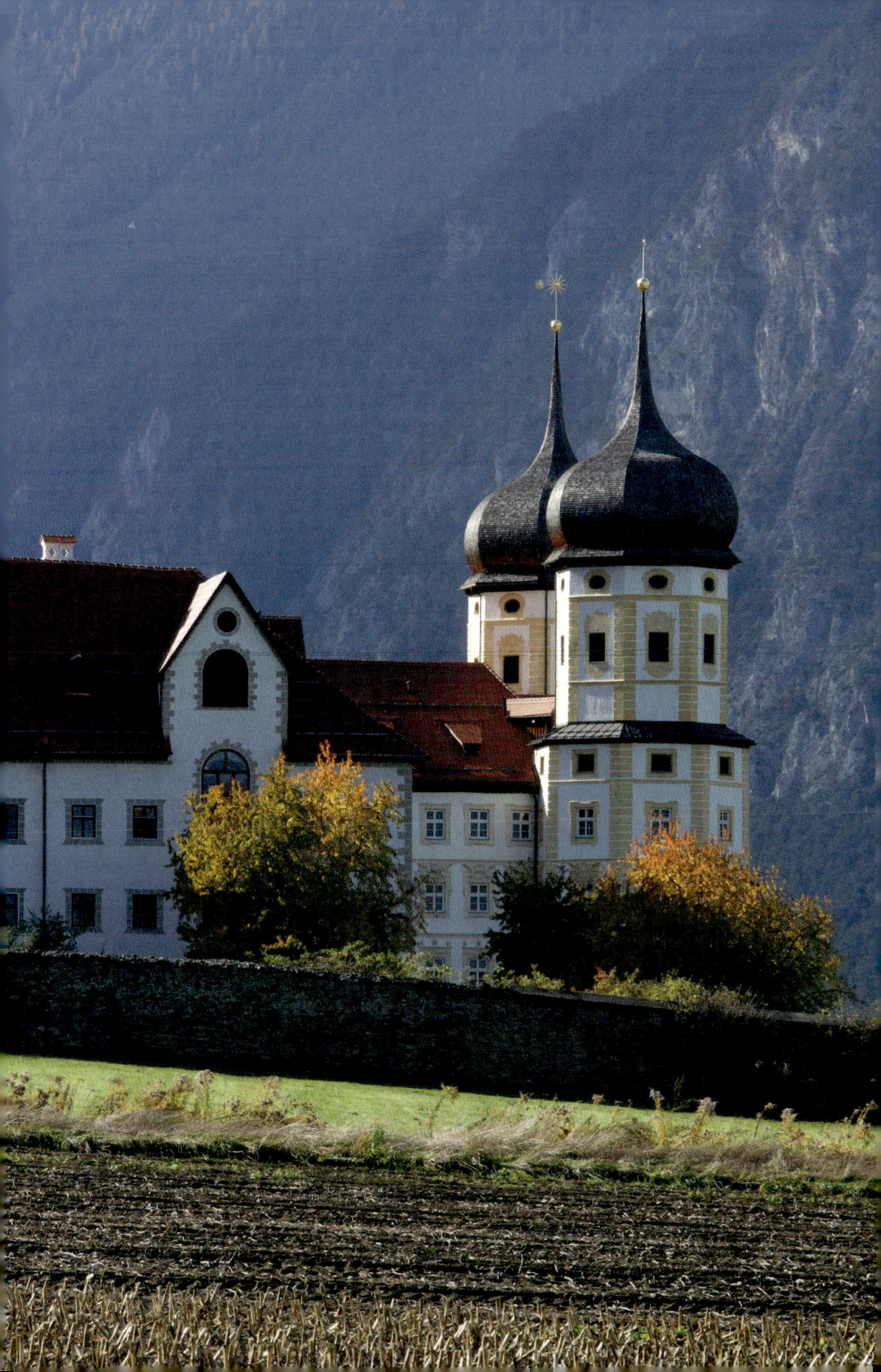

Was geschah im Gartenhaus?

Um die Mitte des 18. Jahrhunderts entstanden die letzten Bauten des Klosterkomplexes. Auf historischen Abbildungen des 17. Jahrhunderts sieht man südlich der Stiftskirche ein kleines Gebäude mit auskragendem Obergeschoss und hohem Krüppelwalmdach – möglicherweise eine Art Gartenpavillon. Genau an der Stelle wird, völlig unabhängig davon, um 1740 ein neues, größeres rechteckiges Gebäude konzipiert, das heutige »Gartenhaus«. Über einem niedrigen Erdgeschoss mit Lagerräumen war über zweiläufige Freitreppen an den Längsseiten das repräsentativ gestaltete Obergeschoss erreichbar. Der ungeteilte Saal wurde durch regelmäßig angeordnete, raumhohe Fensteröffnungen belichtet; je drei an den Schmalseiten und je drei beidseitig der Eingänge an den Längsseiten. Die gesamten Wandflächen waren mit einer spätbarocken illusionistischen Architekturmalerei gestaltet. Vieles davon ist verloren, weil das Gebäude im 20. Jahrhundert in zwei Wohnungen geteilt und das Geschossniveau verändert wurde. Die Auffindung von später verbauten bemalten Holzpilastern im heutigen Deckenbereich spricht für eine ehemals bestehende Ausstattung mit einer Balustrade. Vom Baubefund her handelt es sich um die Treppengeländer oder es gab im Saal eine Art Bühne oder Empore für Aufführungen und Darbietungen. Mithilfe der Holzaltersbestimmung konnte der Dachstuhl in die Jahre 1737/38 datiert werden.

Bereits vor dem Umbau Mitte des 20. Jahrhunderts wird das Gartenhaus baulich verändert und die ursprüngliche Funktion aufgegeben. Mit dem Umbau zum Personalhaus wird die ursprüngliche Geschoßteilung über dem Erdgeschoss höher verlegt, die Raumhöhe im Saal durch Einzug einer weiteren Decke

Das barocke »Gartenhaus« südlich der Stiftskirche und ein Detail der Freskenreste

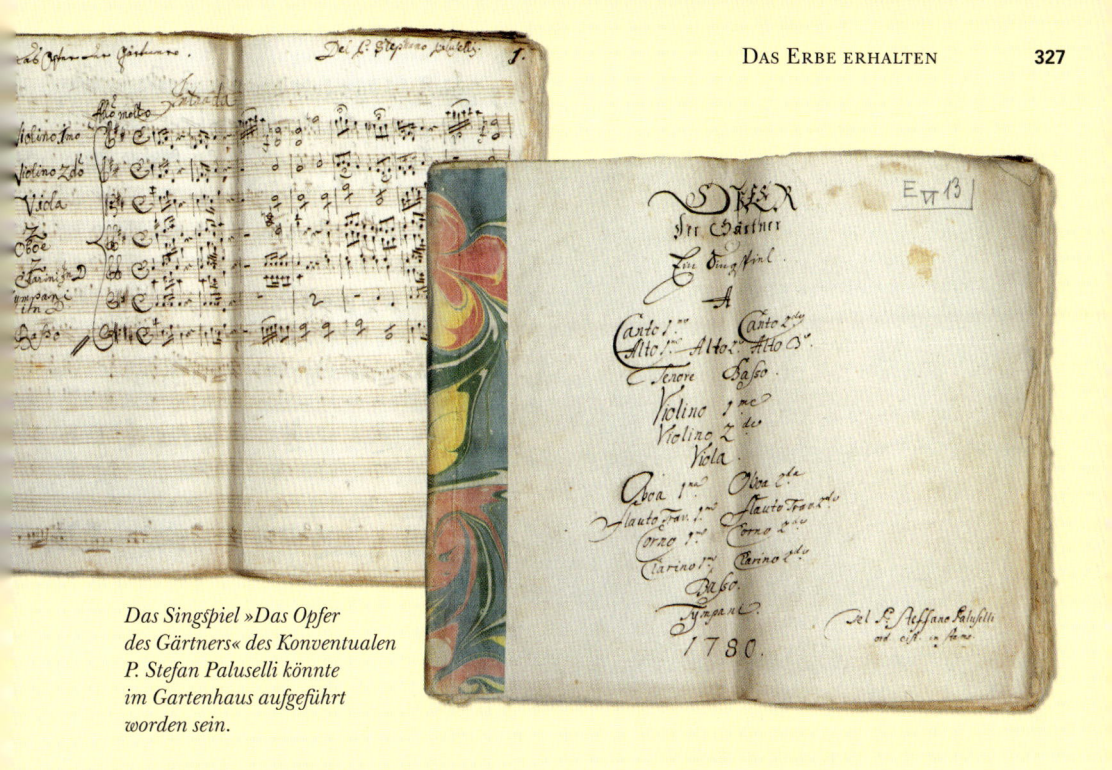

Das Singspiel »Das Opfer des Gärtners« des Konventualen P. Stefan Paluselli könnte im Gartenhaus aufgeführt worden sein.

verringert. Ursprüngliche Fensteröffnungen und malerische Gestaltung verschwinden hinter Vermauerungen und Übertünchungen. Später werden nochmals Trennwände und Sanitärräume eingebaut.

Das ehemalige spätbarocke Juwel steht als unscheinbares Nachbargebäude neben der Stiftskirche und wird seit 2009 nur mehr zu Lagerzwecken genutzt. Eine Freilegung und Restaurierung der spätbarocken Raumfassung und eine Öffnung für Veranstaltungen ist im Gespräch und würde der Besonderheit dieses Gebäudes gerecht werden. BL–SM

Soweit der bauhistorische Befund der Architektinnen, der viele weitere Details enthält. Über die Verwendung dieses Gebäudes gibt es aber auch archivalische Quellen. Im Diarium des Abtes Vigilius Kranicher wird das Haus als »solarium aestivum pomaerii« bezeichnet, was laut Fr. Martin Anderl, der dieses von P. Kassian Primisser in lateinischer Sprache verfasste Tagebuch übersetzt und über die Zeit forscht, so viel heißt wie »Sommersöller im Apfelgarten«. Fr. Martin: »Das lateinische Wort ›solarium‹ ist im Deutschen mit Söller zu übersetzen und bezeichnet einen erhöhten, in der Regel nicht überdachten Ort.« Er hat zwischen 1766 und 1771 auch drei Einträge über die Nutzung des Hauses für Theatervorstellungen mit musikalischer Untermalung gefunden. So wurde dort am 26. Juni 1769 eine »tragaedia Conradini« aufgeführt, »zu der auch eine Zwischenaktmusik für Tenor und Bass sowie Orchester im Musikarchiv überliefert ist, leider anonym«. An der Aufführung teilgenommen haben wohl jene 94 zum Mittagsmahl in der »aula Abbatialis«, d.h. im Bernardisaal, geladenen Personen. Am 25. Februar 1770 wurde eine »comaedia ridicula«, eine »lachhafte Komödie« zum besten gegeben, und am 26. Juni – übrigens der Geburtstag des Abtes – wieder eine Tragödie.

Die Arbeit der Dachdecker und der Zimmerer in den Dachstühlen stand jahrelang im Zenrum der Restaurierung.

Max Schönherr
Wie es beim Flicken eines Stiftes so zugeht …

Wenn man die in die Jahre gekommenen Baulichkeiten eines Stiftes einer Verjüngungskur unterzieht, was tut man dann eigentlich? »Renoviert« man es – was ja heißt, dass man etwas wieder neu macht? »Restauriert« man es – stellt man den alten Zustand wieder her? Konserviert man es – friert man sozusagen den Istzustand ein? Saniert man es – macht man es also wieder leistungsfähig? Als Mischform und Sammelbegriff all dieser theoretischen Ansätze bezeichne ich diese Tätigkeit pragmatisch als Flicken. Das letzte Flicken des Stiftes Stams erfolgte aus dem Grundgedanken heraus, dass das Bauwerk in seiner derzeitigen Erscheinung eine »Geschichte« darstellt. Das bedeutet, dass in den Jahren nach der Gründung des Stiftes, also zwischen 1273 und 1284 eine bauliche Grundschicht gelegt wurde, über die von Jahrhundert zu Jahrhundert weitere Schichten darübergelegt wurden. Eine logische Weiterführung dieses Gedankens ist es, die jetzige Verjüngungskur nur als eine zusätzliche darübergelegte Schichte aufzufassen. Ziel und Anspruch dieser Arbeit ist es, einen baulichen Zustand herbeizuführen, bei dem wieder alles »gerichtet« ist und dass die Eingriffe nicht all zu sehr ins Auge springen – ein leises Flicken sozusagen!

Hauptaufgaben der Verjüngungskur in den letzten Jahren war dabei das Flicken der Dachtragwerke, der Dachdeckungen, der Fassaden, der Fenster, waren aber auch die Trockenlegungen der Sockel, Innenrestaurierungen, Umbauarbeiten und Adaptierungen im Gebäudeinneren, die Neugestaltung von Innenhöfen, aber auch die Errichtung von gänzlich neuen Dingen wie etwa einer Versickerungsanlage für die Dachwässer. Bei der Ausführung der Flickarbeiten als zeitlich letzte Bauschichte tritt man in Dialog mit früher gelegten Bauschichten. Man musste dabei oft in langem, von Unsicherheit geprägten Abwägen die passenden Antworten auf Sprache und Erzählung der früher gelegten Schichten finden.

Entstanden sind die baulichen Anlagen im Stift Stams durchwegs in einer Zeit, in der Vorstellungen von Präzision handwerklich geprägt und damit andere waren als unsere Vorstellungen von Genauigkeit, die im Maschinenzeitalter entstanden sind und sich an dessen Fertigungstechniken orientieren. Eine immer wieder zu bewältigende Grundaufgabe war es also, den richtigen Umgang mit den baulichen »Ungenauigkeiten« früherer Zeiten zu lernen, mit ihnen in Dialog zu treten. Es galt auszuloten, wieweit man solche sogenannten »präzisen Ungenauigkeiten« wegschwindeln und kaschieren kann und ab welchem Grad der Ungenauigkeit man sie aussprechen und als solche klar ablesbar darstellen und deklarieren muss.

Übernommen habe ich die Arbeiten am Stift Stams 2009 von meinem Vorgänger Wolfgang Baur, einem altgedienten Architekten aus Memmingen. Für diesen erfahrenen Fachmann hatte ich schon seit mindestens 1999 Bauaufnahmen von den Dachtragwerken im Stift gemacht. Irgendwie bin ich also in die Aufgabe ein bisschen hineingewachsen. Es war angesagt, den Turm der Stiftskirche, der übrigens recht schief steht, zu richten. Mein Respekt war groß. Der Turm war eingerüstet, die Turmkugel, in welcher sich üblicherweise Schriftstücke und Erinnerungsstücke befinden, wurde abgenommen. In einem Bleibehälter fanden wir u. a. ein Blatt Papier, auf welchem sinngemäß zu lesen war: »*Wir sind Zimmerleute aus dem schwäbischen Raum und haben 1934 diesen Turm repariert ... Wir hoffen, dass die nächsten, die diesen Turm richten, nicht die gleichen Schwierigkeiten haben wie wir!*«

Blick in den Glockenturm der Stiftskirche, die weit mehr als ein »Dachreiter« ist

In der abgenommenen alten Turmkugel waren traditionsgemäß Erinnerungsstücke an die letzte Restaurierung verwahrt. Hier ein Blatt mit dem Verzeichnis des Konvents von 1936.

Das Erbe erhalten **331**

Arbeiten an den Dächern, die zwischendurch immer wieder zugedeckt werden mussten

Fasziniert haben mich beim Flicken des Stiftes viele Dinge. So die zarten Konstruktionen der Dachtragwerke, die besonders während der Bauzeit, mit einer lichtdurchscheinenden Gitternetzfolie abgedeckt, ihr faszinierendes Gerippe noch augenscheinlicher wie sonst zeigen. So eine 80 m lange geschmiedete Antriebswelle im Bereich des Turmes, welche vom Uhrwerk im Osten mit Abzweigungen zur Uhr im Kircheninneren, aber auch hinauf in den Dachstuhl der Stiftskirche und dort zu den beiden Uhren im Westen und Osten führt. Oder die an Stricken hängenden Steine des Uhrwerkes, die früher wöchentlich aufgezogen wurden und unter der Woche durch langsames Herabsinken das Uhrwerk antreiben.

Besonders reizvoll ist oft der Charme von Dingen, die unbemerkt in einer abseits gelegenen, vergessenen Nische Jahrhunderte ohne Bearbeitung und Veränderung im Originalzustand überdauern und

Barockes Bleiglasfenster, ein blind gewordener Spiegel zur Umleitung des einfallenden Lichts in der Heilig-Blut-Kapelle (oben) und Blick in deren Kuppellaterne

somit einen Blick in eine andere Welt gewähren. In diesem Zusammenhang fallen mir u.a. die an der Holztäfelung hängenden Schriftrollen des alten Klosterarchivs ein, wo wir die ersten elektrischen Leitungen samt Brandmelder installierten; oder ein altes, in einem verborgenen Winkel der Sakristei vergessenes Fenster; oder das Klirren von Bleiglastafeln der barocken Fenster, die – von geschmiedeten Windeisen gehalten – bei Starkwind ihre Musik preisgeben; oder der längst blind gewordene Spiegel in der Blutskapelle, der das über ein Oberlichtfenster einfallende Morgenlicht gezielt auf den Altar umlenken sollte. Kuriositäten kamen vor, wie ein Sarg, der im Dachboden des Konventes lagerte und in dem angeblich ein Mönch früher geschlafen habe. (Übrigens wurde der Sarg bei gegebenem Anlass im Sinne seines originalen Zweckes wiederverwendet.) Eine Besonderheit stellte auch die beheizbare Krankenkapelle im Vigiliustrakt dar, die mit zwei Kachelöfen mit Hinterladerprinzip befeuert wird.

*Das »Flicken« des barocken
Wagenschuppens hinter dem
kleinen Friedhof des Klosters*

Auch Überraschendes, Unvorhersehbares kam vor, wie entdeckte Hohlstellen unter dem Boden der Blutskapelle, die von eingestürzten Grabkammern herrührten. Oder grenzwertige Dinge, wie das Flicken eines barocken Wagenschuppens hinter dem Friedhof – ein tolles Bauwerk mit einem mit dem Geländes abfallenden First, aber schon so in die Jahre gekommen, dass die Flickbarkeit an der Grenze des Machbaren lag. Zur Freude des Denkmalamtes wurde bei diesem Wagenschuppen, der sogenannten Remise, bei der Eindeckung des Daches altes, aussortiertes Ziegelmaterial verwendet.

Verkohlungen bei Hölzern der Dachkonstruktionen gaben Auskunft über Brände und gaben Aufschluss über deren Ausbreitung. Toll war das Dabeisein bei Arbeiten in Handwerkstechniken, die kaum mehr beherrscht und angewendet werden, wie z.B. das Feuerschweißen. Auch lustige Dinge kamen vor, wie das streng verbotene Fahren eines Zimmermanns in der Baukranwanne – der Kranwannenfahrer konnte trotz heftigster Zurufe seiner Kollegen nicht zum Halten bewegt werden; er wusste nicht, dass der Arbeitsinspektor ums Eck stand. Es wurde auch von sehr alten Zeiten erzählt. So wäre es früher angeblich Brauch gewesen, dass der innere Konvent, wenn er von einer Frau betreten worden war, anschließend ausgeräuchert wurde.

Eine besondere Herausforderung stellten aber auch normale, durchwegs zeitgenössische Dinge dar. So die Herstellung der neuen Versickerungsanlage für die Dach- und Oberflächenwässer. Dabei musste um das ganze Stift herum aufgegraben und neue Verrohrungen verlegt werden. Die Größe des Versickerungsbecken selbst wurde nach der Auswertung von entsprechenden Versuchen auf eine Größe von $40 \times 12 \times 3{,}5$ m ausgelegt. Bei ca. 15.000 m² Dachfläche kommt eben bei Gewittern und Dauerregen schon ein anständiger Bach zusammen!

Begegnungen mit Menschen waren dabei, von denen man lernen und sich manchmal auch reiben durfte: Abt, Bauausschuss, Bauforschung, Baustellenkoordinator, Baumeister, Controller, Dachdecker, Denkmalamt, Mönche, Hausmeister, Installateur, Elektriker, Glaser, Maurer, Steinmetze, Stuckateure, Restauratoure, Schirmherr, Schmiede, Spengler, Statiker, Steinrestaurator, Tischler, Verwalter, Zimmerleute…, alles was zu einer Bauhütte eben so dazugehört.

»Gott Lob und Dank sind keine nennenswerten Arbeitsunfälle passiert.«

»Mögen die Nächsten …«

Dazu gehören auch Glück und Segen! Gott Lob und Dank sind keine nennenswerten Arbeitsunfälle passiert. Einmal hatte es bei einem Gewitter mit Windböen die Notabdeckung des Daches genau in dem Bereich weggerissen, wo sich der berühmte astronomische Tisch befindet. Gott sei Dank ist der Tisch mit einer Glasplatte abgedeckt, weshalb ihm die paar Wassertropfen nichts anhaben konnten.

Es gibt auch Dinge, um die es mir Leid tut: So zum Beispiel, dass im Stiftshof die Trauerweiden gefällt und die Brunnenschale abgebrochen wurden, dass der Charme des ehemaligen Gewächshauses Orangerie nicht in unsere Zeit herübergerettet werden konnte, dass die unterschiedliche Färbelung der »Nullflächen« in der Blutskapelle zwar nach wissenschaftlichen Erkenntnissen korrekt sein mag, mir persönlich aber durch seine Verschiedenfarbigkeit einen zu unruhigen Hintergrund abgibt.

Öfters wurde ich gefragt, wie es mir denn mit dem Denkmalamt gehe, für dessen Ratschläge ich übrigens sehr dankbar bin. Meine Antwort war immer: gut! Auf die Nachfrage, wie mir das denn gelinge, war meine Antwort, dass das nicht so schwer sei, weil ich selber viel strenger bin als das Denkmalamt selbst.

Ich kann mich, alles in allem, nur den schwäbischen Zimmerleuten von 1934 anschließen: »Mögen die Nächsten, die dieses Stift richten …«

Fr. Martin Anderl
Das Stift breitet seine Schätze aus

Wird im Stamser Stiftsmuseum zu sehen sein: Figurengruppe einer Bretterkrippe aus dem 18. Jahrhundert, Künstler unbekannt.

Das Museum von Stift Stams ist erst in der Phase der Vorbereitung. Die dafür vorgesehenen Räume befinden sich im 1. Stock über der Pforte. Sie wurden anlässlich der großen Landesausstellung 1995 »Meinhard II. – Eines Fürsten Traum« adaptiert und in den darauffolgenden Jahren auch immer wieder für Ausstellungen verwendet, die der inzwischen in den Ruhestand eingetretene P. Norbert Schnellhammer organisierte.

Nach vielen Beratungsrunden mit Vertretern des Stiftes und des Landes sowie verschiedener Kultureinrichtungen wurde in den letzten Jahren ein neues Konzept für die Nutzung dieser Räume erarbeitet, das sich von den wechselnden Sonderausstellungen der Vergangenheit hin zu einer Dauerausstellung in Art einer »Wunderkammer« verändert hat. Dieses Format kommt einerseits dem modernen Menschen entgegen, dessen Blick oftmals nicht sonderlich in die Tiefe geht, sondern einen großen Überblick und eine entsprechende Fülle sehen möchte; andererseits entspricht es der opulenten Fülle der in den Beständen des Stiftes enthaltenen Objekte. Diese stammen einerseits aus der Sammlertätigkeit einiger Äbte und Patres, andererseits befindet sich darin das Alltags- und Kulturgut, das sich über die Jahrhunderte angehäuft hat und bewahrt wurde. Der letzte Abt vor dem Zweiten Weltkrieg, Stephan Mariacher (reg. 1895 – 1937), war ein großer Kunstfreund, der mit vielen Gelehrten, Schriftstellern und Künstlern Umgang pflegte und der die Kunstsammlung des Stiftes mit einigen Objekten bereicherte, so z.B. mit dem Lorenzo Veneziano zugeschriebenen Tafelbild Beweinung Christi (14. Jh.).

Beeindruckend sind natürlich Raritäten wie der Astronomische Tisch von 1425, der durch den Mathematiker und Astronomen P. Vitus de Augusta (ca. 1465) ins Stift kam, oder die beiden großen Altäre »Krönung Mariens« und »Defensorium Mariae« (1426). Sie werden im Zusammenhang der entsprechenden Kapitel gezeigt und beschrieben *(siehe Seiten 267, 281, 283)*.

Lorenzo Veneziano zugeschriebenes Tafelbild »Beweinung Christi« (14. Jh.). Immer wieder bereicherten kunstsinnige Äbte die Sammlung des Stiftes durch erstklassige Werke, dieses kam unter Abt Stephan Mariacher (1895–1937) nach Stams.

Durch die beiden Klosteraufhebungen und die damit verbundenen Plünderungen (sowohl durch Soldaten als auch die einheimische Bevölkerung) sind sehr viele Möbel verloren gegangen. Erhalten hat sich neben einigen wenigen barocken Möbeln vor allem Mobiliar aus dem 19. Jahrhundert (Schränke, Tische, Stühle, Standuhren). Von der unter Abt Vigilius Kranicher 1774 neu angelegten Apotheke sind einige Schränke mit Schubladen und beschriftete Apothekergläser vorhanden, die vom Stamser Maler Johann Reindl (1714–1792) gefasst wurden.

Ein Glanzpunkt des Museums: die Einrichtung der Klosterapotheke aus dem 18. Jahrhundert

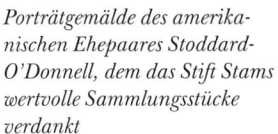

Porträtgemälde des amerikanischen Ehepaares Stoddard-O'Donnell, dem das Stift Stams wertvolle Sammlungsstücke verdankt

Auch das berühmte amerikanische Ehepaar John Lawson Stoddard und Ida O'Donnell, das seit 1913 in Meran lebte, vermachte dem Stift einige Möbelstücke, viele Bücher und zwei Porträts ihrer selbst. Noch heute zeugt die Villa Stoddard in der Grabmayrstraße in Meran vom Glanz dieser Zeit.

Die ab 1778 von P. Rogerius Schranzhofer (1746–1816) angelegte Münzsammlung erlitt leider ein wechselhaftes Schicksal. Während der ersten Klosteraufhebung wurde sie verkauft, konnte aber zu einem Großteil zurückgekauft werden und wurde dann von P. Thomas Leitner (1805–1868) betreut und von Abt Mariacher erweitert. Seit dem Zweiten Weltkrieg ist sie leider nur noch in äußerst dezimiertem Zustand vorhanden (es fehlen mehr als 56 Prozent), von der Mineraliensammlung des P. Thomas ist überhaupt nichts mehr auffindbar.

Reichhaltig geblieben sind dagegen die Dürer-Sammlung (Kupferstiche und Holzschnitte), die nach der Albertina in Wien die zweitgrößte Österreichs ist, sowie das Musikarchiv des Stiftes, in dem sich über 3000 Musikhandschriften und Drucke, aber auch einige Musikinstrumente erhalten haben. An weiteren Sammlungen gibt es u. a. den Nachlass des Telfer Malers Joseph Schöpf (1745–1822), der schon von Jugend an vom Kloster gefördert worden war und der ihm aus Dankbarkeit seinen kompletten zeichnerischen Nachlass vermacht hat. In Stams hat Schöpf im Jahr 1800 die Kuppel- und Deckenfresken der Heilig-Blut-Kapelle gemalt, das Stift besitzt aber auch ein kaum bekanntes, lange Zeit übertünchtes Frühwerk von ihm, das 1767 entstandene Deckenfresko in der Kapelle des von Abt Vigilius Kranicher errichteten Krankentraktes. Aus der reichhaltigen Stamser Kunstsammlung werden u. a. auch Bilder, Zeichnungen, Skizzen, Photos und Briefe des Malers Thomas Riss (1871–1959) gezeigt, der in Stams geboren ist und in Meran berühmt wurde.

Der Maler Josef Schöpf vermachte seinen gesamten Nachlass dem Stift Stams. Das Museum zeigt Zeichnungen und Skizzen, sein Deckenfresko in der Kapelle des früheren Krankentraktes ist ein kaum bekanntes Frühwerk.

Unter den liturgischen Geräten des Stiftes nimmt die Monstranz eine Sonderstellung ein, die der Innsbrucker Goldschmied Anton Kuprian 1727 geschaffen hat. Unter der Halterung für die große Hostie zeigt sie das alte christliche Symbol des Pelikans, der seine Jungen mit seinem eigenen Blut nährt.

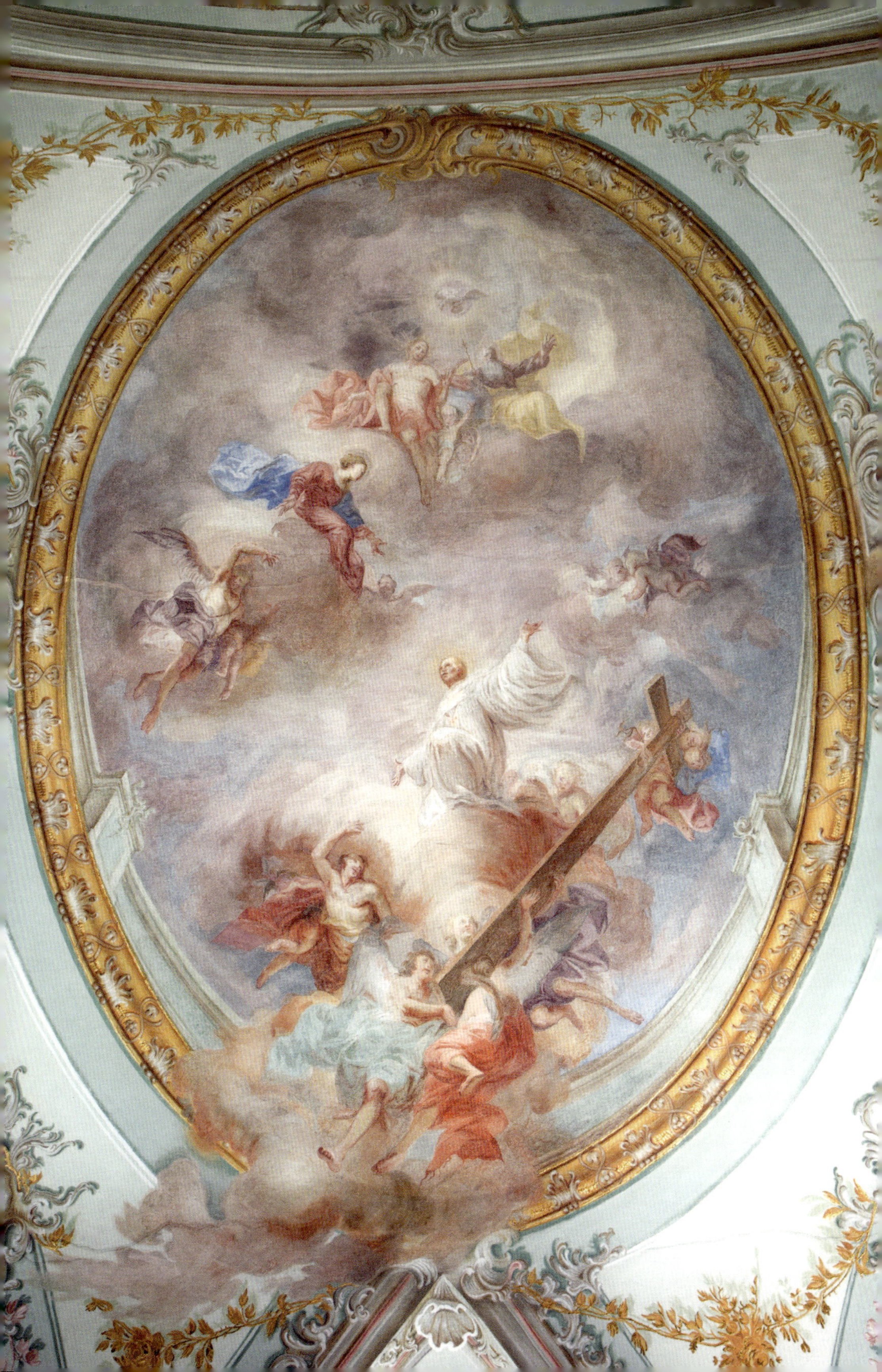

*Vom Tiroler Barockmaler
Johann Evangelist Holzer stammt
die »Übergabe des Rosenkranzes
an den hl. Dominikus und die
hl. Rosa von Lima«.*

  Zu den gotischen Bildwerken gehören zwei aus der 1. Hälfte des
16. Jahrhunderts stammende Darstellungen der Verspottung Christi
und der Auferstehung. Ein weiteres wahres Kleinod sind die beiden
Andachtstafeln eines Diptychons, das auf der linken Seite die Beweinung Christi zeigt und auf der rechten Seite den auferstandenen

Christus, den Maria Magdalena für den Gärtner hält *(siehe Seiten 284, 327 und 347)*. Unter den Gemälden befinden sich Porträts (Äbte, Maximilian III., Kaiserin Maria Theresia, Kaiser Joseph II. u. a.), Landschaftsbilder, Heiligendarstellungen, Ansichten des Stiftes und seiner Besitzungen, Freskenentwürfe etc. Vieles davon ist in diesem Buch abgebildet. Eines der prominentesten Bilder ist die 1734 von Johann Evangelist Holzer (1709–1740) gemalte »Übergabe des Rosenkranzes an den hl. Dominikus und die hl. Rosa von Lima«.

Der großer Bestand an Gemälden, Bozzetti, Skizzen, Stichen und Drucken kündet von der Kunstsinnigkeit der Stamser Patres. Vom Maler Paul Honecker stammen u. a. die Portraits aller Äbte bis 1638 (eine Reihe davon ist in diesem Buch zu finden) sowie die fünf erhaltenen Gemälde, die die Flügeltüren der Orgel von 1612 schmückten *(siehe Seite 255)*. Aus dem säkularisierten Benediktinerkloster Ettal wurde 1803 unter Abt Sebastian Stöckl der von Franz Georg Hermann (1692–1768) und seinem Sohn geschaffene 50-teilige Benediktzyklus angekauft *(siehe Seite 129)*.

»Die heilige Cäcilia«, Patronin der Kirchenmusik, Gemälde eines unbekannten Malers, das in der Zelle des Komponisten und Musikarchivars P. Stefan Paluselli hing (über ihn siehe Seite 248 f.)

Gotische Madonna mit Kind und von Andreas Thamasch 1685/1690 geschaffene Plastik Johannes des Täufers

Im Museum sind darüber hinaus auch Skulpturen zu sehen wie zwei gotische Madonnen oder der hl. Benedikt und seine Schwester Scholastika, die sich früher in der Stamser Almkapelle befanden. Von Andreas Thamasch stammen zwei Skulpturen, der um 1685/90 geschnitzte hl. Johannes der Täufer und die um 1690 entstandene »Maria mit Jesus und Johannes«.

Auch Sakralgegenstände wie Kelche und Patenen, Monstranzen und Reliquiare, Abtringe und Brustkreuze, Paramente und Pontifikalschuhe sowie die Abtsstäbe (Pastorale) von Abt Melchior Jäger (1603) und Abt Vigilius Kranicher (1778) sind Bestandteile der Kunstsammlung.

Unter den Monstranzen ragt die 1727 von Anton Kuprian aus Innsbruck geschaffene heraus, die im Zentrum den Pelikan zeigt, der seine Jungen mit seinem eigenen Blut nährt. Kostbar ist die Kunstuhr des Andreas Yllmer aus Innsbruck, die dieser in der zweiten Hälfte des 16. Jahrhunderts hergestellt hat. Sie findet sich auch auf dem Porträt von Abt Bernhard Gemelich dargestellt, da seine Mutter Sabina eine Tochter Yllmers war.

Die barocke, mehrere Dutzend Figuren umfassende Krippe von Johann Reindl kam leider im 20. Jahrhundert in das Bayerische Nationalmuseum nach München. Erhalten ist zumindest noch eine Bretterkrippe, die aus 19 Teilen besteht und den Weihnachtsfestkreis von der Geburt über Anbetung und Beschneidung des Herrn bis zur Hochzeit von Kana umfasst.

Es wird noch dauern bis zur Eröffnung. Der Barriereabbau und die Errichtung eines Aufzugs im Pfortenbereich sind wegen der denkmalpflegerischen Vorgaben und brandschutzrechtlichen Bestimmungen nicht einfach. Aber eines steht fest, die Besucher des Museums werden wirklich eine Wunderkammer erleben.

Die berühmte Kunstuhr des Uhrmachermeisters Andrea Yllmer in Innsbruck, zweite Hälfte des 16. Jahrhunderts. Das Gehäuse ist die Arbeit eines unbekannten Goldschmieds.

Musikpflege, Konzerte und Symposien

Immer schon war Musik ein integraler und unverzichtbarer Bestandteil der klösterlichen Kultur. Gerade die Zisterzienser haben nicht nur den Gregorianischen Choral wertgeschätzt, sondern auch die Figuralmusik, d. h. die Musik mit Singstimmen und Instrumenten, wie das Musikarchiv des Stiftes eindrücklich belegt. Im Auf und Ab der Jahrhunderte und der damit verbundenen politischen und wirtschaftlichen Umstände sah das zwangsläufig unterschiedlich aus. Besonders die Musikpflege war und ist stets personengebunden. Es gibt zwar archivalische Belege für die musikalische Ausbildung einiger Patres, aber eine gewisse Grundbegabung und ein angeborenes Talent können nicht vermittelt, sondern nur entwickelt werden. Gott sei Dank verfügte das Stift immer wieder über bedeutende Musiker in den eigenen Reihen, die mitunter aufgrund ihrer Tätigkeit zeitweise oder ganz von seelsorglichen Aufgaben befreit waren.

Das Interesse an guter Musik lässt sich aber auch an den Instrumenten ablesen, die für das Musizieren angeschafft worden sind. Am auffälligsten sind dabei wohl die Orgeln, die auch einen architektonischen, vor allem aber akustischen Akzent setzen (siehe S. 254–263). Im Herbst 2016 findet das Internationale Symposion des Österreichischen Orgelforums in Stift Stams statt.

Im Jänner 2014 wurde von Stiftskapellmeister Fr. Martin Anderl der Chor der Stiftsmusik ins Leben gerufen, der sich der Pflege der Werke des Stamser Musikarchivs in Liturgie und Konzert verschrieben hat. Die instrumentale Seite der Stiftsmusik stellt das »Paluselli Consort Stams« dar, das nach dem bedeutendsten Stamser Klosterkomponisten P. Stefan Paluselli (1748–1805) benannt ist. Es setzt sich je nach den aufzuführenden Werken zusammen und spielt in historisch informierter Spielweise. Das Orchester tritt teilweise allein auf, z. B. bei den »Kreuzgang Open-Air Konzerten« 2014 und 2015 im Klosterinnenhof, aber auch zusammen mit Chor und Solisten, z. B. bei den Konzerten »L'autunno musicale« 2014 mit Werken von Johann Georg Lang, Franz Xaver Brixi u. a. und 2015 mit Werken von Karl Anton von Gerstner (1713–1797). Das größte Projekt war mit 90 Mitwirkenden bislang die Aufführung von Georg Friedrich Händels Oratorium »The Messiah«, zusammen mit Sängern aus dem ganzen Tiroler Oberland, aus Bayern und Südtirol. Werden Werke aus dem Musikarchiv aufgeführt, so wird das Notenmaterial von Fr. Martin Anderl und Karlheinz Ostermann (Silz) erstellt. Die hauseigene Reihe »Musica Stamsensia« umfasst bereits mehrere Bände mit Messen, Offertorien, Sinfonien, Konzerten, Orgelwerken u. a. Über die Verdienste von Dr. Hildegard Herrmann-Schneider und Dr. Manfred Schneider um das Musikarchiv des Stiftes Stams und die Aufführung vieler darin überlieferten Werke (samt CD-Produktion) wird in einem eigenen Beitrag berichtet (siehe S. 238–253).

Eine besondere Zusammenarbeit hat sich mit dem Verein »cantare et sonare« ergeben, der sich der Pflege der Musizierpraxis des 16. und 17. Jahrhunderts verschrieben hat. So findet seit 2013 jährlich das Jänner-Seminar des Vereins statt, bei dem Instrumentalisten von erstklassigen Dozenten unterrichtet werden und gemeinsam mit den teilnehmenden Sängerinnen und Sängern das Ergebnis des Wochenendseminares bei einer »Geistlichen Abendmusik« im Bernardisaal präsentieren. Die ersten drei Seminare leitete Stiftskapellmeister Fr. Martin Anderl, das Seminar 2016 stand unter der Leitung des Wiltener Stiftskapellmeisters Norbert Matsch.

Die Tradition der Sommerkonzerte im Bernardisaal ist leider abgebrochen. Auch die 1995 ins Leben gerufenen »Interventionen Stams«, die sich einem Austausch zwischen Kunst, Philosophie, Historie, Politik und Wissenschaften widmeten, fanden nur bis 2002 statt. Daran mit interessanten Initiativen anzuknüpfen wird Aufgabe der Zukunft sein. Einiges hat sich bereits entwickelt. So finden seit 2011 wieder verstärkt Konzerte, Lesungen und andere Veranstaltungen im Bernardisaal statt, die sich auch wieder einer größeren öffentlichen Aufmerksamkeit erfreuen. Alle kulturellen Bestrebungen des Stiftes werden vom Freundeskreis Stift Stams mitgetragen und unterstützt.   Fr. MA

Titelblatt der Partitur einer Abt Vigilius Kranicher zum Namenstag gewidmeten Kantate von P. Stefan Paluselli OCist aus dem Musikarchiv des Stiftes Stams

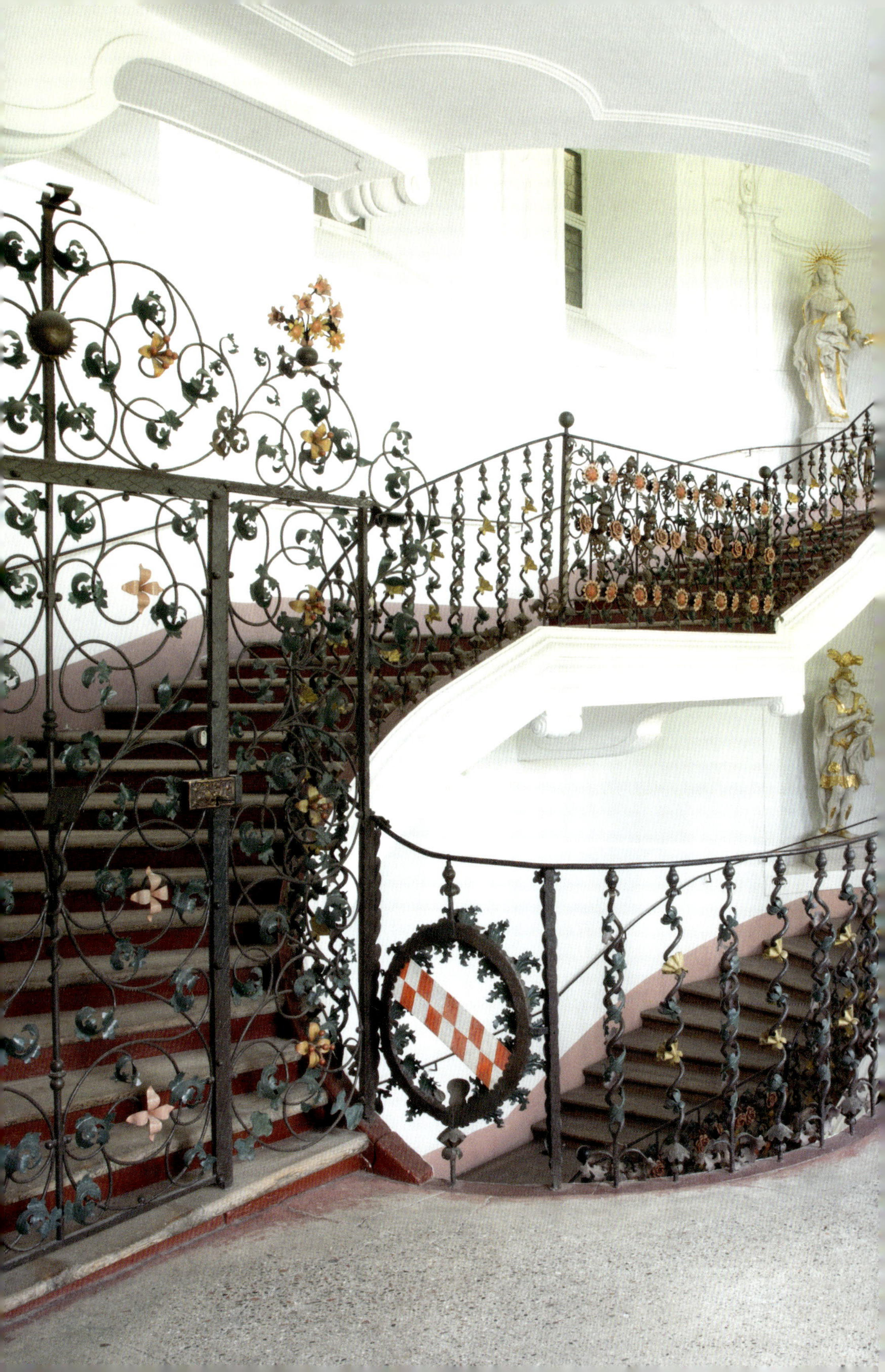

Stamser Äbte

Heinrich von Honstätten
(1272–1279)

Friedrich von Tegernsee
(1279–1289, 1295–1299)

Rudolf von Kaisheim
(1289–1295)

Konrad I. Walder
(1299–1316)

Hermann von Freising
(1316–1333)

Ulrich von Rietz
(1333–1345)

Konrad II. von Leutkirch
(1345–1369)

Heinrich II. von Albrechtsegg
(1369)

Heinrich III. Grussit
(1369–1387)

Berthold Musant
(1387–1399)

Johannes I. Blätterle (oder Pustula)
(1399–1420)

Johannes II. Peterer
(1420–1436)

Georg I. Ried (oder Kotz)
(1436–1481)

Kaspar Märkle
(1481–1484)

Bernhard I. Wälsch
(1484–1501)

Christian Bedrot
(1501–1523)

Pelagius Baur
(1525–1540)

Paul I. Käsinger
(1540–1544)

Simon Gaßler
(1544–1554)

Georg II. Berghofer
(1554–1567)

Johannes III. Kölbel
(1567–1590)

Nikolaus Bachmann
(1590–1601)

Melchior Jäger
(1601–1615)

Thomas Lugga
(1615–1631)

Paul II. Gay
(1631–1638)

Bernhard II. Geme(h)lich
(1638–1660)

Augustin I. Haas
(1660–1672)

Georg III. Nußbaumer
(1672–1690)

Edmund Zoz
(1690–1699)

Franz Lachemayr
(1699–1714)

Augustin II. Kastner
(1714–1738)

Jakob Mühlbeck
(1738–1742)

Rogerius Sailer
(1742–1766)

Vigilius Kranicher von Kranichsfeld
(1766–1786)

Sebastian Stöckl
(1790–1819)

Augustin III. Handle
(1820–1839)

Alois Schnitzer
(1839–1867)

Cölestin Brader
(1867–1894)

Stephan Mariacher
(1895–1937)

Eugen Fiederer
(1949–1968)

Bruno Heinrich
(1968–1970)

Bernhard Slovsa
(1973–1985)

Josef Maria Köll
(1985–2003)

German Erd
(seit 2003)

Personenregister

A

Albert III., Graf 24
Alois, Abt →*Schnitzer*
Anderl, Fr. Martin 308, 327, 347
Angerer, P. Edmund 246, 247
Anich, Peter 78, 145
Arco, Karl Graf 79
Astl, Fritz 315
Augustin I., Abt →*Haas*
Augustin II., Abt →*Kastner*
Augustin III., Abt →*Handle*

B

Bachmann, Abt Nikolaus 154, 349
Bachnetzer, Bernhard 216, 224, 230, 232, 233, 234
Barth, Othmar 294, 297
Bauer, Wolfgang 302, 308, 311, 330
Baur, Abt Pelagius 65, 67, 154, 349
Bayezid II., Sultan 57, 60
Bedrot, Abt Christian 54, 58, 64, 65, 349
Benedikt von Nursia 125, 129, 129, 132, 133, 134, 140, 141, 180, 205, 212, 213, 271, 344
Benigni, Generalabt Sixtus 99
Berghofer, Abt Georg II. 154, 349
Bergmüller, Johann Georg 210
Bernhard, Abt →*Slovsa*
Bernhard I., Abt →*Wälsch*
Bernhard II., Abt →*Geme(h)lich*
Bernhard von Clairvaux 19, 35, 62, 125, 130, 140, 141, 176, 180, 205, 209, 210, 212, 214, 219, 224, 225, 226, 227, 232, 263

Brader, Abt Cölestin 94, 102, 103, 104, 349
Brandl, Regina 290, 291
Braun, Veit 189
Brixi, František (Franz) Xaver 246, 346
Bruno, Abt →*Heinrich*
Bruno, Bischof von Brixen 16
Bucca, Johannes von 274, 276

C

Christian, Abt →*Bedrot*
Cölestin, Abt →*Brader*
Colin, Alexander 203
Constanz, Karl 246
Cronthaler, P. Johann Baptist 256, 258
Cusanus, Nikolaus 59

D

Delai, Peter 190
Durnwalder, Luis 121

E

Eberharter, Stefan 295
Edmund, Abt →*Zoz*
Egno, Bischof von Trient 18, 152, 153
Ehinger, P. Amadeus 157
Elisabeth von Wittelsbach, Gräfin, Herzogin 15, 16, 17, 21, 22, 23, 24, 25, 26, 203
Erd, Abt German 120, 121, 123, 128, 129, 136, 137, 144, 167, 289, 297, 308, 315, 349
Eugen, Abt →*Fiderer*

F

Falbesoner, Josef 122, 123
Ferdinand I., Erzherzog, Kaiser 47, 65, 67, 154
Ferdinand II., Erzherzog 57, 69, 72

Ferdinand Karl, Erzherzog 31, 59
Feuchtmayr, Franz Xaver 201, 216
Feurstein (Feyrstein), Johannes 216, 258
Fiderer, Abt Eugen 115, 116, 349
Fischer, Franz 216, 217
Fischer, Johann Georg 198
Föderle, Matthäus 189
Föderle, Melchior 189
Franz, Abt →*Lachemayr*
Franz II., Kaiser 89
Frickhinger, Johann Georg 26
Friedrich II., Kaiser 24
Friedrich III., Kaiser 60
Friedrich IV. (Friedl) mit der leeren Tasche, Herzog 28, 51, 52, 97, 203
Friedrich von Tegernsee, Abt 48, 242, 349
Fuchs, Johannes 25
Fuchs, Joseph 260
Fuetsch, Alois 258
Führer, Johannes 260

G

Gaismair, Michael 67
Gasser, Vinzenz 103
Gaßler (Gassler, Gäßler), Abt Simon 154, 349
Gay, Abt Paul II. 27, 64, 66, 189, 190, 270, 349
Geme(h)lich, Abt Bernhard II. 59, 190, 192, 251, 345, 349
Georg I., Abt →*Ried (oder Kotz)*
Georg II., Abt →*Berghofer*

Georg III., Abt →*Nußbaumer*
Gerards, P. Alberich 109, 115, 287
German, Abt →*Erd*
Geyer, Abt Stephan von Seligenporten 109, 113, 115
Gienger, P. Roman 245
Giselher von Kuenburg 242
Gonzaga, Anna Katharina, Erzherzogin 72
Gratl, Andrä 224
Gratl, Richard 296, 297
Greil, Franz 250, 260, 262
Greil, Fr. Jakob 190, 191
Greiter, P. Cyrill 302
Gröber, Johann Georg 258
Grün, P. Florian 93
Grussit, Abt Heinrich III. 180, 181, 218, 349
Gumpp, Christoph d. J. 190
Gumpp, Georg Anton 172, 195, 196, 197, 197, 198, 224, 226, 227, 230
Gumpp, Johann Martin d. Ä. 191, 194, 195, 197, 224
Gutenberg, Johannes 271

H
Haas, Abt Augustin I. 154, 193, 349
Habsburg, Otto von 121
Hacker, Sebastian 81
Haid, Abt Kassian von Mehrerau 109
Händel, Georg Friedrich 346
Handle, Abt Augustin III. 88, 93, 94, 95, 96, 97, 99, 100, 101, 102, 270, 286, 349
Harding, Stephan 140, 141, 213

Haselberger, P. Vitalis 250, 251
Haydn, Joseph 247, 247, 248
Haydn, Michael 247, 247
Hayl, Daniel 255
Heimb, Christian 197
Heinrich, Abt Bruno 169, 349
Heinrich von Honstätten, Abt 48, 349
Heinrich von Tirol-Görz, Herzog 28, 44, 203
Heinrich III., Abt →*Grussit*
Heister, Graf 75
Hermann, Franz Georg 343
Herrmann-Schneider, Hildegard 245, 247, 346
Heuperger, P. Christoph 180, 182
Himmler, Heinrich 113
Holzer, Johann Evangelist 342, 343
Holzmeister, Clemens 108, 157, 158
Honecker (Honegger), Paul 58, 64, 73, 190, 191, 192, 217, 218, 218, 254, 255, 343
Hörmann, Heinrich 149, 150
Hörmann, Johann 110
Hormayr, Josef Freiherr von 85, 85
Höß, Rudolf 250
Hueber, Franz Michael 12, 224, 225, 226, 227, 232, 240, 307

I
Innauer, Toni 295

J
Jäger, Abt Melchior 71, 171, 189, 204, 217, 344, 349
Jäger, Andreas 242, 256, 257, 260, 262

Jais, Josef 219, 219
Jakob, Abt →*Milbeck*
Johann Heinrich von Luxemburg, Graf 49
Johannes III., Abt →*Kölbel*
Josef II., Kaiser 74, 75, 76, 77, 79, 87, 91, 99, 109, 143, 147, 150, 270
Josef Maria, Abt →*Köll*
Jud, Georg 290

K
Kalb, Maria 150
Kälbel, P. Johann 69
Karl der Große, König 140
Karl IV., König, Kaiser 30, 50, 51
Karl V., Kaiser 68, 122
Karl von Anjou, König 22
Käsinger, Abt Paul I. 349
Kaspar, Abt →*Märkle*
Kastner, Abt Augustin II. 194, 198, 201, 216, 224, 233, 234, 349
Klestil, Thomas 119
Kluibenschedl, Heinrich 110
Kneußl, Ulrich 278, 279
Kofler, P. Augustin 148
Köfler, Werner 39, 74, 76
Kölbel, Abt Johannes III. 69, 71, 154, 349
Koler, Erwin 315
Köll, Abt Josef Maria 118, 119, 121, 167, 291, 302, 315, 349
Köll, Fr. Stefan 112, 113
Kölle, Andreas 201, 212, 213, 214, 215, 218, 221, 239, 242
Konrad IV., König 22, 24, 25
Konrad im Tiergarten 180, 240

Konradin von Hohenstaufen 22, 23, 24, 25
Korner, P. Valentin 242, 243
Kotz →*Ried*
Kretschmer, Josef 308, 324
Kudlich, Hans 100
Kuprian, Anton 340, 345
Kranicher (v. Kranichfeld), Abt Vigilius 74, 75, 76, 144, 156, 168, 188, 249, 250, 258, 262, 277, 280, 281, 286, 327, 338, 340, 344, 347, 349

L

Lachemayr, Abt Franz 349
Larcher, Karl 123
Lebersorg, P. Wolfgang 19, 20, 23, 27, 38, 44, 47, 49, 51, 53, 56, 64, 65, 66, 67, 68, 69, 70, 71, 146, 147, 151, 171, 173, 175, 176, 177, 187, 203, 209, 270, 275, 284, 302, 309, 321
Lechleitner, Ingenuin 122, 224
Leitner, P. Thomas 339
Leopold I., Kaiser 203
Linder, Alois 257, 261
Linder, Konradin 210
Lindner, Konrad 270
Ludwig der Bayer, Kaiser 50
Ludwig von Brandenburg, Herzog 21, 23, 49, 50
Lugga, Abt Thomas 154, 187, 188, 189, 217, 349
Luther, Martin 64, 65

M

Mader, P. Dismas 280, 281
Malheur, General 78
Marcoquet, General 78
Margarethe von Tirol, Gräfin, Herzogin 23, 49, 50
Margarethe Maultasch
 →*Margarethe von Tirol*
Maria Theresia, Kaiserin 281, 282, 343
Mariacher, Abt Stephan 94, 104, 106, 107, 108, 109, 110, 158, 337, 349
Märkle, Abt Kaspar 254, 349
Martin, P. Gerard 246
Masold, Hans 182
Maximilian I., König, Kaiser 44, 49, 54, 55, 56, 57, 58, 60, 61, 62, 63, 64, 65, 153, 188, 203
Maximilian II., Kaiser 69
Maximilian III. der Deutschmeister, Erzherzog 57, 71, 72, 73, 169, 188, 189, 343
Maximilian I. Joseph, König 79, 89
Mayr, P. C. Urbanus 284
Medici, Rudolf 267
Meinhard I., Graf 24
Meinhard II., Graf, Herzog 13, 16, 17, 18, 19, 21, 22, 23, 24, 25, 26, 28, 36, 38, 40, 46, 48, 49, 80, 119, 122, 123, 142, 152, 193, 203, 224, 314, 336
Meinhard III., Herzog 23
Melchior, Abt →*Jäger*
Mercator, Gerhard 269
Messner, P. Johannes 275
Milbeck (Mühlbeck, Mülbeck), Abt Jakob 201, 212, 237, 349
Milser, Adelheidis und Rupertus 32, 38
Milser, Oswald 32

Montgelas, Minister 79
Moritz von Sachsen, Herzog 68, 180

N

Napoleon, General, Kaiser 78, 87, 156
Naschberger-Schober, Lydia 293
Neuknecht, Anton 254, 255
Neuner, P. Franz 137
Neurauter, Michael 216, 230, 234, 235, 236, 237
Nikolaus, Abt →*Bachmann*
Nikolaus III., Papst 18
Nußbaumer, Abt Georg III. 154, 190, 203, 349

O

Ofner, P. Heinrich 137, 168
Otto II., Herzog 24

P

Palfrader, Beate 315
Palfrader, Karl 284
Paluselli, P. Stefan 246, 247, 248, 327, 343, 346, 347
Paracelsus, Aurelius Theophrastus 280
Paul I., Abt →*Käsinger*
Paul II., Abt →*Gay*
Pelagius, Abt →*Baur*
Pergolesi, Giovanni Battista 244
Pico, Buchmaler 278, 279
Pirchner, Johann 257
Platter, Günther 7, 121, 289, 315
Pockstaller, Abt Pirmin von Fiecht 102
Prati, Carlo 256
Primisser, P. Kassian 33, 65, 66, 68, 69, 156, 157, 270, 271, 275, 327

Psenner, Johann Georg d. Ä. 250, 251
Puellacher, Josef Anton 277

Q
Querini, Bartholomäus 32

R
Radolt, Hans 203
Ramoni, Mario 312
Ranftner, Elias 253
Rangger, Urban 191, 194, 224
Reindl, Johann 149, 214, 216, 219, 220, 221, 338, 345
Ried (oder Kotz), Abt Georg I. 52, 58, 47, 349
Riedhofer, P. Josef Maria 248
Riedmann, Josef 16 ff., 50, 51, 119
Riss, Thomas 340
Robert von Molesme 140, 213
Rogerius (Roger), Abt → *Sailer*
Roschmann, Anton von 89
Rudolf II., Kaiser 57, 188
Rudolf von Habsburg, König 24, 38, 57, 189
Rupprechter, Andrä 289
Rusch, Paulus 115

S
Sailer, Abt Rogerius (Roger) 154, 219, 221, 236, 316, 349
Saurwein, Kaspar 189
Schilcher, Fr. Ulrich 77, 90, 237
Schilling, Diepold 54
Schnabl, Karl 295
Schneider, Manfred 252, 346

Schnellhammer, P. Norbert 308, 336
Schnitzer, Abt Alois 92, 94, 96, 100, 101, 102, 154, 349
Schnitzer, P. Kasimir 65, 66, 71, 74, 75, 78, 80, 81, 92, 95, 154, 156, 157, 270
Schnitzer, P. Stanislaus 154
Schönherr, Max 308, 312, 324
Schöpf, Josef 32, 76, 77, 171, 221, 313, 339, 340
Schor, Bonaventura 218
Schor, Egyd 203, 209, 218, 238, 239, 242
Schranzhofer, Roger 75, 270, 271, 339
Sebastian, Abt → *Stöckl*
Sigmund der Münzreiche, Herzog, Erzherzog 44, 49, 51, 52, 54, 55, 56, 57, 58, 59, 175, 203
Simon, Abt → *Gaßler*
Singer, Johann 224
Slovsa, Abt Bernhard 117, 158, 172, 286, 296, 349
Span, Veit 191
Specker, P. Alois 249, 250
Spielmann, Fortunat 270
Staa, Herwig van 121, 315
Stainer, Jakob 250
Staudacher, Arno 295
Stecher, Mario 295
Stein, Edith 290, 291
Steinle, Bartholomäus (Bartlmä) 73
Stephan, Abt → *Mariacher*
Stöckl, Abt Sebastian 76, 79, 80, 81, 82, 83, 84, 85, 87, 88, 89, 90, 91, 92, 93, 94, 99, 120, 129, 237, 258, 343, 349

Stoll-Wagner, Architekten 296, 297, 312
Strebele, Bernhard 209

T
Thamasch, Andreas 51, 170, 203, 209, 218, 298, 344
Thomas, Abt → *Lugga*

V
Veneziano, Lorenzo 337
Vigilius, Abt → *Kranicher*
Vinzenz von Beauvais 266
Vitus de Augusta 268, 269, 337
Vogelhund, Johann Jakob 252
Vogt, P. Mauritius 256

W
Wallnöfer, Eduard 288
Wälsch, Abt Bernhard I. 62, 63, 147, 269, 349
Weber, Franz 258, 260
Weingartner, Wendelin 315
Wolcker, Johann Georg (d. J.) 197, 201, 210, 211, 213, 216, 242

Y
Yllmer, Andreas 345

Z
Zach, Jan (Johannes) 246, 250, 261
Zanon, Elisabeth 315
Zeiller, Franz Anton 22, 28, 29, 149
Zoller, Anton 224, 226, 227, 307
Zoller, Georg 228
Zoz, Abt Edmund 191, 194, 203, 349

Quellen und Literatur

Die für die Geschichte und Kultur des Stiftes Stams maßgeblichen Quellen befinden sich im reichhaltigen Stiftsarchiv. Zahlreiche Urkunden sind wissenschaftlich bearbeitet und ediert und in die Geschichtsschreibung über Stams eingeflossen. Das gilt auch für einige der handschriftlichen Aufzeichnungen, viele harren jedoch noch der Auswertung, das gilt nicht zuletzt für die umfangreichen Tagebücher vieler Äbte der neueren Zeit.

Von den Chronikwerken sind zwei übersetzt und in Druck erschienen:

Pater Wolfgang Lebersorg: Chronik des Klosters Stams, Edition und Übersetzung von Christoph Haidacher (=Tiroler Geschichtsquellen 42), Innsbruck 2000

Schnitzer, P. Kasimir: Die Annalen von Mais. *Entnommen den Annalen von Stams von P. Kassian primisser und ergänzt durch Notizen aus Tagebüchern, Aufzeichnungen und Briefen von Äbten und Mitbrüdern. Mais 1808* Umgeschrieben und übersetzt von Raimund Senoner, Meran 2003

Ein weiteres gedrucktes Quellenwerk:

Lindner, P. Pirmin OCist: Album Stamsense seu catalogus Religiosorum sacri et exempti Ordinis Cisterciensis archiducalis Monasterii B. V. Mariae et S. Joann. Babt. in Stams 1272–1898, Salzburg 1898 – *Es ist diese eine Edition (zitiert meist einfach als »Album Stamsense«) der von den Äbten fortlaufend geführten, in lateinischer Sprache geschriebenen Professbücher. Ergänzt durch andere Aufzeichnungen sind darin von den Anfängen an fragmentarisch, ab ca. 1600 immer vollständiger werdend, Namen und Daten der Konventualen samt zusätzlichen Bemerkungen festgehalten.*

Literatur zum Stift Stams

Ammann, Gert: Stift Stams, München-Zürich 1990 (2. Auflage)

Biographia Cisterciensis: Ein biographisches Online-Nachschlagewerk, das zahlreiche Porträts Stamser Äbte enthält.

Caramelle, Franz: Basilika Stams. Restaurierung 1974–1984, in: 200 Jahre Stift Stams 1273–1973, durch einen ausführlichen Restaurierungsbericht erweiterte Neuauflage, Stams 1984

Caramelle, Franz / Frischauf, Richard: Stams, in: Die Stifte und Klöster Tirols, Innsbruck 1985

Eines Fürsten Traum. Meinhard II. – das Werden Tirols, Katalog der Tiroler Landesausstellung 1995, Dorf Tirol, 1995 (Im Folgenden abgekürzt: Katalog Landesausstellung 1995) – *Der Katalog zu der auf Schluss Tirol und im Stift Stams stattgefundenen Ausstellungen enthält zahlreiche Beiträge zur Geschichte und Kulturgeschichte des Stiftes Stams.*

Grass, Nikolaus (Hrsg.): Beiträge zur Wirtschafts- und Kulturgeschichte des Zisterzienserstiftes Stams in Tirol (= Schlern-Schriften 146), Innsbruck 1959

Herrmann-Schneider, Hildegard: Stams (Tirol), in: Die Musik in Geschichte und Gegenwart. Zweite, neubearbeitete Ausgabe, Sachteil, Bd. 8, Kassel [u. a.] 1998 – *Dieser grundlegende Aufsatz erscheint in einer aktualisierten Fassung Ende dieses Jahres in: Die Musik in Geschichte und Gegenwart, MGG Online (www.mgg-online.com) – Ein Verzeichnis aller Schriften von H. Herrmann-Schneider findet man unter: www.musikland-tirol.at*

Köfler, Werner: Aus der Geschichte des Zisterzienserstiftes Stams, in: Das Fenster/12/1973

Köfler, Werner: 700 Jahre Stift Stams, in: Tirol – immer einen Urlaub wert, Nr. 1/1972/73

Speziliteratur zu einzelnen Beiträgen

Einige der Autorinnen und Autoren verweisen zusätzlich auf Spezialliteratur, die sie zur Erarbeitung ihrer Beiträge herangezogen haben:

Karl C. Berger:

Ernst, Josef: Die Wallfahrt zum hl. Johannes dem Täufer in Stams, in: Festschrift Stams 1973

Falger, Josef Anton: Der Pilger durch Tirol, Innsbruck 1846

Schenk, Gabriele M.: Der allerbeste Rath Mariae der Mutter vom Guten Rath fromm zu leben, und selig zu sterben, in einer Trost- und Sittenrede vorgetragen, a in dem hichberühmten, befreyten, und erzherzoglichen Stifte und Gotteshause Stams des heil. Ordens von Cisterz das hohe Fest der geistlichen Bundesvereinigung unter dem Schutze des wundervollen Gnadenbildes Maria der Mutter des guten Rahts am 26ten Tage des Heumonats feyerlich begangen wurde, Innsbruck 1767

Tobler, Mathilde: Das Gnadenbild Maria vom guten Rat. Seine Verbreitung im schweizerischen Teil des ehemaligen Bistums Konstanz, in: Zeitschrift für Schweizerische Archäologie und Kunstgeschichte, Bd. 33, 1976, H. 4, S. 268 ff.

Über die Hl. Blutswallfahrt in Stams, in: Katholische Blätter aus Tirol, 1847, S. 361

Christoph Haidacher:

Beimrohr, Wilfried: Mit Brief und Siegel. Die Gerichte Tirols und ihr älteres Schriftgut im Tiroler Landesarchiv (= Tiroler Geschichtsquellen 34), Innsbruck 1994

Köfler, Werner: Stift Stams, Funktion und Grundherrschaft im Mittelalter, in: Veröffentlichungen des Verbandes Österreichischer Geschichtsvereine 19 (1972), S. 124–133

Stift Stams: 200 Jahre Stift Stams 1273–1973, Stams 1973 (Im Folgenden abgekürzt: Festschrift Stams 1973) – *Der Band enthält Beiträge von Martin Bitschnau, Franz Caramelle, Gert Ammann, Josef Frankenstein, Johanna Gritsch, Getrud Krall, Thomas Köll, Josef Ernst, Otto Kostenzer, Werner Köfler, Peter Klingler, P. Maurus Grebenc und Herbert Buzas.*

Studia Stamsensia. Beiträge zur 700. Wiederkehr der Weihe von Kirche und Kloster der Zisterze Stams, herausgegeben von Alfred A. Strnad in Verbindung mit Werner Köfler und Katherine Walsh, Innsbruck 1984 (Im Folgenden abgekürzt: Studia Stamsensia 1984)

Studia Stamsensia II. Aus Kultur und Geistesleben der Oberinntaler Zisterze in Mittelalter und früher Neuzeit, herausgegeben von Alfred A. Strnad und Katherine Walsh, Innsbruck 1995 (Im Folgenden abgekürzt: Studia Stamsensia II 1995)

Köfler, Werner: Die ältesten Urbare des Zisterzienserstiftes Stams von dessen Gründung bis 1336 (= Österreichische Urbare 3/5/2), Innsbruck 1978

Köfler, Werner: Zur Wirtschaftsgeschichte des Stiftes Stams, in: Festschrift Stams 1973, S. 171–195

Mutschlechner, Georg: Zur Wirtschaftsgeschichte des Stiftes Stams, in: Tiroler Heimatblätter 70 (1995), S. 50–55

Stolz, Otto: Politisch-Historische Landesbeschreibung von Tirol 1: Nordtirol (= Archiv für Österreichische Geschichte 107), Wien-Leipzig 1926

Michael Forcher:

Caramelle, Franz: Die Stamser Alm – ein vergessenes Juwel des Tiroler Barock, in: Tirol – immer einen Urlaub wert, Innsbruck 1972/73

Fontana, Josef: Der Kulturkampf in Tirol. 1861–1892, Bozen 1978

Forcher, Michael: Anno Neun. Der Tiroler Freiheitskampf von 1809 unter Andreas Hofer. Ereignisse, Hintergründe, Nachwirkungen, Innsbruck 2008

Gelmi, Josef: 200. Wiederkehr des Tiroler Herz-Jesu-Gelöbnisses, in: Tirol – immer einen Urlaub wert Nr. 48, Innsbruck 1996

Grass, Nikolaus: Das Kloster Stams und das Land Tirol, in: Festschrift Ernst C. Hellbling, Berlin 1981, S. 509–524

Kastner, Hannes: Sebastian Stöckl. Abt des Cistercienserstiftes Stams 1790–1819, Diss. Innsbruck, 1981

Kulturberichte des Landes Tirol – Denkmalbericht 2010–2012, Stichwort Stams, Orangerie

Laimer/Mattersberger/Pircher: 500 Jahre Stamser in Mais. Geschichte, Kunst, Architektur und Seelsorge, Lana 1994

Lobendanz, Gabriel: Der hl. Benedikt von Nursia und die Zisterzienser, in: Der Stamser Benedikt-Zyklus, Ausstellungskatalog Museum Stift Stams 2000 (Hsg. P. Norbert Schnellhammer)

Neumüller, Karl (P. Augustin OCist): Abt August III. Handle. Wiederherstellung der inneren und äußeren Ordnung im Stift Stams unter Abt Augustin Handle (1820–1839), Dilpomarbeit, Innsbruck 1981

Pizzinini, Meinrad: Stams als Stätte europäischer Diplomatie, in: Tiroler Heimatblätter, 72. Jg., 3/1997

Rabanser, Hansjörg: Hexenwahn. Schicksale und Hintergründe. Die Tiroler Hrexenprozesse. Innsbruck 2006 – *Zu Dank bin ich Bernhard Mertelseder verpflichtet, der mich auf die Stamser Exorzisten aufmerksam machte und den Brief des Abtes Wälsch im Tiroler Landesarchiv aufspürte. Er ermöglichte mir – in Wissenschaftskreisen nicht selbstverständlich – die Erstpublikation dieses von ihm entdeckten Dokuments.*

Rigele, Georg/Loewit Georg (Hrsg.): Clemens Holzmeister, Innsbruck 2000

Walsh, Katherine: Der Teufel im Glas. Eine Teufelsaustreibung in Stift Stams zur Zeit von Margarethe Maultasch, in: Studia Stamsensia II

Karl Palfrader:

Schematismen sowie Personal- und Ortsverzeichnisse der Diözesen Brixen, Bozen-Brixen, Trient und Innsbruck aus verschiedenen Jahren

Der deutsche Antheil des Bisthumes Trient, Brixen 1866

Hösch, Emil: In und um Leutkirch. Bilder aus zwölf Jahrhunderten, Leutkirch 1993

Hörmann, Helmut: Die Wallfahrt Maria Hilf am Locherboden in Mötz. 1740–2001, Mötz 2001

Laimer/Mattersberger/Pircher: 500 Jahre Stamser in Mais. Geschichte, Kunst, Architektur und Seelsorge, Lana 1994

Tinkhauser, Georg/Rapp, Ludwig: Topografisch-historisch-statistische Beschreibung der Diözese Brixen, 5 Bde, Brixen 1855–1891

Unterm Krummstab ist gut leben, Gemeinsames Pfarrblatt aller »Stamser Pfarreien«, 1984

Zeilinger, Udo Reiner: Historische Dokumentation der Diözese Innsbruck, Innsbruck 2004

Maria Schuchter:

Achleitner, Friedrich: Architektur und Landschaft. Bemerkungen zu Arbeiten von Othmar Barth, in: Aut. Architektur und Tirol (Hrsg.), Innsbruck 1987

Bader, Günther: Zwischen Tradition und Innovation. (Religions-) Lehrerbildung in der KPH Edith Stein vor neuen Herausforderungen, in: Kontakte. Zeitschrift des Vereins zur Förderung von Fortbildung und kulturellen Kontakten. Jahrgang 25/Heft 3, Stams 2007

Brandl, Regina: Grundsätzliche Bemerkungen zu einer LehrerInnenbildung, in: Kontakte. Zeitschrift des Vereins zur Förderung von Fortbildung und kulturellen Kontakten. Jahrgang 25/Heft 3, Stams 2007

Gasser, Simone (2011): »… Um die Kranken soll man vor allem über alles besorgt sein. …« Die Apotheke im Museum Stift Stams, in: Archiv – Objekt des Monats 2011 (www.tirol.gv.at – Kunst-Kultur / Museumsportal / Archiv)

Gratl, Richard: Zur Bauaufgabe Stiftsgymnasium Meinhardinum Stams, in: Spektrum. Dokumentation Schulneubau. Meinhardinum Stams, Stams o. A.

Jenowein, Elisabeth: Eine spätmittelalterliche illuminierte Handschrift aus der Bibliothek des Zisterzienserstiftes in Stams. Der Codex 12, Diplomarbeit, Innsbruck 2000

Kapfinger, Otto: Bauen in Tirol seit 1980, Salzburg 2002

Köll, Thomas: »Mer ist zewissen von dem Schalt iar …« Der Beitrag des Stamser Mönchs Vitus de Augusta zur Kalenderreform 1582, in: Studia Stamsensia 1984

Kostenzer, Otto: Zur Medizin- und Apothekengeschichte in Stams, in: Festschrift Stams 1973

Lekai, Louis: Studien, Studiensystem und Lehrtätigkeit der Zisterzienser, in: Die Zisterzienser. Ordensleben zwischen Ideal und Wirklichkeit. Ausstellungskatalog, Köln 1980

Mayr, F.: Grußwort an die Pädak Stams, in: Kontakte. Zeitschrift des Vereins zur Förderung von Fortbildung und kulturellen Kontakten. Jahrgang 25/Heft 3, Stams 2007

Neuhauser, Walter: Wissenschaft und Schule, in: Katalog Tiroler Landesausstellung 1995

Neuhauser, Walter: Der Weg einer Stamser Handschrift von Böhmen nach Tirol, in: Studia Stamsensia 1984

Neumüller, Karl (P. Augustin OCist): Abt Augustin III. Handle. Wiederherstellung der inneren und äußeren Ordnung in Stift Stams unter Abt Augustin Handle (1828–1839), Diplomarbeit Innsbruck 1981

Ramminger, Eva: Ein Stundenbuch als »Amalgam« deutsch-italienischer Buchkunst. Überlegungen zu Cod. 44 der Stiftsbibliothek Stams, in: Studia Stamsensia II

Roland, Martin: Geheimnisse der Stiftsbibliothek im WWW, in: Spectrum. Zeitschrift des Meinhardinums 2010/2011

Rummel, Peter: Das Zisterzienserstift Stams und seine Beziehungen zur ehemaligen Universität Dillingen, in: Jahrbuch des Vereins für Augsburger Bistumsgeschichte e.V. 18. Jahrgang, o. A. 1984

Sepp, Sieglinde: Neuzeitliche Quellen zur Stamser Bibliotheksgeschichte, in: Studia Stamsensia 1984

Spektrum (1999). Dokumentation 1949–1999. 50 Jahre Meinhardinum, Stams

Stoll-Wagner: Baudokumentation. Stiftsgymnasium Meinhardinum Stams. Erweiterung und Funktionsadaptierung. o. A.

Walsh, Katherine: Stift Stams und die Universität Heidelberg. Zur akademischen Tätigkeit von Berhard Wälsch, 15. Abt der Zisterze Stams 1484–1501, in: Studia Stamsensia II, 1995

Bildnachweis

Besitzer bzw. Rechteinhaber

Bis auf wenige unten angeführte Ausnahmen befinden sich alle abgebildeten Archivalien, Bücher und Kunstwerke im Stift Stams. Ergänzend sind folgende Institutionen und Privatsammlungen als Besitzer zu nennen. Diese haben zur Veröffentlichung in diesem Buch eigene Scans oder Fotos zur Verfügung gestellt.

Archiv RISM Tirol-Südtirol & OFM Austria/ ITMf 244 (2×), 247, 248
Bauarchiv Stift Stams 115 r. *(Foto Michael Forcher)*
Bundesdenkmalamt 118, 179 u., 187 (3×), 300, 303 (3×)., 304, 305 (2×), 306 (2×), 307, 308 l., 309 r., 315, 316, 317 u., 325, 330 l., 333 o.
BDA/Artess 307 (6×), 308 r.
Familienarchiv Trapp 280 *(Foto Meinrad Pizzinini)*
Fotoarchiv Stift Stams 155 (2×), 165 (2×), 289 o., 290
KHM-Museumsverband 50
Meinhardinum, Archiv 296
Sammlung Forcher 44, 54, 56, 61, 79, 85 (2×), 86, 97, 109, 118 (2×), 142, 145 (2×)
Sammlung Hörmann 112, 113, 114 r. *(Foto Hörmann)*, 119 u.r., 122 l., 122 r. *(Foto Hörmann)*, 150 (2×), 286
(Dank an Prof. Mag. Helmut Hörmann, Obmann der Tiroler Chronisten und Ortschronist von Stams, für einige besonders seltene und interessante Fotografien aus seiner Sammlung)

Bayerische Staatsbibliothek München, Clm 15909 82
Tiroler Landesarchiv 63, 98
Tiroler Landesmuseum Ferdinandeum 47, 95, 101, 105 (2×), 106 r., 110, 121, 146
Tiroler Tageszeitung 167 (2×)
Tirol TV 289 (3×)
Tiroler Volkskunstmuseum 32, 33 r., 35
Universitäts- und Landesbibliothek Tirol, Innsbruck, *Codex 1 f. 71v* (243 o.), *Codex 41 f. 1r* (266), *Codex 750 f. 1r* (268 l.), *Codex 750 f. 60r* (268 r.)
Vorarlberger Landesbibliothek, Bregenz (Fotosammlung Risch-Lau) 111, 160
Festschrift Stams 1974 und Katalog Landesausstellung 1995 41, 114 l., 116, 117 (2×), 118

Fotografen

Christian Forcher hat über 220 Fotos eigens für dieses Buch aufgenommen. Für alle Fotos in diesem Buch, die unter der Rubrik Besitzer und Rechteinhaber oder unter Fotografen nicht mit Seitennummer aufscheinen, gilt sein Copyright.

Weitere Fotografinnen und Fotografen:

Emanuel Bachnetzer 121 u.
Michael Forcher 159 (2×), 165 l., 289 o., 310 (2×), 311 l.
Hildegard Herrmann-Schneider 243 u., 246, 249
Josef Kretschmer 163 (2×), 166, 168 (2×)
Barbara Lanz und Sonja Mitterer 318, 321, 322 (2×), 326 (2×)
Karl Larcher 122 o. (2×)
Rupert Larl 240, 252
Daniel Liebl 162
Julius Moser 181
Herbert Raffalt 164, 219
Maria Schuchter 287, 291, 292, 293
Max Schönherr 309 l., 328, 329–331, 335
Hubert Staudacher 119 u.l., 120, 121 u., 288, 295 (4×)
Gerhard Watzek 251 (3×), 253

Die Co-Autorinnen und Co-Autoren

Gert Ammann Geb. 1943 in Bregenz, Studium der Kunstgeschichte in Innsbruck, Kustos und von 1985 bis 2005 Direktor des Tiroler Landesmuseums Ferdinandeum. Publikationen zur Kunstgeschichte Tirols und Vorarlbergs.

Frater Martin Anderl Geb. 1980 als Michael Anderl in Rosenheim, Diplomstudien Katholische Kirchenmusik (A) und Musiktheorie in München; Diplomstudium Katholische Theologie in Innsbruck. In Stams Eintritt in den Zisterzienserorden (September 2011).

Karl C. Berger Geb. 1976 in Lienz, aufgewachsen in Matrei/Osttirol, Studium der Volkskunde/ Europäischen Ethnologie und Politikwissenschaft; seit 2009 in den Tiroler Landesmuseen, seit 2015 Leiter des Tiroler Volkskunstmuseums.

Franz Caramelle Geb. 1944 in Kitzbühel, Studium der Kunstgeschichte, seit 1967 Mitarbeiter des Bundesdenkmalamtes, 1988 bis 2009 Landeskonservator für Tirol, zahlreiche Publikationen zur Kulturgeschichte Tirols.

Christoph Haidacher Geb. 1961 in Hall in Tirol, Geschichte- und Lateinstudium in Innsbruck und Wien. Seit 1987 Archivar im Tiroler Landesarchiv, seit 2014 dessen Direktor. Lehrtätigkeit an der Universität Innsbruck.

Walter Hauser Geboren in Vorarlberg, Architekturstudium an der Universität Innsbruck, Dipl.-Ing., seit 1990 im Bundesdenkmalamt, Abteilung Tirol tätig, seit 2014 als Leiter der Abteilung und Landeskonservator für Tirol.

Hildegard Hermann-Schneider Geb. 1951 in München, Promotion in Musikwissenschaft 1978, Habilitation 1996. Seit 1991 freiberufliche Musikwissenschaftlerin in Innsbruck, Mitgründerin des Instituts für Tiroler Musikforschung (ITMf), Leiterin des RISM Tirol-Südtirol & OFM Austria in Innsbruck/ITMf.

Helmut Hörmann Geb. 1953, Studium an der Universität Innsbruck, AHS-Professor am Meinhardinum, Landeschronist und Ortschronist von Stams und Mötz, Bibliothekar, heimatkundliche Publikationen.

Josef Kretschmer Geb. 1979 in Görlitz (Sachsen), Studium der Forstwissenschaften an der TU Dresden, 2003 Dipl.-Forstw. UNI, Referendariat in der Sächsischen Forstverwaltung, danach freiberuflicher Forstsachverständiger, seit 2008 Verwaltungsleiter im Stift Stams.

Barbara Lanz Geb. 1971 in Bruneck, Studium der Architektur in Innsbruck und Venedig, Kunstgeschichte in Innsbruck, seit 1999 freischaffende Architektin und Kunsthistorikerin (Ausstellungsgestaltungen), Lehrtätigkeit an der Universität Innsbruck.

Sonja Mitterer Geb. 1972 in Bozen, Studium der Architektur in Innsbruck, Staatsprüfung Architektur in Venedig, seit 2002 freischaffende Architektin mit Schwerpunkten Denkmalpflege, Bauforschung, Restaurierung, seit 2009 Univ.-Ass. an der Universität Innsbruck.

Karl Palfrader Geb. 1944 in Untertilliach, Gymnasium Paulinum, Matura 1963, Lehramt Universität Innbruck für Geschichte und Geographie, Lehrtätigkeit am Meinhardinum von 1970 bis 2005, zeitweilig auch an der PädAk, seit 2005 Archivar des Stiftes Stams.

Alfred Reichling Geb. 1931 in Germersheim, bis 1993 Univ.-Professor in Würzburg für Musik und Didaktik der Musik. Forschungsgebiete: frühe Orgelmusik, Orgelbau, Orgelbaugeschichte und Orgeldenkmalpflege, dazu einschlägige Veröffentlichungen und Editionen.

Matthias Reichling Geb. 1958 in Ingolstadt/ Donau, Mathematikstudium, Promotion, stellvertretender Leiter des Rechenzentrums der Universität Würzburg, Publikationen zur Orgelbaugeschichte.

Josef Riedmann Geb. 1940 in Wörgl, Studium der Geschichte und Geographie in Innsbruck, Marburg/Lahn und Wien, Univ.-Assistent in Wien und Innsbruck, 1982 bis 2006 ordentlicher Universitätsprofessor in Innsbruck für Geschichte des Mittelalters und Historische Hilfswissenschaften.

Max Schönherr Geb. 1961 in Pettneu, Studium der Architektur in Innsbruck, Mitarbeit im Architekturbüro Norbert Fritz, seit 1995 selbständiger Architekt (Wohnungsbau, Sanierungen, öffentliche Bauten), seit 2009 Leitung der Restaurierungsarbeiten im Stift Stams.

Maria Schuchter Geb. 1959 in Silz, Lehramt für Neue Mittelschulen (Mathematik, Geschichte, Bildnerische Erziehung), Studium der Kunstgeschichte und Geschichte an der Universität Innsbruck, seit 2011 Hochschullehrerin an der KPH Edith Stein.